津野山鏡《つのやまかがみ》 下

津野氏の歴史物語

津野久志

リーブル出版

目次（下巻）

イントロダクション

『江戸の愛宕神社』(副題「出世の石段」)

北緯三五度三九分五三・二秒、東経一三九度四四分五四・四秒に鎮座する社殿が、江戸時代初期に徳川家康の命により建立された愛宕神社である。住所は、東京都港区愛宕一丁目五番三号である。標高二六メートルの愛宕山の山頂にある。これは東京二三区内で自然の地形としては一番高い山であるらしい。愛宕神社は全国に約九〇〇社あり、その総本山は京都府京都市右京区嵯峨愛宕町一、といっても旧山城国と丹波国の境にある山深き愛宕山(標高九二四米)山頂に鎮座する愛宕神社(旧名阿多古神社)であり、神社本庁が包括し人事面で特別な扱いがされる別表神社である。火伏せ・防火に霊験のある神社として知られ、「火迺要慎(ひのようじん)」と書かれた愛宕神社の火伏札は京都の多くの家庭の台所や飲食店の厨房や会社の茶室などに貼られている、とのことである。愛宕神社総本山は、御所・京都市内の北西の位置にあり、火災の多い冬場に京都盆地に吹き下ろす空っ風がシベリアからの偏西風に煽られ北西の方角から吹いてくるだろうことを考えると、火伏としては最適の位置だったのではないかと思う。

江戸の愛宕神社は、慶長八年(一六〇三年)徳川家康の命により防火の神様として祀られ、家康が信仰した勝軍地蔵菩薩も勧請している。当時将軍家の尊崇は篤いものであったらしい。その後江戸大火災で全焼してしまい、明治一〇年(一八七七年)九月に再建がなったが、再び大正一二年(一九二三年)九月一日に関東大震災で、昭和二〇年(一九四五年)五月二四日には東京大空襲により社殿は焼失してしまう。現在の社殿は、昭和三三年(一九五八年)九月、氏子中の寄付により再建されたものである。火伏の神社が度々焼失してしまうのも皮肉であるが、戦の神様も同時に勧請したのが災いしたのかもしれない。戦には火はつきものである。或いは、本来のご利益を発現し江戸城の身代わりになったのかもしれない。

江戸の愛宕神社にまつわる歴史上の話がいくつかある。そのひとつが、安政七年（一八六〇年）三月三日に江戸城桜田門外で水戸藩からの脱藩者一七名と薩摩藩士一名が、雛祭りの祝賀のため登城する彦根藩の行列を襲撃、大老井伊直弼を暗殺した事件、いわゆる「桜田門外の変」で、襲撃者の集結場所となったことである。

いまひとつが、江戸無血開城の所縁の地であることである。慶応四年（一八六八年）薩摩屋敷での一連の膝詰め談判を控えた三月一三日、戊辰戦争の最中で江戸城総攻撃の日と決定していた三月一五日の三日前、旧幕府徳川家陸軍総裁勝海舟が東征大総督府下参謀西郷隆盛を誘い、江戸の町が一望できるこの愛宕山に登ったことで知られている。ここから江戸の町を眺め「この江戸の町を戦火で焼失させてしまうのはしのびない」と腹固めをしたと言われている。


歴史上の出来事としては有名ではないが、この神社のエピソードとしては最も有名なのが、愛宕神社に上る急な石段である。傾斜角度約四〇度、一段の幅約二〇センチ、総数は八六段、踊り場もない。「出世の石段」と呼ばれている。その由来は講談で有名な『寛永三馬術』の中の曲垣平九郎（まがきへいくろう）の故事にちなむ。

時は寛永一一年（一六三四年）正月二八日、三代将軍徳川家光が千代田の城を出て、大勢の旗本衆とともに芝増上寺を参詣し父親秀忠の菩提を弔う。往きは駕籠を使い、帰り道は馬に乗っていくと言う。愛宕山に差し掛かると、山上から風にのって梅の花の良い香りが漂ってくる。見ると山上の愛宕神社に紅梅、白梅が見事に咲いている。「あの紅梅、白梅を一枝ずつ手折って参れ」。旗本二人が取りに行こうとすると、家光は馬に乗って取って参れと言う。愛宕神社には八六段の石段がそびえるようにある。旗本二人は突然腹が痛み出しその役目は出来ないと言う。誰でもいいから梅花を折ってくるよう家光は叫ぶが、誰も引き受ける者はおらず、家光は怒りだした。「かくなる上は世が直々に昇って見せる」。家光は石段に向けて馬を走らすが、近くで見ると大変に急峻な石段である。「決して誰も止めてはならんぞ」と言いながら実は誰かに止めて貰いたい。結局は松平伊豆守に押し留められる。伊豆守がくじ引きを作り、藤堂家の家来の山本右京忠重、佐竹家の家来で鳥居喜一郎重房、水戸徳川家の家来で関口六助信連の三人が選ばれる。まず右京が立派な馬に乗り石段を駆け上る。七合目まで上がったところで馬がピタッと止まり、下を見るとブルブルッと震え、入れてはいけないところで鞭を入れてしまった。馬はガラガラ・ドスンと石段から転がり落ち、右京も馬も絶命する。次に馬に乗った鳥居喜一郎が石段を駆け上がるが、やはり七合目まで上がったところで馬が止まって転がり落ちる。三人目の関口六助も同様に転げ落ち、命を落とす。父親の命日にえらいことになってしまったと家光は嘆く。伊豆守はいったんこは城へ帰ることにする。「還御（かんぎょ）」の声が響き渡るなか、「しばらく」という叫び声がする。

梅花を手折ってくると言うこの者は、丸亀生駒家家臣で間垣平九郎盛澄という。伊豆守は彼が、日本一の馬術の名人と伝え聞いていた。さぞ立派な馬に乗っているだろうと思いきや、平九郎の乗る馬はやせ衰えた馬で、左足に怪我をしている。石段を駆け上がった馬は、七合目でピタッと止まった。馬が休まるのを待って、口に岩塩を含ませる。手拭を取り出し馬の耳を丁寧に拭く。「上の方は平らで楽だ」。一気に頂上へ乗り上がる。下からウワッーと歓声が上がる。手水で馬に水を飲ませ、自らの身体を清め、社で武運長久の祈願をする。枝ぶりの良い紅梅、白梅を折って襟に差す。今度もまた石段を下ろうとする。下にいる将軍は女坂の方へ廻れと言うが、平九郎には聞こえない。一気に馬は石段を駆け降りた。平九郎は家光から日本一の馬術の名人だと讃えられ、刀一振りを授かる。その名は一日にして全国に轟いた。《『寛永三馬術』の「出世の春駒」より》

令和二年も明けた正月のある日、昼休みの散歩を兼ね退職後の職場から歩いて一五分程のところにある江戸の愛宕神社を訪れてみた。神社に上るための正面階段の前に立つ。確かに急である。今日も昼休み時に沢山のサラリーマンが参拝に訪れているが、「出世の石段」を昇るのも楽ではなさそうだと思いを馳せていると、いつの間にか神社の神主が私の隣に立っていた。

「おじさん、会社を退職して今ごろ来ても遅すぎますよ！」

むむむ……。確かにそうかもしれないが、せっかく来たのだからと気を取り直して登段に挑むことにした。昔は陸上競技で鍛えた健脚だが、今となってはごく普通のおじさんの脚である。数段登ると直ぐに疲労感を覚えたが、そこは忍耐力で補いゼイゼイと息を切らしながらも休むことなく八六段を登り終えた。「出世の石段」の頂上で下の景色を感慨深げに眺めながら息を整えていると、再びあの神主が現れた。

「登り詰めたら、あとは転がり落ちるだけですよ！！」

「ま～、おじさんの場合は、転がり落ちる先が墓場でしょうけどね！！！」

人生とはそのようなものだと納得して愛宕神社の境内を散策した。境内の北側を歩いていると、神社に通じる別の石段があるのに気付いた。勾配も緩やかで踊り場も何箇所かある。「もしやこれは？」と思い帰りに確かめることにした。やはりそうだった。この石段、「出世の石段」の登り口のすぐ横から神社の境内に通じていた。

「やはりあるんだ。「出世の石段」にも「裏道」が……」

もう神主は現れなかった。あの神主は妄想だったのだろうか。

残る人生も少なくなりつつあるが、「これからも裏道は使わず、墓場には転がり落ちるのではなく自分の脚で歩いて行きたいものだ」と思いつつ、江戸の愛宕神社を後にした。

（二〇二〇年一月一三日（月）自作）

【津野氏二十四代の系譜】（改訂版）

当主代	名乗	通称・官位・偏諱	室	生誕	生父	家督相続	逝去	享年	戒名	菩提寺
初代	**経高**	蔵人	高殿宮	寛平四年 八九二年	仲平 一八歳	延喜一三年 九一三年 土佐入国	康保二年 一二月二日 九六五年	七四歳	浄妙院殿 光岳願西	長林寺
二代	**重高**	次郎太郎	不詳	天慶九年 九四六年	経高三男 五五歳	康保二年 九六五年 二〇歳	寛仁元年 一〇月五日 一〇一七年	七二歳	大乗院殿 霊雲浄西	長林寺
三代	**国高**	弥次郎	不詳	長保元年 九九九年	重高四男 五四歳	寛仁元年 一〇一七年 一九歳	延久六年 正月二日 一〇七四年	七六歳	心鏡院殿 微窓定西	長林寺
四代	**高行**	弥次郎	不詳	天喜三年 一〇五五年	国高四男 五七歳	延久六年 一〇七四年 二〇歳	康和三年 正月二四日 一一〇一年	四七歳	霊光院殿 唯一定心	長林寺
五代	**高続**	弥次郎又は 孫次郎	不詳	応徳二年 一〇八五年	高行長男 三一歳	康和三年 一一〇一年 一七歳	保安四年 七月二八日 一一二三年	三九歳	法雲院殿 頂山善保	長林寺
六代	**頼高**	弥次郎又は 孫次郎	不詳	嘉承二年 一一〇七年	高続長男 二三歳	保安四年 一一二三年 一七歳	天養二年 三月二六日 一一四五年	三九歳	功岳院殿 奇岫行讃	長林寺
七代	**繁高**	孫次郎 備前守従五位下	不詳	大治三年 一一二八年	頼高長男 二二歳	天養二年 一一四五年 一八歳	治承三年 三月一七日 一一七九年	五二歳	雪江院殿 安心道泰	長林寺
八代	**浄高**	孫次郎又は 次郎太郎 備前守従五位下	不詳	応安二年 一一六二年	繁高長男 三五歳	治承三年 一一七九年 一八歳	建仁二年 七月二日 一二〇二年	四一歳	華岳院殿 芳祖常春	長林寺
九代	**元高**	孫次郎	河野氏娘 戒名天華比丘尼	正治二年 一二〇〇年	浄高長男 三九歳	建仁二年 一二〇二年 三歳	貞応三年 三月一四日 一二二四年	二五歳	茂林寺殿 繁宗常栄	茂林寺

一〇代	**春高**	孫次郎	正室河野氏娘 妾河原渕氏娘	貞応二年 一二二三年	元高長男 二四歳	貞応三年 一二二四年 二歳	仁治三年 五月四日 一二四二年	二〇歳	祥林寺殿 一陽季栄	長林寺
一一代	**満高**	孫次郎	不詳	嘉禎三年 一二三七年	浄高二男 元高弟 満長	仁治三年 一二四二年 六歳	弘安八年 三月四日 一二八五年	四九歳	桃林寺殿 龍花宗栄	長林寺
一二代	**満之**	孫次郎	不詳	健治三年 一二七七年	満高長男 四一歳	弘安八年 一二八五年 九歳	建武二年 一〇月一五日 一三三五年	五九歳	仙林寺殿 白峯宗徹	海蔵寺（推定）
一三代	**之勝**	孫次郎	不詳	嘉元元年 一三〇三年	満之長男 二七歳	建武二年 一三三五年 三二歳	康安二年 二月四日 一三六二年	六〇歳	法光寺殿 梅覚清心	海蔵寺（推定）
一四代	**泰高**	孫次郎 備前守従五位下	不詳	観応二年 一三五一年	之勝長男 四九歳	康安二年 一三六二年 一二歳	明徳二年 三月一四日 一三九一年	四一歳	海蔵寺殿 一機芳春	海蔵寺
一五代	**通高**	不詳 河野通義か通之	戒名娯溪性歡	永和三年 一三七七年	泰高弟 通重	明徳二年 一三九一年 一五歳	永享六年 一四三四年	五八歳	永林寺殿 紹元秀誉（推定）	永林寺（推定）
一六代	**之高**	孫次郎 備前守従五位下 細川持之	正室河原渕娘 側室河原渕娘 側室中村氏娘	応永二五年 一四一八年	通高三男 四二歳	永享六年 一四三四年 一七歳	文明一一年 三月四日 一四七九年	六二歳	永林寺殿 朝散大夫	永林寺
一七代	**元藤**	幼名瑠璃麿孫次郎 刑部侍郎従五位下 細川勝元	不詳	長禄二年 一四五八年	之高二男 四一歳	文明六年 一四七四年 一七歳	文明一六年 正月二四日 一四八四年	二七歳	長林寺殿 崇鐵紹高	長林寺
一八代	**元勝**	孫次郎 細川政元	不詳	文明四年 一四七二年	元藤長男 一五歳	文明一六年 一四八四年 一三歳	明応七年 正月四日 一四九八年	二七歳	観音寺殿 梅月勝映	観音寺
一九代	**元実**	幼名兼寿丸孫次郎 刑部少輔従五位下 細川政元	戒名柏室久公	文明一四年 一四八二年	元藤二男 二五歳	明応七年 一四九八年 一七歳	永正一四年 四月一三日 一五一七年	三六歳	元亨院殿 健翁勇公	元亨院

二〇代	**国泰**	孫次郎 細川高国	不詳	文亀三年 一五〇三年	元実長男 二二歳	永正一四年 一五一七年 一五歳	天文二年 一二月二八日 一五三三年	三一歳	智信院 逸峯常雲殿	長林寺
二一代	**基高**	孫次郎 一条房基	戒名秀光妙圓	文亀三年 一五〇三年	元藤三男 元実弟の 元定長男	天文二年 一五三三年 三一歳	天文二二年 八月一日 一五五三年	五一歳	聴松院 早過正朔殿	観音寺
二二代	**定勝**	孫次郎 中務少輔従五位上 一条兼定	一条房家娘 戒名梅室光薫	大永元年 一五二一年	基高長男 一九歳	天文二二年 一五五三年 三三歳	元和二年 七月九日 一六一六年	九六歳	長林寺殿 現西定雲	長林寺
二三代	**勝興**	孫次郎 大膳大夫正五位下	長宗我部 元親妹	天文一九年 一五五〇年	定勝二男 三〇歳	元亀二年 一五七一年 二二歳	天正六年 一一月二一日 一五七八年	二九歳	隼岫院殿 片窓瑞雲	長林寺
二四代	**親忠**	孫次郎	三宮 平左衛門娘	元亀四年 一五七三年	長宗我部 元親三男 三五歳	天正六年 一五七八年 六歳	慶長五年 九月二九日 一六〇〇年	二八歳	孝山寺殿 雪庭宗箏	孝山寺

（備考）

（1）家督相続年は一部を除き不明のため、前代の逝去年を以って家督が相続されたものと見なした。実際には、生前の家督相続もあったはずである。そのため、本系譜図及び本文等に記載の家督相続年よりも前に当主としての事績が発生している場合があるので留意する必要がある。尚、家督相続年が資料上で明確なのは次の当主である。

一七代元藤：之高より生前相続　二〇代国泰：元実戦死に伴う相続

二三代勝興：定勝追放に伴う相続　二四代親忠：勝興より生前相続

（2）法名は、現存する系図では最古の高倫編の『津野山之内系図』に近いと思われる系図で古いものから順に採用した。『高野山上蔵院過去帖』の法名は、没年当時のものではなく、江戸時代に同院が新たに独自に付けたものと推測した。

（3）官位欄に記載した位階につき、記録上で朝廷・太政官より正式に叙位されたことが確認できる当主は之高のみである。その位階は「従五位下」であった。その他当主の位階は官位相当制に基づき記入したもので、朝廷・太政官より正式に叙位されていたかは不明である。朝廷・太政官よりの正式官職もしくは足利将軍家・細川管領家・土佐一条家からの武家官位のどちらかであるが。津野家の当主の官職は「正五位下」から「従五位下」の範囲である。従い、津野家の家格は「五位」相当と見なされていたことになる。

（4）本系譜図並びに物語で記述している年齢は、特段の説明がない限り、全て数え年である。

【津野氏二十四代の系図】

（上巻の間違いを修正、新たな判明事項を追加）

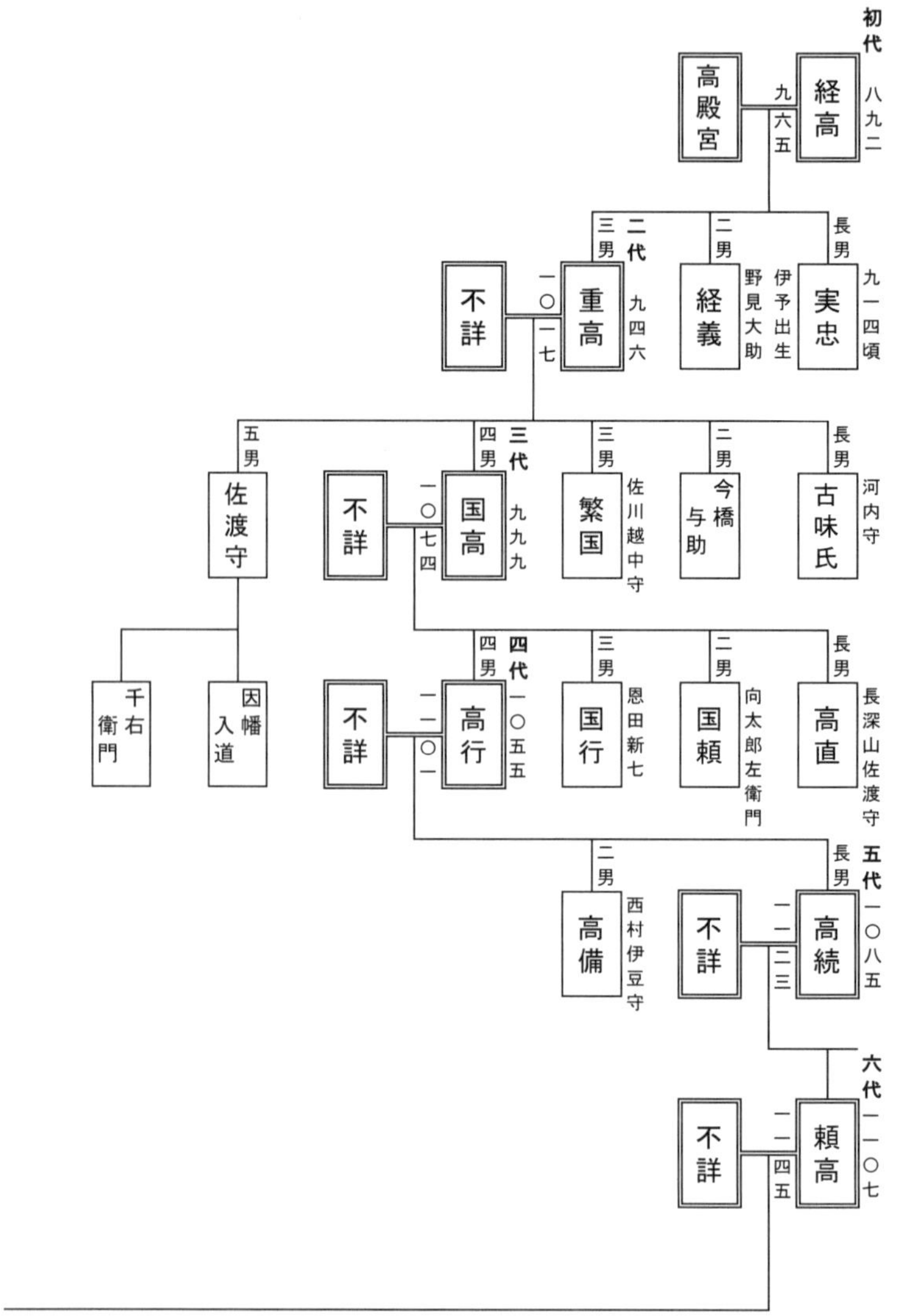

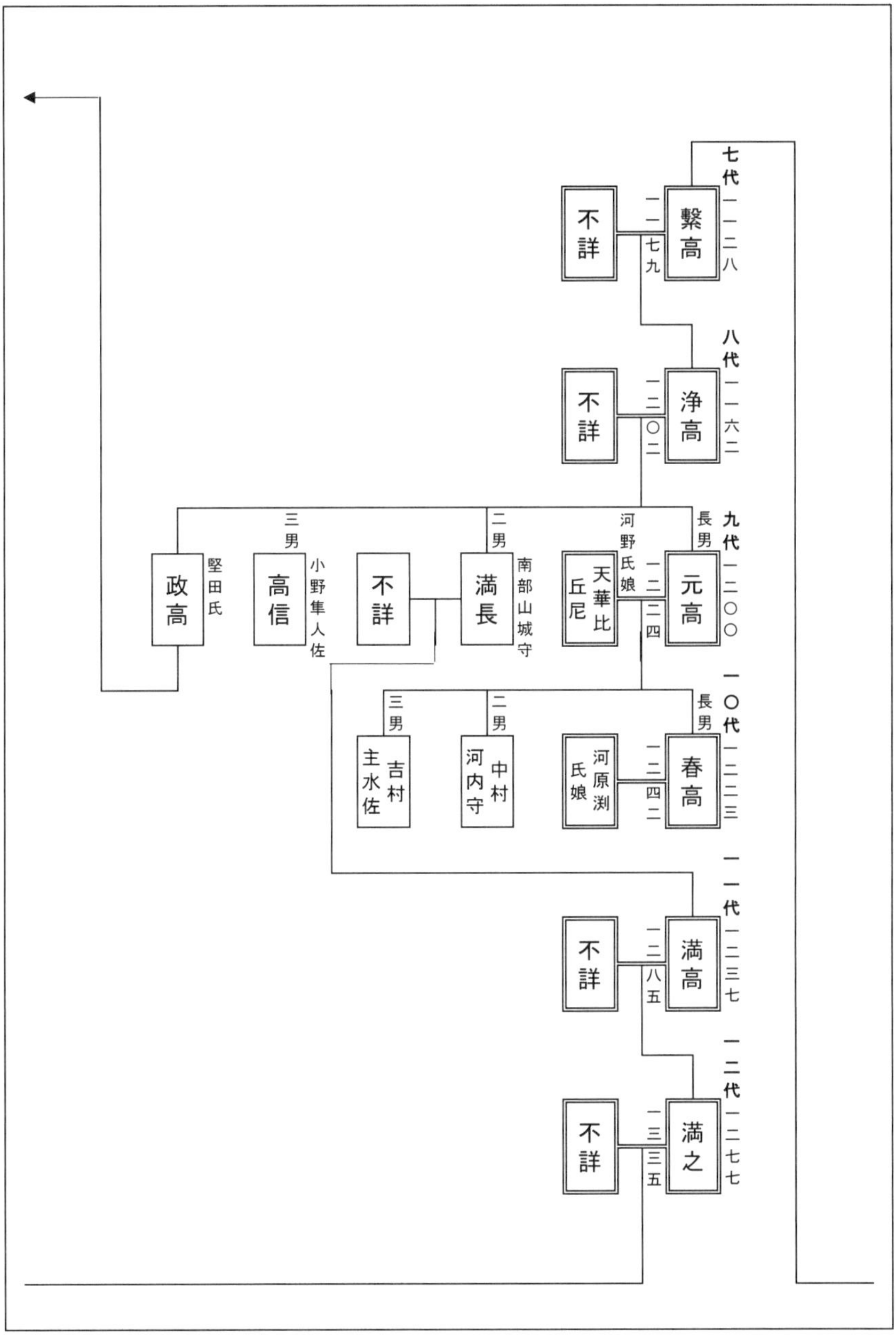
七代
繫高
一一二八
不詳
一一七九
八代
浄高
一一六二
不詳
一二〇二
九代
長男
元高
一二〇〇
河野氏娘
天華比丘尼
一二二四
二男
満長
南部山城守
不詳
三男
高信
小野隼人佐
政高
堅田氏
一〇代
長男
春高
一二二三
河原渕氏娘
一二四二
二男
中村河内守
三男
吉村主水佐
一一代
満高
一二三七
不詳
一二八五
一二代
満之
一二七七
不詳
一三三五

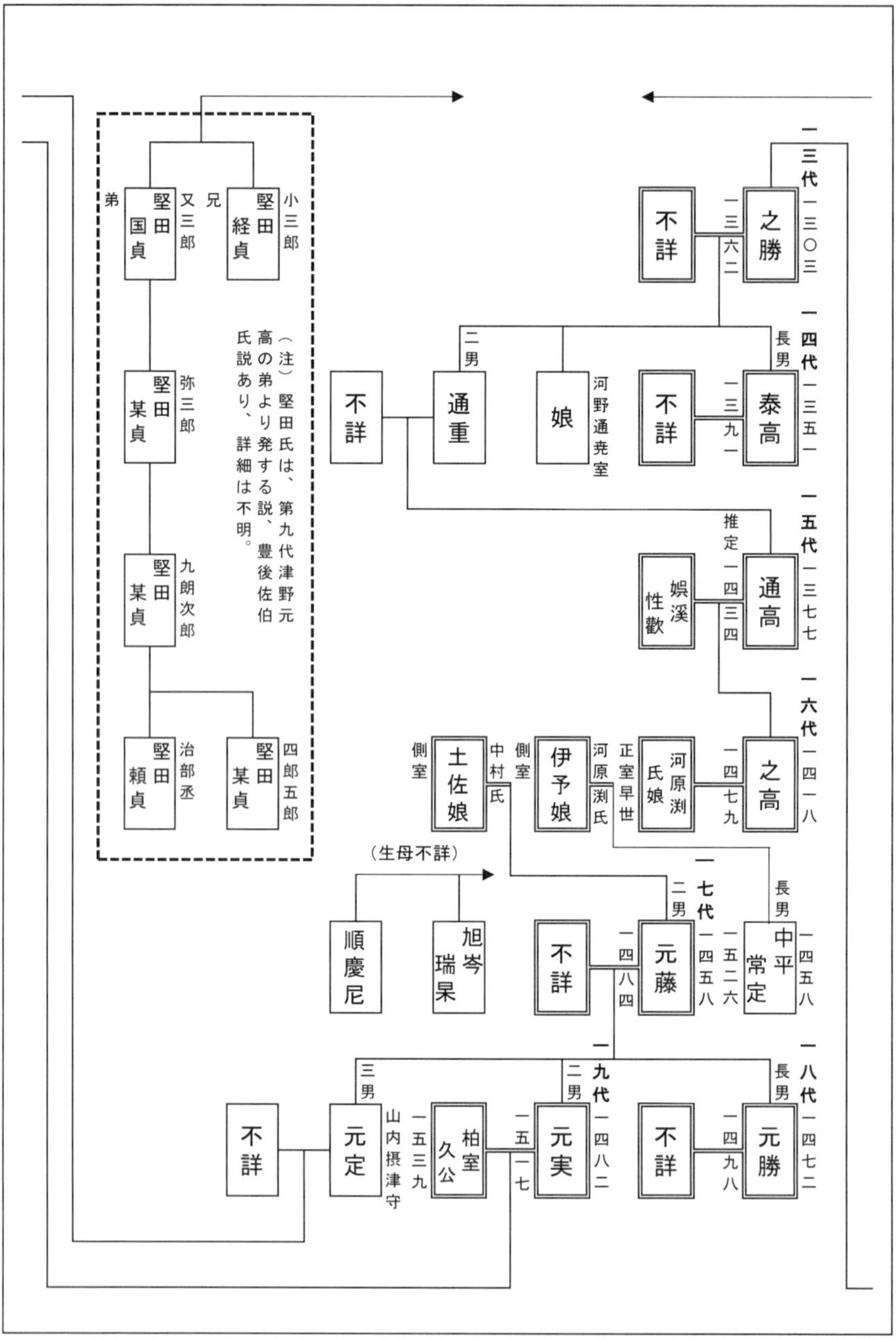
一三代 一三〇三
之勝 一三六二
不詳
一四代 一三五一
長男
泰高 一三九一
不詳
河野通尭室
娘
二男
通重
不詳
一五代 一三七七
推定
通高 一四三四
娯渓性歓
一六代 一四一八
之高 一四七九
河原渕氏娘 正室早世
伊予娘 河原渕氏 側室
土佐娘 中村氏 側室
長男
中平常定 一四五八 一五二六
一七代 一四五八
二男
元藤 一四八四
不詳
（生母不詳）
旭岑瑞杲
順慶尼
一八代 一四七二
長男
元勝 一四九八
不詳
一九代 一四八二
二男
元実 一五一七
柏室久公 一五三九 山内摂津守
三男
元定
不詳
小三郎 兄
堅田経貞
又三郎 弟
堅田国貞
弥三郎
堅田某貞
九朗次郎
堅田某貞
四郎五郎
堅田某貞
治部丞
堅田頼貞
（注）堅田氏は、第九代津野元高の弟より発する説、豊後佐伯氏説あり、詳細は不明。

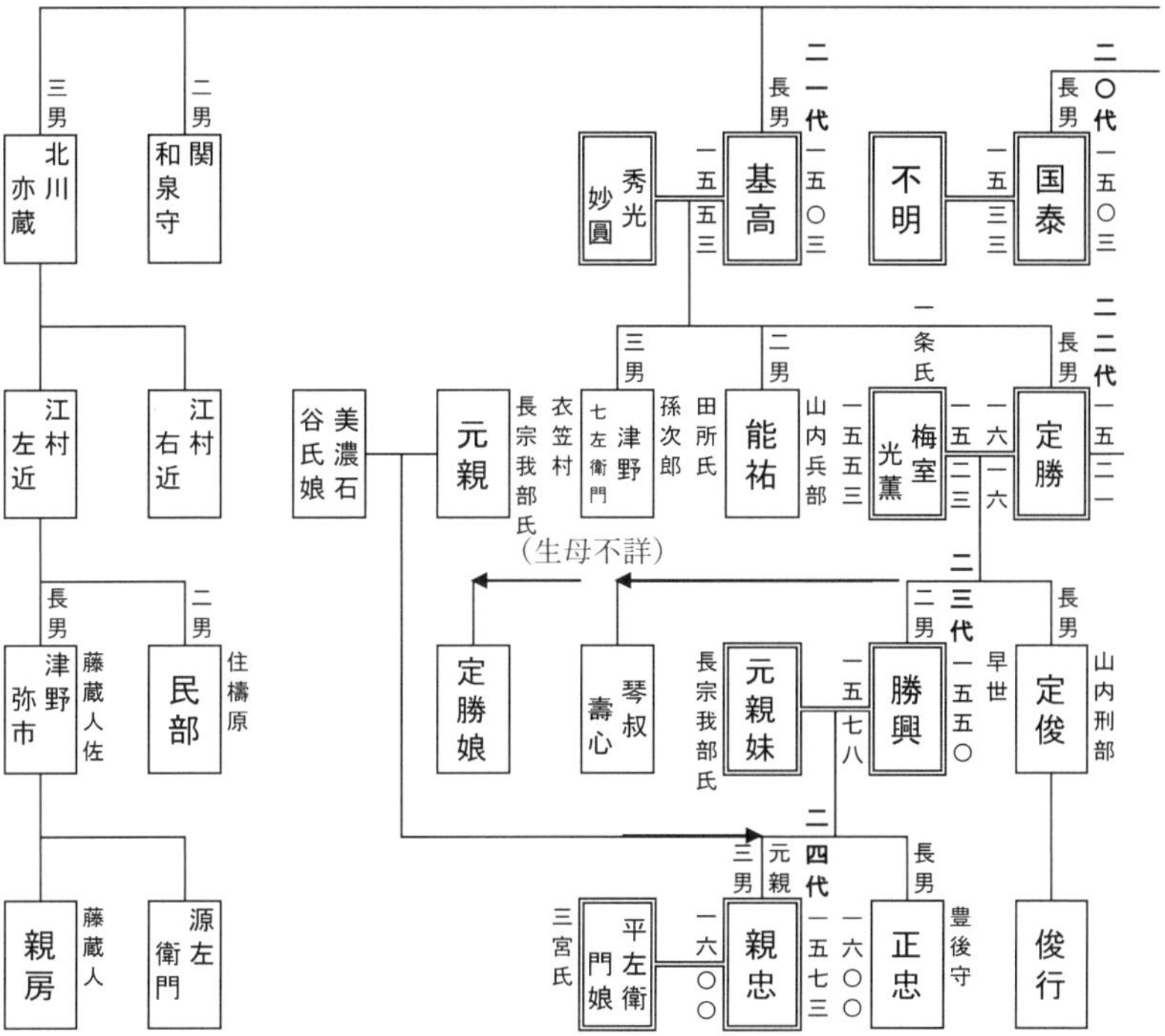

（備考）津野氏二十三代系図の中に、「之高は初め通高と名乗り、後に光高・之高と変えたが、生誕年は永和三年（１３７７年）で逝去年は永享三年（１４３１年）」というのが三種類ある。また、之高の逝去日は一つを除き全て三月四日とされているが、その一つが「正月一四日」となっており、これは別の人物の逝去日ではなないかと考えられる。通高の生誕年が本書『津野山鏡』による考証結果と一致するので、筆者はこれが第一五代津野通高その人の生没年月日としてかつて存在していた記録ではないかと推定できると考えている。但し、確定できるまでには至らないので、将来の考証課題として残す。

第一一章　義堂周信と絶海中津の事績

一一・一　夢窓疎石のこと

文保二年（一三一八年）、土佐国梼原村の中平では臨済宗海蔵寺の開山を祝う法会が厳かに執り行われていた。本堂内に響き渡る読経の声の主は、この年四四歳の夢窓疎石である。時の執権北条高時の母覚海尼による鎌倉への招請から逃れるために四国に渡った時のことであった。この当時の津野山は仏教が盛んであった地域であり、その地の僧侶か津野氏の当主満之の招聘を受け行脚したものと思う。海蔵寺の開山に当たり、夢窓疎石は京都で仏師に彫らせた十一面観音の木像をこの地に迎え入れた。この木像を京より運んだのは、使いの「エカツ」坊、俗名勘太郎で、背中に木版を入れその上に仏像を背負い運んだ。その木版に夢窓疎石が「放参」「止静」と書き留めたが、実物が現存している。読経の後には、法話が行われ、この法話に殊のほか熱心に耳を傾け感化された二人の若者がいた。高僧の法話を聴くために、三五里（約二〇千米）ほど東にある船戸から法会に参加していた津野氏の関係者で、のちに義堂周信と絶海中津の父親となる人物であった。因みに、夢窓疎石は自らの出自につき宇多天皇九世孫と称しており、この点においても津野氏とは縁深いものがあった。

（注）本書では中世から近代にかけての里程を使用し一里は〇・五四五千米とする。

夢窓疎石は建治元年（一二七五年）伊勢国に生まれた。母方は平氏であった。幼少時に出家したが、母方の一族の争いで甲斐国に移住することになった。九歳になった弘安六年（一二八三年）には、甲斐国市河荘内の天台宗寺院平塩寺（現在は廃寺）に入門して空阿に師事し、真言宗や天台宗などを学んだ。正応五年（一二九二年）、一八歳の時、奈良の東大寺で受戒する。翌永仁元年（一二九三年）、天台宗の碩学である明真の示寂に立ち会ったが、高僧が死に臨んで何も説かなかったことに、博学の明真でさえ仏法の大意を得ることができなかったのではないか、と疑問を抱いた。その後、京都建仁寺の無隠円範に禅宗を学び、その世界に没入していく。この頃、法諱を「疎石」、道号を「夢窓」と自称する。「法諱《ほうき》」とは、出家したときに師が授ける名前で出家者が守るべき戒律を受け入れる立場になったことを証明する名前である。僧侶における「道号」は、仏道を究めた僧侶につけられる尊称で法階ごとに師または先輩からつけられる。

夢窓疎石は、永仁三年（一二九五年）になると鎌倉に赴き、元弘三年（一三三三年）には北条高時以下北条氏一門が自害して果てることになる東勝寺の無及徳詮に学び、次に建長寺の葦航道然の教えを受けた。翌年には臨済宗円覚寺の桃渓徳悟に学んだが、桃渓の指示で再び建長寺に戻り痴鈍空性に師事する。しかし、結局は帰京して、禅宗における最初の師である建仁寺の無隠円範に再び参じる。正安元年（一二九九年）八月、二五歳の時には元国から渡来し鎌倉建長寺に移った一山一寧のもとで首座を務めるも嗣法《しほう》（法統の受け継ぎ）には及ばなかった。これは、日本語を解さない一山との間に、禅の細微まで理解することに困難を覚えたためという。その後も、修行を重ねその名声は高まっていった。


一三〇三年（嘉元元年）二九歳、鎌倉万寿寺の高峰顕日に禅宗を学ぶ。

一三〇五年（嘉元三年一〇月）三一歳、浄智寺で高峰から印可を受ける。

一三〇五年（嘉元三年）三一歳、甲斐国牧荘の浄居寺を創建する。

一三一一年（応長元年春）三七歳、人里離れた山中に龍山庵（後の天龍山栖雲寺）を結び隠棲する。

一三一三年（正和二年）三九歳、地方行脚を始め、美濃国に古谿庵を創建する。

一三一四年（正和三年）四〇歳、美濃国に観音堂（虎渓山永保寺）を開く。

一三一八年（文保二年）四四歳、土佐国五台山の麓に草庵吸江庵を開く。庵の名は夢窓が草庵の前に広

がる浦戸湾を「吸江」と命名したことに由来する。二年余りでこの地を離れたが、この時梼原も訪れた。（『檮原町史』他）

一三二五年（正中二年）五一歳、後醍醐天皇の要望で上洛、勅願禅寺の臨済宗南禅寺の住持となる。

一三二六年（嘉暦元年）五二歳、南禅寺住持を辞し、かつて鎌倉に自らが開いた瑞泉寺に戻り偏界一覧亭を建てる。のち、伊勢国で善応寺を開く。

一三二六年（嘉暦元年）～一三二九年（元徳元年）五二歳～五五歳、円覚寺に滞在する。第一四代執権北条高時や北条貞顕からの信仰を得る。

一三三〇年（元徳二年）五六歳、甲斐守護の二階堂貞藤（道蘊）に招かれ牧庄内に恵林寺を創建し、鎌倉中期の渡来禅僧蘭渓道隆以来になる甲斐国の教化に務める。

一三三三年（元弘三年・正慶二年）五九歳、鎌倉瑞泉寺に戻る。鎌倉幕府が滅亡。

一三三三年（元弘三年・正慶二年）五九歳、後醍醐天皇に招かれて上洛し、臨川寺の開山を行う。この時の勅使役が足利尊氏で、以後、尊氏も疎石を師と仰ぐ。

一三三四年（建武元年）六〇歳、再び南禅寺の住職となる。

一三三五年（建武二年）六一歳、後醍醐天皇から「夢窓国師」の国師号を授けられる。


夢窓疎石の禅風は、中国より伝来の純粋禅ではなく、日本の伝統的仏教である天台宗や真言宗とも親和性の高い折衷主義的な禅風であった。そのため、臨済禅の主流派（応燈関派）にこそなれなかったものの、幅広い層からの支持を受けた。たとえば、後醍醐天皇に続き、武家である室町幕府初代将軍の足利尊氏・直義兄弟からも崇敬された。

禅僧としての業績の他、禅庭・枯山水の完成者として世界史上最高の作庭家の一人であり、夢窓疎石の設計した天龍寺庭園と西芳寺庭園が「古都京都の文化財」の一部として世界遺産に登録されている。

夢窓疎石の禅庭は、二条良基の連歌や世阿弥の猿楽（能楽）とともに、わび・さび・幽玄として以降の日本における美の基準を形成した重要な要素となっている。後醍醐帝の鎮魂のために建立された天龍寺の造営にあたっては、直義との協議のもと元国に天龍寺船を派遣してその儲けによって造営費用を捻出するなど、商売人としての才覚もあった。さらに、五山文学の有力漢詩人であり、和歌においても勅撰和歌集に一一首が入集するなど文学史上でも足跡を残している。

このような夢窓疎石に感化され国師を師と仰ぎ、義堂周信と絶海中津は仏教界で活動することになる。

一一・二　義堂周信と絶海中津の足跡

伊勢の血筋を受け継いだのか津野氏は文教の一族でもあった。津野氏の文教を代表する人物が、義堂周信と絶海中津である。義堂周信は、正中二年閏一月一六日（一三二五年）に津野山郷船戸（現津野町船戸）に生まれた。津野氏一族とも言われているが、父親は源氏とも平氏とも、母親は藤原氏（津野氏）と記すものがあるが定かではない。「義堂」は道号、「周信」は戒名であり、別に「空華道人」とも号する。義堂の祖父は、法灯円明国師に学び参禅し国師から『臨在録』を与えられ、父親もまた儒釈の教を深く学んだと叔父の周念道人が述べている。義堂は仏教的な教養が相当高い家庭に生まれ育った。七歳の時には、小学に入り松園寺浄義大徳に師事し『法華経』を読んだ。この時代にこの津野山の地に学校（恐らく有力氏族の子弟教育機関）があったことは特筆に値する。さらに、八歳で『臨済録』を読んだとされる。義堂周信が一四歳の延元三年・暦応元年（一三三八年）、一族の者が横死するのにあい仏門に入る意思を固め松園寺で剃髪する。初め天台密教を学ぶが後禅宗に改宗する。

絶海中津は、建武三年一一月一三日（一三三六年）に同じく津野山郷船戸に生まれた。父親は津野氏一族、母親は惟宗氏一族である。絶海中津の年譜である『仏智広照浄印翊聖国師年譜』の建武三年（一三三六年）の条に曰く、「絶海は建武三年（一三三六年）一一月一三日土佐国津野に生まれ、父は藤原氏、母は惟宗氏の出身である」。意味するところは、父は藤原氏出身の津野氏一族、母は安芸郡の惟宗氏より分れ越知・仁淀方面を領していた別府氏の一族出身と理解できる。絶海の生まれた南北朝初期当時、津野氏も別府氏も北朝方として共に戦い、その領地も接していた。「絶海」は道号、ほかに「要関」「堅子」など多数ある。「中津」は法諱である。「蕉堅道人」とも号する。興国四年・康永二年（一三四三年）、絶海中津八歳の時、下半山の円通寺で学ぶが同寺が祖先の浄財で建立されたことを知り、発心して剪髪し仏道を志す。この時代半山には、繁国寺、円通寺、松園寺、聖音寺等が建ち、これらに囲まれた環境と信心深い父母に育てられたことは、両僧を仏の道に誘うには十分であっただろう。

それでは、義堂周信と絶海中津のその後の足跡を編年体で辿ってみることにする。編年体にする理由は、二人の僧の足跡を同時にたどるのに適しており、また時系列でみることで推移と相互の関係がよく理解できると考えたからである。尚、義堂周信と絶海中津の漢詩に親しみたい方は、世の中に関連の出版物が沢山あるので、それらをご活用ください。

一三三九年（延元四・暦応二年）義堂周信（一五歳）、商船にて上京し比叡山（天台宗）にて受戒する。土佐に帰国後、佐川新福寺の道円阿闍梨に密教を学ぶ。

一三三九年（延元四・暦応二年）夢窓疎石（六五歳）、幕府の重臣（評定衆）である摂津親秀（中原親秀、藤原親秀）に請われ、西芳寺の中興開山を行う。

一三四一年（興国二・暦応四年）義堂周信（一七歳）、叔父の周念道人に従い上京し、臨済宗臨川寺にて夢窓疎石に謁見する。衣を更え禅宗に帰依し、夢窓国師に師事し周信と安名される。のち室町幕府第三代将軍足利義満の参禅を指導し、五山の正統的な学風を伝えた。「安名（あんみょう）」とは、新しく得度受戒した僧に法諱を付与すること。

一三四二年（興国三・康永元年）夢窓疎石（六八歳）、足利尊氏に対し臨済宗天龍寺の創建とその資金調達のための天龍寺船の元国への派遣を献策し受け入れられる。南朝の後醍醐天皇は延元四・暦応二年（一三三九年）に崩御するが、北朝の将軍足利尊氏は敵味方の立場を超え、菩提を弔うため天龍寺創建を決定する。尊氏が後醍醐天皇の怨霊に悩まされていたともいわれる。

平安時代初期、嵯峨の地には橘嘉智子（嵯峨天皇の皇后）が開いた檀林寺があった。その後、約四世紀を経て荒廃していた檀林寺の地に後嵯峨天皇とその第三皇子の亀山天皇は大覚寺統（亀山天皇の系統）の離宮を営み、「亀山殿」と称した。足利尊氏が後醍醐天皇の菩提を弔うため、北朝の治天である光厳上皇に奏請し、院宣を以て離宮であった亀山殿を寺に改めたのが天龍寺である。天龍寺は幾度となく火災に見舞われている。

一三五八年（正平一三・延文三年一月）、伽藍が焼失（一回目の大火）。

一三六七年（正平二二・貞治六年二月）にはまたも伽藍が焼失する（二回目の大火）。

一三七三年（文中二・応安六年九月）に仏殿、法堂、三門などが焼失する（三回目の大火）。

一三八〇年（天寿六・康暦二年一二月）には庫裏などが焼失する（四回目の大火）。

一四一〇年（応永一七年）以来、京都五山の第一位として栄え、寺域は約九五〇万平方米、現在の嵐電帷子ノ辻駅あたりにまで及ぶ広大なもので、子院一五〇ヶ寺を数えたという。しかし、前述した幾度かの大火に被災したことで、創建当時の建物はことごとく失われた。

一四四七年（文安四年七月）には伽藍が焼失する（五回目の大火）。

一四六八年（応仁二年九月）、応仁の乱に巻き込まれてまたも伽藍が焼失する（六回目の大火）。

一五八五年（天正一三年）には豊臣秀吉により寺領一、七二〇石が寄進される。

一五九六年（文禄五年）の慶長伏見地震で建物が倒壊する。

一六〇四年（慶長九年）には徳川家康により寺領七、〇二〇石が安堵される。


一三四二年（興国三・康永元年）義堂周信（一八歳）、渡元の志を持つも病で断念する。師である夢窓疎石の献策による天龍寺船に乗って渡元しようとしたが、果たせなかった。

一三四三年（興国四・康永二年）夢窓疎石（六九歳）、京都嵯峨野に天龍寺を建立、開山僧となる。

この頃、義堂周信は夢窓国師のそばで指導を受けていた。その頃のこと、ある日国師が上堂し弟子達と禅問答をした。ところが義堂は群を抜いて問話《もんわ》し機鋒捷速《きほうしょうそく》で皆を驚かせた。国師は下坐して義堂に紫扇を与え、そして皆に向かって「唯此の一柄、一生受用し尽くさず」（「この紫の扇子（悟りの象徴として与えたもの）一本は、一生用いても尽きないものである」）と言ったということである。『東津野村史』

一三四三年～一三五〇年（正平五・観応元年）義堂周信（一九歳～二六歳）、臨済宗東福寺の虎関師錬（一三四六年没）他に諸学を学ぶ。

一三四七年（正平二・貞和三年）義堂周信、（二三歳）、中国の宋・元王朝の高僧の五言絶句、七言絶句を撰集し『貞和集』を著した。義堂の詩才は既に開花していた。

一三四八年（正平三・貞和四年）絶海中津（一三歳）、上洛して天龍寺に入り修行を始める。

この頃の逸話がある。ある月の晩、夢窓国師が禅定に入っていると朗々と音読する者がある。座禅より立った国師は声をたよりに行ってみると可愛らしい少年絶海であった。そこで灯下に呼んできて、その本をふせ今のところを暗誦させると、一字も間違えず朗々と暗誦した。驚いた国師は役僧を呼んで「この子はなかなか見どころのある人物だ。将来かならず大物になるだろう。味噌摺りや掃除に使わぬようにし、心のままに文字を習わせるようにしなさい」と命じた。これを聞いていた絶海はすぐに国師にむかって、「禅の教は不立文字、教外別伝と聞いております。道は趙州和尚の教えられたとおり洗鉢の中に掃除の中にあると信じます。私に文字ばかり習えとは、先生のお言葉とも受け取れませぬ」と申し上げたので夢窓も一本やりこめられ益々その偉器であることに驚いたということである。『東津野村史』

一三四九年（正平四・貞和五年八月）夢窓疎石（七五歳）、観応の擾乱（足利政権内の内部抗争、将軍尊氏派閥、実権を持っていた弟直義派閥、執事高師直派閥の争い）で高師直と足利直義の間の調停を行う。

一三五〇年（正平五・観応元年）絶海中津（一五歳）、剃髪し夢窓疎石に仕える。

一三五一年（正平六・観応二年九月三十日）絶海中津（一六歳）、夢窓疎石より受戒し大僧となる。

一三五一年（正平六・観応二年九月三十日）夢窓疎石、入寂（享年七七歳）。

一三五二年（正平七・文和元年）義堂周信（二八歳）、天龍寺の監寺（かんす）となる。のち病を得て土佐に帰り吸江庵にて静養する。

一三五三年（正平八・文和二年）義堂周信（二九歳）絶海中津（一八歳）、臨済宗建仁寺の龍山徳見の門下に入り共に教えを受ける。そのもとで元僧古林清茂の「金剛幢下」の禅風を学ぶ。古林は、金剛幢（こんごうとう）と号していたためその名に因んで門弟たちを「金剛幢下」と呼んだ。この参学はのちの詩風および文学の志向に影響を与える。義堂周信はやがて、諸祖師の偈頌（仏の功徳をたたえる歌）を集め分類した『貞和類聚祖苑聯芳集』を編纂する。

一三五四年（正平九・文和三年）絶海中津（一九歳）、龍山が臨済宗南禅寺に移ったため、新たに赴任してきた大林善育のもとで教えを受け、そのもとで湯薬侍者を務める。

一三五五年（正平一〇・文和四年）絶海中津（二〇歳）、建仁寺東堂の放牛和尚を助けて八坂法観寺にて説法する。

一三五七年（正平一二・延文二年）義堂周信（三三歳）、再び天龍寺の監寺となる。

一三五八年（正平一三・延文三年一月）義堂周信（三四歳）、天龍寺が焼失する。再建勧化のために奔走する。のち再び土佐に帰り天龍寺再興の勧化に努める。


一三五九年（正平一四・延文四年）義堂周信（三五歳）、法兄春屋妙葩の命を受け、鎌倉公方の足利基氏の招聘に応ずる形で鎌倉へ下向し、臨済宗円覚寺派瑞泉寺に入る。以後凡そ二〇年間鎌倉で活動する。基氏や関東管領の上杉氏などに禅宗を教え、基氏の没後に幼くして鎌倉公方となった足利氏満の教育係も務める。この間、義堂と絶海は絶やすことなく連絡を取り合った。

一三六〇年（正平一五・延文五年）義堂周信（三六歳）、観中中諦を鎌倉に迎える。観中中諦は、一三四二年（興国三・康永元年）阿波国生まれの臨済宗の僧で相国寺九世となる。九歳の時に京都に上り夢窓疎石に師事するが、翌年夢窓が示寂し、以後義堂周信や春屋妙葩の指導を受けた。一三七三年（文中二・応安五年）、義堂の勧めで元に渡るが、紅巾の乱後の混乱のためまもなく帰国した。

一三六三年（正平一八・貞治二年）義堂周信（三九歳）、上京し夢窓国師の十三回忌に参列する。

一三六五年（正平二〇・貞治四年）絶海中津（三二歳）、鎌倉へ赴き、臨済宗建長寺の青山慈永のもとに入る。大喜法忻（諡号仏満禅師）にも厚遇される。そこでは蔵主・焼香侍者を務める。

一三六五年（正平二〇・貞治四年五月）義堂周信（四一歳）絶海中津（三〇歳）、義堂は不聞契聞に請われ相模国臨済宗善福寺の第一座となり、絶海はその入院に当たり衣鉢侍者を務める。

一三六五年（正平二〇・貞治四年六月）絶海中津（三〇歳）、関東を去る。

一三六六年（正平二一・貞治五年）義堂周信（四二歳）、母親の訃報を受ける。

一三六七年（正平二二・貞治六年）義堂周信（四三歳）、鎌倉臨済宗瑞泉寺に住む。足利基氏が没す。

一三六八年（正平二三・応安元年二月）絶海中津（三三歳）、明国に渡海し寧波に上陸し杭州の中天竺寺に入る。その後も霊隠寺、護聖万寿寺などに赴いて用貞輔良ら明の高僧らと出会い教えを受ける。季潭宗泐からは、絶海の号を受ける。この年正月に、朱元璋（太祖洪武帝）が南京にて明を建国していた。

一三七一年（建徳二・応安四年）義堂周信（四七歳）、関東管領上杉能憲に請われ鎌倉城北に報恩寺を開く。

一三七二年（建徳三・応安五年）義堂周信（四八歳）、この頃健康がすぐれずたびたび熱海に湯治に出かける。

一三七二年（建徳三・応安五年五月）絶海中津（三七歳）、明の太祖洪武帝は、京都の北朝を正当な政権と認め、入貢を促すとともに倭寇の取締りを求め、仲猷祖闡と無逸克勤を使節として日本に派遣した。この際、留学中であった椿庭海寿と権中中巽を通詞として同行させている。明は、建国当初の一三六九年（応安二年）に日本に送り込んだ使節が、南朝方の九州における征西将軍宮懐良親王と交渉を持ったため、長らく懐良親王を日本国王とみなしていたが方針を転換する。

一三七三年（文中二・応安六年一一月一七日）義堂周信（四九歳）、報恩寺住持の五桂梵芳に請われ新たな道号として玉畹を与え玉畹梵芳と号させる。玉畹梵芳は、義堂周信から詩を学び、後に水墨画に専念し初期画僧（絵仏師）としても名を残した。日本で最初に「画僧」という語が用いられたのは義堂周信の『空華日用工夫略集』であるとされている。

一三七五年（天授元・永和元年七月）絶海中津（四〇歳）、留学僧権中中巽国師の碑銘撰文（文章作成）を無逸克勤を介して宋景濂（元末明初の政治家・儒学者・文学者）に依頼したが、無逸はこれを洪武帝に奏上する。洪武帝は、宋景濂に撰文を命じる。権中中巽は、明が一三七二年（応安五年）に日本に送り込んだ使節の通詞として一時帰国しているが、再入国後に明で亡くなる。

一三七六年（天授二・永和二年）絶海中津（四一歳）、明国年号洪武九年に明の太祖である洪武帝（朱元璋）から謁見を許され御前で詩を賦した。絶海は洪武帝との面会のため明国の都南京を訪れた。皇帝は日本の地図を指して熊野の古跡について質問した。さらに、これを題材にして詩を作るように命じたのであった。絶海は、秦の始皇帝が不老不死の妙薬を求めて徐福を東方の三神山に航海させたという伝説を題材に、即座に次の詩を書して奉った。

応制賦三山　　　　　制して応ふ三山の賦
熊野峰前徐福祀　　　熊野峰前徐福の祀
満山薬草雨余肥　　　満山の薬草は雨余に肥えたり
只今海上波濤穏　　　只今海上波濤穏なり
万里好風須早帰　　　万里好風須く早帰すべし
（註、三山は当方の三神山と熊野三山（熊野本宮大社・熊野速玉大社・熊野那智大社）の掛詞か）
（要約）
熊野には徐福の祠もあり、山全体に（不老不死の）薬草が繁っている（日本はこのように良い国である）。今は波も穏やかで、風も好いので私も日本に早く帰りたいものである。

太祖朱元璋は、喜び次の詩で応えた。
御制賜和　　　　　　制して御し和を賜う
熊野峰高血食祠　　　熊野の峰は高し血食の祠
松根琥珀也応肥　　　松根の琥珀また応じ肥ゆべし

当年徐福求仙薬　　その年徐福は仙薬を求めしに
直到如今更不帰　　直ちに如今（じょこん）到るも更に帰らず

（要約）

熊野の峰は高く生贄の祠があり、そのためか松の根元の琥珀もまた豊富である。徐福はその妙薬を求めて行ったきり帰ってこない。（日本は帰りたくなくなるほど良い国であったのか）

この時絶海中津は太祖朱元璋より、僧伽梨・鉢多羅・茶褐裰等を賜った。


一三七八年（天授四・永和四年三月）絶海中津（四三歳）、明国から帰国、天龍寺の性海霊見のもとに身を寄せる。のち洛西の雲居庵に三年ほど住む。この明への渡海では多くの高僧らと出会ったことで、俗的詩文の風と四六文の技法を身につけたと言われている。また、このような明への渡海後は、かつての師匠である夢窓と同じく、日本における政治家や武将たちからも一目を置かれる存在と見なされるようになる。性海霊見は、一三四三年（興国四年・康永二年）元へ渡り、のち帰国すると足利義詮に招かれ京都三聖寺の住持となる。そののち東福寺、天龍寺、南禅寺などの住持を歴任した。

一三七八年（天授四・永和四年一〇月一五日）義堂周信（五四歳）、姪が土佐より鎌倉に来て父親（九一歳）の訃を知らされる。

一三七九年（天授五・康暦元年）義堂周信（五五歳）、法兄春屋妙葩の招きにより上洛し建仁寺に入る。

一三八〇年（天授六・康暦二年四月四日）義堂周信（五六歳）、足利義満の招きで建仁寺に寓居する。四月二九日、観中中諦が四国より上洛し建仁寺に義堂を訪ねる。九月三〇日に臨済宗等持寺の住持となり建仁寺を退き、一〇月一七日に等持寺に住み始める。
（注）「住持」とは「住持職」「住職」とも呼ばれ、一寺院を管掌する僧侶のことである。宗派によ

り呼称が異なる。

等持院は、一三四三年（興国四・康永二年）に夢窓疎石を開山僧として、足利尊氏によって等持寺の別院として建立された臨済宗の寺院で、最初は北等持寺と名付けられていた。これには異説がある。開山年代は不明であるが、残る記録文書からすると室町幕府成立の一三三六年一一月から一三三九年七月の間と推察される（足利直義の同寺に対する寄進状）。夢窓疎石が開山というのは足利尊氏が改竄《かいざん》させたもので、実際は、古先印元であったというもの。足利氏の尊崇と保護を受けたが、室町幕府と深い関わりのある寺院だけに盛衰も激しかった。

一三五八年（正平一三・延文三年一月）、足利尊氏が亡くなり、別院北等持寺に葬られると北等持寺は尊氏の墓所となり、尊氏の戒名をとって名称を「等持院」と改称、足利将軍家の菩提寺となる。

一三八二年（弘和二・永徳二年）に足利義満により相国寺が創建されると次第にその役割が取って代わられた。

一四五七年～一四六〇年（長禄年間）、火災に見舞われる。

一四六七年（応仁元年）からの応仁の乱で柳馬場の本寺等持寺が焼失したため、別院等持院は本寺の等持寺を合併した。しかし、室町幕府の衰退に伴って次第に衰微していった。等持寺と等持院は混同され同一視されがちであるが、別の寺である。

一六〇六年（慶長一一年）、豊臣秀頼により片桐且元を奉行として再興される。その後、江戸幕府により寺領三二六石が安堵される。

一三八〇年（天授六・康暦二年）義堂周信（五六歳）絶海中津（四五歳）、京都にて再会する。

一三八〇年（天授六・康暦二年）絶海中津（四五歳）、天龍寺に入り第一座となる。播磨守護として勢威を振るう赤松則祐より菩提寺である播磨国臨済宗法雲寺の住持として招聘されたが、絶海はこれを謝絶して則祐には留学生仲間の汝霖良佐を推挙し、自らは甲斐国臨済宗慧林寺に赴任する。
汝霖良佐にも逸話がある。渡明の際も帰国の際も絶海中津と汝霖良佐は同じ船に乗っていた。明の太祖朱元璋に拝謁した時も両僧は同席しており、二人ともに太祖より作詩を命じられた。汝霖は、漢詩の律詩を構成しようと構想中に絶海に先んじられてしまい、心中穏やかではなかった。そのため、帰国の船で絶海のもらった賜賞の品々を海中に投げ捨ててしまったのであった。絶海は、これを怨むことなく、後年このように汝霖を赤松氏の菩提寺に推挙し賀している。『東津野村史』
絶海中津は、その後足利義満の外交僧も勤め、土佐人らしく、自分の考えをはっきりという人間であったが、人格者的側面も具えていたようである。

一三八一年（弘和元・永徳元年）義堂周信（五七歳）、足利義満のため孟子を講じる。

一三八二年（弘和二・永徳二年五月一〇日）義堂周信（五八歳）、臨済宗大徳寺の大慈院を兼任する。

一三八二年（弘和二・永徳二年）絶海中津（四七歳）、甲斐国慧林寺を退院し、京に上る。

一三八二年（弘和二・永徳二年）義堂周信（五八歳）、第三代将軍足利義満の臨済宗相国寺建立に貢献する。その名称は、開基である足利義満が唐名では「相国」と呼ばれる職である左大臣に任じられていたことから春屋妙葩が相国寺を推し、また義堂周信が明には五山制度の始まりの寺院である大相国寺があり、それにあやかって相国寺を推したことから「相国寺」と名付けられた。義満は、禅の師であった春屋妙葩に開山僧となることを要請したが、妙葩はこれを固辞し妙葩の師夢窓疎石を開山とするなら自分は喜んで二世住職になると返したため、疎石が開山となった。もっとも、二世住職妙葩も相国寺伽藍の完成を見ずに嘉慶二年（一三八八年）に没している。三世住職にはもう一人の禅の師である義堂周信の推挙によって空谷明応が任じられた。空谷は三度住持を務める。

津野氏とも縁の深い相国寺も歴史の荒波にもまれている。

一三八六年（元中三・至徳三年）には義満によって京都五山と鎌倉五山が改めて制定され、相国寺は京都五山の第二位に叙された。

一三九二年（元中九・明徳三年）になって相国寺はやっと竣工した。

一三九四年（応永元年）相国寺伽藍完成の二年後、火災で伽藍が全焼した。空谷明応は義満に乞われて住職に復帰して再建にあたった。

一四〇一年（応永八年三月五日）、義満は相国寺を京都五山の第一位に昇らせた。

一四〇七年（応永一四年）頃に寺は復興を果たした。この頃には塔頭（たっちゅう）が五〇寺ほどもあり隆盛を誇っていた。

一四一〇年（応永一七年二月二八日）、義満没後に相国寺の京都五山の序列は第二位に戻された。

一四二五年（応永三二年）に再び火災で全焼した。

一四六三年（寛正四年）に復興した。

一四六七年（応仁元年）には相国寺が応仁の乱の細川方の陣地とされたため、そのあおりを受けて全焼した（相国寺の戦い）。その後、再建が進められた。

一五五一年（天文二〇年）に細川晴元と三好長慶の争いに巻き込まれて全焼した（相国寺の戦い）。

一五八四年（天正一二年）、相国寺の中興の祖とされる西笑承兌が住職となり、復興を進めた。

一六〇五年（慶長一〇年）豊臣秀頼は相国寺法堂を建立した。これが現存する法堂である。


一三八三年（弘和三・永徳三年三月）絶海中津（四八歳）、第三代将軍足利義満に命じられ甲斐国から帰京し天龍寺に帰る。義堂に伴われ足利義満に謁見する。

一三八三年（弘和三・永徳三年八月二一日）義堂周信（五九歳）、鎌倉臨済宗円覚寺内の塔頭黄梅院の塔主となる。黄梅院は第一五世夢窓疎石（夢窓国師）の塔所であった。

一三八三年（弘和三・永徳三年九月）絶海中津（四八歳）、義満は安聖寺をどかせて相国寺内に塔頭鹿苑院を創建し、そこに絶海を住持として赴任させた。しかし義満と次第に対立するようになる。

一三八四年（元中元・至徳元年六月）絶海中津（四九歳）、摂津国銭原（現茨木市銭原）の山中に隠棲する。絶海中津の隠棲地は、伊勢が隠棲した摂津国嶋上郡古曽部（現高槻市奥天神町）から直線距離で一〇千米程度ほどの距離である。絶海中津は、伊勢の加護を願ったのかもしれない。

　高槻市にある伊勢の隠棲地の跡には伊勢寺が建っている。金剛山象王窟と号して曹洞宗に属し、聖観世音菩薩像を本尊とする。伊勢寺は平安時代に創建されたと伝えられており、本尊観世音菩薩像は、戦禍に耐え風雪にも侵されず、平安の頃そのままの温容な面持ちを保っている。戦国時代には、高槻城主でキリシタン大名の高山右近が織田信長に攻められた天正の頃、兵火に焼かれ、当時の住職東雲和尚は、わずかに草庵を建てて寺名を伝えた。江戸時代の元和年間（一六一五年〜一六二四年）、宗永和尚が寺を継いでから寺運大いに栄えたとのことである。

　伊勢を祀る伊勢廟堂は本堂の西側、境内墓地の中腹にあり、昔は古墳であったと伝えられているが、現在は小さな廟堂の中に自然石をまつり、伊勢を偲んでいる。碑は慶安四年（一六五一年）、高槻城主の永井直清が建立した。碑の文章は幕府の大学頭・儒学者林羅山が書き、直清はその前年に能因法師（平安時代中期の僧侶・歌人、俗名は橘永愷（たちばなのながやす））を顕彰しており、能因が慕っていたという伊勢と寺名を結びつけた伝承をもとにして、これを顕彰したといわれている。

一三八四年（元中元・至徳元年九月）義堂周信（六〇歳）、南禅寺の塔頭上生院を主管する。上生院は、第九世住職夢窓疎石の塔頭であった。

一三八五年（元中二・至徳二年二月）義堂周信（六一歳）、北朝第六代後小松天皇の勅命を受け南禅寺

の住持に就任し三月二〇日に入寺する。南禅寺内の塔頭慈氏院に住む。南禅寺は勅願禅寺であるため、住持の人事は勅命によったもの。

一三八五年（元中二・至徳二年四月）絶海中津（五〇歳）、義満の追跡をさらに受けたため有馬温泉にある牛隠庵に逃れる。

一三八五年（元中二・至徳二年七月）絶海中津（五〇歳）、細川頼之の招聘を受けて四国に渡り、細川氏の四国支配の拠点であった讃岐国鵜足津（現宇多津町）に滞在する。頼之は絶海を迎え入れるために鵜足津に普済院と旦過庵を建てた。絶海中津は、阿波国では大雄山に宝冠寺を開山し、讃岐では宝海寺を開いた。また、この時に師匠夢窓疎石の遺跡といわれる土佐国五台山の吸江庵を再興した。さらには、故郷津野山の地梼原を訪れ中平の海蔵寺（梼原長林寺を継承）を中興した。

一三八六年（元中三・至徳三年二月）絶海中津（五一歳）、義満は後悔し絶海を許す。再びの上洛を命じられる。同年三月に義満と謁見した絶海は、等持寺に入る（住職）。この時、まず義堂が義満に絶海の近況を伝え赦免を促し、義満が周東を使者に送るが病気といって帰洛を断られ、さらに細川頼之を介して説得し、やっと都に戻ってきたとのことである。

一三八六年（元中三・至徳三年七月一〇日）義堂周信（六二歳）絶海中津（五一歳）、将軍足利義満は、義堂と絶海らの意見を入れ、南禅寺を別格として「五山之上」とし、京都の天龍寺、相国寺、建仁寺、東福寺、万寿寺、鎌倉の建長寺、円覚寺、寿福寺、浄智寺、浄妙寺をそれぞれ五山に決定しその後の五山制度の根幹とした。尚、日本に於いては、五山制度は主に臨済宗の制度である。また、義満が勅願時である南禅寺を「五山之上」としたのは、自らが建立した相国寺を五山の第一とするためといわれている。

一三八六年（元中三・至徳三年七月一六日）義堂周信（六二歳）、南禅寺の住持を辞任する。

一三八六年（元中三・至徳三年一〇月二二日）義堂周信（六二歳）、常在光院に住む。常在光院は、建武年間に足利尊氏が夢窓疎石を招いて創建した臨済宗寺院であった。現在の知恩院一帯にあったが、応仁の乱で被害を受け、江戸時代の知恩院再建の際に廃絶となり、知恩院に統合された。

一三八六年（元中三・至徳三年）絶海中津（五一歳）、古幢周勝が等持寺に訪ねてくる。古幢周勝は、京都出身で細川頼之の養子となり臨済宗の僧となる。京都天龍寺の不遷法序や義堂周信、絶海中津らに学ぶ。各地を歴遊後、応永二六年（一四一九年）第四代将軍足利義持の命で相国寺の住持につく。のち南禅寺などの住持も勤める。

一三八七年（元中四・嘉慶元年）（推定）義堂周信（六三歳）、建仁寺住職となる。建仁寺も京都五山の一寺として歩んできた。

一一九一年（建久二年）臨済宗を日本に伝えた栄西、二度目の渡宋より帰国する。

一二〇二年（建仁二年）、栄西、鎌倉幕府二代将軍源頼家の援助を得て、元号を寺号とし、京都における臨済宗の拠点として建仁寺を建立する。創建当時の建仁寺は真言院・止観院を構え、天台・真言・禅宗の三宗並立であった。これは当時の京都では真言、天台の既存宗派の勢力が強大だったことが背景にある。

一二四六年（寛元四年六月）、翌一二四七年（寛元五年）、そして一二五六年（建長八年七月）に焼失し衰微する。

一二五八年（正嘉二年五月）、東福寺開山の円爾（聖一国師）が建仁寺に入寺し仏殿などを復興する。

一二五九年（正元元年）には宋僧の蘭渓道隆が一一世住職として入寺し、臨済禅道場となりこの頃から純粋禅の寺院となる。

一二六五年（文永二年）には臨済禅寺となり、寺名を建寧寺に改名する。

一三四〇年（興国元年・暦応三年一〇月）、佐々木道誉による妙法院焼き討ちの際に輪蔵、開山堂、塔頭瑞法庵などが類焼する。

一三四二年（興国三・康永元年）寺名を建仁寺に戻す。

一三八六年（元中三・至徳三年）足利義満の制定した五山制度により京都第三位の寺院となる。

一三九七年（応永四年一一月）、焼失。

一四六七年（応仁元年）頃、応仁の乱に巻き込まれて焼失する。

一四八一年（文明一三年）再度炎上する。建仁寺は火災が多く創建当時の建物は残っていない。

一五七三年～一五九二年（天正年間）安国寺恵瓊が復興に努め、江戸時代にも修理が継続される。

一六一四年（慶長一九年）徳川家康により寺領八二〇石が安堵される。


一三八八年（元中五・嘉慶二年）義堂周信（六四歳）、病を得て有馬温泉に入湯するも不治を覚り、自ら碑銘を作り龕《がん》（位牌の仏壇または棺桶）を造る。一か月余りで帰京し絶海と会い、掩土（土葬）と『貞和類聚祖苑聯芳集』の再版のことを遺言する。

一三八八年（元中五・嘉慶二年三月一〇日）義堂周信（六四歳）、南禅寺上生院塔主、常在光院座持を辞任する。

一三八八年（元中五・嘉慶二年四月四日）義堂周信、入寂（享年六四歳）。

著作：『空華日用工夫略集』（日記）、『義堂和尚語録』、『空華集』、『貞和類聚祖苑聯芳集』、『東山外集抄』など。

遺墨：黄梅院華厳塔勧縁疏（神奈川・黄梅院蔵、重要文化財、至徳四年・一三八七年筆）。

住職暦：建仁寺五五世、南禅寺三八世・四四世、東福寺三八世、等持寺五世。

一三八九年（元中六年・康応元年三月）絶海中津（五四歳）、室町幕府第三代将軍足利義満の宮島厳島

神社へ参詣の旅に随行する。この参詣は山陽道の武将たちに将軍の威厳を示すとともに九州の南朝勢力を牽制し、また康暦の政変（一三七九年）により讃岐宇多津に下った武蔵入道（細川頼之）と対面し和解するためでもあった。絶海は義満と頼之の和解を仲介していた。この旅の紀行記が二つ残っている。今川貞世（了俊）による『鹿苑院殿厳島詣記』と元綱（人物不詳）の『鹿苑院西国下向記』である。前者の執筆時期は不明であるが、後者は旅の半年後の康応元年九月二五日夜となっている。この二つの紀行記に基づき旅程を辿ってみる。紀行記を読むと、絶海中津も全旅程で随伴しており、間接的ではあるが義満を通して彼の三週間ほどの動きを知ることができる。尚、今川貞世の乗った船は義満の乗った御座船と同行しているが、元綱の乗った船は少し先行する場合がある。義満が来航することを事前に告げて、準備を行わせるための前触れ船ではなかったかと推察する。以下は、義満の御座船の位置を中心に記述する。

三月四日、丑・寅の刻（正刻で夜中の二時・四時）、義満は京を出発し陸路で兵庫津（現神戸港）に向かう。途中摂津国宿河原（現茨木市宿川原）で昼休みをとり申刻（一五時～一七時）に兵庫和田浜（現神戸市和田）に到着する。ここには、四国の鵜足津から細川頼之が百余艘の船団にて出迎えに来ていたが、義満との面会は鵜足津に入るまで持ち越された。義満の乗船する御座船には二階を構え幔幕が施されていた。その夜は福護寺を義満の御座所とする。赤松千菊丸（義則）が接待役を務めた。義満と共に乗船する者は予め決められており、侍二一人、その他お供衆約三五人であった。お供衆の中には、僧侶として絶海中津（等持寺住持）も含まれていた。他には、坂士仏（義満侍医）、古山珠阿弥（歌道）、道阿弥（通称犬王、近江猿楽役者・能役者）等が乗船を許された。

三月五日、明け方に義満は御座船に移る。随行者は前以て乗船し船で夜を明かしていた。百余艘の船団は艫綱（ともづな）を解き出航した。この日は雨風が激しくなってきた。夜中頃になって立崎（所在地不明）というところで碇を下ろし停泊する。四方の空は暗く、御座船にだけは篝火を二つたて他の船の道標とした。一方、元網の船は先行し、この夜は備前国こしの明神（現牛窓町鹿忍（かしの）神社、一二九三年の記録では鹿忍大明神とある）の御前に停泊した。

三月六日、出航後、うし窓（現牛窓町）、真井のす（所在地不明）などを通過する。夜半に鞆足津に到着する。津々浦々は灯りを点しまるで昼間のようであった。頼之は一切の費用を負担し諸準備万端で義満の歓待に努めた。また細川頼之は、弟であり養子であった頼元をお供衆として義満の全旅程に同行させた。

三月七日、鞆足津に滞在する。義満からお供の者への引き出物と頼之から義満への進物が記録されており、頼之主催の歓迎の宴が催されたものと思われる。絶海中津は五〇貫を拝領する。

三月八日、朝、義満一行は鞆足津を離れ厳島に向けて船出する。これより細川頼之・頼元親子がお供する。西航途中で暴風に遭い佐柳島（さなぎじま）（現香川県多度津町佐柳島）に上陸し泊る。

三月九日、丑時（二時）、佐柳島を出立し、備後国尾の道、鯨島、糸崎、いくらの島（現生野島）を北に眺め戌時（二〇時）に至り安芸国高崎（現竹原市高崎町）に停泊する。伊予の三島（大三島）は遥かにかすんで見える。小早川則平が参上する。

三月一〇日、卯時（六時）に高崎を出立し、子時（二四時）頃に厳島に到着する。厳島神社社殿の後ろに義満のために旅の御所が構えられていた。途中で、大内義弘が使いを寄こし、遅参する旨を伝えてくる。

三月一一日、厳島神社に参詣する。参詣後に出立し、大竹、岩国他を北に眺め、南は伊予の山々をかすかに望み、戌時（二〇時）周防国神代（現柳井市神代）に停泊する。この日は船中泊となる。

三月一二日、卯時（六時）に出立し、大畠瀬戸、相浦、室積他を過ぎて管末（現下松）泊に到着する。ここで大内義弘が参上し義満を供応する。義弘は、厳島で出迎える予定であったが、将軍の近習より京都で花見の予定があり出発が三月一〇日頃になると聞いていた。義満出発を知らせる飛脚が到着したのがすでに三月一一日暮れ頃で、そのため遅参したものである。

三月一三日、辰時（八時）に出立し申時の半ば（一六時）頃に府中（現防府市）に到着する。この地には律令制下では周防国府があった。義満一行は、三田尻松原（高洲とも）に旅の御所を建てる。随行者は船に泊った。三田尻は、江戸時代には関ヶ原の戦いで安芸国を失った毛利氏が水軍の軍港並びに商港として整備し、同時に長州藩の参勤交代の道として萩城から三田尻港までの萩往還道が整備され、その終点地として長州藩の海の玄関口として栄えた。この地では、お供の者に対し義満より引き出物が下賜されており、絶海中津は、真壷（抹茶に使用する葉茶をたくわえる舶来茶壺でルソン製か南中国製）、香合（香を収納する蓋付きの茶道具の小さな容器）、銭五〇〇〇疋（五〇貫）を拝領している。

三月一四日、申時（一六時）ほどに船出するもやがて西風が強くなり波高く、船を高洲の向島の浦に戻し停泊する。元綱の船は午刻（一二時）出立とある。

三月一五日、辰時（八時）に出航し長門国赤崎（現小野田市赤崎）まで船団を進めるも、向かい風が強くなり先に進めず引き返し田島（現防府市田島）に停泊する。夜になっても大風は止まず雷も鳴ってきたので義満は上陸し海人の家に泊る。他のものは船に留まる。

三月一六日、義満は、細川頼之や今川了俊と評議し、九州行を断念する。巳時（一〇時）頃に出航し未時（一四時）頃に元の三田尻の高州御所に返り着く。

三月一七日、高州御所に逗留する。備後国より山名時熙が参上する（父時義は病気で来れず）。また、大内氏より進上物があり、同日御前に侍った者全員に一〇〇貫が進上された。絶海中津も受け取ったものと思う。

三月一八日、巳時（一〇時）に高州を出発し申時（一六時）に竈戸関（現山口県上関町）に到着する。ここで第三〇代河野通義（第一三代津野之勝の娘の長男、第一五代津野通高の従兄弟）を引見する。河野通義も絶海中津もお互いの素性は知っていたはずで、会話を交わしたものと思う。

三月一九日、辰時（八時）に竈戸関を出発しその夜の寅時（四時）に安芸国蒲苅（現呉市蒲苅）の沖に停泊する。

三月二〇日、辰時（八時）に蒲苅を出発。途中で東風（向かい風）強く浪荒くにふの浦（所在地不明）で天候回復待ちをする。日没頃に航海を再開するも夜になり雨風強く船は離れ離れになる。御座船は忠海の浦（現竹原市忠海町）で停泊し、義満は地元の葦小屋に泊る。元網の船は、戌時（二〇時）に安芸国干原の灘（所在地不明）に到着とある。

三月二一日、辰時（八時）に忠海の浦を出発し備後国尾道に到着、午時の終わり（一三時）に天寧寺に入りこの寺を御座所とする。天寧寺は、京都天龍寺の末寺であった。山名時義・時熙親子が接待係をする。お供の者にも進上物が渡され、絶海中津は小袖料足（お着物代）を受け取る。

三月二二日、卯時（六時）に尾道を出発、阿伏兎ノ瀬戸を抜け島伝いに鞆足津を目指す。讃岐に近づき二面島を過ぎた後に激しい追い風に遭い、鞆足津の南の浦（現多度津町）で上陸し徒歩で鞆足津に戻る。到着は、酉時（一八時）頃であった。

三月二三日、鞆足津に逗留する。『鹿苑院殿厳島詣記』によれば、「義満は細川頼之を呼んで長時間話し込んでいたが、何事であろうか。退出時は、涙をこらえていたと聞き及んでいる」とのことであった。康暦元年・天授五年（一三七九年）の康暦の政変で頼之が罷免され、四国に引き込んで以来こじれていた関係を修復し、頼之の赦免を行うための会談であった。絶海中津は、両者の和解を勧めていたので、一部なりでも同席した可能性がある。

三月二四日、巳時（一〇時）に鵜足津を出発し戌時（二〇時）に備前国牛窓津に到着する。正法寺に入り、赤松義則が接待をする。

翌日以降の動きは二つの紀行記で記録が異なる。

『鹿苑院殿厳島詣記』

三月二五日、牛窓津を出発し備前国播磨国室の泊（現たつの市室津）に到着する。磯辺の寺に入り赤松義則の歓待を受ける。一時（二時間）ばかり寺で歓待を受けた後、陸路を馬で京に向かう。お供の者は、御座船に侍っていた一〇数人の人々に限られていた。絶海中津もその一人であった。細川頼之は途中で暇乞いをする。その日は常住寺（現加古川常住寺）に泊る。

三月二六日、寅時（四時）に出発し、摂津国兵庫津で朝餉をとる。その日の内に都に入る。細川淡路守、大内左京権大夫（義弘）などは室の泊より船に乗り、この日兵庫津に着く。遅れて京に入る。

『鹿苑院西国下向記』

三月二五日、辰時（八時）に馬で移動する。お供は一〇人ばかりで、絶海中津もその一人であった。その他の随行者は船で兵庫津に向かう。その日は、かくかわ（現加古川）に泊る。同午時（一二時）に兵庫に着くとあるが、これは明らかに翌三月二六日の誤記である。戌時（二〇時）に入洛する。

細川頼之は鵜足津で足利義満から赦免を受けた。その後、一三九一年（元中八・明徳二年）、斯波義将が義満と対立して管領を辞任するに及んで、義満から上洛命令を受け入京を果たす。義満は頼之の管領復帰を望んでいたが、頼之は既に出家していたため、代わりに息子頼元を管領とし、頼之はこれを補佐することとなった。翌年一三九二年一月（元中八・明徳二年一二月）の明徳の乱では幕府方として山名氏清と戦った後、再び京都に召喚されて幕政に関与した。一三九二年（元中九・明徳三年）に風邪をこじらせて重篤となり三月に死去した（享年六四歳）。葬儀は義満が主催して相国寺で行われた。絶海中津は、義満と頼之の和解にも貢献し、ますます義満に信頼され重用されるようになる。

一三九一年（元中八・明徳二年七月一六日）絶海中津（五六歳）、北山臨済宗等持院に移り住む。

一三九一年（元中八・明徳二年一二月）絶海中津（五六歳）、山名氏清、満幸らが大兵を擁して京に迫るが、義満は自ら諸将を督励しこれを破る。凱旋祝賀の時、絶海ほか僧侶も多数参加したが、義満は法衣を着てその席に臨みその袈裟を指して、「今回の戦で早く勝利を得たのは絶海和尚より頂いた法衣の霊験あらたかなところである」といった。翌年、義満は法会を営み戦死者の霊を弔い、併せて敵将山名氏清を祭ったので、世の人々は大いに感心した。これは、絶海ほか禅林の諸老の指導の賜であった。

一三九二年（元中九・明徳三年一〇月三日）絶海中津（五七歳）、相国寺住持となる。

一三九四年（応永元年）絶海中津（五九歳）、相国寺を退き等持院に再び戻る。これら一連の激しい動きは、明徳の乱などの戦乱や義満との対立が原因とも言われている。

一三九四年（応永元年九月）絶海中津（五九歳）、相国寺が焼失するとその復旧に努める。

一三九五年（応永元年一月一七日）足利義満（三八歳）、将軍職を嫡男義持に譲るが、大御所として政治上の実権は握り続けた。同年六月には出家して道義と号した。義満の出家は、武家の征夷大将軍として初めて太政大臣に昇り、准三后として公家の頂点に達した義満が、残る寺社勢力を支配する地位をも得ようとしたためであると考えられている。

一三九七年（応永四年二月二八日）絶海中津（六二歳）、相国寺再興の功により再び相国寺の住持として再任される。

一三九八年（応永五年二月）絶海中津（六三歳）、相国寺住持を辞して鹿苑院院主となり、さらに僧録司（僧侶の登録・住持の任免などの人事を統括した役職）をも兼務し鹿苑僧録として五山や臨済宗寺院の統括を行う。以後鹿苑院の院主が僧録司を兼務するようになり、鹿苑僧録と呼ばれるようになった。鹿苑僧録は臨済宗の事実上の最高機関として五山以下の諸寺を統括し、諸寺の寺格決定や住持の任免、所領・訴訟などの処理を行った。後に名誉職化して皇族などが僧録司に任じられるようになると、僧録司と幕府の連絡役であった蔭涼職《いんりょうしき》が実務の責任者として台頭した。蔭涼職に就任した人物では八代将軍足利義政の側近に取り立てられた季瓊真蘂《きけいしんずい》が知られる。

一三九九年（応永六年六月二三日）絶海中津（六六歳）、室町幕府第四代将軍足利義持に法衣を与え、義持は弟子となる。

一三九九年（応永六年）絶海中津（六四歳）、この年起きた応永の乱において、室町幕府に反旗を翻し堺に立て籠もる大内義弘の陣へ義満の命を受けて説得に赴く。一〇月二七日に堺でその話し合いを行った。（『応永記』）

義弘「絶海和尚、よくぞ参った。康応元年の厳島詣でで会って以来であろうな。」

絶海「早いものであれからかれこれ一〇年が過ぎ去りました。拙僧も六四歳になりました。仏に仕えていても体の衰えを感じるのは侘びしいものです。」

義弘「何のなんの、まだまだ先は長うござろう。わしは四四歳だが、統治と戦で疲れ切っておるわ。」

絶海「守護大名さまの役は大変にございましょう。臣下にも将軍家にも上下左右に目配りするのは並大抵の人間にはできませぬ。お察しいたします。」

義弘「今日はその将軍家のことで参ったのであろう。何か当家にとってよい話でも聞かせてもらえるのかな。」
絶海「良くも悪しくも大内さま次第でもございます。なぜに将軍家に盾を突いたのでございますか。道義さまは日の本の主、そのような方にあらごうてもお家を危うくさせるだけでございましょう。」
（註、道義は足利義満の法名）
義弘「そこが気に障るのだ。足利将軍家といえども日の本の武士の棟梁にすぎぬ。棟梁は臣下にきちんと目配りし、臣下が栄えるように配慮するものだ。それがあって初めて軍役にも応じるし奉公に務めるものだ。」
絶海「道義さまも、やり方に多少の良し悪しはありましょうが、それは十分理解しておりまする。」
義弘「わしにはそうは思えぬ。自分の権勢欲を満たすために臣下を犠牲にしておる。守護大名家の力を削ぐことにいたく熱心だ。武士の棟梁として似つかわしくはない。」
絶海「何か御家にとって好ましくないことがござったのですか。」
義弘「あの御仁は、当家を滅ぼそうとしているとしか思えない。今回は和泉国と紀伊国をわしから取り上げようとしている。」
絶海「それは何かの間違いでございます。世間のよからぬ噂を信じてはなりませぬ。」
義弘「いや違う。確かな筋から聞きおよんでおる。」
義弘「考えてもみてほしい。わしは将軍家に御恩を感じ、今まで将軍家のために粉骨砕身働いてきた。今川了俊に合力し九州での南朝勢力の掃討にも尽力した。殊に先年の少弐退治では随分と戦功もあげた。少弐との戦いでは弟満弘が討死したが、その子への恩賞が未だにないのはどういうことだ。わしらの働きと犠牲の上に南北朝の合一もなったはずだが、まるで自分が達成したかの如く振舞っておる。先の明徳の乱では軍を率いて上洛し山名勢を都から追い出してやった。お陰で和泉国と紀伊国はもらったが、今度はその山名と結託しわしを滅ぼそうとしておるわ。」

絶海「大内さまの忠節がまぎれなきものであることは、道義さまはじめ皆が承知しております。恩賞が成されないのは、大内さまが上洛を果たされないからで、お渡しする機会がなかっただけでございます。」

絶海「いちど将軍家に対し旗を挙げた以上は謝罪は必要でしょうが、上洛され謝りなされ。さすれば、道義さまも寛大なご処置を成されましょう。信じなさいませ。」

義弘「和尚、わしは坊主は信じるがあの御仁だけは信じられぬ。」

絶海「あの方も出家され僧籍にあられますが。」

義弘「それは承知しているが、あれは、和尚も知ってのとおり、似非坊主（えせぼうず）で生臭坊主（なまぐさぼうず）だ。わしが上洛すると聞いたら刀を研いで待っておるにきまっておるわ。」

絶海「どうしてもお聞き届けいただけませぬでしょうか。」

義弘「できぬ。それにもう遅い。」

絶海「どういうことで。」

義弘「わしは御仁の横暴を諫め政道をただす腹固めをすでにしておる。鎌倉公方足利満兼さまと同心し上洛することを約しておる。鎌倉公方さまはすでに東海道を西に進んでおる。約束を破り裏切ることはできぬ。」

絶海「それは、京に攻め上がるということでしょうか。」

義弘「好きに解釈するがよい。」

大内義弘は、絶海中津を介し、足利義満に事実上の宣戦布告を行った。絶海は説得を諦めて帰京し、義満にありのまま伝えた。絶海の報告を受け、義満は軍を発し義弘を討ち取り堺は落城した。

一四〇一年（応永八年）　絶海中津（六六歳）、相国寺住持に再任される。

一四〇三年（応永一〇年）絶海中津（六八歳）、この年派遣の第二回遣明使の国書を起草する。

一四〇四年（応永一一年）絶海中津（六九歳）、職を辞して隠退する。

一四〇五年（応永一二年四月五日）絶海中津、入寂（享年七〇歳）。

著作：『絶海和尚語録』、『蕉堅藁』（詩文集）など。

住職暦：南禅寺五五世、相国寺六世、等持寺七世。

一四〇九年（応永一六年九月）後小松天皇より、仏智広照国師を勅謚《ちょくし》される。

一四一六年（応永二三年年一二月）称光天皇より、浄印翊聖国師と勅謚される。


義堂周信と絶海中津は五山文学の双璧といわれているが、今に至るまで津野山文化の最高峰の二人である。津野山の地に同時期にこのような人材を輩出したのは、単なる偶然ではない。この地に相応の文化的風土があったからこそである。それは、初代経高が敬神家として日本古来の神を敬い、領地に神社を勧請し人々の精神的支柱とするとともに、その祭祀を通じ人々の精神を充実させたことに始まる。その後の歴代当主も神社の創建と寺院の建立には総じて熱心だった。特に寺院の建立は、その宗教的な意味合いのみならず、寺院の建立に合わせ、京の都などから僧侶他を招き、領地経営の様々な手法と施策の支援を受けるとともに領地内の子女の教育にも当たってもらっていた。京の都や鎌倉からのこのような文化人の招聘は、津野山文化を育むうえで大きな原動力となった。

もう一つ大きな要素があったように想えてならない。それは、伊勢の血筋である。先に紹介のとおり、義堂周信にも絶海中津にも伊勢の血筋は生きていると思われ、後の津野之高、その子旭岑瑞杲、順慶尼、元実と続く人々の中にも伊勢が生きているように思えてならない。

第一二章　第一六代津野之高の治世（戦国時代の足音）

中興の祖とされる第一六代当主津野之高は、南北朝の騒乱も終わり世の中が比較的平穏になった時代、応永二五年（一四一八年）に生まれ、文明一一年（一四七九年）に享年六二歳で逝去した。父親は第一五代津野通高で応永二五年（一四一八年）には四二歳であった。その一六年後の永享六年（一四三四年）に家督を譲り受けることになる。従来ずっと之高は伊予河野氏の出身との説が強かったが、本書における考証で津野氏の出であることが判明した。但し、母親は河野氏の可能性もあり、河野氏の血筋が入っていないという意味ではない。まして、之高以前でも河野家と縁組をした当主はいる。之高の名は、細川持之の偏諱「之」と津野氏の通字「高」より成っている。津野之高は文武両道の名君であったと伝わっている。

一二・一　足利将軍家のこと

室町幕府の政権運営の基本は、有力守護大名による合議制の連合政権で、筆頭家臣が将軍を補佐し幕臣の首班として守護大名を率いて政権を運営する体制であった。しかし、将軍である以上は自らの権威と権限を最大化させて自分の意に沿った政権運営を行いたいと思うのは人間の性で、そのような将軍が現れてきたことは不思議ではない。室町幕府の統治体制は、時の情勢に応じ、右に振れ左に振れ時代と共に変遷していった。筆頭家臣は、当初は足利家の私的家司であった執事であったが、高師直等の例に見られるように執事と将軍家一門、執事家間の権力争いが多発した。正平一七年・貞治元年（一三六二年）に一三歳の斯波義将が執事に任じられたが、斯波氏は足利氏一門であり鎌倉幕府の御家人の家格を誇っていた。つまり鎌倉幕府の体制では足利家と同格であったので、足利氏の私的役職に就くのをあまり潔いこととはしなかった。このような背景もあり、公的役職である管領職が設置されたとみられている。将軍親政を行ったのは、義満であり、義教であった。義政は、将軍親政を強く志向したが、管領はじめ守護大名の抵抗も強く、祖父義満・父親義教ほどに実効性のある親政とはならなかった。

津野之高の時代、室町幕府の将軍並びに管領兼土佐国守護の細川氏は次のとおり継がれている。

（室町幕府将軍）
第四代足利義持（在位、一三九四年～一四二三年）
第五代足利義量（在位、一四二三年～一四二五年）
第六代足利義教（在位、一四二九年～一四四一年）
第七代足利義勝（在位、一四四二年～一四四三年）（九歳で元服し将軍宣下を得て正式に就任）
第八代足利義政（在位、一四四九年～一四七三年）（一四歳元服を以て将軍宣下を受け正式に就任）

（土佐国守護・管領）
細川満元（土佐国守護在任、一三九七年～一四二六年）（管領在任、一四一二年～一四二一年）
細川持元（土佐国守護在任、一四二六年～一四二九年）（管領就任無し）
細川持之（土佐国守護在任、一四二九年～一四四二年）（管領在任、一四三二年～一四四二年）
細川勝元（土佐国守護在任、一四四二年～一四七三年）（管領在任一回目一四四五年～一四四九年、二回目一四五二年～一四六四年、三回目一四六八年～一四七三年）

足利義持は、第三代将軍義満の嫡男として生まれ、父の存命中に将軍の座を受け継いだ。父義満は守護大名に対して圧迫的な政策を採用したが、義持は諸大名・諸寺などに対して所領安堵を行い、融和策を採り他の将軍と比較してより安定した政権運営を行った。足利義量は、義持の長男として生まれ一七歳で将軍職を受け継いだが、父義持はまだ三八歳であった。父親義持は義量を溺愛していたようであるが、その本人は生来病弱な上に大酒のみであったとの言い伝えもある。足利義勝は、先代義教の長男であったが庶子であった。嘉吉元年（一四四一年）六月二四日、嘉吉の変が起こり、父義教が赤松満祐に殺害されたため、管領細川持之ら大名に擁立されて、後継者となった。嘉吉二年一一月七日、義勝は九歳で元服し第七代将軍となった。その八か月後には死去している。死因は、落馬、暗殺など諸説があるが、赤痢による病死説が有力であるとされている。

津野之高の人生と津野氏の領地経営に大きく影響してきた将軍は、六代義教と八代義政であった。この二人の人物を観察しておく。

（一）室町幕府第六代将軍足利義教

足利義教は、生誕応永元年（一三九四年）六月一三日、父親は第三代将軍足利義満、母親は側室藤原慶子、第四代将軍足利義持は同母の兄である。世に「籤引き将軍」と呼ばれる。第五代将軍足利義量は将軍とは名ばかりで実権は父の足利義持が握っていた。義持は義量に将軍職を譲った応永三〇年（一四二三年）に等持院で出家し道詮と号していたが、応永三二年（一四二五年）に義量が急死した後も、法体のまま引き続き政治を行った。その義持も応永三五年（一四二八年）一月に病を得たが、危篤に陥っても後継者の指名を拒否していた。困り果てた三宝院満済や管領畠山満家ら群臣たちが評議を開いた結果、石清水八幡宮で籤引きを行い、義持の弟である梶井門跡義承、大覚寺門跡義昭、相国寺虎山永隆、天台座主義円の中から次期将軍を選ぶことになった。一月一七日、石清水八幡宮で籤が引かれ、翌日に義持が死亡した後に開封され、義円（後の義教）が後継者に選ばれた。

簡単に言えば、義教は将軍の権威を回復するために、強権・恐怖政治を行い、挙句の果てに臣下に殺害されるという、ローマ帝国第三代皇帝カリグラを地で行くような人物であった。

幕閣は権力の空白状態を埋めるべく、一日も早い将軍就任を望んだが、義円は元服前に出家したため俗人としてはいまだ子供の扱いであり、無位無官だった。さらに、法体の者が還俗して将軍となった先例もなく、武家伝奏の万里小路時房は法体の者に官位を与えるのは罪人に官位を与えるようなものであると反対し、義円の髪が伸びて元服が行えるようになってから次第に昇任させるべきと回答、公卿の大半も同意見だった。幕閣はこの意見に従い、義円の髪が生えるまで待つことにした。義円は還俗の際に名前を義宣(よしのぶ)と変え、その後も天皇の崩御・後継問題も絡み紆余曲折があった後、やっと翌年正長二年(一四二九年)三月一五日、義教(よしのり)と改名して征夷大将軍となった。

足利義教の政治を特徴づける政策と出来事は多々あるが、その治政を範疇別に観てみることにする。

一、義教の政策の基本方針

将軍就任を果たした義教は、兄義持の長い治世のうちに失墜した幕府権威の復興と将軍親政の復活を最優先の目標とした。そのための手本を父義満の施策に求め、義満時代の儀礼・政策などの復興を図り、義持の政策を廃していった。参加者の身分・家柄が固定化されていた評定衆・引付に代わって、自らが主宰して参加者を指名する御前沙汰を協議機関とすること、管領を経由して行ってきた諸大名への諮問を将軍が直接諮問するなど、管領の権限抑制策を打ち出した。また、義教は有力守護に依存していた軍事政策を改め、将軍直轄の奉公衆を再編・強化して独自の軍事力を強化しようとした。さらに財政政策においても、義持の代から中断していた勘合貿易を再開させ、兵庫へ赴いて遣明船を視察するなど、幕府権力の強化に努めた。また社寺勢力への介入も積極的に行った。

二、守護大名への圧力強化

正長二年（一四二九年）から大和永享の乱が続いていた大和国では、幕府の支援を受けた筒井氏と越智氏、箸尾氏といった有力国人の間で騒乱が続いていた。永享一〇年（一四三八年）には異母弟の大覚寺義昭が挙兵したという名目で軍を派遣し、越智・箸尾方を討伐した。義昭は一時は津野氏の一族とされる佐川四郎佐衛門のところに匿われていたが、嘉吉元年（一四四一年）には日向国に潜伏していたところを島津忠国に討たれた。また義教は、斯波氏、畠山氏、山名氏、京極氏、富樫氏、今川氏など有力守護大名に対して、その家督継承に積極的に干渉することにより、将軍の支配力を強める政策を行った。また、意に反した守護大名、一色義貫と土岐持頼は大和出陣中に誅殺された。彼らの所領は義教の近習に分配され、これは守護大名たちに大きな不安を与えた。

三、訴訟の直裁

義教は、訴訟の決裁と処理が権威と権限の象徴と考えていたようで、訴訟に強い関心を持ち自ら直接担当した。ただ、裁断にあたっては「湯起請」やくじ引きといった神判による裁断を行うこともあった。これは神の権威によって重臣や公家などの衆議を退け、自らの独裁権力を確立するためであったとも、自らが「神意」によって室町殿になったという王権神授意識によるものであったともされる。永享二年（一四三〇年）から二年間の間に義教自ら裁許した裁判記録は「御前落居記録」として残されている。

四、延暦寺の取り込み

もともと天台座主であった義教は、還俗後すぐに弟の義承を天台座主に任じ、天台勢力の取り込みを図った。永享五年（一四三三年）から永享七年（一四三五年）にかけ比叡山延暦寺との間で度々争い干戈を交えている。義教自ら兵を率いて比叡山を包囲したこともあった。最終的には、延暦寺代表の山門使節を親幕府派の僧侶で固めることで決着している。

五、鎌倉公方との抗争（永享の乱と結城合戦）

鎌倉公方の足利持氏は自分が僧籍に入っていないことから、義持没後には将軍に就任できると信じており、義教を「還俗将軍」と呼び恨んでいた。それに永享一〇年（一四三八年）には嫡子足利義久の元服の際に義教を無視し勝手に名前をつけた。当時は慣例として将軍から一字（諱の二文字目、通字の「義」でない方）を拝領していたことなどから、幕府との関係は一触即発となっていた。そんな時にたびたび持氏を諌めていた関東管領上杉憲実が疎まれたことにより、身の危険を感じて鎌倉から領国の上野に逃亡し持氏の討伐を受けるに至る。義教は好機と見て憲実と結び、関東の諸大名に持氏包囲網を結成させ持氏討伐の勅令を奉じて朝敵に認定し、同一一年（一四三九年）に関東討伐を行った（永享の乱）。持氏は大敗して剃髪、恭順の姿勢を示した。しかし、義教は憲実の助命嘆願にも関わらず持氏一族を殺害した。その後は関東での自己勢力の拡大を図るために実子を新しい鎌倉公方として下向させようとしたが、これは上杉氏の反対にあって頓挫している。永享一二年（一四四〇年）三月に逃亡していた持氏の遺児の春王丸・安王丸兄弟が結城氏朝に担がれて反乱を起こした（結城合戦）。義教は隠居していた憲実に討伐を命ずるも、関東諸将の頑強な反抗に遭い、力攻めから兵糧攻めに切り替え、翌年の嘉吉元年（一四四一年）四月に鎮圧された。春王・安王は京への護送途中で斬られた。

六、万人恐怖

義教は苛烈な側面を有しており、些細なことで厳しい処断を行った。次のような事件があった。

一、永享二年（一四三〇年）、東坊城益長が儀式の最中ににこりと笑顔を作った。義教は「将軍を笑った」と激怒し、益長は所領を没収された上、蟄居させられた。

一、永享四年（一四三二年）、一条兼良（土佐一条氏初代房家の祖父）邸で闘鶏が行われ、多数の人々が見物に訪れた。そのため義教の行列が通ることが出来ず、激怒した義教は闘鶏を禁止し、京都中のニワトリを洛外へ追放した。

一、義教は側室日野重子の兄である日野義資に対して青蓮院門跡時代から恨みを持っており、将軍に就任すると義資の所領を没収し謹慎させた。永享六年（一四三四年）、重子が子（後の足利義勝）を産むと、伯父になる義資のもとに祝賀の客が訪れた。これを不快に思った義教は訪れた客全てを処罰した。さらに六月八日には義資が何者かに斬殺され首を取られた。犯人は明らかにならなかったが、義教の討手であるという噂が流れた。この噂をした参議高倉永藤は硫黄島へ流刑となった。因みに、義資の斬殺事件は津野之高が将軍義教に拝謁するために上洛していた最中に起こった。

一、比叡山根本中堂の炎上に関する噂をすることを固く禁じ、その禁に触れた商人は斬首された。

一、酌の仕方が下手だという理由で侍女（少納言局）は激しく殴られ、髪を切って尼にさせられた。

一、説教しようとした日蓮宗の僧日親は、灼熱の鍋を頭からかぶせられ、二度と喋ることができないように舌を切られた。

一、猿楽においては、音阿弥を重く用いる一方で、世阿弥を冷遇して佐渡へ配流した。

一、他にも「献上された梅の枝が折れた」「料理がまずい」といった些細な理由で庭師や料理人を罰したことが当時の記録に数多く記されている。

永享六年（一四三四年）六月、まさに津野之高が上洛し万人恐怖の本人に拝謁した頃であるが、中山定親は日記『薩戒記』において義教に処罰された人間を数えている。公卿五九名、神官三名、僧侶一一名、女房七名が処罰されたとしている。中には日野西資子といった称光天皇の生母や、皇族、関白なども含まれる。斎木一馬は義教の全統治期間ではこの二倍に上る者が処罰されたとしている。なお、これらの数には武家や庶民は含まれておらず、総数は相当数に上ると見られている。

これらの事跡は義教が暴君で恐怖政治を志向したことや、嗜虐性を有していたことを示す逸話として伝えられた。伏見宮貞成親王は『看聞日記』で、商人の斬首について触れ「万人恐怖、言フ莫レ、言フ莫レ（永享七年二月八日条）」と書き残した。この「万人恐怖」が義教時代を象徴する一語と見られている。貞成親王は義教時代を「薄氷を踏むの時節」とし、「悪将軍」と評している。また義教の横死を「自業自得ノ果テ、無力ノ事カ、将軍此ノ如キ犬死ニハ古来ソノ例ヲ聞カザル事ナリ」と評している。

七、最期は横死

永享九年（一四三七年）頃から赤松満祐が将軍に討たれるという噂が流れていた。永享一二年（一四四〇年）、義教は満祐の弟赤松義雅の所領を没収して、その一部を義教が重用する赤松氏分家の赤松貞村に与えた。嘉吉元年（一四四一年）六月二四日、満祐の子の赤松教康は「鴨の子が多数出来たこと」と、結城合戦を終えた慰労の名目で、義教の「御成」を招請した。当時、将軍が家臣の館に出向き祝宴を行う御成は重要な政治儀式であった。義教は大名や公家ら側近を伴って赤松邸に出かけたが、猿楽を観賞していた時、突如屋敷に馬が放たれ門が一斉に閉じられた音がした。義教は「何事であるか」と叫ぶが、傍らに座していた義教の義兄（正室尹子の兄）正親町三条実雅は「雷鳴でありましょう」と答えた。その直後、障子が開け放たれ甲冑を着た武者たちが宴の座敷に乱入、赤松氏随一の武士安積行秀が義教の首をはねた。享年四八歳であった。強権的であった将軍が殺害されたことで指揮系統が麻痺したため、洛中ではそれ以上の混乱は生じず、赤松満祐・教康父子は討手を差し向けられることもなく播磨に帰国する。七月六日、義教の葬儀が等持院で行われた。七月一〇日には満祐討伐の第一陣として赤松貞村が出兵し、七月一一日には細川持常・山名教之が出陣した。二ヶ月半後、山名持豊（宗全）らに追討されて満祐父子は死亡し、赤松氏嫡流家は一旦滅亡した。この時の出陣が、後述する伊予国河野氏の総領家と予州家の争いの発端にもなっている。
このような将軍足利義教に津野之高は謁見することになる。

（二）室町幕府第八代将軍足利義政

足利義政は、六代将軍足利義教を父とし、日野重子を母として永享八年（一四三六年）一月二日に生まれた。第七代将軍義勝の同母弟である。嘉吉三年（一四四三年）に兄義勝が急逝したため、管領畠山持国などの後見を得て八歳で後継者として選出された。文安六年（一四四九年）四月一六日に元服し、同月二九日に将軍宣下を受けて正式に第八代将軍に就任した。義政は、周りの人々にお飾りとして育てられ、将軍として立派に振る舞おうとしたが結果が伴わなかったと評されている。かなり屈折した人格の人物であったようである。父義教が「籤引き将軍」であれば、義政は、管領による「お飾り将軍」から出発し「親政志向将軍」となり最後は「わびさび将軍」と室町幕府の体質を自ら一人で体現したような人物であった。義政の政権運営の推移を年代と出来事別に追ってみると、かなり紆余曲折があったことが解る。

一、初期の政権運営

義政は将軍宣下からまもなく、先例より一年早い一四歳で政務をとる「判始」の儀式を行った。管領は細川勝元であり、享徳四年（一四五五年）ごろまでは管領の命令書である管領下知状が発給されていたが、義政も度々自筆安堵状を発給しており、享徳元年（一四五二年）には最初の御判御教書を発給している。宝徳二年（一四五〇年）には尾張を独断で織田敏広から織田郷広に交替させようとし、抗議した母重子が出奔するという事件が起きている。

この頃、義政の側近は乳母の今参局（御今）、育ての親ともいえる烏丸資任、将軍側近の有馬元家であった。この三人は「おいま」、「からすま」、「ありま」と、「ま」がついており、落書で「三魔」と呼ばれた。一方でこれに対抗する母重子も度々人事に介入した。近臣や女房衆が台頭するのは親政期の特徴である。将軍宣下当初は若年のため、管領他臣下並びに母親の影響下で政務を執る必要があったが、徐々に将軍親政の方向を志向し、その過程で側近衆が台頭してきたというのが実情であった。

当時の守護大名家では家督相続に関する内紛が頻発し、将軍家内部でも権力をめぐる内紛は絶えなかった。義政はこのような内紛に積極的に介入した。当初、加賀守護であった富樫氏の内紛（加賀両流文安騒動、一四四七年決着）では管領細川勝元の反対を受けて義政の意のままに相続権を動かすことができなかった。その後は、享徳三年（一四五四年）の畠山氏のお家騒動に介入し、細川勝元が推す畠山政久を廃し自らが推す畠山義就を家督相続者とした。享徳四年（一四五五年）には関東で享徳の乱が発生、関東管領上杉房顕・駿河守護今川範忠・越後守護上杉房定らを出陣させ、幕府軍は鎌倉を落とし、第五代鎌倉公方足利成氏を古河に追いやった（古河公方）。康正二年（一四五六年）には、近江国の六角氏の家督争いに介入した。長禄二年（一四五八年）になると異母弟の政知を鎌倉公方に任じ下向させたが、古河公方足利成氏の勢力が強く鎌倉に入れず、伊豆堀越に逗留した（堀越公方）。義政は同時期、奥羽・甲斐・信濃など関東周辺の大名・国人に出陣を命令したが、越前・尾張・遠江守護斯波義敏が義政の命令に従わず、当主を交代させたが斯波軍の出陣も中止となった。結局、幕府軍は成氏軍に敗退し成氏討伐計画は失敗した。

二、幕府財政の再建

幕府財政は義教の死後から、土一揆の激化で主要な収益源である土倉役を失い困窮を深めていたが、義政は収入増を図り支出を抑制した。収入増では、康正元年（一四五五年）の分一銭徳政改正などの税制政策で幕府財政を急速に回復させ、さらに義政は寺院や諸大名の館への御成を頻繁に行ったが、これは贈答品を受け取ることで幕府の収入を増加させることにもつながった。義政は「毎日御成をしてもかまわない」と側近に語ったとのことである。一方で康正三年（一四五七年）には畠山義就が上意と称して度々軍事活動を行い財政は圧されたので、激怒した義政は度々所領を没収している。

三、親政の強化

長禄三年（一四五九年）正月に今参局が呪詛の疑いで失脚し、代わって近臣の伊勢貞親が急速に影響力を強め義政の親政は強化されていった。また同年には畠山政久が赦免された。年末には、長年住み慣れた烏丸殿から新造された花の御所の「上御所」に移り、親政の拠点として位置づけようとした。貞親は義政の将軍職就任前から「室町殿御父」と呼ばれる存在であり、幕府財政再建についても大きな功績があり、右大将拝賀式では大名並みの扱いを受けている。一方で守護大名達の反発は強まっていった。

義政はますます守護大名の家督相続に介入するようになった。畠山家では、政久が死去した後は弟の政長が勝元に擁立され、長禄四年（一四六〇年）九月に畠山家家督を義就から政長に交代させた。寛正二年（一四六一年）に斯波氏の家督交代を行い、松王丸を廃嫡して渋川義鏡の子義廉を当主に据えた。寛正四年（一四六三年）八月、母重子が没したために恩赦を行い、畠山義就と斯波義敏父子は免された。斯波義敏の赦免の裏には伊勢貞親が存在し、義敏を斯波氏家督に復帰させようと目論んでいた。この状況に焦った斯波義廉は、山名宗全と縁組をし、畠山義就との関係も深めた。文正元年（一四六六年）になると、七月二三日に斯波義廉に出仕停止と屋敷の明け渡しを命じて斯波義敏を家督に据え、八月二五日に越前・尾張・遠江三ヶ国の守護職を与えた。前月の七月三〇日には、伊予河野氏の総領家と予州家の内紛に介入し予州家の河野通春を援助した。幕府から追討命令を受けていた大内政弘も赦免したが、これは大内氏と斯波氏の引き入れを図ったものとされる。しかし山名宗全、細川勝元らはこれに抵抗し、義政が発出した義廉の追討命令にも従わなかった。

一方将軍家内部では、寛正五年（一四六四年）、実弟の義尋を還俗させて足利義視と名乗らせ、養子として次期将軍に決定した。しかし、寛正六年（一四六五年）一一月に妻富子に男児（後の足利義尚）が誕生し、事態は複雑となる。『応仁記』などでは富子が義尚の将軍後継を望み、政権の実力者であった山名宗全に協力を頼み、義視は管領の細川勝元と手を結んだとされる。義視は義尚誕生後も順調に官位昇進を続けており、また義視の妻は富子の妹であった。義政には大御所として政治の実権を握る意図があり、義尚誕生後も義視の立場を変えなかったのは義尚が成長するまでの中継ぎにするためともされる。しかし義尚の乳父であった伊勢貞親ら近臣は義政の将軍継続を望んでおり、義視を支援する山名宗全・細川勝元らとの対立は深まっていった。

文正元年（一四六六年）九月六日、伊勢貞親はついに義視の排除に動き、謀反の疑いで義視を切腹させるよう訴えた。義政も一旦は義視を切腹させるよう命じたが、細川勝元、山名宗全等によって制止され、義政側近層は伊勢貞親と季瓊真蘂、斯波義敏らが逃亡し解体に追い込まれた（文正の政変）。しかし、今度はこれによって急速に権力を拡大した勝元と宗全は対立するようになり、畠山家の家督争いに介入するようになる。

四、応仁の乱

文正元年（一四六六年）一二月に畠山義就が山名宗全の呼び出しで上洛した。文正二年（一四六七年）正月、義政は義就支持に転じ家督と認めた。これに反発した畠山政長は義就と合戦に及び、敗走した（御霊合戦）。義政は各大名に介入を禁じたが、細川勝元は従ったものの山名宗全は公然と義就を支援し、勝元の面目は丸つぶれとなった。この年三月五日には元号が応仁に改定された。勝元は捲土重来を期して味方を集め、五月からついに山名方との戦闘が始まった（上京の戦い）。義政は当初は停戦命令を出したが、六月に東軍の勝元に将軍旗を与え、西軍の宗全追討を命令した。細川勝元と山名宗全の戦いは、またたく間に収拾がつかない全国規模なものへ発展した。

洛中での戦火が激しくなると、八月には後花園上皇と後土御門天皇が花の御所（室町殿）に避難してきた。義政は花の御所を急ぎ改装して仮の内裏とし、以後、文明八年（一四七六年）に花の御所が焼失して天皇が富子所有の北小路殿に移るまで天皇と将軍が同居するという事態が続くことになる。従来は天皇と征夷大将軍という立場には、任命権者と被任命者という立場の違いがはっきりしていたが、天皇家と足利将軍家が同居することでその一線が曖昧になってしまった。当時の公家たちの日記によると、法皇や天皇は内裏に充てられていた部屋で義政や富子と宴会を開いている。応仁の乱の最中にも関わらず、戦火をよそ目に義政は度々「大飲」を繰り返していたとされているが、その席には常に後土御門天皇が同席していたとされる。

足利義視は東軍の総大将とされたものの立場は不安定であり、応仁二年（一四六八年）には義政が伊勢貞親を呼び戻すと、反発した義視は西軍に身を投じた。文明五年（一四七三年）、西軍の山名宗全、東軍の細川勝元の両名が相次いで死んだことを契機に、義政は一二月一九日に将軍職を子の義尚へ譲って正式に隠居した。しかしまだ義尚は幼少であったため実権は義政にあり、富子の兄日野勝光や伊勢貞宗がこれを補佐した。また近習を使って和平工作に取り組んでいた。大乱の前後を通じて義政は政務を引き続き行い、管領を除外して奉行衆や女房衆を中心とした体制が構築されていった。一方で享楽的な生活を送っていたとされており、尋尊は「公方は大御酒、諸大名は犬笠懸、天下泰平の如くなり」と批判している。

五、晩年

文明九年（一四七七年）に応仁の乱は終わったが、尋尊が「日本国は悉く以て（将軍の）御下知に応ぜざるなり」と嘆いたように、幕府権力は低下した。文明一一年（一四七九年）には義尚が判始めを行い、政務をとることとなったが、義政は権限をほとんど手放さなかった。義尚はこのため奇行に走るようになり、翌年・翌々年と髻（もとどり）を切って出家しようとする騒ぎを起こすこととなる。

文明一三年（一四八一年）に富子から逃れるように長谷の山荘に移り、翌年から東山山荘の建築を本格化させるが、諸大名からは石の献上はあっても、費用の取り立ては思うようにいかず、京都がある山城国の公家領・寺社領からの取り立てで補うこととなった。文明一四年（一四八二年）には東山山荘（東山殿）の造営をはじめ、祖父義満が建てた金閣を参考にした銀閣などを建てた。この年七月に義政は天下の政務を譲ることを表明した。また同年には、古河公方足利成氏と和睦し、二〇年以上にわたった京都と関東の対立を終結させた（都鄙合体）。

文明一五年（一四八三年）六月には建物がある程度完成した東山山荘に移り住み、以降義政は「東山殿」、義尚を「室町殿」と呼ぶこととなった。だが、実際には義尚は多くの分野で義政の承認がなければ裁許を行うことが出来なかった。文明一七年（一四八五年）五月に義尚の側近奉公衆と義政の側近奉行衆が武力衝突する事件が起こるなど、義政と義尚の対立は激化する。このため六月、義政は剃髪して出家し、事実上政務から離れることを決め、翌文明一八年（一四八六年）一二月には改めて政務からの引退を表明した。しかし、対外関係と禅院関係（所領問題や公帖の発給）については最後まで義政は権限を手放そうとせず、伊勢貞宗や亀泉集証の補佐を受けて自身で裁許した。

文化面では功績を残している。庭師の善阿弥や狩野派の絵師狩野正信、土佐派の土佐光信、宗湛、能楽者の音阿弥、横川景三らを召し抱えた。この時代の文化は、金閣に代表される三代義満時代の華やかな北山文化に対し、銀閣に代表されるわび・さびに重きをおいた「東山文化」と呼ばれる。

明国との貿易についても、義教の死後中断していた勘合貿易を宝徳三年（一四五一年）に復活させた。以後貿易は一六世紀半ばまで続き、経済交流と文化発展に寄与することとなった。財政再建策が功を奏して、義政の治世前半は義満の時代と並んで幕府財政は安定期であったとされている。しかし応仁の乱以降幕府財政は弱体化していった。貿易の実権も細川家や大内家によって握られ、将軍家は経済的にも衰退した。

六、最期

義政の死因は中風とされている。江戸時代初期の貝原益軒は『養生訓』でその原因を、「色白満、酒呑みの者が四〇歳を過ぎて気の衰えた頃に発病し、手足のしびれや言語障害などの症状を生じる」としている。義政の生き様からすると酒がたたったのかもしれない。長享三年（一四八九年）三月に息子義尚は六角討伐の陣中で死去した。八月には義政が中風に倒れ、一〇月に再び倒れて病床に伏した。延徳二年（一四九〇年）一月七日、銀閣の完成を待たずして義尚の後を追うように死去した。享年五五歳の生涯であった。

津野之高に対する討伐命令を下したのは、このような将軍であった。

一二・二　足利将軍家の厚誼

室町時代の土佐国は、細川吉兆家累代の守護国であったが、同時に阿波国、讃岐国も領し室町幕府の管領でもあったため京に在住することが多く不在が常態化した。このため、土佐国の実効支配を確実にするため、一族の遠州家より守護代が派遣され統治することとなった。天授六年・康暦二年（一三八〇年）頃、遠州家の祖である細川頼種の孫頼益が土佐国に入府し物部川西岸に堀に囲まれた田村館を構えて土佐国での勢力拡大を図り代理統治を行った。

永享五年（一四三三年）になると津野之高は一六歳になった。この頃既に津野氏は、南北朝時代からの関係で、細川氏に臣従し土佐国西部における重要な臣下と見なされていた。この時の土佐国守護は細川持之、守護代は細川満益、持之はその当時は管領でもあった。そのような情勢下で、津野氏は之高の元服の儀を執り行った。烏帽子親が誰だったかは記録に見えないが、主君である細川氏の誰かであったと思う。京に常駐していたはずの持之がわざわざ土佐国に出向くとも思えないので、可能性が最も高いのは守護代細川満益である。元服に際して細川持之より偏諱をもらい之高と名乗った。翌年永享六年（一四三四年）になると、之高は父通高より家督を受け継ぎ、将軍家の招きを受け当主就任の挨拶も兼ね上洛することになった。もちろん、細川満益と持之の人脈を使って根回しを行った結果の上洛であり、将軍との謁見であった。足利将軍家からすれば、細川氏の麾下であったとはいえ、土佐国にて南北朝の争乱を制した実働部隊の第一の功労者は津野氏であり、その戦功に報いる意味合いもあった。時の将軍は第六代足利義教四一歳、之高自身は弱冠一七歳であった。

永享六年（一四三四年）の初夏、野山の木々も若葉も濃い緑に染まる頃、津野之高は旅の支度で忙しく、半山の城下でも同行する家臣が旅装を整え、城下と津野山の里の民衆の間では若い当主が将軍に拝謁するとの噂でもちきりであった。之高は、供回りの者を一〇人ほど連れて上洛することにした。本拠地半山より洲崎（現須崎市）に馬を駆け、洲崎で自家の船に乗り継いだ。洲崎から海岸沿いに東に船を進め、宇佐湊、浦戸湾を左に眺め物部川の河口の泊に船をつないだ。ここで、田村館で守護代細川満益に面会し、元服の儀の御礼を改めて述べるとともに上洛する旨の報告を行った。もちろん、細川氏に臣従する旨の再確認の意味合いもあった。細川満益は、船旅の安全を祈り上洛を祝すために細川館で宴をもうけてくれた。酒が進むにつれて歌も踊りも飛び出す陽気な宴会となり、細川家の家臣も之高の臣下も打ち解けた心持ちになった。酔い心地の裏側で二人の主君は冷静な目も失わなかった。之高は、代理であるとはいえ堀を廻らせた田村館（細川館）の壮大な構えに細川氏の権勢を認め、その裏に将軍家、管領家が控えていることも改めて感じとり、当面は細川氏に忠勤することを心の中で誓った。一方満益は、若輩ではあるが聡明な眼差しと落ち着いた物腰のこの若者を自家の配下に引き付けておくことの必要性、敵に回した場合の危険性を感じ取っていた。

翌朝、満益に挨拶を終えると、之高一行は舳先をさらに東に向けて旅立って行った。物部川の河口から、安芸泊、奈半利泊、室津泊、甲浦泊と土佐国を過ぎ阿波国に入った。阿波国では撫養湊（むやみなと）（現鳴門市）まで海岸沿いに北上した。撫養の地は、都から南海道をたどる際の四国への入口であった。撫養湊からは淡路島の南海岸を東にたどりそのまま紀伊の国に渡り、その海岸沿いに淀川河口の渡辺津（旧難波津）まで北上した。ここで、船底の浅い川船に乗り換え淀川をさかのぼり桂川、宇治川、木津川の合流地点にある淀津で路上の一団となった。ここまで来ると洛中に入るまで二二里（約一二千米）ほどの距離で、徒歩で一刻半（約三時間）の道程であった。

之高一行は、京の南端で九条大路を越えて洛中に入った。この当時は既に羅城門（羅生門とも）も朱雀大路もなくなっており、朱雀大路は千本通と名を変えていたが、その道を北上した。之高は、京の都を懐かしむ人のように都の空気を胸一杯に吸い込みながらゆっくりと歩いた。思えば、始祖経高の生父母である藤原仲平と伊勢がこの空の下でめぐり合ってから一族の長い歴史が始まったが、既に五四〇年以上の歳月が流れ去っていた。伴の者たちも物珍しさに、通りを歩く老若男女を興味津々と眺め、通りの左右に並ぶ店先を覗き込みながら之高に歩調を合わせて歩いた。半刻ほど歩いた一行は一条大路で右に曲がり東に進んだ。しばらくすると京都御所をぐるりとめぐる壁に沿った通りに出た。烏丸通である。ここが天子様のお住まいかと一同は感慨深げに眺め、しばらく物思いにかられた。この宮城には、地方の豪族から多くの若い男女が送り込まれてきた。男は各門や宮殿の衛氏として警備の任に就き、女は采女《うねめ》として天皇・皇后の側近に仕え、日常の雑事にたずさわった。津野氏一族や臣下の一族もこのような人材を度々送り込んだもので、伴の者たちも一族の祖先に心当たりがあったのであった。

「お～、花の御所が見えたぜよ」、之高の大きな声で一同は現実に引き戻された。烏丸通を北に眺めると、荘厳で華麗な「室町殿」、通称で「花の御所」が望めた。そうすると「細川殿」もすぐ近くであった。「室町殿」は三代将軍足利義満が天授四年・永和四年（一三七八年）に造営を始め弘和元年・永徳元年（一三八一年）に完成し、足利将軍の居住地兼執務場所となり、当時の政治の中心地であった。室町通に面して正門が設けられたことから「室町殿」、「室町第」とも呼ばれた。この将軍の居所にちなんで足利将軍のことを「室町殿」と呼ぶ時もあり、将軍の居所は「幕府」と呼ばれ、これにより「室町幕府」との呼び名が生じた。「室町殿」は、今の今出川通と烏丸通が交差する地点の京都御所の反対側北西の角地に建っていた。「細川殿」は「室町殿」と目と鼻の先、直線距離で五〇〇米ほどのところ、現代の住所では北は寺之内通、南は上立売通、東は新町通、西は小川通に囲まれた一角にあった。さすがは管領細川吉兆家、京都の武家屋敷では「室町殿」に次いで壮麗な建物であった。「室町殿」も「細川殿」も国宝『上杉本洛中洛外図屏風』に鮮やかに描き残されている。この屏風は、織田信長が狩野永徳に描かせ、天正二年（一五七四年）に上杉謙信に贈ったとされている。之高一行はこの「室町殿」で逗留させてもらうことになっていた。細川一族の津野氏に対する厚情であった。之高一行は、間もなく「細川殿」に到着し、旅のほこりを払い落し旅装を解いた。半山を発ってから、途中の風待ちも多く、二〇日ほどの旅であり、五月も終わりに近づいた頃のことであった。到着初日は、細川家の執事役の重臣に上洛の挨拶を行い、旅の垢を落とし早めの夕食の馳走を受けると、旅の疲れもあり、はやばやと床に就かせてもらった。

翌朝、朝餉を終えてしばらくすると昨日の重臣が之高を案内に訪れた。さっそく之高は細川管領家当主の持之に面会することになった。二人の伴連れも許された。帯刀は許されなかったしその必要もなかった。細川持之は、接見の間の上座に座り上機嫌で之高を迎えた。

持之「遠路はるばる大変であったであろう。」
之高「いえいえ、こうして持之さまにお会いできて、旅の疲れも吹き飛びまする。」
持之「そちもなかなか嬉しいことを言ってくれるの〜。」
之高「先のわたくしの元服に当たりましては、偏諱を賜りまして誠に感謝にたえません。」
持之「なんのなんの、それしきのことはた易いことじゃ。わしの名を使い主従関係を確かなものにしてくれる国人衆が多くなれば、わしにとっても心強い限りであるぞよ。満益はきちんと烏帽子親の役を果たせたか。」
之高「もちろんです。満益さまにも深く感謝しております。当家といたしましても、このように細川家を頼りにすることができるのは心強く有難い限りです。」
持之「津野家は、土佐国の西部を当家が統治する要であることは間違いない。中東部は、守護代の田村館から目が届くが、西部はそうもゆかぬ。このことを忘れないようにしてくれよ。」
之高「それは十分承知しております。」
持之「さて、公方様への拝謁のことだが、公方様は現在、叡山山門の僧徒との争いが絶えず多忙な日々が続いている。僧侶も武器を持つと手に負えなくなるものだ。また、明国よりの使者も着いたばかりで、使者とその船を兵庫湊に留め置いておりその対応に追われている状況である。公方様が好奇心をそそられたのか奥方のたっての願いなのか分らぬが、継室正親町三条尹子さまを伴って兵庫湊に明国船を見学に行ってしまっている状況なのだ。そのような訳で、引き続き調整は続けるがもう少し時間がかかりそうなので承知しておいて欲しい。」

之高「公方様の多忙なおからだを煩わせるのはこちらですので、わたくしの如きにご心配は無用です。時間の許す間に、都見物をおこなったり当家に所縁のある寺社を回ったりしておきます。」

持之「それは良いことだ。何か手伝いが必要であれば、この執事に遠慮なく言ってくれ。」

持之「そうだ、時間がありそうなので、武家のたしなみとして、犬追物、鷹野、八的などの稽古をしていってはどうだ。土佐に帰っても役に立つぞ。その気があるなら、わしの家臣を付けてもよいし、師匠を宛がってもよいぞ。伴の者どもも一緒に学ぶとよい。」

之高「それは恐れ入ります。」

持之「今宵は貴殿を歓迎する宴を催すので心得ておいてくれよ。」

之高「それは重ね重ね感謝のしようもありません。」

持之「最後に一つ聞いておきたいことがあるが……。」

之高「何でございましょう。」

持之「そちの家は伊予国の河野家と随分と縁が深いと聞く。承知のとおり、当家は伊予国の守護の立場をめぐり河野家とはいさかいが絶えない状況だが、もし万一にも干戈に及んだ場合、そちはどちらに加勢する腹積もりであろうかの～。」

之高「……。」

持之「応えたくなければそれでもよいぞ。」

之高「……それは時と場合によります。ただ、どちらにせよ、公方様と天子様のご意向に逆らうことは全く考えておりません。」
持之「そうか。……では、今宵を楽しみにしているぞ。」
之高「ありがとうございました。」
（註）犬追物とは、鎌倉時代から始まったとされる日本の弓術の作法の一つで、流鏑馬、笠懸と共に騎射三物の一つに数えられる。鷹野は、鷹狩のことで日本では支配者の権威の象徴的な意味合いをもち、既に四世紀仁徳天皇の時代に記録が残る。八的は、騎馬弓術の流儀で、的を八か所に立てて射ることからこの名がある。

細川持之は心の中で自問していた。「なかなか聡明で如才のない若者であるが、敵に回れば手強そうであるな。」

翌日から、之高一行は義堂周信と絶海中津の所縁の寺院を中心に回り始めた。まずは京都五山を拝み読経を唱えた。臨済宗の寺格を定めた京都五山は、三代将軍足利義満が策定し現在に至るもので、勅願禅寺である南禅寺を別格とし、第一位を尊氏が開基した天龍寺、第二を義満が開基した相国寺、第三を臨済宗開祖の栄西が開山した建仁寺、第四位を九条道家が開基しのち九条家の菩提寺となり土佐国幡多郡にも荘園を有していた東福寺、第五位を白河上皇がその皇女の菩提を弔うために開基した万寿寺とそれぞれ定めた。この中で万寿寺だけが現在は非公開である。

下賀茂神社については、上納金の話を蒸し返されても困るので、この時は訪れることはしなかった。この当時、津野氏は下賀茂神社との間で荘園領地と上納金の支払につき、完全に関係を断ち切ること、即ち津野新荘里方の地頭職家の別相伝として残っていた土地の領有権を同神社社家より取り戻すことを画策していた。宗教的な縁はそれが片付いてからの話であった。さらに之高一行は奈良にも足を運んだ。第一の目的は藤原氏の氏神である春日大社を訪れ、改めて勧請のお墨付きを受けることであった。それを終えると、東大寺、興福寺などをめぐり、平等院、伏見稲荷大社などを見学して京に戻ってきた。京では持之の勧めに従い武芸の稽古にも励んだ。

その後も将軍義教よりの謁見の知らせを待ち続けたが、管領持之よりも何の連絡もなかった。将軍が忙しければ、その補佐役である管領も忙しいのは、考えてみれば当たり前であった。上洛してから既にひと月が過ぎていた。

六月に入ると、明国からの使節の兵庫湊停泊が解かれ上洛が許されたとの噂が広まり、その後六月一日に上洛するとの御触書が出回った。京の民衆は、古くは貴族が牛車に乗り朱雀大路を行き来する姿を、武士が華麗な兜と甲冑に身を包み馬上で都に入洛してくる雄姿を、そして異国の使節が見慣れぬ装束で珍しい物やら動物を伴って都大路を行列を組んで移動する姿を見てきた。それを道脇で眺めることは京の民衆の楽しみであり、いわば一つの娯楽であった。今回も人々はその日を楽しみにすることになった。明の使節は都大路を練り歩いたのち、幕府により定められた宿所、六条法華堂に投宿した。六月五日には「室町殿」で義教が引見し国書と礼物を受け取り、六月一九日には同じく「室町殿」で義教が饗応したとの情報が伝わってきた。その直後のことであった、何の前触れもなく突然将軍の側用人が「細川殿」を訪れ、明日の朝に「室町殿」で接見すると伝えてきた。

当日、之高は装束を整え、細川持之に伴われて将軍の館に上った。接見の間に通され、下坐に控えしばらく待たされたが、やがて第六代将軍足利義教が近習を伴っていそいそと現れ上座にどっかりと座った。之高は両手を床につき頭をたれていた。

持之「公方様、これが土佐国高岡郡の西半分を領する津野之高にござります。」

義教「そうか。遠路はるばるの上洛、大儀であった。そのようにかしこまることはないぞ。」

之高は、頭を上げて義教を見た。

之高「公方様にお目通り願えて、恐悦至極、我が家の誇りにございます。この度は家督を引き継ぎましたので、お招きいただいたのに甘え、ご挨拶かたがた参上してまいりました。」

義教「我が足利家もそなたの家には助けてもらっているぞ。南北朝で土佐を北朝方の圧倒的な勝利に導いたのもそなたの家と心得ておる。」

持之「我が一族の定禅も尊氏さまの命を受け、四国の南朝方を掃討しましたが、津野家時殿には随分と助けてもらったと言い遺しておりまする。」

之高「我が家も存亡をかけて戦っておりました。当然のことをしたまでです。」

義教は時々両目を細め、口元を結びしめいかにも神経質そうに見えた。

義教「我が父義満も義堂和尚、絶海国師には仏の教えに導いてもらったようだ。」

之高「お役に立てて何よりです。」

義教は何か言いたそうであった。

義教「今、明国の使節が参っているのはそなたたちも聞き及んでおろう。先日、使節を率いてきた僧侶雷春ほかをこの館でもてなしたが、その時に面白いことが話題になったぞ。」

持之「何でございましょう。」

義教「絶海和尚は、之高、そなたの縁者であったな。」

之高「そうではございますが、……何か。」

義教「雷春が申すには、絶海和尚は明国の都の南京というところで、明国をうち立てた太祖洪武帝朱元璋に拝謁し詩を賦したということだ。明国の人々は、東の果ての異国の人間が皇帝の面前で堂々と詩を吟じたことに大いに感銘したとのことであったぞ。」
持之「これは有名な話でございます。公方さま。」
義教「わしとて僧籍にあったこともある。それぐらいのことは知っておるわ。之高を勇気づけるためにこのように申したのだ。それくらいのこと、気が付かぬか、持之。」
持之「ははあ~。わたくしとしたことが……。」
之高「……(どういうたらええがやろ)。」
義教「わしは雷春に、今、絶海和尚の身内がこの都に来ておるので、会わせてさし上げよう、と伝えておいたぞ。」
之高「それはまことに以て有難いご配慮で、我が身の喜びはこの上ありません。でも、言葉が。」
義教「心配するな、通詞がいる。では、追って知らせるので、また参るのだぞ。」
之高「承知つかまつりました。」
義教「そうそう、之高、今日はそちの家督相続の祝いであったな。褒美は別途つかわすぞ。今後も足利将軍家のために励んでくれよ。」
之高「有難いお言葉、我が身の幸せです。」

之高は義教の行状についてのよからぬ噂は耳にしていたので、細心の注意を払い受け答えすることを心がけた。義教の不興を買うこともなく短い拝謁は無事に終わった。万人恐怖の将軍もこの日は機嫌がよかったようである。

将軍義教の謁見を受けてから数日後、「細川殿」の之高に案内状が届いた。七月一六日に明使のための宴を「室町殿」で開くので陪席するようにとの内容であった。これで次の日程が決まったが、まだ二〇日ほど先の行事であったので、予定が立て易くなった。この間を利用し、之高はまず摂津国の伊勢寺を訪れ始祖経高の母である伊勢の菩提を弔うことにした。津野宗家には『伊勢御真筆、伊勢物語』が始祖経高以来代々伝えられており、之高もそれを読み伊勢の御を頭の中に想い描いたことであった。その旨を持之に伝え、連絡用に伴の者ひとりを残し、ほか全員で京の都をしばし離れた。寺に着くと住職に面会を求め事情を話した上で、境内に小高く土盛されていた伊勢の塚の前で法要を営んでもらった。伊勢の魂も五百年後に子孫が、晩年に過ごした庵の跡を訪ねてきてくれて喜んでいたであろう。之高は、住職に礼を述べ、まとまった供養料を払い、伊勢の永眠の地を辞した。

京に帰った後も、「細川殿」で時を過ごすのも手持無沙汰になるので、洛中の名所を訪ね歩いた。また、時には「細川殿」を訪ねてくる他国の国人衆、都の僧侶や文化人を紹介されることもあった。都の僧侶や文化人は、義堂周信と絶海中津の縁者だと聞くと皆いちように興味を示してきた。こうして之高の人脈は拡がっていった。

そのような人物の一人が川越貞宗であった。川越氏は桓武平氏流で平安時代より続く武蔵国の有力豪族であり、南北朝時代は尊氏側について奮戦したが、その後は京の将軍家と鎌倉公方、関東管領上杉家の争いの中で翻弄され没落してしまった。川越貞宗も諸芸に秀で、特に詩は達人であったようで、上洛中の之高と交流を深めた。之高は、貞宗の才能を認めその境遇を知ると、土佐に来ぬかと誘った。貞宗は、「只今浪人の身にて其上日頃御懇意にして下さるので御意に添う」と約し土佐へ下り之高の賓客となった。梼原松谷の川越氏はその子孫といわれ、その系図にも之高が将軍義教の御前で詩を作ったことが記されている由である。また、貞宗の子重末は神田郷桑田山東山（現須崎市）に居住するようになって姓を東山と改めたとされている。宝暦年間津野山百姓一揆に活躍した東山兵次衛門はこの東山氏から出ているのとのことである。さらに、一説にはこの川越貞宗から戦国時代の津野氏の家臣である久松氏が出ているとのことである。

そうこうする内に宴の当日となった。之高は礼服に着替え、管領持之の臣下に案内されて「室町殿」に向かった。さすがに持之はこの日は多忙で、之高をかまっている余裕はなかったようである。将軍の館に着くと会場に通されたが、驚いたことに、正面に朱色に塗られ華やかに飾られた舞台が準備されていた。足利義教は、明国との間で勘合貿易を再開させたいと考えていたので、明国の使節を手厚くもてなして心証をよくしてその交渉をうまく運ぼうとしていた。自分の役割もそのための手段かもしれないと気付くと、明使との遣り取りで気まずいことになってはならないと之高も緊張した。

案内を担当している将軍の近習に席に通された。将軍義教と明使雷春が最前列中央に座り、その両脇に幕府の重臣と明使の随行者が控えていた。之高は、一国人としては破格の待遇であったが、二列目で義教の斜め後ろに控えさせられた。前には管領持之が座っていた。舞台での歌と舞踏も終わり食事も進み一段落ついたころ、義教が之高に目線を移しおもむろに言った。

義教「之高、近くに参れ。」
之高「ははあ〜。」と少しだけ膝を進めた。
義教「何をしておる、もそっとこちらに来るのだ。」
之高「かしこまりました。」とさらに少し膝を進めた。
義教「雷春和尚、これに控えているのが絶海和尚の縁者で津野之高と申す者です。土佐国高岡郡の領主です。」

雷春「これはこれは、你好（ニィハオ）。」
之高「お会いできて光栄です。」
雷春「絶海和尚は我が太祖洪武帝の面前で詩を吟じられ、太祖も随分と感心していたと言い伝えられております。さらには、その詩の内容を汲みとり日本への帰国を許可したとも言われております。」
之高「そのあたりのことは我が里にも伝え聞こえてきております。」
雷春「あなたも漢詩をたしなみますか。」
之高「絶海和尚のようにはまいりませぬが、多少なら。」
義教「絶海和尚は五山文化の最高峰の人物だが、そなたもその縁者ならひとつ詩を賦してもらえぬか。」
之高「わたくしごときでよろしければ、ひとつ詩を献上させていただきます。」
義教「之高のために筆と墨、それに紙を持ってまいれ。」

将軍の近習が慌てて走り出て、必要なものをそろえて戻ってきた。之高は、墨をすりながら心の中で詩作を行った。そして、筆と紙を取りさらさらと書き進め細川持之に手渡した。持之はそれをそのまま将軍義教に献上した。義教はそれを一読した後、そばに控えていた外交僧に渡し披露するように命じた。僧侶は、和語と明国の音韻でそれを読み上げた。

山川草木識威名
弓掛扶桑四海平
今夕御筵歌舞處
陽春一曲是歡聲

雷春「不愧是絶海大和尚的血統、做得太好了。」
義教「何と言ったんだ。」
僧侶「さすが絶海大和尚のお血筋、お見事です。」
義教「よくぞ詠んだ、みごとだ。」

右の漢詩だけでは、現代を生きる筆者には、なぜ「做得太好了（お見事）」で「よくぞ詠んだ」なのか皆目見当がつかない。そこで、素人ながらいろいろと調べた結果、やっと理解できた。それを読者とともに共有したいと思う。右の漢詩の書き下し文と意味は次のとおりとなるだろう。

山川草木威名ヲ識ル　　山、川、草木に至るまで（将軍足利義教）の威名を識っている
弓扶桑ニ掛リ四海平ナリ　　（将軍の）武威は日本全土に及び我が国は平穏である
今夕ノ御筵歌舞ノ処　　この夕べ（将軍の）御宴席では歌と舞が催され
陽春一曲是レ歓声　　陽春一曲が終わると歓声が沸き起こる

現代語訳が見付からず、自動翻訳にかけても役立たず、仕方なく自分で訳してみた。第四句の意味把握には苦労し、まだ不確かである。明使節の二回目の饗応が行われた永享六年七月一六日は、グレゴリオ暦で西暦一四三四年八月二九日であり、現代では立秋を過ぎた頃である。すると「陽春」の意味は、春の時節をさすのではなく、①義教の治政を「我が世の春の盛り」に例えたか、②中国使節歓待のため中国の古名曲「陽春」が演奏されたか、が考えられる。「一曲」についても、③単に「一つの曲」か、④雅楽の曲名「一曲（いっきょく）」、別名「一鼓（いっこ）」のことか、どちらかが考えられえる。筆者は、②と④がこの場にはふさわしい選択ではなかったかと思う。そして、之高は①の意味を自らの詩に込め

て、第一句と第二句に加えて第四句でも将軍義教を持ち上げたのであろう。

　現代風に言えば、数えで一七歳の青年にしては見事なゴマすり詩である。だがこの詩は単に将軍義教に対する之高の追従の詩という意味合いだけではなく、明国の使節団に対し日本の統治者、国王は義教であると訴求する詩でもあった。明国と勘合貿易を再開するという義教の政策を支援することにもなり、義教としても自然と相好を崩さざるを得なかった。

　この出来事により津野之高は一日にして京の都で有名人となり、禅門の高僧、都の顕学との交流が深まり、のちに自身も京の都に遊学することになる。

　宴の興奮も冷めやらぬある日、之高は細川持之に呼びだされた。
持之「公方様はそなたが即興で詠んだ詩にいたく心を動かされ、何よりも喜んでいたぞ。」
之高「それをうかがうと、わたくしとしても嬉しいかぎりです。」
持之「公方様は、そなたに官位と官職を与えると申しておる。位階は従五位下になると言っておる。これであれば、官職は上国の最上位国司である「守」が可能であるぞ。この辺りの国でいえば、山城国、摂津国、讃岐国、阿波国、丹波国、備前国、美作国あたりが望めるぞ。もちろん、国司は既に実のない朝廷の官職であるので名誉職ではあるがな。公方様がそちの望みを聴いてまいれとおうせられたのだ。」
之高「都近在の国と四国は細川さまの領地ですので恐れ多いことでございます。「備前守」を賜われましょうか。我が家の始祖藤原経高の父親仲平が一時国司となっていた国でございます。」
持之「わかった。公方様にその旨伝えておくぞ。公方様は、朝廷への奏上書をしたため提出することになる。補任の通知が出るまでには一〇日から二〇日位はかかるので、もう少し都を楽しんでおくとよいぞ。」

之高「かしこまりました。」

大きな仕事を終え一安心した之高は、民の生活と領地経営に役立つものを探し求め始めた。そこで目を付けたのが喫茶の風習であった。茶を飲むこと自体は古くは聖武天皇の天平元年（七二九年）に「宮中に僧を召して茶を賜った」と記録されているが、上流社会と僧侶の間の嗜みであった。特に僧侶は飲酒が禁じられており、送別会、就任祝い等々様々な行事では酒の代わりに茶がふるまわれた。

建久二年（一一九一年）、臨済宗の開祖である栄西が、二回目の渡宋からの帰国時に種子や苗木を持ち帰ってから、喫茶の風習も急速に広まった。栄西は、素朴を尊ぶ禅寺での抹茶の飲み方を会得して帰ったと考えられているが、当初は薬としての用法が主であった。例えば、戦場では、現在の何倍も濃い濃度の抹茶を飲んで眠気を覚ましていた。だが、栽培が普及するようになり、それと共に嗜好品として飲まれるようになる。之高が上洛した頃には、京の武家の間では喫茶の風習が既に広まっており、庶民にも広まりそうな気配であった。之高は、京で知り合った僧侶より種と苗木を譲り受け、津野山に持ち帰ることにした。津野山茶は、いまでは津野山地方の特産品である。

持之より叙位叙任の話を聞いてから二〇日程が過ぎ、太陽が昇り沈みを繰り返し徐々に日が短くなり秋が近づいた頃、朝廷の使者が将軍の近習を伴って「細川殿」を訪れてきた。使者は接見の間に通され上座に座り、之高は下座で控えた。使者が、宣旨を読み上げた。「土佐国高岡郡の領主である津野之高を従五位下に叙位し備前守に叙任する。」之高は、朝廷による正式任命を経て官位官職を得た。翌日には将軍家の使者も「細川殿」を訪れ、之高に褒美の品々が下された。之高は、その御礼を歌で返した。

「こしかたもまたこのすえもよもあらじ身にあまりたる思い出の春」

（註、この春も「人生の春」といったような意味であろう）

之高はこの時に「在京御免」の御判御教書も同時に得ることができた。御判御教書は室町幕府将軍の発給する正式文書で、「在京御免」は京都での滞在許可であった。個別の許可なしにいつでも自由に入京し都に滞在することのできる許可証と理解でき、その後の之高の京での文人活動を後押しすることになる。

それからさらに一カ月ほど京に滞在し、様々な知識を身に着け色々な文物や道具を探し求めた。犬追物、鷹野、八的の免許もこの間に獲得した。そしてとうとう帰国の途に就くことになった。既に八月も末になっていた。三カ月ほどの滞在であった。帰国の旨を持之に伝えると、送別の宴を開いてやろうとのことになった。

持之「ところで、帰りの船はどうするのだ。」
之高「上洛した際は我が家の船でまいりましたが、滞在が長引いたので一旦返しております。渡辺津で土佐行か土佐を経て九州方面に向かう船を捜す所存です。」
持之「我が家は、京と鵜足津の館の間で頻繁に人が行き来しておる。その船を使うとよいぞ。」
之高「それは有難く、御礼の申しようもありません。」
持之「よいよい、将来きちんと返してもらうからな。」
之高「肝に銘じておきまする。」
持之「土佐に帰っても鵜足津に度々馬を飛ばしてもらうことになるかも知れぬ。我が館にも立ち寄って、わしの家臣どもとも仲良くなっておいてくれ。鵜足津から旧南海道を南西の方角に七〇里ほど（約四〇千米）下れば川之江の地に着く。そこから真南に下れば土佐国の中央部に出られるぞ。」
持之「話は決まった。渡辺津の船役人と鵜足津館の留守居役に文をしたためるので持っていくとよい。」
之高「何から何まで申し訳ござりませぬ。」

之高一行は、京で買い求めた品々は運送業者に預けて洲崎まで送り届けてもらうことにした。但し、将軍から下賜された褒美の品々とお茶の種と苗木だけは大切に抱えて持ち帰った。

復路は、鵜足津までは初代経高が延喜一九年（九一九年）に上洛した時の帰路と同じ経路をたどった。京の都～淀津～渡辺津（旧難波津）～鵜足津湊であった。鵜足津では細川館を訪れ持之の家臣の面々と初顔合わせを行い、夜は之高の家臣も土佐に下る川越貞宗も加わり酒の飲み比べとなった。それでも翌日は朝相当に早く徒歩で出立した。七〇里先の川之江にその日の内に着きたかったためである。船を使えなかったのは、川之江は伊予河野氏の国であり、細川氏といえどもも軽々に船を乗り入れることができなかったのである。ここまで来ると、土佐に向かう皆の足がひとりでに速くなってきた。さて、之高の本音としては、ここまで来たのであれば伊予国温泉郡の河野館を訪れ、今回の上洛の報告と河野家で芽生えつつあった惣領家と予州家の家督争いの情勢を把握したかったのであるが、持之にあのように答えた以上今すぐに足を運ぶことは躊躇した。しばらくしてから、半山より直接河野館を訪ねようと決めた。

一二・三　津野之高に関する考証

津野之高の事績については、年代が特定できないものもあり、不明な事項もある。そのような部分を考証という形で綴りながらこの物語を進める。次の五項目が本考証の考察対象となる。

一、領地経営と文化人活動
二、下賀茂神社との上納金交渉
三、伊予国の情勢

四、幕府による討伐

五、娯溪性歡大禪定尼

最初に、一部推定が含まれるが、考証の前提となる之高のその後の年譜をまとめておく。

一四三六年（永享八年）一九歳、之高は多ノ郷の加茂神社賽殿を再興し棟札を上げる。現代に残る資料で「之高」の名が出てくるのは、この資料が初出である。『須崎市史』『東津野村史』『檮原町史』但し、元服は三年前であり偏諱元の細川持之の被官であったのも事実なので、やはり元服時に之高の元服名を付けたと考えるのが妥当である。また、多ノ郷の賀茂神社はかつては津野本荘の荘園領主であった下賀茂神社による支配の象徴であったが、津野氏が領有権を回復して以降は自らの裁量と資金でその保護を行うことになった。従い、増改築も津野氏が行うようになったと考えられる。

一四三八年（永享一〇年）二一歳、一族の佐川四郎佐衛門が「大覚寺義昭の乱」の義昭を隠匿し、之高含め土佐の諸将に幕府の討伐命が下る。

一四三九年（永享一一年）二二歳、之高は円通寺に鰐口を寄進した。『檮原町史』円通寺は、半山三間川（現津野町下半山三間川）にあった寺院で、現在は廃寺となっている。

一四三九年（永享一一年）二二歳頃、之高は京に遊学し文化人、僧侶と交流する。『哦松斉記』京にずっと寓居していたのか、土佐と京の往来を繰り返していたのかは不明である。

一四四五年（文安二年）二八歳、『南路志』所収の多ノ郷賀茂社の文安二年（一四四五年）の鰐口に「大日本国土州高岡郡津野本荘鴨神宮鰐口也」とある。次の大間観音堂とすぐ近く年も同じであり、この鰐口も比丘慶輪が奉納したものではなかろうか。出家者であった慶輪とはだれかこの地の有力者の一族であったであろうと推察する。

一四四五年（文安二年）二八歳、比丘慶輪、大間の観音寺に鰐口を献じる。『東津野村史』

一四四六年（文安三年）二九歳、仏師清久楽、越知面永野天王八千大明神に木像を作る。『東津野村史』
一四四九年（文安六年・宝徳元年）三二歳頃、国許の政情が理由で京都を引き上げる。『哦松斉記』
一四三九年の入京以来ずっと京都に寓居していたとすると一〇年になり、領主である以上さすがにそれはないと思う。もう一つの可能性は、室町幕府の何がしかの在京の公的職責を与えられていたことが考えられる。いずれにせよ、半山と京都の間を何度か往来していたことは確かであろう。
一四五〇年（宝徳二年）三三歳、幕府による第一回討伐を受ける。『古文叢』第八巻（管領畠山持国書簡）、『大洲旧記』上川村文書（管領細川勝元書簡）、『土佐国編年紀事略』
一四五一年（宝徳三年）一〇月三四歳、幕府軍との間で仁淀川東岸の弘岡で戦闘を繰り広げる『大野文書』『大洲旧記』
一四五二年三五歳～一四五七年（亨徳年間・康正年間年）四〇歳、年不明なるも、この頃、之高、聖音寺を建立。『檮原町史』
一四五三年（亨徳二年）三六歳、之高、上分の賀茂神社の鳥居を再建する。『須崎市史』『東津野村史』『檮原町史』上分の賀茂神社は、正安元年（一二九九年）の和与中分では下賀茂神社社家の領家職家の別相伝となった地域に鎮座しているが、津野氏がいつその地域の領有権を回復したかは記録に残っていない。同じ領家職家が荘園領主であった津野本荘の領有権の回復が応安五年（一三七二年）なので、その年以降で遅くともこの亨徳二年（一四五三年）までには、領有権を回復していたことになる。本書では、応安五年（一三七二年）に津野本荘と同時に回復したと推定している。
一四五六年（康生二年）三九歳、幕府による第二回討伐を受ける。『毛利家文書』
一四五九年（長禄三年）四二歳、三嶋神社棟札に「地頭藤原瑠璃麿」とある。瑠璃麿は元藤の幼名である。『東津野村史』この年瑠璃麿は三歳なので、父親である之高が息子を願主として棟札をあげたものと思われる。

一四六〇年（長禄四年）夏四三歳、之高は正宗龍統に哦松斉に寄せる記文を督促する。『哦松斉記』
一四六〇年（寛正元年）四三歳～一四六七年（応仁元年）五〇歳、この間どこかで上洛する。（推定）
一四六二年（寛正三年）四五歳、之高、長林寺を建立。開山僧は無為禅師で津野氏の出で絶海中津の門弟鄂隠の門弟、絶海中津の孫弟子にあたる。『土之長林寺中興無為禅師寿像序』（南禅寺二四〇世住職、建仁寺二一七世住職の正宗龍統著）
一四六六年（寛正七年）四九歳、之高、藤原高尚をして大野見天満宮を造営させる。『東津野村史』
一四六九年（応仁三年）五二歳、之高、藤原高尚をして大野見天満宮を再び造営させる。『東津野村史』『大野見村史』
一四六九年（文明元年）五二歳～一四七九年（文明一一年）六二歳、之高、半山新土居に菩提寺永林寺を興し居館峨松斉を造る。『檮原町史』（後述の『哦松斉記』文面より実際はもっと早かったと推測される）
一四七四年（文明六年）五七歳、之高、藤原高尚をして大野見天満宮を再び造営させる。『東津野村史』
一四七四年（文明六年）五七歳、嫡男元藤（一八歳）に家督を譲る。
一四七八年（文明一〇年）八月二三日、六一歳、之高は大津城を攻め落とす。『佐伯文書』
一四七九年（文明一一年三月四日）、逝去（享年六二歳）。

一二・三・一　領地経営と文人活動

津野之高の治世は領国での経営と京での文人活動が交錯している。之高は、京の都から帰国後数年の間は、民心を安らかにし治安を安定させることに専念した。そして、津野山地域に持ち帰った茶の栽培を普及させるなど領地の経営に専念していた。お茶の栽培については、永享九年（一四三七年）頃に京より持ち帰り栽培を始めたとの伝承もあるが、そうすると、之高は何度か上洛していたことがうかがわれる。之高は、領地経営に精を出すかたわら心中に文人としての血が騒ぐのを感じていた。之高が京に上る主な理由は、文人としての活動であり、自分の知識と教養を高めるためであった。

之高は、一四三九年（永享一一年）頃に再び上洛し、都の文化人や五山の僧侶と交流を深めた。滞在は、途中での一時帰国もあったかもしれないが、一〇年ほどの長きにわたっている。之高が京に長らく逗留し文人としての活動に心を奪われていた時、国許では政が滞り民心が乱れ問題となっていたようである。そのあたりの事情が、『哦松斉記』の中に正宗龍統が記した言葉として残されている。正宗龍統は、之高とほぼ同年代の臨済宗の僧侶で、南禅寺二四〇世住職と建仁寺二一七世住職を務めている。哦松斉は之高が半山城の南に整備した新土居に建てた居館であり、『哦松斉記』はそれに寄せた文章で、その書出しは次のとおりとなっている。

（書き下し）

哦松斉記（氏師端岩）

四州（四国）ノ盛族津野藤君、嘗テ京師《みやこ》ニ寓ス、予ト敦キコト甚ダシク一日裏軸ニ倈リテ曰ク、我居スル所ノ小斉、取ル事ヤ藍田雀氏（杜甫の漢詩「九日藍田崔氏荘」）、哦松ヲ以ッテ名ト為ス、然ルニ未ダ記有ラズ、之ヲ記ス可キナリ、予不文ヲ以ッテ数《しばしば》之ヲ拒ム、而シテ未ダ獲ズ、君飜然《ほんぜん》（翻って）ト里ニ還ル、方《まさ》ニ是ノ時州治ラズ、政活《い》キズ、俗和セズ、民康カラズ、君機ヲ見テ退閑ス（文人から政務に復帰）、而シテ閲《かぞ》エル星霜ハ殆ド一紀（十二年）、是ニ於イテ、庚辰（註、一四六〇年・長禄四年）夏、書ヲ以ッテ余ニ投ジ、且ツ督シ且ツ責メテ曰ク、昔張衡（中国後漢時代の詩人）ヲ研《みが》キテ京ニ十年、京ニ在リテ練ル都テ（合計で）十

載（十年）、我ニ記文ヲ求メ以ッテ来タル、云々

（『東津野村史』『津野中平氏由来』より）

臨済宗の高僧である正宗龍統が之高のために書き残した記文よりは、次のようなことが確認できる。
一、記文に出てくる庚辰の年は、之高の時代では長禄四年・寛正元年（一四六〇年）だけである。この年の夏に之高は正宗龍統宛に哦松斉に寄せる記文を督促する書状を出している。書状で督促したとすると、状況からしてこの時期に之高は津野山の領地にいたと思われる。ただ、「記文ヲ求メ以ッテ来タル」は、「記文を（書状で）求めた上で来訪した」とも解せなくはない。
一、この年の凡そ一二年前、つまり文安六年・宝徳元年（一四四九年）頃まで、之高は京に滞在していたが国許の情勢不安が原因で、急ぎ土佐に帰国している。また、その時まで之高は京に一〇年間遊学していたとある。恐らく、急きょ帰国した一四四九年までの一〇年間のことと思う。そうすると、将軍義教の御前で詩を賦した永享六年（一四三四年）に帰国したのち、数年後の永享一一年（一四三九年）二二歳の頃には京に上り詩作等の勉学を深めたことになる。尚、宝徳元年（一四四九年）四月一六日には足利義政が正式に将軍に就任しており、之高が急きょ帰国したこと と関連しているのかもしれないが、具体的な関連性は不明である。
一、哦松斉は、既に文安六年・宝徳元年（一四四九年）頃には出来上がっていたか、建築中であったことも判る。そして、新土居の整備もその頃に進んでいたことになる。之高はその治政の中頃にはすでに文人生活に傾注していた若しくはその準備を着々と進めていたことになる。
一、之高が十年間の間連続して京に寓居していたか土佐と都の間を足繁く往来していたかは不明であるが、領主がこうも長期間不在では、領地が治まる訳はないので、誰かが在地で統治をしっかり行っていたはずである。その人物が誰であるかは確定できないが、のちでいう家老格の重臣か有力な親

族の者であったであろう。

一、之高が急きょ京の寓居を引き払った宝徳元年（一四四九年）頃は、幕府から第一回目の討伐を受ける宝徳二年（一四五〇年）の直前であり、何か非常に重大なことが起こったことを連想させる。この点については、幕府からの討伐の理由にも絡むので、後述する。

之高は、文人としての活動に深く傾注していたようで、その治政の間に少なくとも三度は上洛していると推察する。前二回は既に記したとおりである。二回目の後には、室町幕府と細川家との敵対時期もあり、応仁の乱もあった。三回目の上洛が、いつどのようなものであったかは不明で記録には見当たらない。室町幕府から討伐を受けている身で入洛することは出来ないので、康生二年（一四五六年）に幕府が毛利氏に命じた第二回目の討伐が峠を越え、その後和解するまでの間は考えられない。さらに、『峨松斉記』より長禄四年・寛正元年（一四六〇年）には土佐にいたことがほぼ確実なので、この年以降で応仁の乱勃発までの時期に、和睦と臣従の証として上洛した可能性が考えられる。四〇歳半ばで脂の乗り切った時期ではなかったかと思う。のちに述べるとおり、之高の側からすれば、河野氏の内紛への直接介入を回避するために細川氏と足利将軍家の出陣命令に従わなかったのであり、反抗する意図があった訳ではない。従い、相手が和解に転じれば、和睦は容易に成り立ったはずである。之高は、この時も公務を終えると、五山の高僧や都の文化人との交流を熱心に行い、都での滞在が長引いたものと思う。

一二・三・二　下賀茂神社との上納金交渉

津野之高は、京の都に滞在する間に、下賀茂神社との間で上納金の支払いを停止する交渉も行ったと推測できる。之高の時代には、下賀茂神社との関係は微妙なものであった。応安五年（一三七二年）に第一四代津野泰高が地頭請契約を結んでから毎年八〇貫の年貢米相当の上納金を支払い続けていた。之高からするとこの上納金は不要な支出であった。この支出の根拠となっている「津野荘」および「津野荘里方」の北半分は、もともと津野氏とその臣下が汗水たらして開拓した土地であったので、その収穫物も自分が自由に処理してもおかしくない。このため之高は、領地内の賀茂神社に派遣されている神官と京の本社そのものに圧力をかけ始めた。その上で、都に滞在する機会をとらえ下賀茂神社の禰宜職と直接交渉を行ったと推察される。相手は、下賀茂神社社家の系図（『津野山鏡』上巻参照）より梨木祐香か梨木祐宣であったと推定できる。手ごわい相手であった。

下賀茂神社側は、「津野荘は、朝廷から賜った御厨で神田である。神々に供える収穫物と飲み物を供するための土地であったものを、金銭による祈祷料に変えたのである。下賀茂社は朝廷の尊崇もあつく国家鎮護と五穀豊穣を願って日々祈祷を行っている。その祈祷料を取り上げるとは、朝廷に対する不敬不遜である」と主張してきた。理屈は正論であるが、之高は本当のところは見抜いていた。八〇貫のほとんどは、神社社家の生計に充てられていたし、お供え物も祈祷が終われば神様ではなく人間の口に入る。だが、之高は交渉をまとめるために妥協することにした。之高は、「では、神社の祈祷料はいくらが適切かとの議論を持ちかけ、その結果、一五貫（二〇貫の記録もあり）が妥当であると神社側を説き伏せた。下賀茂神社側も、津野之高の威名と何よりもその軍事力を恐れ受け入れざるを得なかった。

一五貫・二〇貫は、江戸時代の換算率ではあるが、三〇石・四〇石であった。三嶋神社のように直接祈祷料を負担していることを考えれば、下賀茂神社経由で払うだけで大きな違いはなかった。『津野分限帳』では、梼原三嶋神社と半山三嶋神社の社家に宛がっている扶持はそれぞれ一五石であった。下賀茂神社に払う祈祷料は、多ノ郷賀茂神社、上分賀茂神社、八幡原の西鴨神社分の合計であり、之高にも納得のゆくものであった。そして、いずれ時が来れば、全て切ればよいと腹の中では考えていた。しかしながら、之高の領内にある賀茂（鴨）神社の祈祷料自体の負担を打ち切ることは全く考えていなかった。下賀茂神社経由で支払う間接負担を直接負担に切り替えるだけとの考えであった。

下賀茂神社に上納する祈祷料の金額は、長享三年（一四八九年）の出来事からその当時一五貫（または二〇貫）に減額されていることが『京都御所東山御文庫記録』で確認されている。（『津野山鏡』上巻「第八章津野荘と津野新荘の発展に関する考証」）従い、右に記した推測は事実に近いものと考える。

一二・三・三　伊予国の情勢

津野之高の治世、四国では管領細川氏と代々伊予国守護を務めてきた河野氏の間で伊予国の領有と守護職の座をめぐり争いが絶えなかった。細川氏は、既に讃岐国、阿波国、土佐国の守護となっており、伊予国の守護職も手に入れ四国全土の支配を確立することを目指した。一方、河野氏は伊予国で家の設立以来強大な地歩を築いており、細川氏の軍門に降るつもりなど毛頭なかった。この両者の争いに、守護大名の強大化をきらい自らの支配下に置くことを望んでいた将軍家の思惑が絡み交錯する。さらには、河野家内部の権力争いである家督争奪戦が、惣領家と予州家の間で繰り広げられることになり、事態は複雑化した。

四国の瀬戸内海側での争いが四国山地の山を越えて太平洋側にも飛び火してくる。津野氏もこの争いと争乱により多大な影響を被ることになった。細川氏は、土佐国守護であり守護代であった。津野氏はその被官であり、細川氏を通じ将軍家の臣下でもあった。一方、河野氏には、始祖経高以来返しきれないほどの恩義を負っており、姻戚関係も強いものがあった。誰に与するか、中立を保つか、複雑で微妙な判断が求められた。

（一）細川氏と河野氏の伊予国東部争奪戦

河野通尭と津野之勝の娘との間には、長男亀王丸（のちの通義）、二男鬼王丸（のちの通之）の二児があった。天授五年・康暦元年（一三七九年）一一月に、伊予国桑村郡吉岡郷（現東予市）佐久原にて父通尭が細川頼之の奇襲を受け戦死すると、亀王丸は河野氏の家督を継いだ。この時亀王丸はわずか一〇歳であったので、河野氏にとってこの弱年の主君を戴いて、細川氏の脅威を排除することは容易ではなかったと思われる。誰か一族の者か重臣が補佐して難局を乗り切ったはずである。

室町幕府、足利将軍家も河野氏の窮状を放置することができなかったとみえる。時の将軍足利義満は、将軍親政を志向した人物で、細川家といえども強大になりすぎるのを望まず、同一族が四国全域を支配する事態は避けたかった。この時細川頼之は管領を罷免され讃岐国鵜足津に下っており、京の都では斯波義将が管領として義満の意を受け幕政運営を行っていた。そこで義満は、翌天授六年・康暦二年（一三八〇年）一月一三日付で亀王丸に対し御感御教書を与えて、父通尭の忠節を賞した。ついで義満は四月一六日付で伊予国守護職補任と本領確認については、すでに亡父通尭に通告ずみである旨の安堵御教書を亀王丸に下し、さらに同日付で亀王丸随従の河野氏家臣の所領をも承認した。細川氏と河野氏の戦の直後に亀王丸に対し守護職の地位と所領の安堵を行ったということは、河野氏の保護を将軍家が表立って行ったことを意味し、逆に細川氏の伊予国進出を抑え込んだことを意味する。

義満は、細川氏に対し伊予国における河野氏の守護職を侵さないように釘をさす御教書を下し、その上で両家の和議を斡旋した。和気郡福角の北寺で両者の代表者による対面が行われた和解が成立した。その結果、細川氏に占領された宇摩郡と新居郡が河野氏に返還される旨を定めたが、実際には両郡ともに細川氏の勢力圏として残っており、東予は細川氏が実効支配し続けた。

尚、天授六年・康暦二年（一三八〇年）は、微妙な年であった。前年には「康暦の政変」と呼ばれる事件があり、山名氏清、土岐頼康、京極高秀らが京に軍を進め、細川頼之の罷免を求め義満に強訴した。結果、頼之は管領職を辞し義満により京から退去させられることとなった。義満が頼之と和解する元中六年・康応元年（一三八九年）はまだずっと先である。土佐国では、この年前後に、細川遠州家の頼益が入国し田村館を構えて土佐国統治の拠点を整備しつつあった。

元中三年・至徳三年（一三八六年）に、亀王丸は一五歳となり元服した。最初は通能と称していたがのち通義と名前を変えている。足利義満の偏諱と考えられる。二年後には二男鬼王丸も元服して細川頼之の諱の一字をもらって通之と称したという。津野之勝の娘の二人の息子は、父亡きあとも母と河野家の家臣団に見守られて立派に成長した。母も一安心であった。この二人は、津野通重にとっては甥であり、第一五代当主通高にとっては従兄であった。

応永元年（一三九四年）八月下旬に、河野通義は京都の邸宅で病気にかかり、もっぱら療養に努めたが、彼はほどなく再起できないのを覚り、国元から弟の通之を呼び寄せて家督を譲った。この時、通義は、懐妊中の夫人が男子を産み、器量の者に成長した時には、宗家を相続させるように遺言し、通之もそれを受け入れた。通之は同年一一月七日付で義満から伊予国守護職に補任され、宗家の本領を安堵された。同年一一月に通義が逝去したのち、その夫人に男児犬正丸が生まれた。

通之の治世中に注目されるのは、応永の乱（一三九九年）がおこり、その討伐軍に参加したことであった。将軍義満は前述のように、強大な守護大名の勢力を弾圧しようとしたので、つぎには大内義弘と衝突することになった。義弘は長門・石見・豊前等六か国の守護職を兼ねて中国地方に一大勢力を形成し、さらに南北両朝合一の功を誇って強盛であった。たまたま九州の騒乱の解決にあたって、義弘は幕府と意見を異にし両者は対立していた。義弘は義満の圧迫が加わるのを恐れ、応永六年（一三九九年）に関東管領・山名氏・土岐氏らと連絡し、彼の重要な一根拠地である和泉国堺によって反旗をひるがえした。義満は斯波義将・畠山基国らの諸将の兵を率いて、東寺に陣をしいた。通之はこの討伐軍に水軍を率いて参加した。討伐軍は堺を東南北の三方面から包囲し、海上では四国の水軍が堺と西国との連絡を遮断した。さらに堺の町に放火して城を攻撃したので、大内氏の防衛陣は完全に突破され、ついに義弘は自害した。この応永の乱では、津野氏の血もひく河野通之が幕府軍の一翼で参戦し、津野氏出身の禅僧絶海中津が将軍義満の命をうけ、大内義弘を説得するために堺の大内軍の陣を訪れており、津野氏にも少なからぬ関係があったことがみてとれる。

通義の子犬正丸は応永一三年（一四〇六年）正月に湯築城で元服し持通といい、さらに通久と称した。同一六年（一四〇九年）に、亡父の遺言とおり、叔父通之から家督を譲り受け将軍義持から刑部大輔に任ぜられた。文書のうえでは残っていないが、伊予国守護にも任ぜられたことは間違いない。

（二）河野氏惣領家と予州家の家督争い

河野氏内部の家督争いである惣領家と予州家の争いは、兄通義（惣領家）の遺言に従い弟通之（予州家）が家督を通義の息子、通久に返したことに始まる。通之の実子通元は、家督は自分が継ぐべきだと激しく反発し、その息子通春、孫通篤と引き継ぎ、惣領家通久の子教通、孫通宣と争いを続けた。両者がおのおの被官・寺社の所領安堵状を出し、『大徳寺文書』の永享二年（一四三〇年）の条には「国中錯乱」と書かれている。

第六代将軍足利義教は、幕府における綱紀の粛正を断行するとともに、将軍の統率権を強化しようと

【河野氏・津野氏・細川氏の相関図】（室町時代中期）

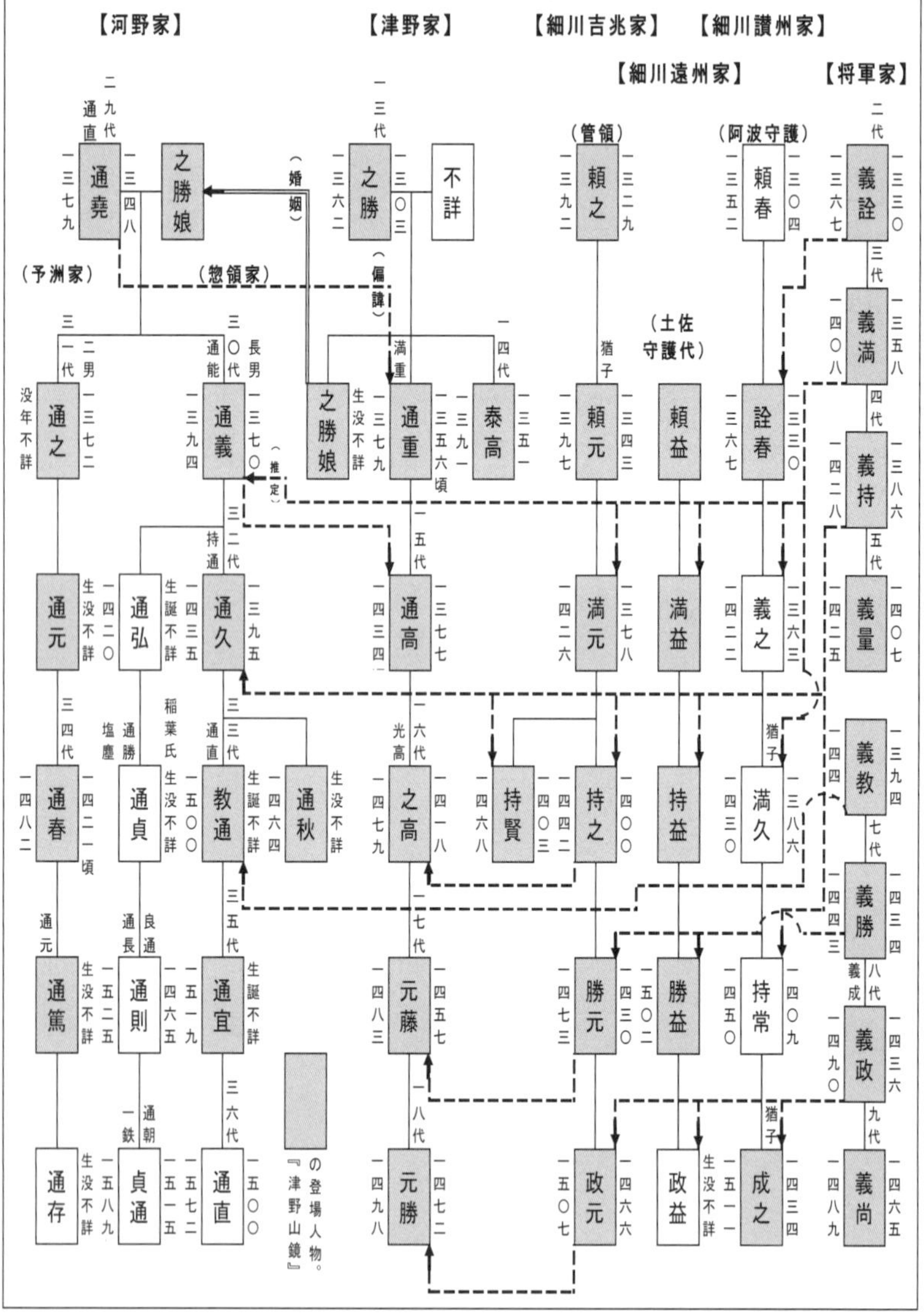

図った。義教は、周防・長門・豊前国の守護大内盛見とその子持世の権勢を利用して、混乱した九州の統治にあたった。大内氏は、九州の大友氏、少弐氏、菊池氏との間で抗争を繰り返すことになる。そのような情勢下、伊予国守護であった河野通久は、永享五年（一四三三年）と同七年（一四三五年）に九州に出兵を命じられた。二回目の出兵の際に、通久は幕命を奉じて大内氏とともに豊後国に出征したが、大友氏の謀略によって奥地へ誘い込まれ、六月二九日に姫嶽城に包囲攻撃をうけて、一族の土居通吉とともに戦死をとげた。

河野通久のあと家督を継いだのは、その子犬正丸であって、のちに教通・通直と称した。教通は、鎌倉公方持氏が反乱した永享一〇年（一四三八年）の永享の乱、永享九年（一四三七年）から同一一年（一四三九年）にかけての義教の異母弟義昭《ぎしょう》の反乱（大覚寺義昭の乱）、嘉吉元年（一四四一年）六月二四日に赤松満祐が将軍義教を殺害し反乱する嘉吉の乱、それぞれに幕命を受けて出陣している。河野氏に動員令を出した頃の室町幕府管領は細川持之であり、この頃は河野氏と細川氏の関係は比較的良好であった。しかしながら、河野家内部の家督争いが細川氏の態度にも影響を及ぼし、細川氏側には長年の野望であった伊予国の支配という考えが再び頭を持ち上げて来た。

惣領家通久の子教通と予州家通元の子通春との対立は、嘉吉元年（一四四一年）の嘉吉の乱のあとに始まっている。この頃すでに、教通は伊予国守護職に任ぜられていた。教通は幕府の命令を奉じて通春を討ったが、その理由とするところは、嘉吉の乱における赤松氏討伐に当たり、通春が遅参したことであった。恐らくこれ以前に、すでに両家の間に対立があったのであって、通春の遅参は単なる征討のための口実であったと思われる。その後も両者の抗争は止まなかった。

一四四四年（文安元年四月）、幕府は安芸国の小早川凞平らに命じて、河野教通を援助させた。

『小早川家証文』

一四五〇年（宝徳二年四月）、足利義政の将軍職就任の祝賀が催された。
一四五〇年（宝徳二年七月）、将軍足利義政は吉川経信に、伊予国への渡海を命じ教通側を応援させた。『吉川家文書』
一四五〇年（宝徳二年八月）、将軍足利義政は小早川盛景に、伊予国へ渡海し教通側を応援することを命じた。『小早川家文書』
一四五〇年（宝徳二年）、津野之高が幕府による第一回討伐を受ける。『古文叢』第八巻（管領畠山持国書簡）、『大洲旧記』上川村文書（管領細川勝元書簡）、『土佐国編年紀事略』
一四五〇年（宝徳二年）、将軍義政は教通に対し、守護職に再任した。『小早川家文書』
一四五一年（宝徳三年四月）将軍義政は杉原伯耆守、小早川安芸守らに出陣を督促し、渡海して教通に協力するよう指示した。『小早川家証文』
一四五一年（宝徳三年六月）、河野教通は、小早川氏の援兵と領国内における部将重見・森山氏らの積極的な協力によって、通春に味方した国内の城郭二〇余か所を奪取し、しばらく反抗勢力を制圧することができた。『小早川家証文』
一四五一年（宝徳三年一二月）、河野通春一派の勢力は強大で、その掃討は困難であったようで、幕府は吉川経信に教通を後援するため、伊予国に出動を命じた。『吉川家文書』
一四五二年（享徳元年一〇月）、通春側についた森山氏が館里城に挙兵したので、幕府は吉川加賀守に伊予への出陣を命じた。幕府はこの時の討伐における吉川加賀守の戦闘を称揚している。『吉川家文書』
一四五三年（享徳二年）、管領細川勝元は、将軍足利義政の意向を打診せず、伊予国守護職を改補し、教通から守護職を奪って通春に給与したと推測される。この勝元の行動は、幕府の教通擁護策とは背反するものであった。そのほか勝元の専断的な行動により同年五月に勝元は義政と衝突し、管領を辞任しようとするに至った。勝元のこれらの動静は、通春を援助することによって、教通と抗争させて河野氏の勢力の分断を図りその弱体化を意図したものと推察できる。

一四五五年（亨徳四年）、この年には、伊予国守護職は細川勝元の手のなかにあったことが記録に残っている。『斉藤基恒日記』このことは、将軍足利義政を説き伏せ、教義擁護から通春支持へと幕府の基本方針を転換させたものと推察できる。このころ、伊予国内の政界は、いちおう小康状態にあったようであるが、水面下では次の鳴動への圧力が蓄積されつつあった。

一四五六年（康生二年）、津野之高が幕府による第二回討伐を受ける。『毛利家文書』

一四五七年（長禄元年）、教通は弟の通秋を養子として家督を譲った。通秋は六郎といい、刑部大輔に補せられた。『予陽本』

一四五七年（長禄元年）、この頃より、細川勝元の支持を得て通春が、公然と河野家の当主のように振舞い始めた。『蔭涼軒日録』細川勝元の伊予国守護職への補任が事実であれば、予州家の河野通春はその守護代として活動したと推測する。守護の勝元は管領でもあり、通常は京に常駐していたはずで、伊予の経営は通春が行った、つまり通春があたかも守護のごとく振舞ったと推察できる。

一四五九年（長禄三年一二月）、河野通春は足利義持の年忌法要の費用四〇貫文を負担した。『蔭涼軒日録』幕府・足利将軍家からの通春に対する処遇への返礼であり、細川勝元が助言したと思う。

一四六〇年（長禄四年一二月）、河野教通もいろいろ策を講じていたようで、幕府に申状を提出して、古代以来の先祖の勲功を列挙し、最後に近年不慮の儀（通春が河野家家督を認められたことか）を嘆き、守護職と御恩地の返還を要求した。『大友家文書録』

一四六二年（寛正三年）、河野通春は再び反乱をおこし、伊予国は戦雲におおわれる。この反乱では、阿波国守護細川成之の被官らと、喜多郡の宇都宮氏らが協力して通春と戦うこと数度に及んだ『長禄寛正記』成之は頼之の弟詮春の系統に属し、讃岐守と称した。これにより、親密であった細川勝元と河野通春との関係が険悪化した。

一四六四年（寛正五年一〇月二日）、河野通秋の治世は短く病没した。やがて教通の子通宣がそのあとを継いだが、宗家の実権は父教通が掌握していたように考えられている。これから以後も教通の文書が多く存在しているばかりでなく、通宣が長く教通と行動を共にしたことが知られている。

一四六四年（寛正五年一一月）、畠山政長が管領となり、細川氏を援助して通春を討伐するために、周防国守護大内教弘に出兵を依頼することになり、使者として承勲を派遣した。『長禄寛正記』

一四六五年（寛正六年四月）、細川勝元は阿波国守護細川成之を遣わして、通春討伐にあたらせるとともに、幕府に対し近国へその趣旨の御教書等を出すよう要請し、やがて幕府は備後・安芸・石見国の守護たちに出兵を命じた。『親元日記』

一四六五年（寛正六年六月二五日）、幕府は小早川凞平・吉川元経らに対して、勝元に協力するように指令した。『小早川家証文』『吉川家文書』細川勝元自身も毛利少輔三郎および出羽祐房らに対し出兵を促した。『毛利家文書』『萩藩閥閲録』このころ、大内教弘も幕府の命を奉じて伊予国に出征していたが、その指示に反して、かえって通春を援助した。ところが、教弘は出征の途中病気にかかり、九月三日に和気郡興居島（現松山市）で病没した。「親元日記」『長禄寛正記』大内家を継承した政弘も引き続いて通春を援助し幕府側を悩ませた。

一四六五年（寛正六年一〇月一〇日）、細川勝元は毛利豊元に対し、通春との戦闘中に味方の土佐国守護代新開遠江守らが戦没した旨を報じ、援軍の派遣を要請した。『毛利家文書』土佐国守護代細川持益は、通春に降伏したという。『予章記』その後幕府は、通春の孤立を図る目的で、大内政弘に通春援助を中止するよう鹿苑院真圭に説得させたが、失敗したようである。『蔭涼軒日録』

一四六五年（寛正六年一〇月二二日）、幕府は、細川勝元の要請で大内氏征伐を断行することとなり、吉川経基に対しても出兵を命じた。『吉川家文書』

大内氏が通春と結び細川氏に対抗した事由については、遣明船の航路である瀬戸内の制海権の問題があったと考えられている。細川・、大内両氏にとって制海権の確保こそが何よりも大事なことであり、そのためには、内海の海賊衆を傘下に収める必要性があった。大内氏は安芸の海辺部の海賊衆を配下に組み入れたものの、内海中央部の芸予諸島へは完全に勢力を浸透させることはできなかった。細川勝元が伊予守護であったころ東寺領弓削島に進出した海賊衆のうち、安芸の小早川一族の小泉氏、讃岐の山路氏は細川勝元の被官であったが、伊予の能島氏、村上氏は河野氏の被官であった。この地域は、細川・河野両勢力が競合していた。細川氏が伊予を制圧すれば瀬戸内海中央部の制海権を完全に抑えられることになり大内氏にとっては脅威であったことになる。

一四六七年（文正二年正月一八日）、応仁の乱が勃発すると、河野通春は大内氏と共に上洛し反細川方の西軍に加勢した。五月一〇日、大内政弘は周防・長門以下八か国の軍勢を率い山口を進発、海陸から上洛の途につき、七月二〇日に兵庫（摂津国）に着いた。通春もこのなかにいたとみられる。

一四六八年（応仁二年一一月）、足利義視は東軍から脱出、西軍方に身を投じ西軍方から公方（将軍）と称され、幕府が東・西に並び立つことになった。

一四七〇年（文明二年）、河野教通はこの頃を境に東軍方に属す。

一四七三年（文明五年）、三月に西軍の領袖山名宗全と五月に東軍の領袖細川勝元が相次いで他界する。この年一一月、教通改め通直は、東軍幕府から伊予国守護に任じられる。『明照寺文書』

一四七七年（文明九年四月一九日）、通春はすでに東軍に内通していた大内政弘の仲介によって東軍に降り、将軍義尚の安堵をとりつける。『親元日記』

河野氏の惣領家と予州家の内紛は応仁の乱後も続く。

一四七八年（文明一〇年）、伊予は細川政元の分国であったが、実際には細川氏の支配権は有名無実で、伊予に帰国した通春と通直（教通）・通宣とが伊予の覇権をかけて熾烈な戦いを繰りひろげた。通春は、和気郡湊山城に拠り勝利を得て、伊予の三分一、さらには半国を切り取った。その後通春は府中（現今治市）にしばらく逗留したのち、やがて湊山城に帰っている。だが、その後通直方が巻き返したらしく、通春は大内政弘にその配下の呉・能美・蒲刈三か島の水軍の出動を要請した。『正任記』

一四八〇年（文明一二年）、通直が伊予の主導権を奪還したとされる。同年、再興の業を始めた石手寺（現松山市）の棟札に通直のことを「伊予屋形」と記しており、そのことがうかがわれる。『石手寺文書』

一四八二年（文明一四年閏七月一四日）、河野通春は湊山城で波乱の生涯を閉じた。その後、通春の子通元（のち通篤）と通直・通宣父子との対立は続いた。

一五〇〇年（明応九年二月一九日）、河野通直（教通）は湯築城（現松山市）で没し、その子の通宣が家督を継いだ。その後も、明応〜大永年間にかけて延々と通宣と通篤との対立が続けられた。しかし、予州家通篤の勢力はしだいに衰退し、ついに敗れて防州宇部に去り、かの地で死去したとも、防州から帰国して伊予宇和郡で卒去したともいうが、定かではない。

長く続いた惣領家と予州家との対立抗争は、以上のように予州家通篤の衰退・死去によって終わり、河野氏は本家通宣によって統率せられる時代となった。しかしながら、この長期にわたる惣領家と予州家の抗争は、単に河野氏を衰微に導く誘因となったばかりでなく、長年にわたり伊予国の支配を目論んでいた細川氏に加え、周辺の有力な守護大名の大内氏をはじめ小早川氏、吉川氏、毛利氏らの進駐を招くことになり、領国内を疲弊させたのみならず、将来における戦国大名による侵入の機運をつくる結果となった。

一二・三・四　室町幕府による討伐

足利将軍家・細川管領家による津野之高討伐と直接的に関係しているかは判然としないが、討伐の少し前に佐川氏がらみで事件が発生している。ここで、高吾北地方で勇躍した佐川氏について、簡単にその歴史を振り返っておく。

九六〇年代、二代津野重高が斗賀野・佐川方面の開拓を進め、その三男繁国が佐川（現上郷松尾山）の地に拠点を構え佐川氏を名乗り、北津野荘といわれる地（斗賀野、佐川、三野、尾川、永野、谷地方面）の経営を行った。

一一九四年（建久五年）、浦ノ内鳴無神社の「志那禰祭（しなねまつり）」を記した古記録に、「奏□（一字不明）門越智真光、建久五年申寅六月中旬（中略）此年御船遊御使逆川越智（守）惟宗信□□（二字不明）一宮御船御使共御前付一宮御神楽云々」とある。これは、現在では毎年八月二五日（新暦）の夏祭りに行われる「志那禰祭」の行事を描いた記録である。「志那禰祭」は、神輿を乗せた船団が浦ノ内湾を渡る勇壮な行事で「お船遊び」とも称され、かつては高岡郡の有力氏族が参加したとされる。この記録では、「志那禰祭」の神事に土佐一宮（現土佐神社）の使者、惟宗氏と共に津野氏の分家の佐川越中守（逆川越智守）と推察される人物が参加している。鳴無神社の古記録の解釈が正しければ、津野氏が佐川方面に進出して一三〇〇年程経たこの時期も佐川氏が同地域を統治していたものと推察される。さらに、津野氏の分家とされる佐川氏がこの時代に実在したことは、同時にその本家の津野家がこの時代よりも前に実際に存在していた事実が確認されたに等しいことになる。

一三二九年（元徳元年）頃、南朝方の大平弾正光国の四男四郎佐衛門光顕が津野氏系佐川氏を襲い佐川氏を名乗り、他兄弟と連携しこの地を治める。津野氏系佐川氏は北津野荘から追い出された。

一三四三年（興国四年・康永二年九月二日）、細川定禅が南朝方の残党掃討命令を発し、津野家時、三宮実綱、佐竹義国、堅田国貞が合力し、佐川光顕の松尾城を攻めた。（堅田国貞宛の軍忠状『佐伯文書』、花押は細川権律師定禅）

一三七八年（天授四年・永和四年一二月）、津野泰高は三野領に攻め入った。仲介の結果、旧津野領であった佐川、斗賀野、斗賀地、永野を回復し、斗度野、小川、下り、三野は大平領として和睦した。津野氏は、佐川郷の松尾山に拠点を設け一族の者を配し佐川、斗賀野、斗賀地、永野、谷地の五郷を支配させた。のち、この一族は再び佐川氏（別名中村氏）を名乗った。（『土佐太平記』）

一五一七年（永正一四年）、恵良沼の戦いで討死した津野氏一族に佐川越中守の名もある。

一五四六年（天文一五年）、津野基高が土佐一条房基に降ったのと同時に佐川氏も一条氏に降った。

一五七一年（元亀二年）、長宗我部元親は吾北地方を攻略し、久武親信がこの地を領し松尾城に常駐する。佐川（中村）越前守信義はその臣下に降った。

一六〇一年（慶長六年）、山内一豊の家老深尾和泉守重良が佐川に入り、松尾山の城を改築し土居を構えこの地を支配した。佐川氏の動向は不明である。

『足利将軍家御内書并奉書留』に次の文章が残されている。津野之高が家督を継ぎ上洛する一年前の永享五年（一四三三年）の文章である。事件は、津野氏と大平氏の領地争いのひと幕と理解できる。

（書き下し）

去ル六月廿七日夜、戸波城忍ビ取ラルノ由承リ候、此ノ事ニ就イテハ先日使節ヲ以ッテ申シ候訖（そうろうおわんぬ）、定メテ（必ず）下リ着キ候ヤ、先ノ閣ニテノ是非ノ儀彼ノ城遠江入道方へ去渡（引き渡し）セラル可ク候、理ニ於イテ非ノ一段（一件）ハ不日（近い内に）成敗加ウ可ク候、早々上洛有ル可ク候也、恐々　（註）「忍び取る」は夜中に忍び寄って敵城をのっ取ること。
（永享五年）後七月二日（註、一四三三年）
佐河四郎佐衛門尉殿（註、佐河は佐川に同じ）
（『細川京兆家の守護支配について』（『栃木史学』第七号）より』）

これは、恐らく、管領兼土佐国守護の細川持之が発給した文章で、宛先は津野氏の一族佐川四郎佐衛門である。佐川氏が大平氏の戸波城に夜襲をかけ奪い取ったことが分る。文中の遠江入道は、大平氏の誰か、細川遠州家（土佐国守護代）の誰かであろうと想像はつくが、実名は不明である。文章の趣旨は、「戸波城が乗っ取られたと聞き及んだが、降伏して遠江入道に引き渡し上洛すること」との命令書とである。戸波城は、のち永正七年（一五一〇年）頃に一条氏に奪われるまでは、津野氏の城となっており、この年以降のいつの時代か津野氏が戸波城を東の支城として支配したものと考えられる。

ただ、戸波の帰趨を顧みると、鎌倉時代初期には蓮池の大平氏の領地であったが、鎌倉時代末期には日下の三宮氏の領地、南北朝時代初期の延元三年・暦応元年一月二三日（一三三八年）の虚空蔵山草苅場戦以降は再び大平氏の領地となったと推察される。その後、南北朝の騒乱の結果でこの地は南北朝の戦功の恩賞として津野氏に与えられるが、大平氏と津野氏の境に位置する係争地だけに、奪ったり奪われたりが繰り返されたと推定できる。佐川氏による戸波城夜襲事件の顛末がどのようなものであったかは判然としない。しかし、管領細川持之も関わり、翌年永享六年（一四三四年）五月には宗家の津野之高が上洛し、六月には将軍義教に拝謁していることから、何らかの手打ちが行われたことが想像される。之高の上洛そのものに、佐川氏の代わりの意味合いもあったのかもしれない。

五年後の永正十年（一四三八年）になると、同じ『足利将軍家御内書并奉書留』に次のような一連の文章が現れる。「大覚寺義昭の乱」の首謀者将軍足利義教の異母弟義昭《ぎしょう》を佐川四郎佐衛門が匿っていたことを示す文章である。

（書き下し）
大覚寺殿ニ就キ以下ノ人事ヲ落トシ、先ノ度申シ了《おわ》ル、堅ク成敗サレ候ヤ、猶以ッテ国中津々浦々ニ相触レラル可ク候、若シ沙汰無シノ在所有ルハ、罪科ヲ令《いいつ》ケ忠節ノ輩ニ於イテハ恩賞ス可ク候、此ノ旨存知有ル可ク候、恐々
　永享十（註、一四三八年）
　　三月廿日
　　　麻植三河入道殿

（註）大覚寺殿は六代将軍足利義教の異母弟義昭《ぎしょう》のこと。

【内容】
細川管領家から阿波国吉野川下流域の麻植郡の国人麻植三河入道に、義昭に関し国内にお触れを出すように指示したものである。

（書き下し）
去ル七日注進到来了《おわ》リ候、佐河四郎佐衛門尉ノ事、京都ニ対シ緩怠致シ条々候ノ上、既ニ一族等惣領立ツ可カラズノ由申シ候間、子細無ク候、急ギ然ル可ク人体ニ則リ注申ス可キ旨斗賀野ニ申シ付ケラル可ク候、委細ハ猶香川上野入道申ス可く候也、恐々
（永享十年カ）（註、一四三八年）
　七月廿日
　　麻植三河入道殿

【内容】

佐川四郎佐衛門が義昭を匿っているとの情報が入ったのであろう、その対策が連絡されている。佐川四郎佐衛門を惣領から外すと圧力をかけても従う気配はなく、斗賀野氏（大平氏一族）に報告させるよう指示しろと麻植三河入道に連絡したものである。詳細は、香川上野入道が伝えるとしている。香川氏は、細川氏が四国支配の拠点を置いていた鵜足津の西隣を領する西讃岐の有力国人で、細川氏の被官として都でも活動していた。

（書き下し）
佐河四郎佐衛門尉緩怠至極ニ候間、不日（近い内に）退治セラレ候、毎事（すべての事柄）大平山城入道申シ談《かた》ラシメ候ハ然ル可ク候也、恐々
　永享十（註、一四三八年）
　　八月廿日
　　　麻植三河入道殿
　　　大平山城入道殿（註、蓮池城主大平国雄）

【内容】

佐川四郎佐衛門が義昭の引き渡しに応じなかったのであろう、近い内に成敗するとし手はずは大平山城入道が伝えるとしている。


（書き下し）

佐河四郎佐衛門尉ノ事、不日（近い内に）退治ヲ加ウ可シノ由麻植三河入道ニ申シ付候、急ギ彼ノ手ニ属《つ》キ忠節致ス可ク候也、謹言

（永享十年カ）（註、一四三八年）

八月廿二日

津野孫次郎殿　安藝備後守殿　本山信濃入道殿

三宮近江入道殿　和食主計允殿　森帯刀左衛門尉殿

最後の文章は、佐川四郎佐衛門の討伐を麻植三河入道に命じたので、津野之高初め土佐の国人衆に六人にその配下に入り出陣するように命じたものである。

この一連の文章は、第六代将軍足利義教の異母弟義昭の起こした「大覚寺義昭の乱」に関連するものである。義教は「くじ引き将軍」と呼ばれ、四人の僧籍者の中から石清水八幡宮において行われた神籤により将軍職に就くが、義昭も四人の将軍候補者のひとりであった。猜疑心の強い義教に疑念を持たれ身の危険を感じたのか、義昭は永享九年（一四三七年）七月一一日未明に修行先の大覚寺より秘かに逐電してしまう。義昭は吉野に逃れそこで還俗し、南朝方の説成親王（かねなりしんのう）の子圓胤や大和国の郷士と挙兵するが敗走する。義昭の行方を捜索していた幕府に永享一〇年（一四三八年）三月に実は義昭は四国にいるという情報が伝えられ、やがて土佐国の国衆佐川氏に匿われていることが明らかになった。右の文章は、この出来事に関連し細川持之が発給した文章で、最後は八月二二日付の書状で、土佐国の国人津野氏他細川氏の被官に佐川四郎佐衛門の討伐を命じている。尚、この義昭は、室町幕府最後の第十五代将軍足利義昭（よしあき）とは全くの別人である

この出来事には、表面に現れている以上に裏の動きがあったように思える。あくまでも推測ではあるが、実情は次のようなものではなかったであろうか。この時代の佐川氏は津野氏の一族であり、津野宗

家の当主は当時京の都にも名を馳せていた之高であった。義昭が土佐国に逃れ頼ってきたのは津野之高だったのではなかろうか。その場合、之高は幕府の追捕を受けている義昭を匿う訳にはいかず、より目立たなくするために分家の佐川氏に匿ってもらったと推量できる。やがて、義昭を匿っていることが露見し、右のとおり佐川氏の討伐命令が出る。之高は分家の佐川氏が幕府軍の討伐により滅びることを何とか回避しようと画策した。この結果、実際に討伐軍が編成され戦が起こったのかは不明であるが、佐川氏は永正一四年（一五一七年）の恵良沼の戦いにも津野軍の一翼を担い参戦しており、家は滅んでいなかったことになる。そうすると、戦は起こらなかったか佐川氏がほとんど戦わずして降参したかのどちらかであろう。

当の義昭は、佐川四郎佐衛門の討伐命令が出された二年後の永享一二年（一四四〇年）頃には、九州で尊有（たかもち）と名乗り、日向国の国衆野辺氏の保護下に置かれていることが明らかとなっている。そうすると、津野之高もしくは佐川四郎佐衛門は、義昭を厄介者扱いして追い払ったか義昭本人の意思を受け九州に逃したことが考えられる。逃した道程は、佐川～朽木峠～梼原～大洲～八幡浜（坂本竜馬の脱藩ルートと同じような道程）または梼原から宇和島方面に抜け豊後水道を船で渡る道程が考えられる。伊予側では、河野氏の恐らく予州家、大洲の宇都宮氏、河後森の河原渕氏、宇和島の西園寺氏あたりの誰かが協力したものと思われる。

義昭はその後、薩摩守護の島津忠国に匿われるが、将軍義教の執拗な命令により忠国も最後は義昭を討ち取らざるを得なくなった。大和～土佐～日向～薩摩と逃亡生活を送った義昭もそれ以上の逃げ場を失い最後は自害する。首は京の義教のもとに届けられ、検分した義教は狂喜したとのことである。

この事件の一〇年後に津野之高は、幕府の討伐を受ける。その後いつか義昭を匿っていたのは実際には之高であったとの情報がもれ、足利将軍家と細川管領家から睨まれていたのかもしれない。歴史の裏舞台ではいろいろなことが起こった可能性がある。

この事件が落着し一安心すると、之高は、先に推測のとおり、永享一一年（一四三九年）頃に京に上り文人活動に打ち込むことになる。あるいは、この上洛にも佐川氏の事件を穏便に収めるための根回しが含まれていたのかもしれない。

しばらくは平穏な時が流れたが、時代の雲行きがあやしくなってきた。領地を接する大平山城守国雄が南北朝での失地を回復しようとする動きを強め、隣国伊予における河野氏の内紛が之高にも影を落とし始めた。津野之高は、二度にわたり幕府の討伐を受けることになった

第一回目の討伐は、宝徳二年（一四五〇年）のことで、土佐国守護細川勝元の具申により将軍足利義政は津野之高の討伐を命じた。左の文は、管領畠山持国が伊予国久万地方（現久万高原町）の大除城を拠点とする大野宮内少輔繁直に送った室町幕府御教書である。

（書き下し）

之高征伐ノコト

土佐国津野備前守対治事、早（すみやかに）守護代ト相共ニ忠節ヲ致サル可キノ由、仰セ下サル所　ナリ、仍リテ執達（通達）件ノ如シ

宝徳二年年十月廿三日（註、一四五〇年）　沙弥花押（註、畠山持国）

大野宮内少輔殿（註、大野繁直）

（右『古文叢』第八巻管領畠山持国書簡）　（『土佐国編年記事略』名野川小野宗十郎蔵

この教書で管領畠山持国は大野繁直に対し、津野備前守之高を守護代とともに退治するように命じ通

達した。第一回目の討伐では、大野繁直のほかに守護代細川持益や蓮池城主の大平山城守国雄、伊予国浮穴郡橘城（現大洲市肱川町）城主富永安芸守らが之高討伐のため出陣したことが判っている。この命を受けた大野繁直は、腰が重かったのか気が進まなかったのか中々本格的な戦いを仕掛けなかった。大野繁直の立場からすれば、津野氏とは領地を接していたが、かつて干戈を交えることはなかった。津野氏にしてみると、大野氏は河野氏と連携するための途中の通り道を押さえており良好な関係を保っておく必要があった。今回の戦いの原因は、大野氏と津野氏の間には存在しなかった。半年以上過ぎた翌年五月二七日になり土佐国守護細川勝元が、状況を打開するための書状を土佐に出陣していた大野繁直に出してきた。細川勝元より大野宮内少輔に送った手書には、次のとおり書かれている。

（書き下し）

大野宮内少輔殿

津野対治ノ事ニ就キ、土州ニ打チ越サル（越境）ノ由本望ト承リ候、殊ニ国人等ノ振舞是非無キ次第ニ候ノ間、近日ニハ一進致ス可キ了簡ニ候、其ノ間在陣候ハバ悦入（心嬉しく）候

委細ハ安富民部丞申ス可ク候　恐惶謹言

五月廿七日（註、推定宝徳三年・一四五一年）　勝元

大野宮内少輔殿（註、大野繁直）

（右『大洲旧記』所収「上川村文書」）（『土佐国蠹簡集』『愛媛県史』資料編古代・中世本編一三二一）

細川勝元の書簡には、「国人等ノ振舞是非無キ次第」（国人等の振舞いはやむを得ないことなので）と書き、「近日ニハ一進致ス可キ了簡ニ候、其ノ間在陣候ハバ悦入（心嬉しく）候」（近日中に軍を進める積りなのでそれまで陣にいてもらえれば心嬉しい）と命令書というよりは、懇願書に近い内容になっている。この下りからは、畠山持国の御教書で津野之高の討伐軍を進めたものの、討伐に大儀がなかった

のか津野軍の抵抗が強かったのか、討伐の戦いが停滞していたことがうかがわれる。さらには、「国人等」と表現されており、之高に与した国人衆も複数いたことが見てとれる。特に、討伐軍に参加した国人衆も何故に四国の総大将で土佐国守護である細川勝元が出陣してこないのかとの声もあがり、やむなく勝元が出陣する事態になったのではないかと想像できる。その後の出来事から推測すると、この時の戦では討伐軍を押し返したか、負けたとして軽微なもので終わったと推定される。

愛媛県側の歴史記述によると、大野氏はこの時期には、守護家である河野氏の被官であると同時に室町将軍直轄の被官になるという動きを強めていた。当主大野繁直は、応永二七年（一四二〇年）生まれであるが、三一歳の宝徳二年（一四五〇）四月に義政の将軍職就任の賀に上洛して宮内少輔に任じられ、同年一〇月、津野之高討伐を命ぜられて出陣した。大野氏の立場としては、将軍との直接の主従関係を志向していた限り、出陣命令は拒めなかった。繁直は、細川勝元の書状を受け取った翌月、宝徳三年（一四五一年）六月一一日、吾川郡弘岡（現高知市春野町）で津野軍と交戦して負傷した。この戦いでは、この弘岡の地に割拠していた吉良氏（源頼朝の同母弟希義の子孫）が津野氏に加勢した。

（書き下し）

去月十一日弘岡ニ於イテ合戦ノ時、自身疵ヲ被ルノ由注進到来ス、粉骨比類無ク候、弥（あまね）ク計略ヲ廻（めぐら）セ候ハバ然ル可ク候、巨細（委細）安留民部丞ガ申シ候、恐惶謹言

七月二日　道賢（註、細川道賢）

大野宮内少輔殿

（右『大洲旧記』所収「上川村文書」）（『土佐国蠹簡集』『愛媛県史』資料編古代・中世本編一三二三）

大野宮内少輔繁直は、仁淀川東岸の弘岡での戦いで負傷し、それを細川道賢がねぎらっている。と同

時に、計略を廻らせており安留民部丞が内容を伝えるとしている。この文書を見ると、細川勝元と大野繁直の間の連絡係を安留民部丞が務め、時として勝元の叔父（父親持之の弟）道賢が軍令を出していたことが解る。

大野宮内少輔繁直はその後、同年夏に戦況報告のために上京した帰途、兵庫で暑さのためか狂死したといわれている。

第二回目の討伐は、康生二年（一四五六年）のことで、将軍足利義政の命を奉じた管領細川勝元の指示により、中国の毛利熙元が渡海し攻撃してきたがこれも撃退した。（『毛利家文書』康生二年七月十三日付細川勝元書簡）

（書き下し）

土左国津野備前守之高ノ事、先度治罰（退治・懲罰）ノ御教書ニ訖（いたら）シメ、早相催（あいもよう）シ（軍勢を集めること）一族等ヲシテ進発セシメ戦功ノ次グヲ抽セラル可キ、同意ノ族ニ於イテハ、同ジク誅戮ノ由ヲ以ッテ仰セ下セラレ候ナリ、仍リテ達件ノ如シ

康正二年七月十三日（註、一四五六年）　左京大夫（細川勝元）

（右帝大家別古文書毛利家の内）

津野備前守之高のことについては、処罰を命じる先の室町幕府御教書のとおり、軍を進めるように促したものである。

室町幕府による津野之高討伐の理由は、之高が反乱を起こしたと説く人たちもいるが、実際にはどうであったか推測してみることにする。前段に記した河野家の惣領家と予州家による内紛のことも念頭に入れて、考え得る主な理由を挙げると次のとおりとなる。

（一）何らかの理由で土佐国で反乱を起こした。
（二）土佐国守護代細川持益との争い。
（三）境を接する大平山城守国雄との領地争い。
（四）河野家の惣領家と予州家の抗争で、反足利義政・反細川勝元側に加勢した。
（五）河野家の惣領家と予州家の抗争において、幕府よりの出陣命令に従わなかった。
それぞれの原因の可能性について考えてみる。

（一）反乱については、全く可能性がないとは言えないが、可能性は極めて低いと思う。反乱しなければ家が滅びるという切羽詰まった事情でもあれば別であるが、津野氏の軍事力が強化されたとはいえ、土佐の一国人が強大な勢力を持つ幕府に単独で反旗を翻し勝てると考えるほど之高は夢想家ではなかったと思う。また、反乱を起こしたのであれば、守護代細川持益の田村館を襲撃する等の軍事行動を先に起こすはずであるが、そのような形跡は見当たらない。戦は、幕府による討伐軍を之高が迎え撃つ形で展開されていると見受けられる。さらに、反乱・謀反であれば、一般的には、徹底的に叩かれて滅ぼされるはずであるが、そこまで追い詰められた形跡もない。何よりも、反乱の理由が見えない。まして、先に紹介した『晛松斉記』によると、之高は第一回討伐の宝徳二年（一四五〇年）の直前の宝徳元年（一四四九年）頃まで京に一〇年近く寓居しており、そのような軍事行動を起こす心構えも準備もなかったと思う。

（二）土佐国守護代家との争いがあったとすれば、真っ先に考えられるのが領地争いである。しかし、細川氏がその支配地域である田村館の周辺地域を領有しようとしたのであれば理解できるが、遠く離れた高岡郡の飛び地に手を出そうとは一般的には考えないと思う。近隣の香宗我部氏、長宗我部氏などが細川氏の侵食をうけた形跡は見当たらない。また、室町幕府の統治体制は、全国に配置した守護の上に立ち、原則その合議制で幕政運営を行うものであった。その体制は各国においてもいえることで、守護国における守護の統治権が強かったとはいえ、守護の被官となった国人衆の上位に位置して領国を経営するものであった。のちの戦国大名や江戸時代の幕藩体制のように、大名が領国を一元的に支配する体制とは異なっていた。とすると、守護代細川氏が被官となっている他の国人の領地を奪って自家のものとすることは通常は考えられない。

（三）大平氏との領地争いについては十分考えられる。戸波方面と佐川方面の地は南北朝時代以降、取りつ取られつを繰り返す係争の地であった。津野氏は、天授四年・永和四年一二月（一三七八年）に津野備前守泰高が佐川方面に攻め入り、以来佐川、斗賀野、斗賀地、永野を奪い返した。永享五年六月（一四三三年）には一族の佐川四郎佐衛門が戸波城に夜襲をかけ奪い取った。その頃以降、この城も津野氏の東の出城となっていた。大平氏にとっては、特に津野氏が蓮池城の目と鼻の先の戸波まで進出してきたことは耐え難いことであった。一方、大平氏は細川京兆家（管領・土佐国守護）の被官として土佐国では重要な地位を占めていた。特に、細川遠州家が守護代として土佐国に入国してくるまでは、大平氏は守護代と称されていた時期もあった。そのような大平氏が津野氏の領地を侵食しはじめた。文安六年・宝徳元年（一四四九年）の頃のことである。この事態を受け之高は遊学中の京都から急きょ帰国することになった。こう考えると『哦松斉記』の記述と一致する。大平氏は、南北朝時代までの歴史も踏まえ、戸波方面、佐川方面の地はもともと自家の領地として返却を求め細川氏に訴え出た可能性は考えられる。細川勝元はこの話に乗った。

（四）河野家の内紛での反足利義政・反細川勝元側への加勢の可能性についてはどうであろうか。これが理由だとすると、第一回目（一四五〇年から一四五一年）の之高討伐は、予州家の河野通春に加勢し討伐を受け、第二回目（一四五六年）は、惣領家の河野教通に加勢したことになる。途中で加勢相手を変えた理由が解らない。またこれでは、河野氏の一方に加勢したというよりは、将軍と管領に反抗したということになるが、（一）項同様にその理由が見えない。また、加勢したということは、軍事行動を起こしたということで、戦場である伊予国に出陣したことになる。だが、実態は幕府の命令を受けた討伐軍を土佐国内で迎え撃っており、一四四九年のある時期まで京に遊学していたことを考えると、伊予に出陣したことは考えられない。また、之高は河野通久・通元あたりと烏帽子関係で兄弟と見なされていたし、祖父通重、父親通高に倣い元服前の一定期間河野氏に養育された可能性もある。そうでなくとも河野家との間は行き来があったはずで、惣領家の通久・教通とも予州家の通元・通春とも親しかったことは間違いない。そうすると、個人としての立場上も津野家の立場上も、その一方だけに加勢したというのはかなり疑問である。

（五）幕府よりの出陣命令に従わなかったために討伐を受けた可能性が高いと考える。理由は、前項に記した人間関係より、また長い河野氏との親交から惣領家と予州家のどちらか一方に加勢するのを回避したのだと思う。室町幕府は、河野家の内紛に関連して、瀬戸内海を隔てた小早川氏、吉川氏、毛利氏に再三再四にわたり出陣命令を出しているくらいだから、陸続きの土佐の国人豪族にも当然のこととして出陣命令が出ていたはずである。まして、土佐は細川勝元のお膝元である。実際に、細川守護代家も国人の中にも出陣した者がいる。之高が出陣命令をどのように断ったのかは判らないが、之高の決断により将軍家と管領家は威信を傷つけられたことになる。特に、第八代将軍足利義政は将軍親政を志向し将軍の権威にこだわった人間であり、之高が命令に従わなかったことを腹にすえかねたのではなかろうか。その懲罰の意味で軍を差し向けたものと思う。但し、あくまでも懲罰であり誅伐として亡ぼすほどのものではなかったと推察する。

以上の考察をまとめると、室町幕府による津野氏討伐の理由は、第一回目は、大平氏が津野氏から旧領地を奪還することを目指しそれを幕府側が黙認したことに加え、河野家の惣領家（河野教通）支援のための出陣命令に之高が従わなかったことと推定する。加えて、「大覚寺義昭の乱」の顛末が遠因として作用した可能性もある。第一回目の津野之高に対する討伐命令が出された時期は、将軍足利義政が一四歳で政務を取り始めた直後であるが、実態は管領を中心とする側近が取り仕切っていた。大平氏のことも河野氏のことも両方とも細川氏絡みである。従い、この討伐の理由は、謀反といった幕府絡みの問題ではなく、純粋に細川管領家の土佐国並びに四国統治に絡んだ問題であったと推定できる。ただ、一点疑問点が残る。畠山持国と細川勝元は、幕府の中枢でずっと敵対していた。そのような持国がなぜに勝元のために津野之高討伐の管領下知状を出したかである。細川勝元は将軍義政に気に入られていたようなので、将軍が勝元を支援し持国に出させたのかもしれないが、幕府中枢での権力争いの様相も含め、さらに推敲が必要かもしれない。

第二回目は、伊予国への出陣命令に従わなかったことが理由と推察する。但し、今度は前回とは逆で予州家の河野通春を支援しろとの要求であった。

二回にわたる幕府の討伐を耐え凌ぎ、之高はさらに勢力を拡大している。そしてその後、津野氏は最盛期に向かって発展を続けていく。

そうこうしているうちに応仁元年（一四六七年）になり、応仁の乱が勃発した。河野家の内紛同様に津野氏に対する懲罰問題もあやふやになった。応仁の乱に当たり、土佐守護であった細川持之の弟の持賢は乱が始まると土佐国の軍勢を引き連れ東軍として京に遠征した。持賢自身は応仁二年（一四六八年）に享年六六歳で死去している。津野氏がこの遠征軍に参加したか不明であるが、敵対関係が続いていれば参加を拒否したであったろうし参加要請が来なかった可能性すらある。逆に、細川氏と既に和睦していたならその証として参陣した可能性も否定できない。

京では応仁の乱が終結した翌年、文明一〇年（一四七八年）八月二三日に土佐では津野之高が大津城（現高知市大津）を攻め落とし、城主天竺孫八郎花氏を戦死させた、との記録がある。『土佐国編年紀事略』に掲載されている『佐伯文書』による「今月三日於大津城西責口渡一堀太刀之仕候　尤以神妙也仍可被忠節之状如件　文明十年八月廿三日　堅田治部丞殿　備前守　花押』がそれである。天竺氏は、土佐守護代である細川家の庶流といわれているが、その系譜は明らかでない。当時の状況を考えると、応仁の乱で細川氏も弱体化していたはずで、之高はそのような間隙を狙ったものと思う。ただ、途中には細川氏方であったはずの大平氏も控えていたので、洲崎より船で浦戸湾に入り込み大津あたりに上陸したのではないかと思う。では、何故にわざわざ飛地となる大津城を攻め落とし手に入れたのか、理由は書かれていないが、細川氏による過去の討伐戦に対する単なる意趣返しではなかったかとも思う。之高は、二度にわたる討伐戦を目論んだ細川家への示威行為として、大津城の先にある細川守護代の田村館を威嚇するための軍事行動を行ったのではないかと推察する。

この戦いは、土佐国に於ける戦国時代突入の魁とも言われているが、この頃になると守護・守護代の細川家の威勢も弱まってきた時期でもあった。土佐中央部に進出し土佐国に覇を立てることを目論んでいたのかもしれないが、それにしては死の前年とは遅すぎる。その細川氏も永正四年（一五〇七年）の永正の錯乱により中央に引き上げてその影響力が消えると、土佐国は「土佐戦国七雄」と呼ばれる七国人が割拠する状態になってきた。

大津城はそののち数奇な運命をたどる。津野氏の城となっていた大津城は、天文一五年（一五四六年）に津野基高が一条氏に降伏すると一条氏の将が駐留する城となった。しかし、翌一六年（一五四七年）、長宗我部国親が大津城を攻略したとされる。また、『土佐物語』によれば、国親は、大津城に天竺孫十郎花氏（父子同名）を攻め滅ぼしたとされている。天正二年（一五七四年）、一条兼定が豊後に追放され、長宗我部元親が幡多郡を手中に収めると、元親は兼定の嫡子内政を大津城に移した。内政は元親の娘と結婚し、大津御所と呼ばれた。天正八年（一五八〇年）、元親の妹婿である波川清宗が謀反を企み、内政もこれに加担したものと疑われた。内政は土佐を追放され、その子政親は久礼田城へ移された。これにより、大津城は廃城になったとされている。

津野氏は、始祖経高が京を追放され伊予国を経由して土佐国に土着したことに始まるが、之高の晩年には災いの種も京の都よりやって来た。応仁二年（一四六八年）、一条兼良の子で関白の一条教房が、応仁の乱の戦禍を避け、京都から所領であった幡多荘に下向してきた。教房は、幡多郡を中心とした国人領主たちの支持を得ることに成功し、「中村御所」と称された館を置き、土佐一条氏繁栄の基礎を築いた。更に、守護・守護代細川氏が土佐を去ると一条氏は「土佐戦国七雄」の上位に立ち、盟主的存在を担った。急速に戦国大名化した一条氏は、領地拡大の野望を隠さず、土佐国では東の高岡郡に兵と調略を進め、伊予国ではその南部に侵攻を繰り返す。ここに至り、津野氏は今まで安泰であった西辺の領地若しくは同盟豪族の土地、終にはその本領まで脅かされることになる。

津野之高は、その人生の終盤まで気の抜けない情勢下で生を全うした。応仁元年（一四六七年）に勃発しその後一〇年間続いた応仁の乱は、京の都を焼け野原にしたのみでなく、地方の力関係を大きく塗り替えた。守護が京での戦に明け暮れている間にその領国での支配力が衰え、守護代または家臣、さらには傘下の有力国人が相対的に力をつけた。しかも、その変化が急激に起こったのであった。土佐国でも同様の事態が発生し、最終的には永正四年（一五〇七年）に細川京兆家当主の政元が暗殺されると、土佐国守護代であった政益は帰洛して土佐は守護代不在の地となった。結果、幡多郡で戦国大名化していった土佐一条氏を筆頭として、東から安芸氏、香宗我部氏、山田氏、長宗我部氏、本山氏、吉良氏、大平氏、波川氏、津野氏、佐竹氏等の国人衆が領地を奪い合い覇権を争う戦国時代へと突入していく。

一方、津野家内部では、ほぼ同時に之高の二人の側室から生まれた長男常定と二男元藤が元服し争いが始まった。長男常定は、先に生まれたにも関わらず家督を継げなかったことの事情を知ることとなり、それを怨み梼原村の中平に籠って元藤に反旗を翻した。戦いは三年間続き刀を収めるが、之高の死の直前まで二人は争い続け、息子二人による戦に随分と心を痛めたものと思われる。その心労が之高の命を縮めたのかもしれない。

津野之高は、文明一一年（一四七九年）三月四日、床に臥せ来世を夢見ていたがその眠りから覚めることはなかった。来世では、文人か僧侶として精神世界のなかで生きることを望んでいたものと思う。

一二・三・五　娯溪性歡大禪定尼

『高野山上蔵院過去帳』の津野氏に関する記録の中に一人の女性の戒名がある。

（表）

娯溪性歡大禪定尼

（裏）

土州津野殿母儀爲御追福也 永享八年六月十日（註、一四三六年）

高野山上蔵院の津野関連の過去帳全体の記述方法からすると、この過去帳にある「津野殿」は津野氏の現当主または元当主のことである。「母儀」とは「ははぎみ」を意味する。また、この過去帳に記載の日付は、追福を行った日付である。逝去日が判っている人物の場合は「忌日」と明示してある。従って、この過去帳は、津野氏当主の母親の記録で永享八年六月十日（一四三六年）に追善供養（恐らく年忌法要）が行われた女性ということになる。その当主とは一五代通高か一六代之高しか考えられない。通高は一三七七年生まれなので、生誕時に母親が二〇歳と仮置きすると一四三六年頃には凡そ七九歳となる。同じく之高は一四一八年生まれなので、その母は一四三六年頃には三八歳前後と推定される。女性の年齢的にはどちらの母親であってもおかしくはない。しかし、この過去帳には「追福ヲ為ス」とあり、追善供養の施主は一般的には配偶者か長男になる。津野氏の家督は、一四三四年には通高から之高に移っており、その年に通高が五八歳であることを考えると、恐らく逝去に伴うものと思われる。これが正しければ、一四三六年に存命で追善供養を行った当主は之高になり、この過去帳の主は之高の母、通高の妻となる。また、「大禅定尼」は戒名の一部の最高位の位号であるが、一般的には、剃髪女性に付けられるものである。この一般論を適用すると、娯溪性歡大禪定尼は夫の死後に剃髪して菩提を弔っていたことが類推され、通高の妻以外はあり得なくなる。

このことはまた一つの重要なことを示唆する。従来、多くの識者により唱えられているように、もし仮にその当時に河野通重なる人物が実在しその三男之高が津野家に養子に来たとする。そうすると、その母の喪主となり追善供養の施主となるのは、一般的には津野之高ではなく、河野通重かその長男となると考えられ、この過去帳には「予州河野何々殿母儀爲御追福也」「予州河野殿内何々母儀爲御追福也」と書かれていたはずである。さらに加えると、河野通重の妻でその長男の母親であれば、その女性は津野氏の過去帳ではなく河野氏の過去帳に残されていたはずである。高野山上蔵院は、河野氏が建立した寺院である。以上の考察よりも、之高は河野氏出身ではないことを意味し、『津野山遺聞録』に残された伝承が正しかったことを意味する。もちろん、この結論には多くの仮定があり、この過去帳のみを以てして之高が河野氏出身ではないと言い切れるものではないことは確かであるが、その査証となる可能性を秘めた古記録である。

一二・四　文化人としての之高

弱冠一七歳の永享六年（一四三四年）に、明使の饗応の席で将軍義教の求めに応じ詩を詠じ驚嘆されたことは、都大路を駆け巡り、之高は一躍時の人となった。そして都の文化人、五山の学僧との交流が始まった。その之高について、南禅寺一八一世住職及び建仁寺一七一世住職であった瑞巌龍惺が評した言葉が『翰林五鳳集』に残っている。

（書き下し）
津野公台燕ニ召サレ札ニ詩ヲ賦シ給ウ、萬口称揚シテ伝ウコト林下（禅門）ニ及ブ、
予ハ公ト素ヨリ文許ノ好（よしみ）有リ、歩韻（韻合わせ）未ダ恩遇ノ寵ヲ次ギテ慶バザル、
春秋十七詩名ヲ得、天堂奇才太平ニ応ズ、
筆ヲ落シテモ筵人未ダ散ゼズ、句万口ニ伝ワリテ雷声ヲ作ス
『翰林五鳳集二十雑和』

（要約）
津野公は宴席で詩を賦しその名声は禅門にも伝わる、私の公との交友は長きにわたる、
歳十七にして殿堂の才人は世の太平に応え、筆を置いても人は散せず、詩句は万人にとどろき渉る

之高は、その人生で三回は京の都に長逗留し文化人としての活動に熱心に取り組んだ。その間、多くの文人や僧侶と交流し、人材を津野山に招いたりした。その交友には、前段で紹介した瑞巌龍惺の他に南禅寺二四〇世住職・建仁寺二一七世住職であった正宗龍統、出世は求めず住職にはならないながらも五山禅僧の最上位に置かれた希世霊彦、南禅寺一四四世住職・建仁寺一五四世住職の江西龍派、相国寺四二世住職・等持寺一二世住職の瑞溪周鳳がいた。二回目に京都に長期滞在したのは、宝徳元年（一四四九年）頃までの凡そ一〇年間で、永享一一年（一四三九年）頃から長期にわたり京に寓居していたことになる。単に文人としての活動だけだったのか、武人として室町幕府のなかで何らかの役割（例えば、都の警備）を担っていたのかは不明であるが、この間に交友が広まり深まった。『哦松斉記』によれば、先の隠居生活を見越してかこの頃から半山城の南東の地域に新土居を整備し、ここに立派な書斎を建て哦松斉と名づけた。のちには永林寺も建立し自らの菩提寺とした。

之高は、元明六年（一四七四年）に二男元藤に家督を譲った。この頃から之高は益々文化的な活動に傾注していく。新土居に建てた峨松斎を中心に余生を送った。津野之高は、義堂周信、絶海中津につぐ文化人として「津野文化」に於いて重要な人物であり、先達による五山文学の研究からその人物像が明らかになった人間であった。先にも紹介した正宗龍統は、之高の寿像（生前に作成した肖像）に賛して書き残した『津野壽嶽居士賛』で次のように評している。

（書き下し）

齢才十七、制試ニ応ジテ其ノ詞章ヲ誇リ、頃刻（暫時）而シテ就（な）ル。則チ足ルヲ以ッテ銭易（銭氏流易経）ニ於イテ抗ウ、齢方四十ニテ、勇退ニ甘ンジテ其ノ飛騰ヲ忘ル、暮景ノ斜ナリ（老境ノ比喩か）、則チ足ルヲ以ッテ杜陵（唐代の詩人杜甫の号）ニ於イテ優レ、千里ノ海山、既ニ朝参（早朝の説法）ノ駕ヲ税（みつ）グ、五（十？）ニテ更ニ風雨、猶夜読ノ燈ヲ焼ベル、矧（いわん）ヤ早ヤ禅ヲ肆（ほしいまま）ニ入我（如来の三密が自己に入ること）ス、師無ク承ヲ為サズ、霊松（絶海中津）ヨリ而二（にに）（二つのものを二つの面から見ること）ヲ伝ウ、尊キ所其レ宗姓（王族）ニ同ジ、長林（長林寺）ノ百廃（全ての荒廃）ヲ起シ、亦能ク其ノ霊仍（なお）昌（盛ん）ナリ、限横鼻直（禅語、当たり前のことをありのまま受け入れること）ヲ会得シ、何レノ頃カ静心ノ澄ヲ慮ル、楊雄草玄（前漢の文人・思想家）ハ、猶妙果（仏果・悟り）ハ疎ク、諌ト猟ハ相如（あいしく）（互いに匹敵）、未ダ駕ニ真ニ乗ラズ、是ヲ以ッテ僉（皆）曰ク、公ニ生平（日頃・平常）有ル所、乃チ悲願ノ力弘キ所ナリ、斯レ蓋シ霊松（絶海中津）ノ再生ニシテ、長林ノ中興ヲ得タル者ナルヤ

正宗龍統は、かつ文人としてかつ在家の探求者として之高を称賛しているが、それとは別にこの文章には気になることが述べられている。即ち、之高がはや四〇歳にして引退したとしていることである。さらには、「勇退ニ甘ンジ」と表現しており、自分の意志だけではなく仕方なく引退したことがうかがわれる。この四〇歳の記述が、正確にちょうど四〇歳なのかその年頃かは判断に困ることではあるが、之高がちょうど四〇歳の年は、長禄元年（一四五七年）で二人の息子である常定と元藤が生まれる前年であった。家督の継承者がまだこの世にいなかった。一方、前々年の康生二年（一四五六年）に幕府は中国の毛利熙元に命じ、第二回目の津野之高討伐軍を発している。戦がどのように終結したのかの記録は残っていないが、矛を収めるために、形の上では当主の座から降りたのかもしれない。その場合でも、実質的な領主権は引き続き之高が持ち続けたであろうし、誰かが赤児と之高を補佐し続けたのかもしれない。之高は過去に一〇年程都に遊学した前歴があり、この状況は之高の治政にとり異常事態ではなかった。文人の魂が目覚め、之高はこれ幸いと再び京に上ったであろう。

正宗龍統が師事した希世霊彦にも、『和津野藤之高詩』（雪巣集下乾）という詩がある。

風流最羨少年遊
君尚青春我素秋
雨露恩袍会侍燕
江湖使節不驚鷗
王書購学雲生紙
白集携皈月満舟
為問須斯詩好否
別来幾字写蠅頭

風流ヲ最モ羨ミ少年ハ遊ブ
君ハ尚青春ナリ我ハ素ヨリ秋ナリ
雨露（万物）ハ恩ミ袍（装束ノ上着）ハ侍燕（宴に侍ること）ニ会ス
江湖（揚子江と洞庭湖、明国）ノ使節ハ鷗（之高の比喩か）ニ驚カズ
王書ヲ購《あがな》イ雲生紙（和紙の一種）ニ学ブ
白集ヲ携ヘテ月満レバ舟ニ皈《かえ》ル
問ヲ為シ須ラク詩ノ好否ヲ斯《し》スベシ
別来（別れて以来）幾字ノ蠅頭《ようとう》（極細文字）ヲ写シカ

義堂周信と絶海中津は、もっぱら当時の文教の中心地であった京と鎌倉を舞台に活動したが、之高はその文教を津野山地域に移植したという点で、この地域の精神的な発展に多大な貢献をしたことになり、明治維新につながる後々の世まで影響を与えたことになる。之高には、続翠の序文と、霊彦の跋文のついた詩集三巻があったというが、今となっては読むことができず残念なことである。

一二・五　之高の子供たち

津野之高には、記録に残る限り、五人の子供がいた。長男常定（中平氏始祖）と二男元藤（第一七代当主）は、その足跡を次章以下で紹介する。残るは、三男の旭岑瑞杲、長女（不詳）と二女の順慶尼である。僧籍に入っていた二人につき調べて判った範囲で紹介する。

（一）旭岑瑞杲

旭岑瑞杲は、津野元藤の弟とされるが、母親が誰であるかは不明である。旭岑待雨と記す書もあり、待雨は雅号といわれている。「津野十八代記」系図の之高の条に、旭岑の木牌のことを書いて「前住南禅永林開山旭峯曄和尚大禅師、享禄元戊子九月廿六日遷化」とある。旭峯は旭岑のことで、岑と峯は同義語である。これによると、旭岑はかつて日本最初の勅願寺である南禅寺の僧侶で永林寺の開山僧となり、享禄元年（一五二八年）九月二六日に遷化したことになる。聖音寺過去帳には、「前住南禅永林開山旭岑和尚大禅師、享禄元戊子九月廿六日」と、旭岑となっている。記述内容からすると一方が他方から写し取ったものと思われる。旭岑はまた、義堂周信と絶海中津の法灯を継ぎ五台山吸江寺に住んだこともあり、足利氏ゆかりの京都五山第二位の相国寺にも住していた。南禅寺と相国寺の歴代住職のリストを調べると、旭岑の名前は見当たらないので、住職にはなっていなかったものと思われる。ただ、相国寺第八三世、等持寺一七世の住職景徐周麟の残した漢詩から、相国寺の修行僧の第一位の僧階である首座についていたことが判る。また、第一九代津野元実が行った第一六代津野之高の三十三回忌の法要の拈香文（哀悼の意を表する追悼文）に、旭岑「西堂」とあり西堂は他寺の住職の経歴者のことなので、どこかの住職を務めていたことは確かである。都の寺か土佐の寺かは分からない。

永林寺は半山の新土居にあった。永林寺の開基は之高である。『南路志』に「一豊公御代御寄付、年歴不知（寺領三石ノコト）但シ住持了岩儒学天文等ニ修練、一豊公御懇意天文等御尋被遊、御城下ニ寺建立其上廿人扶持被下置也。了岩慶長十八年遷化」とある。「土佐藩初代藩主山内一豊がお布施を払っていたが、当時寺領は三石であった（『津野分限帳』による寺領は八〇石）。住持の了岩は儒学天文等に修練しており、一豊も懇意にした。高知城下に寺を建立し二〇人扶持を与えた。了岩は慶長一八年（一六一三年）に遷化した」とのことであり、江戸時代初期のころはまだ津野氏時代の繁栄の名残があったようである。その後は次第に寺運は傾き、住持は聖音寺の兼務となり、明治の廃仏毀釈の頃には既に廃絶していたとのことである。

旭岑瑞杲は、五山の詩僧との交流も深く、自ら詩文を賦しその名声は相当なものであったようである。ただ残念なことに、現代に残るのは『日下一木集』のみである。

（二）順慶尼

津野之高の子供には、僧籍に入った女性もいた。長正順慶尼である。之高の二女といわれ俗名は冬姫と伝わるが、生没年、生母等誕生に関わる詳細は不明である。冬姫は、禅宗の教を慕って出家し順慶尼と号し、之高が半山城の南麓に一宇を建立し住まわせた。さらに言い伝えでは、聖音寺は順慶尼により開山されたとされている。

慶応元年（一八六五年）時の聖音寺住職南那祖海は、京師に上って開山禅尼の画像を新しく作り、妙心寺の薩門宗温に賛を乞うた。その賛が残っている。

土佐之国　有一禅尼
幼而離俗　鏟彩披緇
常信大士　深入聞思
爺備前守　苦之追徳
草建一宇　以為開基
号聖音寺　山日大慈

土佐ノ国ニ　一禅尼有リ
幼ニシテ俗ヲ離レ　彩ヲ鏟《けず》リ緇《くろぎぬ》ヲ披《ひら》ク
常ニ大士ヲ信ジ　深ク聞思ニ入ル
爺備前守（父親之高）　苦《はなは》ダ之ヲ追徳ス
一宇ヲ草建シテ　以ッテ開基ト為ス
聖音寺ト号シ　山号ヲ大慈ト曰ウ

云云　　　　　　云云

薩門宗温は、南那祖海より話を聞いてこの賛を書いたものであろうが、その内容は、単なる創作物語ではなく、その当時も語り伝えられていたもしくは何らかの形で書き物として残っていたものであろうと思われる。

聖音寺は、之高が開基し順慶尼が開山したととれるが、津野氏滅亡後も藩主山内氏の外護を得て栄えていたと言われる。外護とは、僧団外部の俗人が権力・財力・知識・労力等によって仏教を保護することで、仏教者自身が仏法を保護する内護と区別される。ところが、正保三年（一六四六年）に火災の災いに遭って、伽藍とともに、霊牌、古記録、什物いっさいを焼失した。津野氏関連の古記録、資料もたくさん焼失されたと思うと誠に惜しまれることである。それでも再建されて何かと往時を語るに足る有形無形の資料を残していたであろうに、明治の廃仏毀釈はそれを根こそぎ葬ってしまった。明治の廃仏毀釈では、多くの寺で過去帳や古文書が廃棄され、仏像が破壊されたりした。実行した側からすれば、思想的統制であろうが、別の観点からすれば、恐るべき文化破壊である。惜しむべきというよりも憎むべきである。津野氏は代々、神社と寺院の双方を保護してきたが、その一方の勢力が他方に襲い掛かったことになり、代々の当主も残念に思っているであろう。まして、失われた資料が現存していれば、津野氏の歴史についても現在のように混迷することはなかったであろうかもしれない。

そのような事情もあり、之高の令女については、出家して長正順慶尼となり聖音寺の開祖となったということ以外何も残ってはいない。明治二十八年（一九〇五年）聖音寺は再興されて、津野本城の地に残る唯一の菩提寺として現在に及んでいるが、再興といっても実際には新寺建立であって、旧聖音寺よりの文化遺産は残されていない。

第一三章　津野中平氏の由来

一三・一　中平氏の成り立ち

津野之高の正室は早くしてこの世を去り子もなかった。当然のことながら、家の存続を図るために側室を置き跡継ぎを求めることになった。二人の側室を迎え入れた。一人は伊予国で領地を接する河原渕（現松野町）の渡辺氏（通称河原渕氏）出身の娘で、梼原の中平村に住まわせた。いま一人は、佐川領主中村氏の娘と伝えられ半山姫野々本城下の土居もしくは之高が造営した新土居に居住した。佐川の地は、二代重高が北津野荘を開拓し四男繁国をおいて経営させたことに始まる地であった。繁国は佐川氏を名乗った。ところが、南北朝の初め、大平一族がこの地を占領し津野氏は一時追い出されたが、津野泰高が天授四年・永和三年（一三七八年）にこの地を回復し、一族を配置し再び佐川氏を名のった。前の佐川氏と同系かははっきりしないが、恐らく同じ一族と推察する。

二人の側室は同時に身篭った。それを知らされた之高は、どちらか早く生まれた男子を世継とすることを約束した。だが、家老の市川佐渡守は、中村氏の娘が世継を生むことを神仏にかけて願っていた。市川佐渡守の思いは次のとおりであった。一つは、この時期に津野氏は伊予の河野氏の惣領家と予州家の家督争いの内紛に巻き込まれかねない状況で、伊予国との関係は出来るだけ断ち切っておきたかったことである。その二は、中村氏は津野氏の分家であり、より血の濃い後継者を望んだことである。その三は、津野氏の家臣団は何といっても土佐国の生まれの者が主体で、土佐の血をひく主君を望む家臣の心情を重視したことである。その結果、家老市川佐渡守は将来に内紛を招く行動をとることになってしまった。

先に生まれたのは伊予の河原渕氏出身の側室の子で、男子（長男）であった。このことを知らされた家老市川佐渡守は、この事実を之高に伝えなかった。そして、土佐の中村氏出身の側室が男子を生むのを今か今かと待ち望んだ。七日後に土佐の側室にも男子（二男）が無事生まれた。家老市川佐渡守は、姫野々の側室に男子が生まれると之高にこの男子の出生を先に報告した。長禄二年（一四五八年）のことであった。この二人の男子が元服して、長男は常定、二男は元藤と名乗った。

文明六年（一四七四年）、之高は元藤（一七歳）に家督を譲るが、この時出生の秘密を知った常定は家老市川佐渡守を憎み不満をもらし、最後は津野山梼原の中平村に立て籠もり三年間戦うことになった。このお家騒動が起こった頃、都では応仁の乱が起こり騒乱の最中である。兄弟は同族争いの愚を覚り、重臣たちのとりなしで、常定に津野山九ヶ村（梼原、越知面、四万川、初瀬、中平、松原以上西津野、北川、芳生野、船戸以上東津野）を領地として割譲することで和議が成立した。その時中平と姓をかえ中平常定と名乗った。以上が、津野中平氏の成り立ちであるが、以後中平氏は津野氏の重鎮となり、幾度か存亡の危機を救っている。

一三・二　中平家のひとびと

中平常定の子孫は、津野氏の家臣団の中で常に重要な位置を占め、当主を補佐するとともに、時にはお家存亡の時期に津野家の舵取りを行い救っている。また、津野氏の歴史を現代に伝えることでも大きな役割を果たしている。それらの事績につき人物別に見ていきたい。

中平兵庫助元忠、明応四年（一四九五年）生誕～元亀三年（一五七二年）一一月二三日逝去
祖中平常定の孫にあたり、その子元房を父とする。須崎土崎の中平氏の祖である。永正一四年

（一五一七年）恵良沼の戦いで戦死した津野元実の遺児国泰を後見し、半山の城を守り続け津野氏を支え続けた。国泰、基高、定勝の三代に仕え、津野氏が土佐一条氏に降伏するのも、定勝が家臣に半山の姫野々城から追われ長宗我部氏に傾いていくのも見てきたこの時代の生き証人である。恵良沼の戦では、兄忠光、叔父の近江守（実名不明）、同遠江守（実名不明）、同常義が戦死している。

中平駿河守之房、永正一五年（一五一八年）生誕〜慶長一〇年（一六〇五年）九月二一日逝去

祖中平常定の孫、兵庫助元忠の弟で梼原中平氏の祖である。駿河守之房は津野親忠に仕え梼原にて伊予国境を守る。元亀二年（一五七一年）正月には、伊予国の北之川肥前守親庸等が梼原に攻めてきたが、駿河守房之が撃退している。親忠が久武親直の讒言により自害を強要されると、之房は親忠の遺品を息子の近房に託して宇和島の藤堂高虎のもとに送り事情を訴えた。一般にはこれが盛親の改易の原因の一つになったといわれている。

中平掃討頭之信、永禄四年（一五六一年）生誕〜慶長三年（一五九八年）逝去

中平駿河守之房の長男。長宗我部元親に仕えていたものと思われるが、京の伏見屋敷にて没する。その時に、掃討頭之信が所持していた「古人が記した無二で真の津野氏系図」を紛失したと伝わる。

中平左京亮光義、永禄八年（一五六五年）生誕〜寛永一九年（一六四二年）四月二三日逝去

中平駿河守之房の二男。津野親忠の家臣で、朝鮮出兵では親忠に従って出陣し、針樅（はりもみ）の苗木を持って帰り梼原の三嶋神社に植栽した。その針樅は現在も朝鮮松と呼ばれ三嶋神社の境内に根をおろしている。山内一豊の入国後は、一族の申し合わせにより再三は固辞するも、庄屋に命じられている。大坂の陣に従軍した。山内家の記録には次のとおり残っている。

中平左京、

右ハ故主秦家ニ於イテ武功ノ所ヲ聞キ隠赴無ク、御昵（親しみ）ヲ以ッテ近々御抱ヘ遊シ為サル御旨御意ヲ蒙リ奉リ候エドモ、再三御断リ遂《おお》セ候所、同年（慶長九年）正月十八日御感状ヲ賜リ、梼原村一円ノ山畑諸公事御免許ヲ以ッテ拝領シ、庄屋役ヲ拝任仕リ候」（『津野中平氏由来』）

中平左近兵衛近房、生没不詳だが江戸時代初期を生きた人物

中平駿河守之房の（恐らく）三男で之房の兄弟中平石見守忠房の養子となる。津野親忠の自刃の際には、父駿河守之房の命を受け宇和島の藤堂高虎のもとに急報する。

中平清兵衛忠清、永禄四年（一五六一年）生誕～寛永一三年（一六三六年）逝去

中平兵庫助元忠の晩年の子とされる（二男）。土崎中平氏を継承した。『津野中平氏由来』によると、山内一豊は国内巡察の折、長宗我部元親の三男津野親忠の悲劇の始末を聞くために、須崎において津野氏の一族である中平清兵衛を召し出した。清兵衛は、津野家一族は当地に孝山寺という菩提寺を建立して親忠の霊を弔っていると答えている。清兵衛は一豊の幡多郡方面への視察にも随行した。後日再び城へ召し出されて一豊より仕官の意志の有無をただされたが、彼は「先主への義理を含、仕官之儀御断申上」（『南路志』）と、親忠の霊を弔うために津野家一族が申し合わせているので、再び仕官しないと断っている。一豊はほかに何か望みはないかと下問した。そこで清兵衛は、土崎の地に町づくりをして、何かの折、藩の御用のための人足を派遣したいとの願いを出している。それに対して一豊は年貢および諸役免除の御墨付きを与え、彼を庄屋役に任命したという。（土佐史研究家広谷喜十郎氏記述）藩政後期の『南路志・闔国之部』の高岡郡土崎村の条に「土崎町諸役免許、昔津野何某へ被下置故御免町と云、津野何某は一豊公御巡回之節御道筋へ罷出」とあるように、土崎は一豊よ

り直接諸役を免除された御免地であった。
別の記述では、この視察は慶長九年（一六〇四年）のこととある。山内一豊が領内安堵を図るために行った巡視では、須崎で「津野親忠切腹の始末を知る者はないか」と尋ねた。すると、須崎代官の柏原新之丞が「中平清兵衛が津野一族なので、この者を召されれば事実が明らかになりましょう」と答え、中平清兵衛が召しだされて津野氏断絶の一部始終が一豊に伝えられた、とある。

この記述にある「津野一族が、親忠の霊を弔うために再び仕官しないと申し合わせている」とあるが、津野親忠の人間そのものもさることながら、家臣の心情としては理解できる部分がある。津野一族及びその家臣（特に旧来の股肱の臣）は、家の存続のために宗家の第二二代当主津野定勝を追い出してまで、長宗我部元親の三男親忠を迎え入れている。その親忠が、今度は長宗我部宗家の盛親により自害に追い込まれるという皮肉な事件が起こったのである。その無念は想像に難くないが、その感情の中には主家の当主を追い出した悔恨の念も複雑に入り混じっていたのではないかと感じる。この申し合わせが足枷となり、須崎、半山、梼原の地から他家に仕官した家臣が少ないように思える。領地を接し津野親忠が懇意であった藤堂高虎（宇和島城主）及び新国主山内一豊においてもそうである。逆に、そのお陰で多くの一族家臣が地元に留まり、その多くが仁井田郷、窪川郷、大野見郷、上ノ加江郷等に入植し帰農することになったと思われる。

中平兵部定光、慶長九年（一六〇四年）生誕～延宝二年（一六七四年）逝去
中平左京亮光義の三男で梼原村庄屋であった。承応二年（一六五三年）に定光（推定）は、土佐藩庁に二十三代系図（『先祖書並津野家次第』『先祖書差出扣』）を提出した。提出理由は書かれていないが、為政者が寺社の由緒書きを提出させるのはよくあることで、庄屋等の主な臣民にもその家の正

統性を推しはかるために由緒書きを提出させたのではなかろうかと思う。特に、山内氏の場合は遠州掛川からの入府で土佐の事情に詳しくなかったために、なお更このような書類を出させた可能性があると思われる。

また、中平兵部定光は、二代藩主山内忠義より、「汝が家世々伊勢の真筆、伊勢物語を蔵すると聞く、高覧に備うべし」との命を受け、藩主に貸し出している。このことを、土佐南学の大家谷秦山が残している。

（書き下し）

承応元年（註、一六五二年）三月二日国主竹厳院殿（二代藩主山内忠義の戒名・院号）命ヲ定光ニ下シ曰ク、汝ガ家世世伊勢真筆ノ伊勢物語ヲ蔵スト聞ク高覧ニ備ウ可シ、定光竹厳殿ニ謹上スニ及ビテ之ヲ五台山吸江寺住僧ニ示シ命ジ永国寺ニ於イテ之ヲ写シ珍重シ之ヲ還ス、万治三年（註、一六六〇年）五月十三日定光家ニ火災有リ、彼ノ本焼失ス、其ノ他重代家伝ノ文書什器煨燼（かいじん）ス、抑（そもそも）伊勢物語或ハ曰ク業平自ラ記ス或ハ曰ク伊勢御真筆此レ千載不決ノ疑也、伊勢御嘗（かつ）テ枇杷殿（藤原仲平）ニ侍ル如ク仲平世家ニ御直筆本有リ、因リテ以ッテ古来紛紛ノ惑ヲ決センヤ、不幸ニシテ焼失豈（あに）（反語法）此レ等ノ事マタ自ズト定運有リカ、云々

（『津野中平氏由来』）

中平清兵衛惟次、承応三年（一六五四年）生誕～正徳四年（一七一四年）逝去

山内一豊の入府後、再三仕官を打診されるが、再び主君に仕えずとの津野氏遺臣の申し合わせにより、固辞し続けたが、ついには須崎土崎で庄屋役を命ぜられた。この中平清兵衛惟次は、谷秦山に津野家の系図作成を依頼し、正徳三年（一七一三年）に『津野家十八代記』（土崎中平版）を受け取る。この系図には、各当主の年代も記されておらず不備であったので、谷秦山は清兵衛惟次に対し補

完を約束するも両名の死去により実現せず、そのまま流布することになってしまった。

中平平左衛門定経、生没不詳なるも推定で一六三〇年頃から一七二〇年頃の間の人物

中平兵部定光の長男、中平左京亮光義の孫で梼原村庄屋であった。土佐南学の重鎮谷秦山は、宝永四年（一七〇七年）からその死の享保三年（一七一八年）の間、土佐山田の地に蟄居していた。その間、中平平左衛門定経が、明応七年（一四九八年）に高倫が編成した元実まで十八代の系図『津野山之内系図』を携えて秦山を訪れ、最後の五代を加えた津野氏の二十三代系図の作成を依頼した。出来上がった系図が『津野家十八代記』（梼原中平版）であるが、相変わらず十八代であった。平左衛門定経は、仕方なく自分で最期の五代を加え二十三代系図を作成したと思われるが、それが『皆山集』に収録されている『藤原姓津野仲平氏系図』のはずである。この出来事は、正徳年間（一七一一～一七一六年）のことであるが、中平清兵衛惟次が『津野家十八代記』（土崎中平版）受け取った一七一三年以降のことと推定される。

中平和多進定穀、生没不詳だが江戸時代中期の安永年間頃に生きた人物

中平和多進定穀は、安永六年（一七七七年に『津野家譜訂正帖弁解』を著した人物である。この書は、野見嶺南が記した「津野十八代記」を前提とした訂正版系図に反論したものである。また、『皆山集』所収の『津野家譜訂正帖弁解』を著したのも中平和多進定穀の可能性が高い。

中平善之進隠敦、宝永六年（一七〇九年）生誕）～宝暦七年（一七五七年）七月二六日逝去

中平和多進定穀から数えて六代あとの梼原村庄屋で、江戸時代中期の津野山一揆指導者となる。幼名を鴨之助といい通称は善之丞ともいう。北川村（現津野町北川）庄屋上岡左衛門次正の長男として

生まれ、享保八年（一七二三年）六月に北川大庄屋代勤となった。その後元文三年（一七三八年）に隣の椈原村の庄屋中平弥三郎定穀の養子となり、のち家督を継いだ。

宝暦二年（一七五二年）土佐藩第八代藩主山内豊敷は、財政窮乏を打開するため、国産方役所を設置するとともに国産問屋を復活させることにより、和紙の原料となるコウゾや茶などの専売制強化を推し進めた。津野山郷ではコウゾや茶を主に栽培していたが、専売制強化により安く買い叩かれるようになり、買い付けの停止を藩に請う。しかし弾圧されたため、宝暦五年（一七五五年）津野山の農民は善之進を頭取に立て藩に強訴する（津野山一揆、津野山騒動）。のち捕らえられ、指定問屋蔵屋利左衛門とともに死罪なり、斬首された。藩側も善之進の助命嘆願を受け入れ処刑の中止を命じる使者を送ったが、間に合わず到着したのは処刑後であったと伝わる。

善之進の死後、宝暦一〇年（一七六〇年）藩は国産問屋を廃止する。藩主の山内豊敷は高知城内に善之丞を祀った祠を設けた。のち明治一九年（一八八六年）津野山郷にて大暴風雨があり、善之進の祟りであると言われ、翌年の明治二〇年（一八八七年）東津野村高野（現津野町高野）に善之丞を祀った風神鎮塚が建てられた。

第一四章　最盛期と衰退の始まり（戦国時代初期）

津野之高が元藤に家督を譲った元明六年（一四七四年）から永正一四年（一五一七年）に元実が恵良沼の戦いで戦死し、津野氏の隆盛が傾き始めるまでの間は、半世紀足らずの短い期間であったが、津野氏の最盛期と言われている。この間、元藤、元勝、元実と三人の当主が短期間で交代している。それぞれ、元藤は二七歳、元勝も二七歳、元実は三六歳で早世しているが、家は栄えたとされている。三人ともに「元」の諱（いみな）を使用しており、管領で土佐守護であった細川勝元、その子政元から偏諱を受けており、之高と細川氏の確執も解消され、細川氏の被官として立場も安定していた時期であった。また、この時期は、義堂周信、絶海中津、津野之高、旭岑瑞杲の遺徳をうけて、京都方面との交流も活発で、文化面でも隆盛期であった。

一四・一　第一七代津野元藤の時代

第一七代当主津野元藤は幼名を瑠璃麿といったが、その瑠璃麿が元服したのは一六歳の時で、管領であり土佐守護であった細川勝元より諱をもらい元藤と名乗った。その元藤が家督を継いだのは、元明六年（一四七四年）とされている。元藤一七歳、父之高は五七歳の時であり、応仁の乱が集結する三年前のことであった。家督を受けてもしばらく父之高は存命であったが、之高はどちらかというと文教活動に専念し、都の文化人との交流に残る情熱をささげた。

そんななか、家督を受け取った元藤が最初に立ち向かわなくてはならなかったのは、兄常定との争いであった。元藤は半山の本城で佐川の中村氏出身の母のもとで育てられ、常定は梼原の中平村で伊予出身の河原渕氏の母親に育てられた。そのような訳で、二人が会うことはたまにしかなく兄弟といっても余り情が通じていなかった。元藤自身は、自分が長男と言われて育ってきたし、常定もそれを疑うことはなく、兄の家臣として仕えるか仏門に入るものと思い定めていた。ところが、事情を知る家臣の意図せぬ言葉から疑念が生じ、常定は自分の境遇を知るようになり、家老市川佐渡守を恨みに怨んだ。この時代は、鎌倉時代後期に一般化した長男単独相続が当たり前となっており、本来なら自分が津野家の当主であったと思うと、ふつふつと怒りと絶望が同時にこみ上げてきた。常定は、近習に進退を諮り、半山本城の元藤に対し蜂起することにした。

兄弟の戦いは三年余り続くが、大きな戦があることもなく小競り合いがだらだらと繰り返された。元藤の本拠地半山と常定の本拠地梼原の間は、山また山の土地で、途中には四万十川と力石川の分水嶺も横たわっており難所もある。行軍には険しい地形で大軍を動かすことには適していない。また、争いの原因は本人たちにあった訳ではないので、相手を徹底的に叩きのめすまでには至らなかった。途中の平地には経高以来の臣下たちが住みつき居を構えていたが、その多くはどちらにも加勢することもなく兄弟の争いをかたずをのんで見守っていた。三年が過ぎようとする頃に、二人に矛を収めるように進言したのも、経高とともにこの地に入ってきた臣下の子孫たちであった。双方の主だった家臣たちが合議し、始祖経高の築いた基盤を壊すことの愚を説いたのであった。これはさすがに効き目があった。兄弟は和解することとし、その証に元藤は常定に梼原の九ヶ村の領有を認めることとし、常定は津野氏の家臣として子々孫々仕えることを誓った。之高は、兄弟間の戦に戸惑いながらも静観していた。元藤に対しては、当主としての試練なのでどう裁くか見定め、常定に対しては不憫を感じながらも怒りが溶解するのを待った。

争いが静まると、津野山の地に再び平穏が訪れた。常定は、根拠地である中平の地名から中平氏を称し分家を創設した。之高は、苗字を変えざるを得なくなった常定を思いやり、津野氏の証として経高が延喜一九年（九一九年）に母伊勢より受け渡されて以来代々受け継がれてきた『伊勢御真筆、伊勢物語』を譲り渡した。尚、中平の地名も中平の氏姓も、始祖経高の父親藤原仲平に由来するとする説もある。

兄弟の確執を乗り越えた元藤は、領地経営に本格的に取り組み始めた。この時期、西の幡多郡では、京から下向してきた一条氏が地盤を固め公家から武家に転身しつつあった。東に目を転ずると、津野領と境を接する蓮池城では、大平国雄が外港宇佐湊と堺の間で船を走らせ交易を行い、それによる富をもとに力を蓄えつつあった。この大平氏は、蓮池の地を固めつつその北の高吾北、日高・佐川・斗賀野方面の支配を常に目論んでおり、領地境での争いが絶えない相手であった。中央部では、山間部の本山に割拠していた本山氏が、勢力拡大のため平野部への進出を目指していた。さらに東の細川氏の田村館では、守護細川政元とその代理勝益が自ら威勢の衰えと国人衆の自立指向に歯がゆい思いを募らせていた。土佐国では本格的な戦国の世が近づきつつあった。

津野氏は、之高の時代に下賀茂神社に対する年貢上納金を大幅に切り下げることに成功し、その分を軍備の増強に充てることができた。元藤は新たに武器を調達し、職人を招いて武器の生産力も蓄えた。この時代、兵農分離は進んでおらず、平時は農耕、戦時は武器をとり戦場に駆けつけるというのが一般的であった。津野氏の領地は東西に長く伸びており、戦時に軍団を編成するのも楽ではなかった。そのため、情報伝達の速度を上げることにも取り組んだ。具体的には、早馬か狼煙（のろし）であった。険しい山間の地なので、早馬のための道の整備にはお金と時間がかかるが、情報は正確に伝わるし、騎馬の召集のことも考えると、馬が通ることができるくらいの道は整備されていた。一方、狼煙では見通しの悪い山間部に分散する集落に情報を伝達するためには、多くの狼煙台が必要で多くの人間を常時はり付けておく必要がある。その上、伝達できる情報量は非常に限定的である。早馬の方が現実的であった。

津野氏の兵の動員数がどれくらいだったのかは不明であるが、多くて一〇〇〇前後ではなかったかと推測される。永正十四年（一五一七年）の恵良沼の戦いでは、津野元実以下従士四三名、雑兵三八〇名がことごとく討死とあり、生き残った兵がいたとしてもこの戦いに動員された兵は五〇〇から六〇〇位ではなかろうか。恵良沼での戦いの直後には、余勢をかって一条軍の安並弥三と出間九郎兵衛が、津野氏の本拠地洲崎の吾井郷に攻め込んできたが、重臣中平兵庫元忠がこれを撃退している。この時に攻め込んできた側は二家なのでぜいぜい三〇〇から四〇〇の兵で、迎え撃った側もほぼ同数、そのうち半数が恵良沼の残兵とすると予備の兵数は一五〇から二〇〇程度であったことになる。そうすると、津野の動員可能数は六五〇から八〇〇程度となる。やはり、多くて一〇〇〇前後が現実的な動員数ではなかったかと推測される。別の段「一八・一　一進一退の攻防戦」では経済力による動員可能兵力の分析もしているが、ほぼ同じ結果である。

津野元藤は父之高の才を引き継いでいたようで、その学才と風格を想像させる記録が二つ残っている。文明一四年（一四八二年）に寿像（生前に作る肖像画）を描かせその寿像に書き添えた前相国景三の賛辞である。相国景三は、臨済宗の禅僧横川景三（おうせんけいさん）のことで後期五山文学の代表的人物である。横川景三は、第八代将軍足利義政の側近として外交と文芸の顧問を務め、管領細川勝元の庇護も受けている。文明一二年（一四七八年）から三度にわたり相国寺の住持（住職）を務めている。

①（原文写し）	（筆者による現代語訳）
津野刑部侍郎壽像賛	津野刑部侍郎公の寿像に寄せる賛辞
土佐国山川朶秀	土佐国の山河は秀容を連ね
津野之保草木識名	津野保（津野の領地の意）の草木はその威名を識る

維公承大中臣苗孫
差肩藤橘
而世奉細川氏英主
掲袂源平
風標玉立節操冰清
出入有忠有孝
友愛難兄難弟
六藝之学伝千家
窓下惜分寸晷
一巻之書跪千履
胸中屯数万兵
寳三舞劍劔氣謄落
與一射扇扇聲魂驚
非啻論文講武
抑亦護教推誠
有時晝戟清香凭几黙坐
有時赤髭白足開門出迎
課梵文者玉軸琅函
采蓮記西方美人舊約
詠和歌者花晨月夕
折梅懐北野神君風情

公は大中臣の姓を継ぐ子孫なり
肩には藤と橘を差し（藤原氏と橘氏に比肩し）
そして今は細川氏を奉ずる英主であり
源氏と平氏とも袂をくむ（いわゆる源平藤橘に並ぶ家柄と）
風姿は美しく節操は氷のように透明で清浄なり
立ち居振る舞いは忠義もあり孝行もあり
友愛は兄のようでもなく弟のようでもない
六芸（礼・楽・射・御・書・数）の学びは多くの家に伝わり
各家の窓下では時間を惜しむ
一巻の書は千の履物に跪《ひざまず》く
胸中に数万の兵を寄せ集め
宝三は剣（一枚刃かたな）を舞い劔（二枚刃つるぎ）の殺気は乗り移る
与一は扇を射て名声は人々の魂を驚かす
単に文を論じ武を行うだけにあらず
さらには仏の教えを護り誠の心を尋ね求め
昼の間は清らかな香を焚き机に向かって座り黙考する時もあれば
俗人と僧侶を問わず門を開き出迎えることもある
梵語の経文は美しい掛軸と見事な書箱に書かれ
蓮華（仏の教え）を採っては西方の心美しき人の教えを書き記す
和歌は花の咲く朝に月の明るい夕に詠み
梅の花を折っては菅原道真公の風雅に想いを馳せる

自任大司寇小司寇諸曹　（法を司る役所の）大司寇（長官）小司寇（次官）を自らの任務と心得
次憲章於刑部　規則に則り刑部次官（侍郎）となる
不借前将軍後将軍　前の将軍にも後の将軍にも惜しまず仕え
二戦擧捷烽於石城　石城に於ける二つの戦で勝のろしを上げた
烏合蟻集不數餘子　烏合蟻集のありふれた他の領主はその数に入らぬが
龍騰虎変難測前程　龍が天に昇るごとく虎の毛が立派に生え変わるごとく前途は測りがたい
春回朱顔眉山二十五歳　年は回り君は春盛りの紅顔美眉の二十五歳である
（以下四行欠落四行部分を追加、②を参照）
緑髪郎君一世雄　みどりの黒髪の若君は当代の英傑でり
仰之山立冠群公　山が高くそびえるごとく数多の領主よりも傑出している
眼空佛祖雲肖上　眼識は釈迦の哲理を理解していることを表し
熊耳鷲頭趨下風　熊耳山の鷲頭（達磨大師か）も風下に赴く
明允天繋匀日　天は連なり太陽は均しく
楚椿両八千年荘生　楚（いばら）も椿も何千年もの間おごそかに生え
至禱至祝　祈りの至り祝賀の至りである
同氣同聲夫是之謂　同じ気心同じ声望とはこのことをいう
寄壽像乞讃書塞其命　寿像を持ち寄り一筆を乞われその依頼に応えた
云　ここに、
文明壬寅十一月吉日　文明壬寅十一月吉日（註。文明一四年・一四八二年）
前相国景三　前相国住持横川景三
（註）熊耳は禅宗の祖達磨大師が眠る中国の聖山の名前。

②（原文写し）

津野刑部侍郎藤公諱常高、拝勝定帝師塔受衣盂、琥日秀峯予所命也、寄帋求書二大字、仍題拙偈於其下、以答来意、昨賛其壽像、略掛漏万一、予又何言哉閣筆耳、

偈曰、

緑髪郎君一世雄

仰之山立冠群公

眼空佛祖雲肖上

熊耳鷲頭趨下風

歳舎、壬寅文明十四年十一月

前相国景三

（註一）絶海中津の戒名は勝定院、また相国寺における塔頭も勝定院であった。

（註二）帝師は帝の師の意味で、後小松天皇や称光天皇も絶海中津に帰依した。

（筆者による現代語訳）

津野刑部侍郎は藤原公で諱（実の名）は常高である、勝定帝師の塔頭を拝み仏教の奥義を授けてもらい、道号は琥日秀峯、私が命名したものである、津野刑部侍郎は書簡を寄こして二大字（大きな二文字の書）を求めてきた、よって、仏の功徳の拙詩の下に題をつけ、書簡の依頼に応じた、以前には津野刑部侍郎の寿像を賛辞して、滅多にないことだが脱字をおかしてしまった、私はまた何を言えようか、ただ筆を収めるのみである。

仏の功徳を説く詩に言うには、

みどりの黒髪の若君は当代の英傑であり

山が高くそびえるごとく数多の領主よりも傑出している
眼識は釈迦の哲理を理解していることを表し
禅宗の祖達磨大師が眠る中国熊耳山の鷲頭（達磨大師か）も風下に赴く
年は、壬寅文明十四年十一月（註、一四八二年）
前相国住持横川景三

前の相国寺侍従横川景三による元実に対する二つの賛辞文より判ることが何点かある。

一、元藤の元服時の元服名（烏帽子名）は常高であった。その後、細川勝元から偏諱を受けたが、そのままだと九代当主と同じ元高になってしまう。津野氏は子孫が先祖と同じ名前を使った形跡がない。そこで、津野家では元藤と改名したものと推察する。「元」は細川勝元の偏諱であるのは明らかだが、「藤」は藤原氏の藤ではないかと推測する。

一、元藤は、恐らく、足利将軍家または細川管領家からであろうが、私称官職として「刑部侍郎」に任ぜられている。この官職は、位階では従五位下に相当する。巻頭の「津野氏二十四代の系譜」にもあるとおり、歴代当主で少なくとも八人が官職名を与えられている。その全てが五位相当の官職名である。時代から判断すると、これら官職名のほとんどは実際の職務官職ではなく、家格を表すもの（室町時代以降は武家官位）なので、津野家は五位の家格の家とされていたことになる。因みに、細川管領家は四位相当で、生前の長宗我部元親は同じ五位相当であった。これらの記録から感心するのは、家格を重んじてきた日本の中央政府並びに統治者は、日本社会の主要な家の家格記録を何らかの形で何百年にもわたり保存・継承してきたことが推定されることである。次は全くの憶測であるが、これらの記録を見てみると、始祖経高は「五位蔵人」の職にあったのではないかと思ったりもする。

一、元藤は伊予国の支配権をめぐり河野氏と争っていた管領細川氏の命で、南予の石城に二度攻め込んでいる。津野氏は細川氏に臣従した以上、その命に従い四国での戦場に駆り出され、時として京畿内にも遠征を余儀なくされていたことが想像できる。伊予方面の戦いでは、細川氏も一条氏も長宗我部氏も河野氏と敵対していた。津野氏はこのような三家に仕えたことにより、恩義のある河野氏とも戦わざるを得なくなり、河野氏との関係が時代を追うごとに冷めていった。

一、この詩文では、元藤は文明十四年（一四八二年）で二五歳とある。従い、元藤は長禄二年（一四五八年）に生まれたことになる。

一、後者の文章の文脈からすると、「仏の功徳を説く詩」の部分の四行が①の文章に書き忘れていることになる。この部分を①の文章の推定される位置に戻しておく。

因みに、『葉山村史』の筆者は右の文章を自書に引用している。そしてここには、元藤は「大中臣苗孫」と「藤公」、すなわち藤原氏血筋の子孫と明白に書いている。『葉山村史』には他にも、津野氏一族の絶海中津の父親は藤原氏との記録も引用し、藤原経高、藤原之高なる表現も使っている。それにも関わらず、津野氏は山内首藤氏と言い張る思考回路と深層心理が理解できない。藤原秀郷の子孫であるといわれる始祖山内首藤俊通も藤原氏との言い分であろうが、そうであれば山内首藤氏の通例の言い回しである「藤原秀郷の後嗣山内首藤俊通が曾孫津野何某」なりの記録が残っていてもよさそうなものであるが、そのような記録も痕跡もない。江戸時代中期以降に、当事者ではない特定の人たちが、勝手に唱え出しそれに従っただけである。上巻でも考証のとおり、藤原経高（津野経高）は、山内首藤氏の始祖俊通の没年一一六〇年より遥か二六八年前の昔に生まれた人間である。

津野元藤は早世した。文明一六年正月二四日（一四八四年）に帰らぬ人となった。享年二七歳と余りにも早い死であった。死因は不明である。之高の血を受け継ぎ、文武両道の当主であったと伝わるが、もう少し活躍できる時間を与えてあげたかったと思う。

一四・二　第一八代津野元勝の時代

元藤のあとを継いだのは長男の元勝であった。津野元勝は、元藤が一五歳の文明四年（一四七二年）に生まれた。父元藤の死に伴い、文明一六年（一四八四年）に一三歳で家督を継いだ。元服までの間は、誰かが補佐したが、それは家老市川氏か元勝の伯父の中平常定のどちらかであったであろう。

元勝の時代、関東では明応四年（一四九五年）に伊勢宗端（のち北条早雲）が扇谷上杉家家臣の大森藤頼を討ち小田原城を奪取した。これは、従来は下剋上の典型的例といわれてきたが、最近は伊勢氏も由緒ある家柄といわれ単純な下剋上ではなくなった。だが、他家を滅ぼしその基盤の上に関東に勢力を伸ばしていったことには変わりない。関東で室町時代の秩序が崩れ、大きな時代のうねりが始まった。

土佐国では、土佐一条家は初代房家の時代であるが、父教房の側近の間で争いが起こり家中は乱れたため、難を逃れ母方の実家加久見城（現土佐清水市）に匿われて時をやり過ごしていた。高岡郡に進出できる状況にはまだほど遠かった。大平氏は、国雄の治政が続き最盛期を迎えていた。国雄は、都の文化人と交流するなど、文化的活動にも余念がなかった。文亀三年（一五〇三年）には、三宮氏の領地であった小村に進出していたようで、その地の小村神社に『三十六歌仙図』が奉納された。伊勢が肖像画として子孫の地である土佐国を訪れたことになる。本山氏は、まだ平野部に進出できず悶々としていた。長宗我部氏は、元親の祖父兼予が守護細川政元に仕え力を蓄えつつあったが、まだまだ国人の一人であった。その細川氏は、土佐国での最期に近づきつつあった。

元勝は、父元藤の政策を引き継ぎ、領内の安寧と軍事力の強化に努めた。その原資を少しでも捻出するために、下賀茂神社との年貢上納金の交渉を行ったが埒があかなかった。そこで、元勝は実力行使に訴えた。年貢上納金の支払いを抑えるために、従来は津野氏が負担していた人夫の賃金、旅費他の諸費用を差し引き半分程度しか支払わないことにした。自分の懐具合も考慮に入れ、年によっては支払いを行わないこともあった。それでも、下賀茂神社は、毎年本社より神官を派遣し上納金の支払いを督促してきた。元勝はさらに津野氏の支配地域で下賀茂神社社家の別相伝として未だに残っていた「津野新荘里方」の地頭職家分領地、すなわち八幡原、海浜地区、下分地域の領有権を取り戻すべく動き始めた。下賀茂神社の関係者の同地域への立ち入りを妨害し始めた。その反面、自分の領地となっていた地域の賀茂神社は手厚く保護した。上分賀茂神社に文明一三年（一四八一年）の棟札をあげている。

神社に盾ついたため罰（ばち）が当たったのか、元勝は二七歳の年に急死してしまった。明応七年正月四日（一四九八年）のことであった。子はなかった。

一四・三　第一九代津野元実の時代

第一九代当主津野元実は、元藤の二男、元勝の弟である。元藤二五歳の文明一四年（一四八二年）に生まれ、生まれた翌々年には父親を亡くした。二男であり、物心ついた頃には兄元勝が津野家を主宰していたので、自分は分家を創設するか仏門に入るかどちらかと覚悟していた。そのため、半山のお寺で当面は学問に励んだ。本人のもともとの素養もあったかもしれないが、才能が開花する。元実は、義堂周信、絶海中津、祖父之高、叔父旭岑瑞杲の生き様に共感を抱き夢見るようになっていた。そんな折、予期せぬことが起こった。明応七年正月四日（一四九八年）に兄元勝が急逝したのである。元実は、津野氏の家臣団により夢から現実に引き戻され、家督を継ぐことになった。元実は既に一七歳になっていたが、仏門に入るか俗世界に生きるか決めていなかったので、未だ元服はしていなかった。急ぎ元服の儀を執り行い、守護細川政元の諱をもらい元実と名乗った。

元実には幼少期の逸話が残されている。元実は幼名を兼寿丸といったが、一一歳の明応元年(一四九二年)正月に年始の挨拶のため、中村の一条館を訪れ、初めて一条房家公に目通りしている。この時に一条氏の臣下であった上岡正久は、兼寿丸が殿中の礼を知らないのを見かねて、懇ろに殿中の礼及び応答進退の法を兼寿丸に指南した。一〇歳年上の兄であった当主元勝は、これを聞き正久の厚志におおいに感じ入り感謝した。そこで、重臣中平越中守元房をして正久を招かせた。上岡正久は、北川の地に領地をもらい兼寿丸の養育係として津野氏に仕えた。

一四・三・一　領地経営と之高の三十三回忌

元実はまず最初に、領民の安寧を願い、神社の増改築を行った。特に、洲崎地域の賀茂神社の領民は、下賀茂神社が神民と呼ぶとおり、長年にわたり下賀茂神社の統治と祭祀に慣らされており、その心と思考を津野氏に向けかえる必要があった。そのため、多ノ郷賀茂神社と上分賀茂神社の庇護を真剣に行った。八幡平の西鴨神社は、未だに下賀茂神社社家一族の地頭職家の別相伝としての領有地の中にあったので、手を出さなかった。永正三年(一五〇六年)には、上分賀茂神社を改修し、一一月二六日付で棟札をあげた。永正五年(一五〇八年)になると今度は隣の多ノ郷賀茂神社を造営し、四月一六日付けで棟札を上げた。永正九年(一五一二年)には、再び上分賀茂神社を修造し三月二二日付けの棟札を奉納した。

この二社の賀茂神社の増改築を行ったのにはもう一つの目的があった。それは、領地内の下賀茂神社の分社を保護することにより、同社に対し誰がその地の支配者であるか示すとともに、神社も大切にする一族であることを示すことであった。その上で、下賀茂神社経由で払っている両社の祈祷料を直接負担する方法に切り換える交渉を行った。つまり、兄元勝が行った強硬策を多少和らげ、「貴社の分社の神社はきちんと保護するのでそれで問題ないであろう」との懐柔策で下賀茂神社と対峙したのであった。両社の増改築を津野氏自らの費用で行ったのは、それを具体的に示す方策でもあった。それでも、下賀茂神社は年貢上納金の引き下げには応じてこなかった。元実の目から見ると、多ノ郷賀茂神社と上分賀茂神社の祈祷料の支払いを直接払いに切り替えるだけなのに相手にはそれが通じなかった。やはり、下賀茂神社にとっても両社の主人が誰かということも重要であるのだと改めて認識した。この点は、津野氏に取っても同じではあったが。

このように領内の政に力を注ぎ込み、力を蓄えてきた元実であったが、永正七年（一五一〇年）の年が明けると、今の繁栄の基礎を築いたのは祖父之高であるとの思いを馳せ、その三十三回忌を京の都で盛大に執り行おうと心に決めた。そこで、叔父の旭岑に相談した。旭岑はその当時は土佐に帰国しており、之高が建立した新土居永林寺の住職として日々お勤めを行っていたが、元実の思いを受け入れた。そこで、自ら申し出て京の都に上り準備を進めることにした。場所は相国寺と決めた。相国寺は、京都五山第二位の寺で夢窓疎石の始めた臨済宗相国寺派の大本山であった。開基は三代将軍足利義満、開山は夢窓疎石本人、六世住持（住職）を一族の絶海中津が勤め、之高は四二世住持の瑞溪周鳳と親交が深く、現在の住職は旭岑と親交の深い八三世景徐周麟であった。之高の三十三回忌法要を営む場所としては申し分なかった。

翌年の正月が明けると元実は、早々と数人の伴の者を連れて京の都に向かって旅立った。冬の時期で、海の波風は時として荒れるので、陸路で鵜足津の細川館を目指した。道の険しい北山越えの官道を進み宇摩郡川之江にて瀬戸内海を臨む。さらに瀬戸内海の海岸に沿って北に進み、観音寺の辺りで開けた平野部を内陸側に進み、六〇里ほどで鵜足津に到着した。観音寺の地は現代では観音寺市となっており、寺の名前を冠する行政都市である。初め、大宝三年（七〇三年）に神宮寺住職の日証上人が、琴弾八幡宮を創建した。そののち大同二年（八〇七年）に空海が神宮寺に聖観世音菩薩を安置してから観音寺と呼ばれるようになった。由緒正しい土地柄であった。

この時期の細川本家の当主は高国で第三一代管領であり、土佐国守護でもあった。高国は細川政元の養子となり細川氏嫡流（京兆家）を継いだが、その権力基盤は安定しなかった。ことの発端は、養父細川政元の暗殺であった。

政元は女人禁制である修験道の修行をしていたために実子はおらず、兄弟もいなかったため細川京兆家には政元の後継者がなく、関白九条政基の末子の澄之、細川一門の阿波守護家から澄元、さらに京兆家の分家の野州家から高国の三人を迎えて養子とした。ここにきて細川京兆家にも跡継ぎ争いが発生するに至り、三人の養子とその陪臣たちによる家督相続の争いが始まった。そんな折、修験道に没頭して天狗の扮装をするなどたびたび奇行のあった細川政元は、魔法を修する準備として邸内の湯屋に入ったところを、澄之（九条家系）を擁する内衆の薬師寺長忠・香西元長・竹田孫七らにそそのかされた戸倉某によって殺害された。永正四年（一五〇七年）六月二三日のことであった。さらに翌日には、長忠らは澄元（阿波守護家系）・三好之長の屋敷に攻め寄せ、澄元らを近江に敗走させ、主君として澄之を迎えて細川京兆家の家督を継がせた。

もう一人の養子高国は、一族の摂津分郡守護細川政賢や淡路守護細川尚春、河内守護畠山義英と合議し、政元の後継者を澄元とすることで合意をみた。高国・澄元連合軍は、まず七月二八日に茨木城を攻め落とし、続いて翌二九日には香西元長の居城嵐山城を攻め落とした。そして八月一日になると、澄元の重臣三好之長が、細川澄之の最後の砦となっていた遊初軒を高国勢とともに一気に攻め落としたため澄之は自害した。翌二日、細川澄元は将軍義澄に拝謁し、細川京兆家の家督を継いだ。これで細川家の内紛は収まるかに思えたが、火種は完全に消えてはいなかった。

この時、都の動きをうかがっていた周防国の大内義興が動き出す。永正四年（一五〇七年）末、前将軍足利義尹を擁して上洛軍をおこし山口を出発すると、備後国の鞆の浦まで軍を進め入京の時期を見計らった。足利義尹は、細川政元と対立し廃位され逃亡生活を送る身になった人間であったが、復帰をうかがっていた。

このころ京の都とその周辺の機内では、三好之長の専横に反発する勢力が細川高国の元に結集していた。澄元は大内義興と和議を結ぶための交渉役に高国を指名したが、逆に高国は伊賀に出奔、足利義尹・大内義興と結び、多くの畿内周辺の国人も味方につけた。永正五年（一五〇八年）四月、澄元や一一代将軍足利義澄は相次いで近江に逃れ、高国が入京した。四月末、義尹・義興は和泉国堺に到着、出迎えた高国が京兆家の家督を継いだ。六月、前将軍義尹は堺から京に入り、再び将軍となった。

この細川京兆家の内部争いは、先述のとおり、土佐国の支配構造にも多大な影響を与えている。当時の守護代細川政益は、政元が暗殺された永正四年か翌年には、都に上り二度と帰ってこなかった。その後、守護代が置かれることもなくなり土佐は守護代のいない国となり、群雄割拠の時代となった。

そんな時代を経た時期に津野元実は上京したのであった。鵜足津に着くとさっそく細川館に挨拶に向かった。細川高国は、京の室町幕府に詰めており不在であった。それもそのはず、この時期には、細川家の当主への復帰を諦めない澄元との抗争が、京、近江、丹後を舞台に続けられていたので、総大将が現場を離れる訳にはいかなかった。元実は、留守居役の者に挨拶を行いかいつまんで状況を話した。細川氏は、摂津国の渡辺津、播磨国の兵庫津と鶫足津湊の間で頻繁に船を通わせていた。その船に便乗させてもらえるように頼むのが細川館を訪れた大きな理由であった。細川氏は、大内氏同様に対明貿易、いわゆる勘合貿易に乗り出していた。その拠点は、堺湊であったが、外洋に出るための大きな船も持っていたし、堺湊についた荷物を内海で各地に運び分ける中型・小型の船も持っていた。船の運航には事欠かなかったのであった。留守居役の者は、快く引き受けてくれた。そして付け加えた。「都の主人よりもその旨書状が届いている」と。旭岑が、手回しよく細川家に頼み込んでいたようであった。

元実一行は、月が替わった二月の初めに都の土を踏んだ。元実にとっては初めてかぐ空気であった。応仁の乱の戦禍からの再建も終わり、賑やかで香しい京の都が戻っていた。元実は、津野山の新鮮な空気が好きであったが、都の空気も気に入った。何といってもこの国の中心地であり、匂いまでも高貴で威厳があるように感じられた。一行は、急ぎ相国寺へ向かった。貴族政治の最盛期には、朱雀大路が平安京の中心道路であったが、鎌倉時幕府が設立され武士の時代が到来すると徐々にすたれ始め、元実たちの目の前には、その痕跡はほとんど残っていなかった。かつての朱雀大路に続く千本通を少し歩くと、すぐに東に折れて九条大路を進んだ。烏丸小路に突き当たったところで左に折れ北に進むと、八里ほど（約四・三千米）で御所の前に出た。さらに進むと一条大路に出た。その北西角に花の御所こと室町殿が威容を誇り、そのさらに西側奥に細川氏の館が望め、東に目を移すと相国寺の大伽藍が目に入ってきた。元実一行は、この寺に逗留することにしていた。元実には寺院内の一部屋が宛がわれ、伴の者たちは寺の宿坊に泊ることになった。

深い眠りで旅の疲れをとると、翌日から忙しく動き始めた。翌日の午前中には、烏丸通をはさんで反対側に位置している細川殿を最初に訪れ管領兼土佐守護の細川高国に上洛の挨拶を行い、法要への参列を頼んだ。高国は、澄元との争いに気の抜けぬ日々を送っていたが、事情が許す限り参加すると快く引き受けてくれた。午後には、相国寺の関係者と法要の準備の打ち合わせを行った。式次第、時間、招待する人々、その文の手配、こまごまと下打合せも行った。住職の景徐周麟禅師が之高の三十三回忌の香を焚き読経を読むことと、場所は勝定院とすることが確認された。

筆者には、勝定院の文字を見てすぐに思ったことが二つあった。一つは、絶海中津は勝定院国師とも呼ばれていたので、法要を執り行う勝定院はそのゆかりの場所ではないかと推定したことで、二つ目は、勝定院は相国寺の境内の中でどこに位置しているのだろうかと思ったことであった。まず、相国寺境内の地図・写真で勝定院の場所を捜したが一向に見付からなかった。そうすると、最初の推定についても怪しくなってきた。諦めかけていた時に次の文章に行き当たった。「勝定院は、六世絶海中津の住房・塔所。足利義持の菩提所となり、その戒名の勝定院殿から名付けたと思われる。天文（一五三二〜一五三五年）の兵火で焼失して雲興軒に合併。天明の大火（一七八八年正月三〇日）の後、長得院に合併」これで全ての謎が解けた。推定は当たっていたし、長徳院の現在の位置も判った。ただ、勝定院が現在の長徳院の位置にあったのかは分からない。

元実と旭岑は、一族出身の高僧絶海中津が住んでいた塔頭で之高の三十三回忌の法要を営むという明確な意思をもって勝定院を選んだのであった。因みに、三十三回忌は三十二年目の命日に営むことが仏教での決まりであり、之高の場合一五一一年（永正八年）三月四日がその日であった。その後も準備に奔走し忙しい日々を送ることひと月余りでその日を迎えた。当日は、多数の参列者が相国寺を訪れ、住職の読経が勝定院に響き渡り法要は厳かに進んだ。読経のあと拈香（焼香）が行われ参列者が之高の往時を偲んだ。拈香のあとには拈香文（追悼文）が読まれた。この拈香文が景徐周麟の『翰林胡蘆集』に残されている。ということは、拈香文も住職景徐周麟禅師が読んだことになる。景徐周麟禅師の拈香文には次のとおり綴られている。

（書き下し）（原文は省略）

永林寺殿寿岳居士（之高の戒名）三十三回忌拈香

香ヲ挙グト云ウ、香火ハ今朝勝因（善因）ヲ記ス、猶余（静かな）風景ハ是レ良辰（吉日）、釈迦弥勒ハ桃花ノ色、三十三年春ハ一様（いつもと同様に）ニ時ヲ維(つな)ギ永正八年、太歳（木星の異称）辛未（十干十二支の年の数え方）、春三月上巳ニ後一日、乃チ土佐州津野氏常元居士（之高のこと）三十三回遠忌（遠年忌）ノ辰（辰年）也、孝孫元実ハ遠分（当座）ニ浄財ス、就于(なかんずく)勝定禅院ニ筵布（むしろと布）ヲ設ケ奠(まつ)ル、仍リテ叔父旭岑西堂（他寺の住職経験者）ニ入洛ヲ命ジ其ノ事ヲ営弁（用意する）ス、是ニ於イテ現前清衆（修行僧）ガ集ウ、

無見頂相（誰も見ることのできない相）ヲ諷誦（音読）シ無為ノ心ハ仏ノ説ク所ナリ、究竟（物事の究極）ハ堅固ニシテ秘密（奥義）ノ神呪（神秘な呪文）ハ之ニ次グ、手ヲ借リ慈ヲ照ラシ小比丘（僧のこと）周麟（字は景徐）此ニ妙香ヲ焚ク、供養ヲ伸ベルヲ以ッテ伏シテ願ハクバ三世（過去世・現在世・未来世）ニ皇(きみ)ヲ覚ユ、十方（あらゆる世界）ノ大士（菩薩の異称）ハ因ノ中ニ果ヲ上ゲ（因果応報思想）聖衆（聖者たち）ハ無辺ナリ、乃チ根ニ至リ龍天ニ熟スニ等シ、各々種類普(あまね)ク皆饒益(にょうやく)（衆生を豊かに利益すること）、特ニ今日教主（釈迦のこと）能ク諸願ヲ満タシ大悲（菩薩の慈悲）ハ虚空蔵菩薩ナリ、西方ヨリ香集ヒ世界ニ来タル、居士（之高）トトモニ手ヲ把リ同ジク其ノ供ヲ還シ見得（悟り）ヲ受クカ、抑(そもそも)旭岑ハ身方外（俗世の外）ニ在リ、志ハ孝子ニ等シ、吾ガ輩ノ中、罕(まれ)ニ其比(そのころ)ヲ見ユ、昔大恵禅師（唐代ノ禅僧）、義ニ篤ク君ニ親シ、丞相ニ謁ヘ公言ヲ張ル、先ニ入リテ不幸ハ後ニ無ク、某(それがし)ノ責也、公ニ張

リ歎ヲ興ス、遂ニ其ノ族弟ヲ奏ス、師ニ奉リ後ニ親シ、今旭岑偶（たまたま）其ノ諱ハ同ジ、又奉親ノ志、因ニ併セ、焉（いずく）ンゾ按ズ、因ニ斎（つつし）ミ慶ヲ賛（たた）ウ、恒ニ忉（うれ）ヘ此ニ到ル、共（つつし）ミテ惟（おも）フニ永林寺殿朝散大夫（之高の別戒名）前ノ備州太守寿岳元公居士、文有リ武有リ、俗ニ入リテ真ニ入ル、九畿三服（周代の地域、転じてこの世界か）ニ久シク望族ヲ（人望・名声の家柄）嚮（ひび）ク、四州（四国）ノ百洞ハ直チニ要津（重要な港、津野に掛けているか）ニ拠ル、唐人射策（漢代の官吏登用試験）ノ年ニ当タリ（一四三四年ノ出来事）、相公ノ席上ニテ、賦（文体の一種）ヲ作リ君ト崔（まじわ）リ哦松（松下デ吟詠すること）ノ趣ヲ得ル、京兆（朝廷）幕下（幕府）ニ賓（賓客、中国使節のこと）ハ称（たた）ウ、弓ヲ挂ケ箭（矢）ヲ伝ウルニ至リテハ、之ハ正笏（威儀を正すこと）垂紳（立派な人）ニ帰ス、玉府（都）ニ群レ遊ビ読ムコト未ダ書ヲ見ズ、黄童（幼童）ハ無双ノ国士ナリ、端岩師ヨリ何レカノ言句有リ、玄沙（玄沙師備）ハ主人ヲ喚起ス、寺ヲ立テ長林巨植トス、僧ハ半山ヲ訪ネ霜筠ニテ漢ヲ保ツハ両全（両方ともに完全であること）ノ家ニ於イテハ万全ナリ、忠ヲ惟（おも）イ孝ヲ惟（おも）ウハ暾日（朝日）ノ如ク有リ占宋ノ四休ニ於イテ一休ノ地（休憩地）ヲ占ム、曰是レ日隔非ズ風塵（俗世間）ヲ断ツ、其レ余行（念仏以外の行法）ハ実ニ不遑（暇がない）縷陳（事細かに述べること）ナリ、

　居士一張ノ剣ヲ秘シ防身ノ処ニ到ル、仏祖ヲ殺尽ス（極め尽くす）、寃ヲ截断シ親ヲ管（つかさど）ル楚王（中国君主の王号）ノ流血ヤ千里（村々）ニ甚ダシ、沛公（漢ノ高祖劉邦）ハ三秦（中国の関中）ニ於イテ蛇ヲ断ツト甚ダシク論ク、趙州（禅の名僧趙州従諗）ハ之ヲ露刃ト謂ウ、餤々（えんえん）ト鑽弥堅（得を尊ぶこと、論語より）ヲ凝ラシ雲門（宗派）ハ之ヲ吹毛ト謂ウ、枝々ニ月ヲ撑（ささ）ヘ磨ケレド磷（ひす）ラガズ（硬いものはいくら研いでも薄くならない、精神の堅さを表したことば、論語より）大阿（阿闍梨）ノ剣、天下ノ利剣（煩悩や悪魔を破りくだく智慧や仏の力などのたとえ）也、山ニ登リテ則チ虎豹ヲ戮ス、水ニ入リテ則チ蛟龍ヲ剸ス、人ノ知之ニ尽キテ是ニ於イテ已

然善用ノ者有リ、城ニ乗リテ而シテ戦ウ、風ニ順イ而シテ揮《ふる》ウ、三軍之ニ大敗ヲ為ス、居士ハ平生受ケテ用イルハ此ノ如ク、末後ハ更ニ行信ニ臨テ手ヲ揮リテ一揮ニ去ル、諸人ニ委悉（委細）マタ無ク、喝《しか》リテ云ウ、将ニ一口（一言）金剛王ヲ講ゼントス、香ヲ打ツヲ以ッテ元来七尺ノ黒キ鄰皺（輝き）ヲ云ヒ又円相ヲ打チ乾坤（天と地）旧ニ依ルト云ウ、日月斬新ス

（翰林胡蘆集）

祖父之高の三十三回忌も無事に終え土佐の領地に帰国してみると、大変な事態が起こっていた。当主元実の留守をねらったかの如く一条氏が軍を東に発し戸波城を陥れていたのであった。この地は、南北朝の戦いの後の係争地であったが、之高が当主となった頃には津野氏が領有し小高い山の上に砦を築き、津野氏の分家の津野内蔵左の一族が守っていた。その前は、大平氏の領地で、大平氏は目と鼻の先にある戸波城を日頃から目障りに思っていた。土佐一条氏はこの時代、まだ初代房家の時代で、幡多郡の支配を固めるのに勢力を注いでいた、と元実は思い安心していたが、いつの間にか領外に軍を向ける勢力に成長していた。一条氏の本拠地である中村から津野氏の領地を通らずに戸波に至ることは不可能である。従い、一条氏は船で仁淀川河口方面まで兵を運び、そこから大平氏の本城蓮池城の目の前を通り戸波城に攻め込んだ。大平氏は、都の貴人であった一条氏を主君と仰いでおり、津野氏との因縁もあったため喜んで協力した。不意を突かれた戸波城はすぐに落ちてしまった。一条氏はこの城に福井玄蕃を常駐させて守備にあたらせた。福井一族は、宿毛郷を拠点とする国人であった。元実は、起きてしまったことはどうしようもないと諦め、反攻の機会を待つことにした。ただ、幡多郡方面から上がってくる軍と戸波の常駐軍に挟撃されかねない状況ができ上がったので、今までよりも東西両面の防御を強化する必要に迫られ、これが負担となった。

因みに、大平氏は、一条氏が高岡郡全体を領有する野望を持っていたことを読めなかったようである。一条氏の土佐への下向を支援し、一条氏が高岡郡東部に橋頭保を築くのにも目をつぶったが、大平氏は結局は一条氏により滅ぼされてしまう。

『津野山遺聞録』には、元実の器量と治政につき次のとおり書き遺している。曰く、「津野元実、刑部少輔（津野氏第十九代ノ主）、元実十七歳ニシテ而シテ家ヲ継グ、自ラ智勇相備ハリ、能ク韜畧（兵法の極意、六韜三略から）ヲ識ル、頗ル戦守ノ法ヲ得、実ニ良将ノ器也、訴ヲ聞クコト明ニシテ而シテ民能ク政道ニ従フ、領分静謐ニ治ル、一日中平忠光ノ願ニ依リテ家臣高倫ニ命ジテ経高ヨリ基実（元実）ニ至ル、相続都テ十八代ノ家譜ヲ撰バシム、之ヲ写シ二帖ト作シ一帖ハ公家ニ蔵メ一帖ハ忠光ニ賜ウ、乃チ是家ノ正伝ナリ、云々」。

この遺文には、元実の器量の点は別として、次の注目すべき点がある。

一、元実を「津野氏第十九代ノ主」と記しており、その後は国泰、基高、定勝、勝興、親忠の五代が続くので、津野氏は二十四代ということになる。同じ『津野山遺聞録』に、「十一代満高、十二代孫次郎満之、十三代仝泰高、十四代通重、十五代通高」ともあり、この後は、十六代之高、十七代元藤、十八代元勝と続くはずなので、十九代元実につながり二十四代説ができ上がる。これが上巻に掲載した津野氏系図の一覧の二十四代説『藤原姓津野山内中平氏系図』ではないかと推察する。筆者の考証結果は、十三代之勝、十四代泰高であるので、少しだけ違うことになる。

一、「元実十七歳ニシテ而シテ家ヲ継グ」とありこれが正しければ、筆者が考証した家督相続年齢と同じで、そうすると元実が明応七年（一四九八年）に一七歳で家督を継いだ理由は、先代の兄元勝が同年に二七歳の若さで早世したためで、元勝の逝去年も正しいと思われる。結果、之高の後、元藤、元勝、元実と続く三代は確定される。

一、「中平忠光ノ願ニ依リテ家臣高倫ニ命ジテ経高ヨリ基実（元実）ニ至ル、相続都テ十八代ノ家譜ヲ撰バシム、之ヲ写シ二帖ト作シ一帖ハ公家ニ蔵メ一帖ハ忠光ニ賜ウ」とある。高倫は現代に残る津野氏の最古の系図「津野山之内系図」を編んだ人物であるが、上巻に引用した『檮原町史』では、作成を命じたのは中平常定となっており、ここ『津野山遺聞録』では常定の孫忠光の依頼で津野元実が命じたことになっている。年齢を考慮すると、本人が命じたか元実に依頼したかは別として、常定が正しいはずである。新たなこととして、二通作成され、一通が津野宗家に保管され、一通が中平氏に与えられたとなっている。この二通の高倫編の「津野山之内系図」の行方は不明であるが、どちらか一通が梼原村庄屋の中平氏のもとに残り、江戸時代の正徳年間（一七一一〜一七一六年）の頃に中平平左衛門定経により谷重遠秦山のもとに持ち込まれたことになる。尚、中平忠光は、永正一四年（一五一七年）四月の恵良沼の戦いで、元実とともに討死している。

一四・三・二　恵良沼の戦い

津野元実はその後恵良沼の戦いに向けて突き進んでいくことになる。この時期の動向に関連すると判断される大平隠岐守元国の書状が残されている。伊予国の久万・小田地方を治める大除城主大野安芸守朝直に宛てた四月一八日付の書簡であるが、残念ながら年が記載されていない。

（書き下し）
先度（さきごろ）ハ書状ヲ以ッテ中入レ候間、定メテ参着候ヤ、御国弥（いよいよ）静謐ノ由候条大慶ニ候、兼ネテ（かつて）津野畑（幡多）ノ衆去ル十六日此ノ方ヘ打出シ、合戦ニ於イテハ毎度勝利ヲ得候ノ条御心安ズ可ク候、一条殿御事以前、悴家（かせいえ）ヲ御進発ノ刻ニ至リ、一段御懇ロニ子細共ニ仰セ出デラレ候つる間、拙者ノ事モ別シテ御意ヲ得候キ、佐川返ノ儀連々御望ミノ由、承及候（うけたまわりそうろう）つるかと共、拙夫ノ事さり共と存候（ぞんじそうろう）ノ処、今度中村掃部ハ造意（悪事の企て）ハ相巧ニ候ノ砌（みぎり）、事ヲ左右ニ寄セ悴家ヲ御取リ懸リ候、畑え申シ対（こた）ヘ国（元国）毛頭モ越度（おつど）之無ク候、定メテ方々ヘ種々あらぬさまは、仰ギテ掠メラル可ク候ヤ、御家悴家ノ事ハ数代甚ダ深ク申シ合セノ儀候、殊ニ当代尚以ッテ堅ク宝印ヲ裏ニ翻ス（起請文を書くこと）、御契約致シ候事、于国ニ於イテ其レ隠レ無キ候間、弥相替ワラズ申シ談ズ可キ事、外聞実儀（表向きと内実）本望ト為ス可ク候、右衛門大夫殿（朝直長男利直）仰セ談ゼラレ、此ノ時御一勢（一軍）津野堺目ニ至ル、急度（きっと）仰セ付ラレ候ハ畏レ入ル可ク候、併セ外ニ憑（たの）ミ奉ル他無ク候、爰元（ここもと）取静（とりしずめ）候ハ、一段使者ヲ以ッテ申シ入レル可ク候、毎事来音ノ時ヲ期シ候、恐々謹言

卯月十八日（註、一五一〇年以降の四月一八日）　元国（花押）

大野安芸守（朝直）殿　御宿所

（書簡の封紙には次を記載）

（筆跡が異なり）卯月十八日　大平下野守（註、元国の縁者か）

元国（註、裏書か）

大野安芸守殿御宿所　（註、大野朝直）

（右大野文書）　（『愛媛県史』資料編古代・中世本編一三一九）

（現代語概訳）

先に書状で申し入れたとおり、期日を決め参陣して願いたい。津野衆が先月一六日に攻め入ってきたが、合戦ではいつもながら勝利したので安心して欲しい。一条殿は当家をご出発の折（応仁二年・一四六八年の幡多への下向のことか）より懇意であり、拙者に対しても特に気を留めておられる。津

野一族の中村掃部（佐川氏）が巧妙な企てで当家を掠め取ったが、畑（幡多の一条氏）にも答えたとおり、当家に落度はない。御家と当家は数代にわたり親しい間柄（註、一四五〇年の第一回津野之高討伐戦でも連合）であり、特に当代は起請文を交わすほどの関係であります。従来どおり親しい間柄を続けることは、表向きも内実も本望であります。右衛門大夫殿（朝直長男利直、使者か）が仰せられ相談したとおり、この度一軍を津野の境目に必ずや派遣すると仰せつけのこと恐れ入ります。外に頼める相手もいないので、音沙汰がない場合は、さらに使者を立てて申し入れます。返信を切にお待ちしております。

この書状の発信人大平隠岐守元国の生没年は不明である。大平国雄の長男として生まれたが、歴史上にその名が初めて出てくるのは、永正五年（一五〇八年）の「岡豊城の戦い」で本山養明、吉良宣経、山田元秀とともに長宗我部兼序を討った時の戦いであった。戦に出るということは元服していたと判断できるので、生まれは一四九五年頃よりも前であろう。最後に出てくのは、天文一五年（一五四六年）で、同年に一条氏が津野基高を降した後にその余勢で、津野氏と佐竹信濃守義直、福井玄蕃に蓮池城を攻めさせ大平元国を降伏させた時である。

一方、宛先の大野安芸守朝直は、文明三年（一四七一年）生まれで永正七年（一五一〇年）に叔父綱直から家督相続を受け武家私称官位である左近将監安芸守に叙任された。朝直の逝去は永正一六年（一五一九年）のことであった。津野之高とほぼ同年代の大野宮内少輔繁直から数えると、通繁（繁直長男）～綱直（繁直二男）～朝直（通繁二男）となる。この大平元国の書状は朝直を安芸守としていることより永正七年（一五一〇年）から永正一六年（一五一九年）の間のものと特定される。さらに、永正一四年（一五一七年）の恵良沼の戦いの後は、左記に推測されるような行動を行う必要はないので、同年までの凡そ七年間に絞られる。そうすると、この書簡は津野氏が支配していた戸波城が一条氏に奪い取られたと考えられる一五一〇～一一年頃のものと推定される。

以上に鑑みると、この書状からは次のことが類推される。

一、この時期土佐国は、永正四年（一五〇七年）に守護代細川一族が京都に引き上げた後で、土佐全土を統治する権力が不在の空白の時代であった。守護代細川氏の下で羽振りのよかった大平氏の権勢も衰え始めていた。一条氏は初代房家の時代で、後には細川氏なきあと土佐の国司と仰がれるようになるが、この時期は幡多郡の領地固めも終わり他郡に目を向けることができるようになった。津野氏は、この時期最盛期を迎えていた。

一、この書状は、津野氏の最東端の出城であった戸波城を奪い取りたい一条氏の戦略と、佐川の地を津野氏から奪回したい大平氏の野望の一環の動きである。この当時は、大平氏と一条氏はまだ蜜月時代でお互い連携していた。そこで、大平元国は津野氏と領地を接する大野氏に働きかけ、伊予と土佐の国境、すなわち大野氏と津野氏の領地境を攻めさせようとした。津野氏の兵力を国境に引き付けさせ、その隙に戸波と佐川を奪い取ろうとしたのではなかろうか。大野安芸守朝直が実際に津野領との境目に軍を発したかは記録に残っておらず不明である。しかしながら、大野氏にとっては土佐国の国人領主間の争いに巻き込まれるだけで得策ではないので、大平隠岐守元国の出陣要請には応じなかったと思う。

一、実際に起こったことは、戸波城が大平氏ではなく一条氏に渡ったことであり、大平氏は何らかの理由と方法で、一条氏に裏をかかれたのではなかろうか。

元実は、下賀茂神社に対する年貢上納金の支払も完全に止め、軍備充実も怠りなく行っていた。ただ、近隣の国人衆も同じような動きをしており、緊張は高まってきた。特に、西の一条氏が幡多郡に土着し初代一条房家のもとで急速に勢力を伸ばしていた。一条氏は、細川氏が土佐からいなくなった後、その家格から国司と崇められていたが、それだけでは満足できなかったようで領地を増やす動きを強めてきた。幡多郡から東に高岡郡へと、さらには北に南予へと侵攻していった。津野氏と一条氏の攻防においては、両家の間に位置する仁井田郷、津野氏からすると西隣が当面の主戦場になることは明らかであった。一条氏が大軍を動かして津野氏の領地に攻め入るには、幾つかの隘路を通過しなくてはならない。仁井田郷と津野領の間の隘路の防備を固めるか、仁井田郷を完全に制圧し一条氏との境を西に動かしその境の守りを厳重にするか、そのどちらかが優先されるべき方策ではないかと思うが、元実は何故に一条氏の東の飛び地である戸波城を攻めたのであろうか。地政学的に考えると、戸波と洲崎の間に急峻な山々と名護屋坂があるとはいえそこを破られると直ぐに津野氏の本領吾井郷である。戸波城を確保することで吾井郷までの間に緩衝地帯もしくは防衛線を確保できる利点はあった。それ以上に、元実の意地の問題があった。

元実は自らの時代に一条氏に奪われた戸波の地を何としても取り返したいと考えていた。これは元実の意地であった。そのため、武力ではなく種々計略を廻らしたが、うまくいかなかった。この頃は、いわば津野氏の黄金時代ともいわれる時期で、その威勢は高岡郡を覆っていた。人間、己の力を過信すると傲りが表に出てくるようになる。慢心とそこから生じる油断は人生の天敵である。元実は、戸波城主であった福井玄蕃を侮り威嚇して降伏させようとした。一方、福井玄蕃は小身といえども一条氏支城の主であり、一条氏の東の飛び地を守備する直臣であった。相応の人材であったと思う。しかもその後ろには大身一条氏がひかえており、数日しのげば援軍が来る状態であった。東の蓮池城に拠る大平氏と一条氏との関係はまだ良好で一条氏は心配する必要はなかった。

このような折、永正一三年(一五一六年)の年の瀬も迫った頃、半山の城に一条家の当主房家が上洛したとの情報が入ってきた。元実は、自分が祖父之高の三十三回忌のために上洛中に戸波の地を奪い取られたことを思い出し、逆に房家の不在を好機ととらえ、この機会に戸波城を奪還する決意を固めた。そして年が明けると領内に軍令を発し戦の準備に取り掛かった。表向きの相手は久礼の佐竹氏と定め、本当の目的が戸波城を一条氏から奪い返すことであることは当面伏せたままにした。

元実は自身は、戸波城を攻める前に西の佐竹氏の力を削いでおく必要があると考えていた。津野氏と佐竹氏は長い間良好な関係にあった。南北朝時代は北朝方としてともに戦い、その後も争うことはなく平和に共存していた。それは、津野氏の領地である津野山地域と佐竹氏の領地である久礼・上ノ加江間に安和、大野見南部の山間部、仁井田郷という緩衝地帯があり、領地を争うこともなく領地境で干戈を交えることもなかったためであった。

ところが、津野之高以降、津野氏が領地の東側、戸波方面、佐川方面、さらにその先の田村の細川守護代館、讃岐鵜足津の細川管領館、京の都に注力し気をとられていた間に、西側の佐竹氏は着々と地歩を固めていた。久礼から安和に侵攻し、上ノ加江から西進し仁井田郷南部に領地を広げていた。その結果、津野氏の領地と佐竹氏の領地は直接接するようになり、境付近での小競り合いも起こるようになっていた。佐竹氏の郎党は、津野領に押し入り、田畑を荒らし秋の収穫物を刈り取る狼藉を働くようになった。逆の事態もまた起こっていた。佐竹氏の西には一条氏が控えており、佐竹氏が一条氏と手を組むことになれば厄介なことは明らかであった。そこで元実は、洲崎より軍を発しまず安和の地を攻め落とした。安和は水軍の拠点であり、忍びの里であったともいわれており戦略上は重要な地であった。元実はさらに軍を進め久礼城に迫った。不意をつかれた久礼城は防戦するが、形勢が不利なことは明らかになった。そこで、一族家臣交え評議し、城主佐竹玄蕃頭繁義が腹を切ることと引き換えにその子義之の助命を願い出た。元実はこれを受け入れ、ここに久礼城は開城した。永正一四年（一五一七年）三月一四日のことであった。元実は半山本城に帰陣し、次の戦に備え準備を進めた。

これで佐竹氏を十分牽制したと考えていたが、当の佐竹氏は城主を殺された恨みが骨髄に達し、津野氏とは完全に袂《たもと》を分かつと最終的な腹固めをしていた。

それと同時に、佐竹義之の命を助けたことが、後に天文一四年（一五四五年）からその翌年にかけての一条氏の姫野々城攻めで、義之の子信濃守義直が姫野々城に攻め込んだが、降伏を申し出てきた中平兵庫助元忠がその主君津野基高の助命を懇願したのを受け入れる下地になった。

東側の戸波城では、福井玄蕃も「津野なにするものぞ」と服従する気配は一向になく、逆に津野領内に入り鹿狩りはするは鷹狩りはするはで挑発行為は目に余るものがあった。このような報告を得た元実は怒り心頭に達し、家臣を前にして「軍を発し井ノ場城（戸波城の別名）をひと揉みに踏みつぶし玄蕃の首を引き抜かん」と怒号し、戸波城奪還の意図を隠さなくなった。諸将は、元実の勢いを恐れていさめることもできなかった。先代津野元勝に招かれて以来、元実の養育係を務めていた上岡正久は、元実に直言できる数少ない人物であったが、あいにくこの時は伊予の河野氏に使いに出ていた。元実の出陣の報を受け大いに驚き、「福井は一条殿の婿である。津野氏の存亡ここにあり、戦を止める必要がある」と夜に日をつぎ帰国するも、時すでに遅かった。

永正一四年（一五一七年）四月七日、津野元実は半山から軍を発し洲崎で友軍と合流し兵の数は五百余りに膨れ上がった。その日のうちに吾井郷から名護屋坂を越えて、峠を下ったところで兵を休ませて明日の戦に備えさせた。翌八日は夜半に野営地を出発し夜明け前に戸波の城を望める地に到着した。かねてから合議していたとおり、ここには高吾北の地から佐川一族も集結し、兵の総数は六百を超えまさに当時としては一族の総力をかけての戦となった。この日は朝霧が立ち込めていた。

この頃の元実は冷静さを欠いていた。福井玄蕃を侮っていたのか本人の本性なのか、戦場となる場所の地形も十分に把握せず、敵側の動きを把握するための物見の活動も十分ではなかった。今は北側を流れる波介川は、この当時は戸波城の南側を北東方向に流れ恵良沼に水を注ぎ込んでいた。その恵良沼は、両側を山に挟まれた隘路の先で口を開いており、戸波城は自然の地形に護られた攻めづらい山城であった。元実は朝霧に紛れて一気に戸波城を落とそうと考え、城をめがけて軍を発進させ城に近づくと総攻撃を命じた。対する福井玄蕃は、津野勢の急襲に最初は狼狽したが、いつか来るだろうと予想はしていたので、城兵を叱咤激励し体制を整えたのち、手勢二百余騎にて城門を開き打って出た。両軍入り乱れての白兵戦となったが、数に劣る戸波城側は多くは討たれ徐々に押され気味になり、ついには残兵をまとめて城に逃げ帰り城門を固く閉ざした。緒戦は数にまさる津野軍が戦いを優位に進め犠牲も少なかった。敵が城に籠ってしまったので、それ以上の力攻めを止め攻城戦を行うための手筈を整えるために一旦軍を引き体制を立て直すことにした。福井玄蕃は東隣の大平隠岐守元国に援軍を求めた。戸波の地は、元々は大平氏の領地であったものを南北朝争乱の中で三宮氏に奪われ、後に津野氏が領有することになり、大平氏にとっては因縁の地であった。本心からすると、この地をいつか取り戻したいと思ってはいたが、今は津野氏を退治するためならと加勢を決め戸波城に援軍を送り込んだ。

恵良沼の戦いにおいても佐竹氏が動く。津野元実が戸波城に迫ると、城主福井玄蕃は直ちに使者を出し佐竹掃部頭義之のいる久礼城に援軍を求めた。佐竹義之はここのところ津野元実に煮え湯を飲まされていたので、日頃の恨みをはらす絶好の機会到来ととらえ福井玄蕃に加勢することを決めた。ひと月前に津野軍に攻め立てられ疲弊していたが、兵を出さねば恩賞もかなわないので、残る総力をあげて出陣することにした。出陣の手はずは家臣に任せ、自身は自ら馬を飛ばし中村の一条館に急報した。一条館の主は土佐一条氏の初代一条房家であったが、あいにく上洛中であった。留守を預かっていた二〇歳の息子房冬を重臣たちが援け、戦の準備を急ぎ行った。一条家では、重臣たちが分担し幡多郡の各地に早馬を出し出陣のお触れを出した。集まった兵たちを何陣かにわけて四万十川河口の下田湊より仁淀川河口近くの宇佐湊に船で送り込んでいった。佐竹氏はすでに先遣隊を送り込んでいた。宇佐湊に一条軍と佐竹軍の集結が完了したのは、福井玄蕃が使者を出してから四日目のことであった。兵の数は優に一千を超えていた。

集まった兵は二手に分けられ戦場を目指した。第一隊は、東に回り込み大平氏の領地である三井郷、高岡郷を抜け、西進し戸波城の北側から西側に回り込んだ。第二隊は、宇佐湊からさらに船で浦ノ内湾を奥に進み下船し山越えを行い、南側から戸波城を臨んだ。つまり、津野軍の背後に入り込んだのであった。一条・佐竹側にはこの土地の地理状況を熟知した者がついており、戸波城の東側には人を飲み込む湿地帯があることを入れ知恵していたのであった。五日目には一条・佐竹連合軍の布陣は完了した。

福井玄蕃が城に立て籠もり一歩も外に出てこなかったので、津野軍は攻めあぐねていた。城の正面、裏手と攻め方を変えたが落とせない。火矢をかけても夜襲をかけても城は落ちなかった。城兵は援軍が到着するまでの辛抱と必死に防戦した。長期戦になれば、一条氏よりの援軍がくることは明らかだったので、攻略を急いだがどうしても戸波城を抜けなかった。そうこうしている間に六日目の朝を迎えた。

津野軍は戸波城の反対側の山裾に布陣していたが、六日目の朝、霧が晴れる頃、その陣地の西側と南側から同時に大きな鬨の声（ときのこえ）があがった。そして、一条氏と佐竹氏ののぼり旗が一斉に立ち上がった。元実は、西には自身の領地があり南は山なのでそこから同時に敵が攻めてくるとは思わず油断していた。一条・佐竹軍は、鬨の声と同時に津野軍の陣地めがけて攻めかかってきた。予期せぬ攻撃に津野軍の将兵は慌てふためき浮足立った。西と南は敵の将兵であふれかえっており、北は戸波城の山にふさがれているので東の方向に逃げるよりほかなかった。元実は馬上で、「ひるむな、落ち着け、敵は後方ぞ」と叫び体制を立て直そうと必死に駆け回った。馬上の家臣、元実の馬廻りの者たちは我に返り隊列を整え向かってくる敵を迎え撃つ構えをみせたが、逃げ出した歩兵の集団を押しとどめることはできなかった。この状況を見ていた戸波城からも福井玄蕃と大平元国の兵が討って出てきた。津野軍は徐々に東の方向に押しやられていった。その東の背後には人を飲み込む深い湿地帯が待ち構えていた。

津野軍の将兵にはこちら側に深い湿地帯恵良沼があるとの情報は行き渡っていなかった。しかも、その恵良沼には葦などの草が生い茂り、遠目には深い沼があるようには見えなかった。敵兵に背後を追い立てられた将兵は、深い沼地に駆け込むことになってしまった。多くの命が沼底の藻屑と消えていった。

元実は湿地帯の手前に踏みとどまり、「この先は沼地なるぞ。泥にまみれて名を汚すより、一人でも敵を討って名を残せ。潔く討死せよ」と味方を叱咤激励し奮戦していた。が、やがて運命を覚ったのか鐙（あぶみ）を踏み馬上に立ち上がると、「津野刑部少輔元実なり。我と思わん者は元実が首取って武門の誉とせよ」と大勢の中へ駆け入り、八方駆け回り敵兵を蹴散らし打ち取るが、いつの間にか一族従卒と隔てられていた。さらに奮戦していると、また馬廻りの従士たちが元実の周りに集まってきた。その姿を見ると、傷あとが見えぬものはなく深手を負っている者も多数いた。さらに一刻（三〇分）ほど戦い続けるも周りの従士も一人減りまた一人と減っていった。ある者は恵良沼に沈み、ある者は自刃して果てていった。元実の供回りの者はついには数人に減ってしまった。そしてついには全員が大勢の敵兵に囲まれ槍で突かれ刀で切りつけられ命を落としていった。ある者は、敵に首を渡すまいと自ら恵良沼に駆け込み果ててしまった。永正一四年（一五一七年）四月一三日のことであった。

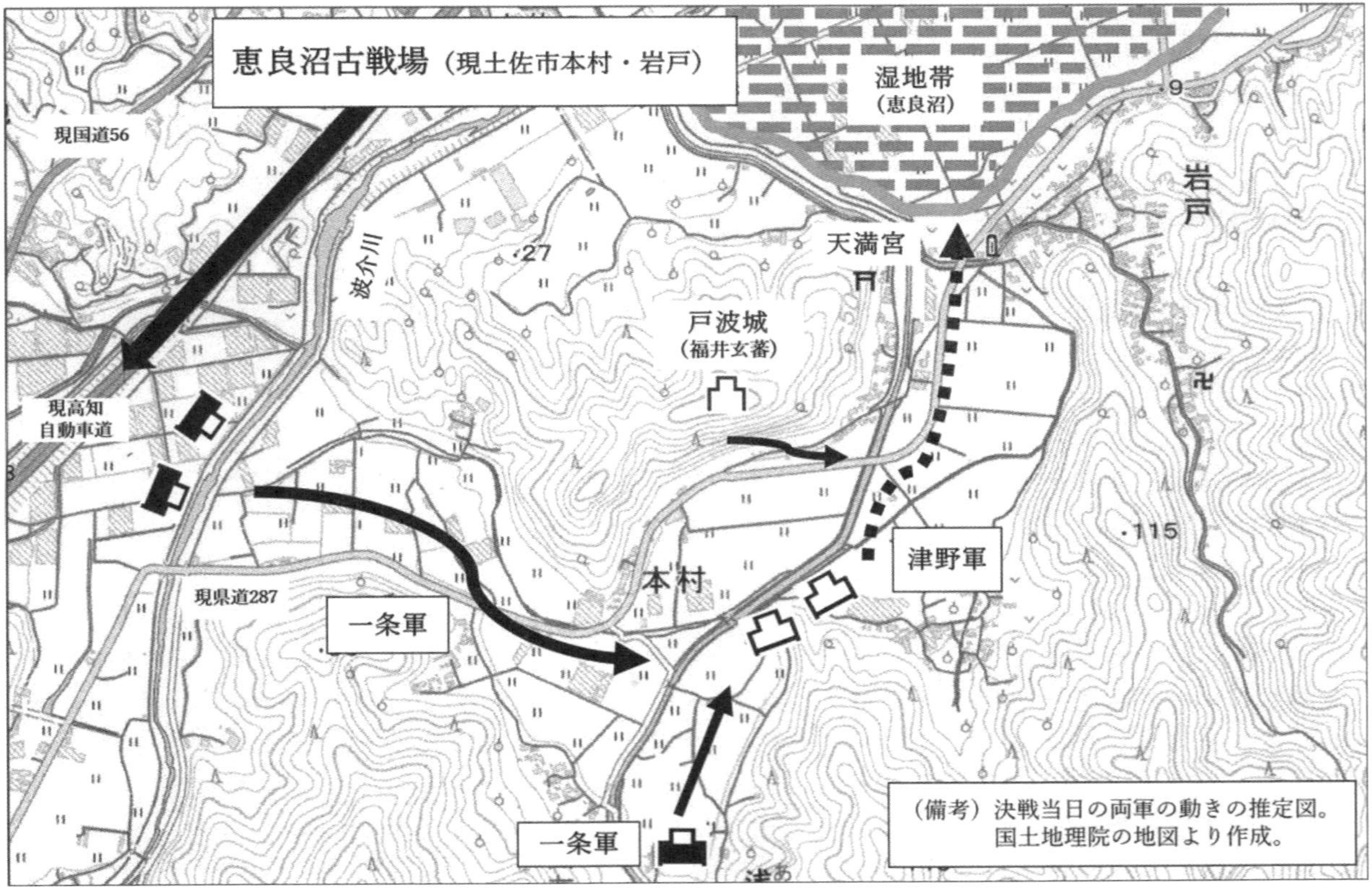

（備考）決戦当日の両軍の動きの推定図。
国土地理院の地図より作成。

上岡正久は、使い先の伊予河野氏の館より馬を飛ばして帰国するが、名護屋坂に至って山野に響き渡る戦場の響きを聞くことになった。正久は、手勢の三七騎を伴って急ぎ一条氏の援兵の背後から敵兵を突き破って元実の救援に向かった。この時、元実は従兵をことごとく失い周りに残る者はわずかであった。覚悟を決めたのか元実は、馬を駆って恵良沼の深い泥の中に突っ込み進退きわまった。その頭上には弓矢が雨のごとく降り注いできた。正久の目には遠くからこの様子が飛び込んで来たが、敵兵に阻まれて近づくことがかなわなかった。ようやくたどり着いた時には、すでに元実は息絶えていた。正久は元実の遺骸をもらい受け帰ろうとしたが、福井玄蕃の臣下で出間城主であった出間九郎兵衛の百騎ばかりがこれを追ってきた。正久はやむなく自ら元実の首を斬り臣下の孫右衛門に託し洲崎に送り届けさせた。正久自身はその場に立ち止まり出間九郎兵衛を迎え討ち、悪戦苦闘の末ここに死することになった。

この恵良沼の戦いで戦死した津野氏の一族並びにその家臣は多数にのぼり、津野氏を支えるはずの多くの有力な家臣が戦場の露と消えた。その後の津野氏の領地経営にも多大な損失となった。この戦いでの主だった犠牲者は次のとおり数えられた。津野豊後守、津野蔵人、津野但馬守、津野出羽守、津野越後守、津野新左衛門、津野新右衛門、津野又四朗、中平備後守忠光、中平近江守、中平遠江守、中平蔵人常義、市川石見守、長山信濃守、関和泉守、船戸左衛門、江村右近、山内次郎兵衛、古味河内守、佐川越中守、中村兵衛左衛門、吉村左衛門三郎、南部山城守、水野弥平左衛門、西村伊豆守、隠田新六、野見越前守、これらの重臣を始めとして一族従士五三人、雑兵都合三百八十余人が戦死してしまった。

津野元実はその家臣四百余名を道連れに、大船団を組んで三途の川を渡ることになってしまった。

第一五章　戦国大名土佐一条氏

現代の高知県西部のさらに西半分を占める幡多郡は、高知のなかでも他とはかなり違った地域である。県民意識も違うのであろうし、まずは言葉と抑揚が違う。無骨な土佐弁とは違い優雅である。この地は長く都の直轄地のような位置づけの土地であり、特に一条氏の幡多郡への下向後は、都の貴人が現地で支配する土地となった。そのため、言葉も文化も京の都の色彩に強く染められてきたのである。幡多郡と高岡郡の海側の境には、片坂という峠道がある。片坂では急峻な山の斜面を縫うように峠道が蛇行している。この片坂が土佐弁と幡多弁の境目であり、一時は津野氏の領地の西の端と一条氏の領地の東の端の境目でもあった。のちの一条氏は、片坂を越えて窪川郷、仁井田郷に侵攻し、津野氏と激しく争うことになる。

幡多郡は、古く大宝元年（七〇一年）の大宝律令で土佐四郡の一つとして設定された。この時代の土地所有制度と人民支配制度は、公地公民制が原則であり班田収授と戸籍がその基盤であった。ということは、この時代の幡多郡は国司が支配する国衙領であったはずである。その後、鎌倉時代初期元久三年（一二〇六年）から嘉禎三年（一二三七年）の間に幡多荘が成立し京の九条家の所領となった。幡多荘を手に入れたのは九条家三代当主道家であった。道家には四人の男子があり、長男教実は九条家を継いだが二六歳で早世しさらにその子忠家が継ぎ、二男良実は二条家を創始、四男頼経が鎌倉幕府の第四代将軍（公家将軍）となった。道家が溺愛していたのが三男実経で、実経を藤原氏の氏長者、関白、摂政と次々と要職に就け厚遇した。実経は、一条家を創設し父道家より所領の多くを伝領したが、土佐国幡多郡もその中に含まれていた。建長二年（一二五〇年）一一月に道家が財産を嫡孫の九条忠家と三男の一条実経に分与した時に、幡多荘は一条家の所領とされたのであった。そして、一条家第九代当主教房が応仁の乱の戦乱を避けて自らの領地であった幡多荘に下向して来ることになる。

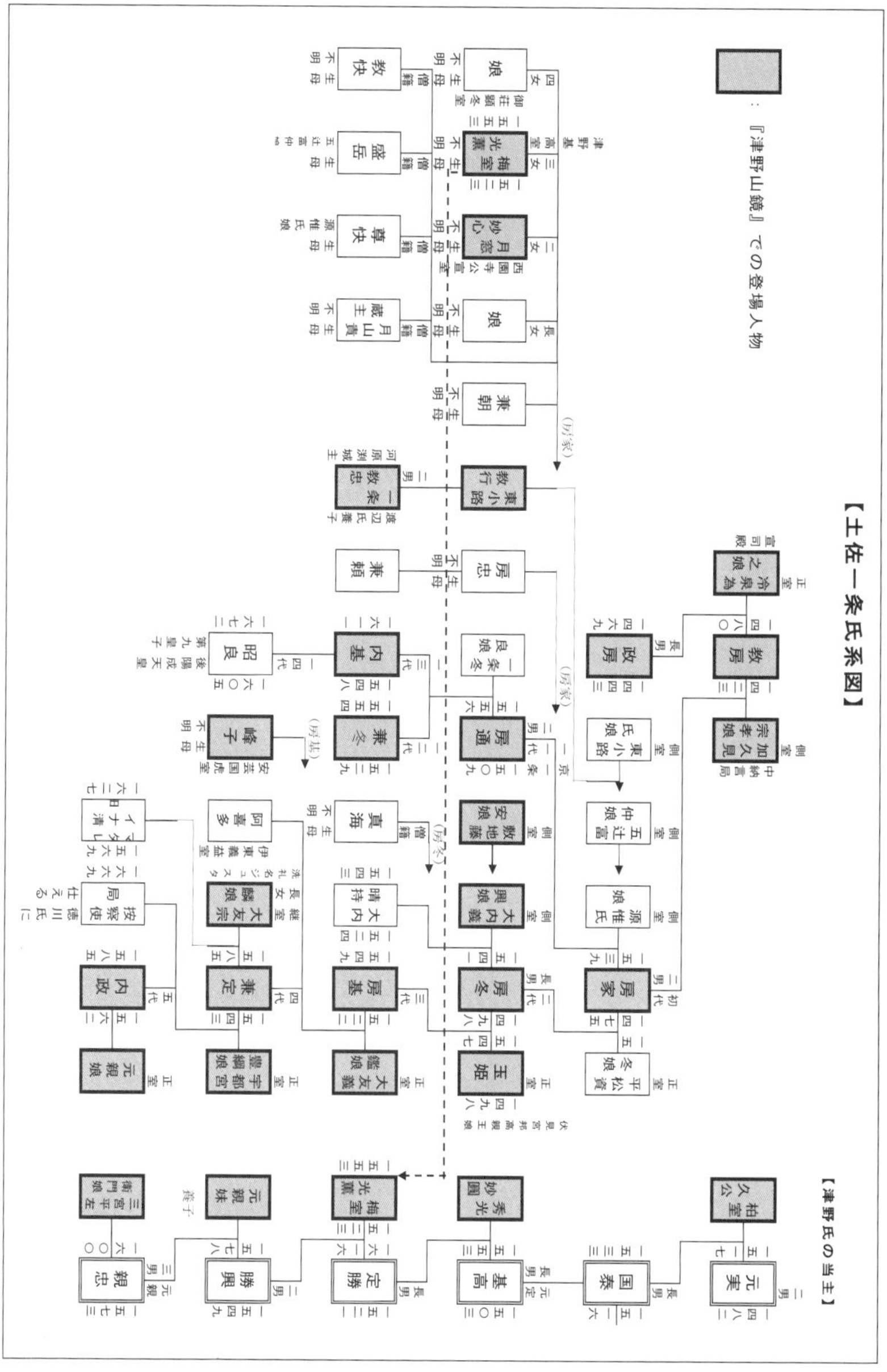
【土佐一条氏系図】
：『津野山鏡』での登場人物
【津野氏の当主】

一五・一　一条教房の幡多荘への下向

一条教房は、摂政関白太政大臣一条兼良の長男として応永三〇年（一四二三年）に京の都で生まれ、文明一二年（一四八〇年）一〇月五日に土佐国幡多荘中村の一条館で没した。津野之高とほぼ同年代を生きた人間であった。永享一〇年（一四三八年）に一六歳で元服したが、一条家歴代当主の中では初めて足利将軍家からの偏諱の授与を受け、第六代将軍足利義教から一字拝領し、教房と名乗り、同時に正五位下に叙せられた。翌永享一一年（一四三九年）正三位・権中納言に叙任されて公卿に列し、享徳元年（一四五二年）内大臣、長禄元年（一四五七年）左大臣、長禄二年（一四五八年）関白並びに藤原氏の氏長者となり、順調な栄達を遂げた。寛正四年（一四六三年）になると関白と氏長者を辞した。

応仁元年（一四六七年）応仁の乱が勃発すると、同年八月に弟の興福寺大乗院門主尋尊を頼って奈良に避難する。次いで、九月に一条室町の邸宅が焼失すると父兼良と嫡男政房も奈良に避難してきたため、翌応仁二年（一四六八年）九月に父に奈良の避難所を譲って教房は一条家領のあった土佐国幡多荘に下向し、四万十川下流の中村の館に住んだ。政房は摂津国福原荘に下向した。この当時、土佐国高岡郡の蓮池城に拠っていたのが大平氏で、守護細川氏の被官として守護代の地位にあり、宇佐湊を支配して和泉国境との交易を盛んに行っていた。この時の当主は、大平国雄でその妻が教房の室である宣司殿（冷泉為之の娘）と縁者であった。そのような縁で、教房は、この大平氏の船にて土佐に向かった。九月二五日に堺を出港し、同二六日甲浦で休息、一〇月一日甲浦を出港、同二日に井ノ尻（宇佐湊の対岸）に着岸、蓮池方面の大平館に滞在し応接を受け、同月一〇日に井ノ尻に戻り翌一一日に幡多の下田湊（現四万十市下田、四万十川河口）に向かい出港したものと推察される。途中で与津湊（現四万十町興津）で休息（もしくは風待ち）したと言われており、下田湊に到着したのは、一〇月の一三日から一五日頃であろう。教房の下向に伴い多くの公家や武士、職人たちも移住してくることになり、京の都の文化が移入され、のちに小京都と呼ばれる中村の繁栄の基礎となった。先の話ではあるが、一条氏の土佐国への下向に尽力した大平氏は、歴史の皮肉であるが、その一条氏により滅ぼされることになる。

幡多荘の中村の地に居を構え落ち着くと、教房は一条氏の存続を支えるため、在地の土豪たちに侵食されていた領地の回復を進めていった。そのためには、当然武力が必要で、最初は教房に従い下向してきた武士たちが活躍した。その後、教房の下知に従う土豪が増えると彼らも一条家の軍団のなかに組込まれていった。下向後一年経ったころには、強硬に抵抗していた大方（現黒潮町大方）の入野氏も服従し所領を回復することができた。ただ、土豪たちが在地に根ざした支配力は相当強く、一条氏への服従は「有名無実」との記録も残る。生活の基盤を確保した教房は、父の兼良の下向を勧誘したり、文明九年（一四七七年）応仁の乱が終息すると一二月に帰京帰洛した父に対して土佐から邸宅を作るための木材を送ったりしている。

この木材の畿内への搬出については、土佐は飛騨、北山と並ぶ一大供給地であった。木材の遠隔地への輸送には水運が不可欠であった。最初は奥地から海辺まで河川を使って筏で運ぶ必要があるが、この点では山林がほとんどを占める土佐国は、長い海岸線をもちいくつもの川が海に注いでいる。木材の運搬で殊に有名であったのが、東から奈半利川と奈半利湊で、ここは大坂城築城に当たり長宗我部元親が魚梁瀬杉を大坂に送り込んだことで有名である。その西に、物部川と河口の湊（守護代細川氏の田村館の外港）があり大栃白髪山の桧を運んだ。高岡郡から幡多郡を貫く四万十川は、内陸部を蛇行しながら流れているため、一部上流域を除き川幅が広く緩やかで水流も多い上に、上流から島ノ川川、松葉川、梼原川、広見川、黒尊川、後川と後背に山林を控えた多くの支流を抱えているため、河口の下田湊は木材の集積地として賑わっていた。ただ、難点は河川運搬の距離も長く海運でも畿内・上方・京都の消費地に遠いことであった。

晩年の教房には不幸が続いた。応仁三年(一四六九年)一〇月には、摂津の福原荘に下向していた嫡男政房が、福原に乱入した山名軍により殺され、文明三年(一四七一年)三月には正室の宣旨殿が逝去した。悲しみに包まれた教房であったが、その後に側室を迎えることになった。幡多郡加久見(現土佐清水市)の国人加久見土佐守宗孝の娘である。娘は教房に近侍していたところを見初められ、側室となり中納言の局と呼ばれていたが、文明九年(一四七七年)に後継者となる房家を生んだのであった。教房晩年の五五歳の年で、嫡子を得ることができ喜びもひとしおであった。だが、その教房も房家の成長を見とどけることなく、三年後の文明一二年(一四八〇年)一〇月五日に他界してしまった。長男の政房は既に応仁の乱の中で戦死していたため、京の一条家の家督は四〇歳ほど年の離れた実弟の冬良が継いだ。一方で、次男房家はそのまま土佐に土着して、土佐一条氏の始祖となった。

一五・二　土佐一条氏の盛衰

(一) 初代一条房家

一条房家は、文明九年(一四七七年)に生まれ天文八年(一五三九年)一一月三日に享年六三歳で逝去している。津野家では、第一七代元藤、第一八代元勝、第一九代元実、第二〇代国泰、第二一代基高とその生涯が重なる。二代冬房、三代房基と続く三代の間、両家は高岡郡東部の戸波、同西部の大野見、仁井田郷、窪川郷の支配権をめぐり激しく争うことになる。

京都一条家の家督を冬良が継いだため幡多荘中村で生まれ房家は仏門に入り出家することが定められ

た。つまり、この時点では、一条本家と幡多荘中村の一条家は一つの家と見なされていたことになる。ところが、『大乗院寺社雑事記』によると、教房死後の三年ほどが経った文明一五年（一四八三年）になると、教房側近の間で争いが起こり殺傷事件まで発生する。中村は不穏な空気につつまれたため、七歳の房家は同年一一月には中村御所から足摺岬の金剛福寺に、翌年三月にはさらに母方加久見氏の支配地に移った。いつの時期に中村の本拠地に帰還してきたのかは判然としないが、津野氏側に残る記録では延徳三年（一四九二年）正月に兼寿丸（津野元実の幼名）が中村の一条館を訪れ房家に面会し賀詞の挨拶をしている。従い、遅くともこの年までには情勢も落着き中村に戻っていたと推定できる。その後、『大乗院寺社雑事記』の明応三年（一四九四年）三月二七日の条では、「妙花寺関白土佐御所御息十八歳也、当年御元服云々、正四位下左少将藤原房家、此外宣下二通、金色（禁色きんじき）・昇殿」とあり、房家が一八歳で元服し、正四位下（実際には正五位下）を叙位され左近衛少将に任じられ、禁色（位階・地位に伴う色他の服装規定）と昇殿許可の宣下を受けたことが記されている。元服するなり正五位下で昇殿が許されるとは、さすが一条家の威光であるが、それよりも元服の記録は、房家の出家が取りやめになったことを意味している。教房の側近たちの権力争いを目の当たりにし、その混乱を肌身で感じた国人たちが棟梁の必要性を感じ、房家の在地での統治を望んだのではないかと言われている。こうして、房家は土佐一条氏の初代当主として政を主宰し戦国大名への道を歩み始めた。

房家はその名門の権威を以て土佐の国人領主たちの盟主として勢力を築き、土佐一条氏の最盛期を築き上げることに成功した。本拠地の中村には「小京都」と呼ばれるほどの街を建設した。現在の四万十市にある東山や鴨川という地名は、房家が京都にちなんで名づけた地名であるといわれる。毎年旧暦七月一六日には四万十川河口の下田港の対岸の間崎地区で、「大文字の送り火」が行われるが、この行事も房家が父教房と祖父兼良の霊を慰めるとともに京都を懐かしんで始めたと伝えられている。

『土佐物語』によると一条殿衆と呼ばれた家臣団は次のとおりであった。

一門衆：東小路・西小路・入江・飛鳥井・白河の五家
家老衆：土居（一門）・羽生・為松・安並の四家
重臣衆：大岐・加久見・立石・江口・橋本・山路・上山・和田・鶏冠木・三上・米津・梅青軒・都築・快弁・蜷川・大和田・平田・伊与木・奈良・荒川・森澤・国見・入野・竹田・秋田・蕨岡・波毛・佐賀・宿毛・下野加江・依岡・小島・若藤・敷地・入田・栗本・長崎・佐田・本弁・津の川・下山・勝間・鵜野江・高瀬・蓼の川・塩塚・盥川・悪瀬・楠村の五三家（数が合わぬも）

房家はまた、永正五年（一五〇八年）長宗我部兼序が本山氏によって滅ぼされると、その遺児長宗我部国親（元親の父親）を保護し、その再興を助けたことで知られている。

(二) 二代一条房冬

二代目当主一条房冬は、明応七年（一四九八年）に房家の嫡男として誕生、永正七年（一五一〇年）に一三歳で元服と同時に従五位上に叙位（穏位の制による直叙）され侍従に叙任された。その後も永正一〇年（一五一三年）正五位下・左近衛少将、永正一四年（一五一七年）従四位下、永正一七年（一五二〇年）正四位下・左近衛中将と昇進し、大永元年（一五二一年）従三位に叙せられて公卿に列した。さらに、大永三年（一五二三年年）権中納言、享禄三年（一五三〇年）正三位、享禄五年（一五三二年）従二位と昇進を続け、天文四年（一五三五年）には左近衛大将を兼帯している。天文八年（一五三九年）には正二位に叙任されている。天文一〇年（一五四一年）一一月六日に享年四四歳で病没している。母は平松冬房（日野資冬）の娘、正室は伏見宮邦高親王の王女、かの玉姫で永正一八年（一五二一年）二四歳で都から迎えている。側室は、大内義興の娘と家臣敷地藤安の娘の名が残されている。

土佐一条氏は、幡多郡の在地領主としては大名であろうが、この時代になっても朝廷の官職名である国司とも称されていたことや、この経歴を見ると、房冬がいかに公家志向が強い領主であったかが想像できる。位階は、恐らく本人が強く望み、京の一条本家よりの朝廷への働きかけで叙位されていったものと思うも、父房家同様に土佐に在国しながら正二位は破格の待遇ではなかったかと思われる。父房家が正二位に叙位されたのは五二歳の時であったが、房冬は四二歳で正二位にまで昇位し、息子房基の最高位は従三位であった。こう見てくると、土佐一条氏は本当に戦国大名であったのか疑いたくなる。合議制にせよ筆頭家臣が主導したにせよ、家臣団が余程しっかりしていないと領地の経営と他家との抗争を切り盛りできない状況に陥る状況ではなかったかと想像する。

房冬が土佐一条家の家督をいつ継いだのかは不明であるが、その生涯のほとんどは父房家に庇護され、その陰に隠れて過ごしてきたとされており、その事績も叙位叙任の他はほとんど残されていない。ただ、父房家の死の翌年、自身の死の前年の惨事が『土佐国編年記事略』に記述されている。「天文九年二月十五日一条房冬諸臣ニ命シテ其臣敷地民部少輔藤安ヲ自裁セシム、藤安嘗テ房冬ノ傳保タリ、故諸臣猜忌テ之ヲ讒ス、既ニシテ房冬其罪ナキコトヲ悟リ、急ニ使ヲ馳テ是ヲトヽム、使至ルニ及ハスシテ既ニ死ス、一門従類三原郷塩塚ノ城ニ嬰テ悉ク戦死ス」とあり、天文九年（一五四〇年）のこと臣下の敷地民部少輔藤安とその一族郎党を無実の罪で自決に追い込んだ。理由は家臣の讒言であったとのことだが、その境遇から領主としての冷静な判断が出来なかったか、父親房家のたがが外れて家臣団の内訌が始まったことが考えられる。

(三)　三代一条房基

三代目当主一条房基は、大永二年（一五二二年）に生まれ、享禄三年（一五三〇年）従五位下に叙爵され、享禄五年（一五三二年）右近衛中将に任官する。天文六年（一五三七年）従四位下に叙位され、天文八年（一五三九年）従四位上次いで正四位下と昇進し、天文九年（一五四〇年）従三位に叙位され公卿に列し、三位中将となった。母はかの玉姫、正室は豊後の大友義鑑の娘であった。天文一〇年（一五四一年）一一月に父房冬が没すると二〇歳で家督を継いだ。天文一八年（一五四九年）四月一二日に享年二八歳で自害して果てた。理由は不詳であるが、狂気に駆られたとも暗殺されたとも言われている。土佐一条氏の各当主は、一条氏という家柄の賜であろうが、土佐国幡多郡に在地のままで都の職務に任官している。実際には、任務を果たせないのは明白で明らかに地位の象徴として名誉職である。

短い期間ではあったが、房基の当主時代には顕著な実績が残された。天文一三年（一五四四年）には長宗我部国親と本山茂宗の縁組と和平の仲介を行った。天文一五年（一五四六年）には、軍を東に進め岡本城を落とし津野氏の本城半山城に迫った。ここに到り津野基高は降伏し一条氏の臣下となった。その直後の同年には、津野軍を加え佐竹軍と福井軍とともに大平氏の本拠地の蓮池城を襲撃させ、大平氏は破れ戸波村の小さな領地だけが安堵された。一条軍はさらに軍を北に進め高北の地、斗賀野、佐川、越知、日下方面に矛先を向けたが、一条軍の前に戦いを挑むものはほとんどなく、この地の国人たちは戦わずしてその軍門に下った。これにより、高岡郡の全域が一条氏の支配下に入ることになった。

(四) 四代一条兼定

四代目当主一条兼定は、天正一二年（一五四三年）に大友義鑑の娘を母として生まれ（幼名万千代）、天文二〇年（一五五一年）一一月二八日に正五位下に叙位（穏位の制による直叙）され、禁色と昇殿の宣下も受け左近衛少将に叙任された。同年一二月二八日には従四位上に越階（飛び昇進）された。さらに、天文二一年（一五五二年）になると従三位（越階）に叙位された。逝去したのは、天正一三年（一五八五年）七月一日で隠棲地の宇和島の沖一八里（約一〇千米）に浮かぶ戸島でのことであった。一条家の公家としての権威も、自らの実力と裁量と武力で急速に土佐国を平定してきた戦国大名長宗我部元親には通じず、兼定は波乱万丈の人生を送ることになる。

天文一八年（一五四九年）四月、父の房基が自殺したため七歳で家督を継ぐことになった。このため、土佐一条氏出身で関白となっていた大叔父（兼定の祖父一条房冬の弟）の一条房通の猶子として養育されることになり上洛した。房通が亡くなった弘治二年（一五五六年）一二月一日以後に元服して兼定と名乗った。元服ののち弘治三年（一五五七年）に土佐国に帰国したとされている。

兼定が上洛している間、国許では源康政が家老格で家臣団を率い政務にあたった。康政はその後も、兼定時代を通じて補佐し続け、土佐一条氏の重臣として家中の権力を掌握していたと見られている。兼定が中村から追放されたのちも付き従っていた、源康政は、醍醐源氏出身の諸大夫の家柄で代々京の一条家の家司として仕えていた一族の末裔と考えられている。

兼定は永禄元年（一五五八年）に伊予国の大洲城主宇都宮豊綱の娘を娶ると二男一女をもうけるが、永七年（一五六四年）に離別して豊後国の大友義鎮（宗麟）の長女を娶り大友氏と手を結んだ。また、伊予国の覇権をめぐって永禄一一年（一五六八年）には豊綱を支援して伊予に進出するが、安芸国の毛利氏の援兵を受けた河野氏と戦って敗退した。また、京都の一条家本家（当主は房通の次男内基）とも次第に疎遠になってきていた。

この頃から土佐国において長宗我部元親が台頭すると、叔母の夫安芸国虎と呼応してこれを討とうとしたが、永禄一二年（一五六九年）に国虎が逆に元親に討たれ頓挫した。その後は長宗我部氏によって領地を侵食され、また御一門の血縁者である土居宗珊とその一族を無実の罪で殺害したために信望を失い、他の三家老である羽生監物、為松若狭守、安並和泉守などの合議によって天正元年（一五七三年）九月に隠居を強要された。土居一族殺害については、兼定の名を騙《かた》る長宗我部家臣の吉良親貞の密偵の仕業、三家老の合議による謀略、長宗我部側の謀略に気づいた三家老が主君兼定を岳父である九州の大友氏の元へ逃がす策である、などの諸説があるがいずれも定説ではない。

天正二年（一五七四年）二月に中村御所を出て九州へ渡った。豊後臼杵へ逃れ大友氏を頼っている。老臣達によって追放されたとされてきたが、実際は長宗我部元親と京都一条内基の協議、あるいは一条内基の了承により、元親が兼定を追放したともされている。一方、兼定の追放を知り憤慨した加久見城主の加久見左衛門は、平素から土佐一条氏老臣に反感を抱いていた大岐左京進、大塚八木右衛門、江口玄蕃、橋本和泉らと謀り、挙兵して中村を襲い老臣らを討伐した。しかしこの混乱に乗じ、反乱鎮定に名を借りた長宗我部氏により中村を占領されることになった。

翌天正三年（一五七五年）に宣教師ジョアン・カブラルから洗礼を受け、キリスト教に入信した（洗礼名はドン・パウロ）。同年七月、兼定は再興を図って大友氏の助けを借り土佐国へ進撃したが、四万十川の戦いで大敗し敗走した。以降勢力を回復することはできず、土佐一条氏は滅亡した。

その後は宇和海の戸島に隠棲したが、旧臣であり、一条氏の縁者の入江左近に暗殺されかけ重傷を負った事件や、生活に苦心していたことがアレッサンドロ・ヴァリニャーノの書簡などからうかがえる。天正九年（一五八一年）、ヴァリニャーノは京都から長崎への帰路の途上に兼定を見舞っているが、その際、兼定は熱心で信心深い信仰生活を送っており、ヴァリニャーノは感嘆したという。

（五）五代一条内政

一条内政は、兼定の嫡男として永禄五年（一五六二年）に中村に生まれた。母は最初の正室宇都宮豊綱の娘である。天正元年（一五七三年）九月には、父兼定が隠居させられると同時に一二歳で元服し形式的には当主になった。翌年には従五位上（直叙）に叙位され左近衛少将に叙任された。天正五年（一五七七年）一月には左近衛中将、従四位下（越階）に叙された。この当時、一条氏の命脈は風前の灯であった。元服の翌年天正二元年（一五七四年）、長宗我部元親により形式的な土佐国主とされ大津城に移され元親の娘を娶った。この地は大津御所と呼ばれるようになった。このことにより、元親が土佐国内の実効支配を開始したとされる。

ところが天正九年（一五八一年）二月に、長宗我部氏家臣の波川玄蕃清宗の謀反に加わった嫌疑で伊予法華津に追放された。その後、同国の法華津氏や豊後大友氏に援助を求めるが、その地で病死したとも、元親によって毒殺されたともいう。

一条内政と元親の娘の間には一男一女があった。嫡男が一条政親で天正六年（一五七八年）頃の生まれで、父内政亡きあとは長宗我部元親の家臣久礼田定祐に養育され、その居城久礼田城は久礼田御所と呼ばれた。関ヶ原の戦いで長宗我部家が没落すると、政親は、京都か大和国に向かったとも、土佐国に住み続けたともいわれているが消息は不明である。土佐一条家の直系は完全に消滅してしまった。

第一六章　戦国時代の津野氏に関する考証

一六・一　年譜と系譜の確定

明応七年（一四九八年）に中平常定に仕えた高倫が、古文書等を調査し津野経高から元実までの系図を、第一五代津野通高を除き、ほぼ正確に編纂したが、残る五代の系譜の策定が後の世代の課題として残された。残る五代は、二〇代国泰、二一代基高、二二代定勝、二三代勝興、二四代親忠と続く。慶長五年（一六〇〇年）に津野宗家が亡び、宗家に残されていたであろう系図も失われていた。

江戸時代初期から中期にかけて、この五代の系譜を解き明かそうとした主な人物は三人いた。一人が、梼原村の庄屋中平兵部定光であった。定光は、承応二年（一六五三年）三月に土佐藩庁に津野氏二十三代の『先祖書並津野家次第』を提出し、その写しとして『先祖書差出扣』を残している。二人目が、土佐南学の重鎮であった谷重遠（秦山）で、津野氏の調査と思索を行い、後の世に津野氏十八代説が広まる発端となる系図を作成した人物である。三人目が、梼原村庄屋中平平左衛門定経と推定される人物で、定経は兵部定光の子であった。中平定経は、前出の高倫の作成した元実まで十八代の系図を携えて谷秦山を訪れ、後の五代を追加して二十三代の系図を作成することを依頼した。だが、秦山より受け取った系図も相変わらず十八代であったので、仕方なく自ら五代を加え二十三代系図を作成したのであった。この系図が『皆山集』（五六九頁）に収録されている『藤原姓津野仲平氏系図』と推定される。

これらの系図の内容を調査・検討し、最後の五代の系譜を詳《つまびらか》らかにしたい。特に、血縁関係と臣従関係を正確に把握しておきたいがためである。これらの要素が、津野氏が一条氏と運命を共にするか長宗我部氏に仕えるかの判断に少なからぬ影響を与えたと思われるからである。これら五代の津野氏当主の生誕年、元服年、家督相続年、逝去年と土佐一条氏と長宗我部氏の関連人物の同項目を入れ込んだ年表を作成すると左記のとおりとなった。尚、津野氏の家督相続年については、勝興以外は、先代の没年を以て継いだものとみなした。また、左の年表には、今回の考証により筆者が最も可能性の高いと推定した出来事も［推定］として追記してある。


一四七七年（文明九年）　一条房家、生誕。教房五五歳の二男、生母は加久見宗孝の娘。初代当主。

一四八〇年（文明一二年）　一条教房、一〇月五日逝去（享年五八歳）。

一四八二年（文明一四年）　津野元実、生誕。元藤二五歳の二男、生母不詳。

一四八四年（文明一六年）　津野元藤、一月二四日逝去（享年二七歳）。

　津野元勝、一三歳、家督を継ぐ。

一四八七年（長享元年）　津野元勝、一六歳、元服する。［推定］

一四九二年（延徳三年）　津野元実、一一歳、幼名兼寿丸、年賀のため中村の一条房家に伺候する。

一四九四年（明応三年）　一条房家、一八歳、元服する。

一四九七年（明応六年）　津野元実、一六歳、元服する。［推定］

一四九八年（明応七年）　津野元勝、一月四日逝去（享年二七歳）。

　津野元実、一七歳、家督を継ぐ。

　一条房冬、生誕。房家二二歳の長男、生母は平松房冬の娘。

一五〇三年（文亀三年）　津野国泰、生誕。元実二二歳の長男、生母は柏室久公（戒名）。

　津野基高、生誕。元藤三男元定の長男、国泰の従兄、生母不詳。

一五一〇年（永正七年）　一条房冬、一三歳、元服する。

一五一七年（永正一四年）　津野元実、四月一三日恵良沼の戦いで戦死する（享年三六歳）。

津野国泰、一五歳で家督を継ぐ。
津野国泰、一五歳、元服する。［推定］細川高国より偏諱を受ける。

一五一八年（永正一五年）　津野基高、一六歳、元服する。［推定］

一五二一年（大永元年）　津野定雄（定勝）、生誕。基高一九歳の長男、生母は秀光妙圓（戒名）。

一五二二年（大永二年）　一条房基、生誕。房冬二五歳の子、生母は伏見宮邦高親王の娘玉姫。

一五二三年（大永三年）　梅室光薫、生誕。房家四七歳の娘、生母不詳。

一五三三年（天文二年）　津野国泰、一二月二八日逝去（享年三一歳）。
津野基高、三一歳、家督を継ぐ。この時一条房基は一二歳。

一五三六年（天文五年）　津野定雄、一六歳、元服する。［推定］

一五三七年（天正六年）　一条房基、一六歳、元服する。［推定］

一五三九年（天文八年）　一条房家、一一月三日逝去（享年六三歳）。
一条房冬、四二歳、家督を継ぐ。二代当主。
長宗我部元親、生誕。国親三六歳の長男、生母不詳。

一五四一年（天文一〇年）　一条房冬、一一月六日逝去（享年四四歳）。
一条房基、二〇歳、家督を継ぐ。三代当主。
（この頃）　津野基高、三九歳、一条房基より偏諱を受ける。［推定］

一五四三年（天文一二年）　一条兼定、生誕。房基二二歳の子、生母は大友義鑑の娘。
一条房基、津野氏領に侵攻を開始する。

一五四六年（天文一五年）　津野基高、四四歳、一条房基（二五歳）に降伏し和議する。
（この頃）　津野定雄、二六歳、一条房家の娘梅室光薫（戒名）を妻に迎える。［推定］

一五四七年（同一六年）頃　津野定俊、生誕。定雄二七歳の長男、生母は梅室光薫。［推定］

一五四九年（天文一八年）一条房基、四月一二日逝去（自殺、享年二八歳）。

　一条兼定、七歳、家督を継ぐ。土佐一条氏四代当主。

　京都の一条本家一条房通（房冬の弟）の猶子となり上洛する。

一五五〇年（天文一九年）津野勝興、生誕。定雄三〇歳の二男、生母は梅室光薫（戒名）。

一五五三年（天文二二年）梅室光薫、五月二六日逝去（享年三一歳、戒名は梅室光薫大禅定尼）。

　津野基高、八月一日逝去（享年五一歳）。

一五五四年（天文二三年）津野定雄、三三歳、家督を継ぐ。この時一条兼定は一一歳。

　長宗我部元親、一六歳、元服する。［推定］

一五五七年（弘治三年）一条兼定、一五歳、元服し兼定と名乗る。京都より土佐に帰国する。

一五六〇年（永禄三年）津野定雄、四〇歳、一条兼定より偏諱を受け津野次郎左衛門定勝と名乗る。

一五六二年（永禄五年）津野定勝、四二歳、津野中務少輔定勝と改める（中務少輔は従五位上相当）。

　津野定俊、一六歳、元服する。［推定］

一五六五年（永禄八年）津野勝興、一三歳、前臨川寺住職の策彦周良に書簡を送り字名を請う。

　津野勝興、一六歳、元服年齢には仏門にあり。［推定］

一五六六年（永禄九年）頃　津野定俊、逝去。（享年二〇歳前後、一子が残る）。［推定］

一五七一年（元亀二年）津野定勝、五一歳、家臣団に追放され弟二人を伴い姫野々城を退去する。

　津野勝興、二二歳、家督を継ぐ。津野大善大夫勝興と名乗る（正五位下相当）。

一五七二年（元亀三年）津野勝興、二三歳、長宗我部元親に降伏し和議する。

一五七三年（元亀四年）津野親忠、生誕。長宗我部元親三五歳の三男、生母は美濃石谷氏娘。

　（この頃）津野勝興、二四歳、長宗我部国親の娘（元親の妹）を妻に迎える。

　（この頃）津野勝興、二四歳、元親の三男親忠を養子に迎える。

一五七八年（天正六年）　津野勝興、一一月二一日逝去（享年二九歳）。
津野親忠、六歳、家督を継ぐ。

右の関係者の年代に加え、書き物として残っている判断材料を拾い集めてみる。

一、『津野山遺聞録』には、「第二十二代定勝ハ先代即基高孫次郎ノ長子也、基高ハ国泰ノ後ヲ継ギタルモ実ハ山内摂津守元定（元実ノ弟）ノ長子ナリ」と書かれている。次の系図も同様である。
『先祖書並津野家次第』（二十三代説）
『藤原姓津野仲平氏系図』（二十三代説）
『津野家系附中平家系』（十八代説）（推定江戸時代中期）、
『津野系図』（『高知県史・資料編』『土佐国蠹簡集』蔵）
一、基高の逝去と享年を記した系図は、全て天文二二年（一五五三年）八月一日、享年五一歳とある。
一、『津野山遺聞録』及び次の系図によると、津野定勝は一条房冬の婿とある。
『津野家系附中平家系』（二十三代説）
『津野家十八代記』中平秀則氏は『津野中平氏由来』で、谷秦山か同じ記録を残すと記述。
『津野系図』（『高知県史・資料編』『土佐国蠹簡集』蔵）
一、『東津野村史』によると、勝興は仏門に入り長林寺にいたが、永禄五年（一五六二年）のこと京にのぼって学ぼうと前臨川寺住職の策彦周良に書簡を送り字名を請うたとある。
一、『津野山遺聞録』『先祖書並津野家次第』（二十三代説）『津野家系附中平家系』（二十三代説）には、定勝は追放された時に弟兵部・孫次郎を伴ったとある。中平秀則氏は『津野中平氏由来』で、『津野家十八代記』を編纂した谷秦山が同じ記録を残したと記述している。

次に、主従関係関連の判断材料として重要な元服、偏諱と戒名について、その内容を確認しておく。

（一）元服

古来日本の社会では、男子の元服が非常に重要な意味を持っていた。奈良時代以降、男子が成人に達し、数え年でおよそ一二歳から一六歳頃に烏帽子親《えぼしおや》を定め元服の儀を執り行った。「元」は首・頭で「服」は着用を表し、堂上家（昇殿を許された上流貴族）は冠、それ以下の身分は烏帽子を加冠したことに由来する。中世の武家社会では、氏神の社前で大人の服に改め大人の髪型に変え、烏帽子親より加冠を受けた。烏帽子親は、主君や一門の棟梁、信頼のおける地域の有力者などに委嘱することが多かった。元服に際しては、それまでの幼名（童名）を改めて元服名《げんぷくな》、別名で烏帽子名《えぼしな》を定めた。元服名・烏帽子名は烏帽子親が命名する場合が多く、その際には烏帽子親から偏諱を受けることが多かった。しかし、偏諱を伴わない烏帽子親もあり、偏諱は別人から別の時期に受けることも多々あった。偏諱をさずける人物が物理的に元服の儀に参加できない、元服後に臣従した場合などがそれにあたる。元服は結婚適齢期に達した目安でもあった。

（二）偏諱

「諱」《いみな》とは日本では「いむ」と訓読されるように、本来は口に出すことをはばかられる名であった。古代には、貴人や使者を本名で呼ぶことを避ける風習があったことから、転じて実名・本名のことを指すようになった。中国の習俗が伝わった漢字文化圏では、実名を敬避する（敬って避ける）習俗があり、実名敬遠俗という。諱で呼びかけることは親や主君などのみに許され、それ以外の人間が名で呼びかけることは極めて無礼であると考えられた。これはある人物の本名はその人物の霊的な人格と強く結びついたものであり、その名を口にするとその霊的人格を支配することができると考えられたためである。ただ、日本では「ある人物の諱と同一の漢字を使うことがその人物の霊的人格を侵害する」とする観念が弱かった。従い、代々継承された「通字」《とおりじ》や偏諱を与える習慣が生まれた。一般的には、臣下は主君の実名《じつみょう》の一字を使うことを避けた。これが「偏諱」である。特に主君一族を敬う意味で、通字は避けることになる。逆に、臣下に主君の名の字が与えられること、「偏諱を賜う」「偏諱を賜わる」ことが栄誉と見なされることになる。偏諱の習慣と意味合いにも時代の流れがあるが、中世武家社会では次のとおりであった。

① 武家において偏諱を授けるということは、直接的な主従関係の証であり、間接的な家臣（陪臣）に偏諱を授けることはない。

② 偏諱を与える時は、一般的には通字以外の一字が多いが、主従関係の濃淡、両家の近親感によっては、通字を与えることもある。

③ 偏諱を受けた臣下は、主君へのはばかりから、主君の一字を自分の名の上の字に使うことがほとんどとなる。

④ 通名等の特別の制約がない場合は、主君は下の字を与え、臣下は上の字に使うことが多い。

（三） 戒名

津野氏関連の僧侶、義堂周信、絶海中津、旭岑待雨が修行を行った寺院はほとんどが臨済宗であった。また、之高、元実等の当主が帰依した僧侶も臨済宗の僧侶であった。津野氏時代に津野山地域で建立された寺院も臨済宗が多い。津野氏の菩提寺として現存する元亨院は現時点では曹洞宗であるが、曹洞宗も達磨（五世紀後半〜六世紀前半）を開祖とする禅宗の一派で、臨済宗とはいわば兄弟宗派である。これらの宗派が故人に授ける戒名の基本的な習わしは次のとおりとなっている。尚、浄土真宗では、戒名のことを法名と呼ぶ。

一、戒名全体は、〈院号＋道号＋戒名＋位号〉で構成される。真言宗は頭に梵字がつく。
一、「院号」は、寺院や宗派に多大な貢献をした人、社会的貢献度の高い人に与えられる位で「〇〇院」と表される。院号の中の最高位の位が「院殿号」で「〇〇院殿」と表され、身分の高い貴族や武士に授けられていた。津野氏の当主は全員院殿号を授かっている。「院殿号」や「院号」を付ける場合は、それに応じお布施料も高額になる。
一、「道号」は、本来は悟りを開いた者に与えられるもので、僧侶の道号がこれに当たる。日本ではいつの時代からか、冥土で成仏してもらうために道号を授けるようになった。「道号」の趣旨から、水子・幼児・未成年者（元服前）には道号はつけない。
一、「戒名」は、本来は仏教において戒律を守ることを誓った（受戒した）者に授けられる名前であり、仏門に入った証であった。日本では、平安時代末期の死生観の変化により、死後に成仏するという思想のもと、故人に戒名を授けて死後の安寧を祈る風習が生まれた。〈院号＋道号＋戒名＋位号〉全体も戒名と呼ぶが、狭義には「道号」の後に続く二文字の漢字のことである。
一、「位号」は、成人か否かによりつけ方が異なり、成人でも性別・年齢・社会的地位・信仰心により位が決まる。
成人男性：大居士⇩居士⇩信士、剃髪出家者：大禅定門⇩禅定門
成人女性：清大姉⇩大姉⇩信女、剃髪出家者：大禅定尼⇩禅定尼
未成年者（元服前）：童子・童女（「大」「清」「禅」を冠する場合もある）
幼児・乳児：孩子・孩女（二～三歳）、嬰子・嬰女（〇～一歳）、水子（死産・乳児）

以上説明してきた条件を基本に本章の考察を行うが、残念ながらすべての条件を満足させることのできる回答がない場合もある。どこかに誤伝か誤解があるはずで、それらも含めながら考証を進める。

一六・二　第二〇代津野国泰

津野国泰については、その逝去年と享年が、三組の記録もしくは説がある。
①天文二年（一五三三年）一二月二八日で一八歳、永正一三年（一五一六年）生まれ。
②天文二年（一五三三年）一二月二八日で三一歳、文亀三年（一五〇三年）生まれ。
③天文一二年（一五四三年）一二月二八日で三一歳、永正一〇年（一五一三年）生まれ。
これらのどれかが事実であるとすれば、正しい答えは、②のはずである。


大野見奈路天満宮の記録では、大永六年（一五二六年）四月の修改造の棟札に国泰の名がある。

「天満宮大檀那藤原国泰代官深瀬高延、大永六年丙戌卯（四）月吉日（註、一五二六年）」

（『土佐国蠹簡集』巻之二）


一方で、天文一一年（一五四二年）閏三月二日の同じ神社の棟札は津野基高名になっている。

「天満宮大檀那藤原基高天文十一年壬寅閏□初二日（註、一五四二年）」

（『土佐国蠹簡集』巻之二）


また、天文一二年（一五四三年）には、大野見で一条軍を撃退したことに関し、基高名義で三通の感状が出されている。四月一七日付の戸田長衛門宛の感状、九月二日付の高瀬甚左衛門宛の感状、十月二四日付の戸田長衛門宛の感状がそれである。さらには、同じ天文一二年（一五四三年）十二月一日には、船戸の桑ケ市源右衛門に対し、大野見城の定番を命じる書状を出している。これら軍務と軍功に係わる書状は、如何に当主が病床に臥せっていようと当主名で出すのが常道であろう。これらの事実からすると、③の可能性は消える。

①に関しては、江戸時代初期に中平氏の関係者が編んだ系図、『先祖書並津野家次第』（二十三代説）と『藤原姓津野仲平氏系図』（二十三代説）に記載されていることもあり、現在まで最も有力な説とみなされていた。『津野山遺聞録』にも永正一四年（一五一七年）に二歳と記録されている。しかしながら、次の二点で決定的な矛盾がある。

一、元亨院に残る永正一五年（一五一八年）七月二〇日の書簡では、国泰と明示され花押もはっきり書かれている。国泰という元服名が使われている限り、この年には元服の儀を済ませていたことを意味する。これが可能になるのは②の場合のみで、①も③も一般的には不可能である。また、①の場合には一五一八年は国泰三歳の年で、書簡を調査した人によると筆跡も幼児のものではなかったとのことである。（書簡は「第一七章第二〇代津野国泰の時代（土佐一条氏との攻防その一）」を参照。）

一、国泰は細川高国の偏諱を受けたとされているが、細川高国が管領と土佐国守護に在任していた期間は次のとおりとなっている。

管領：一五〇八～一五二五年（以後、一五四六年頃まで管領不在）

土佐国守護：一五〇八年～不詳

細川高国は、大永五年（一五二五年）に剃髪し道永と号して以降政権基盤が不安定で、結局大永七年（一五二七年）二月に桂川原の戦いで破れ、その政権は崩壊している。その後は、享禄四年（一五三一年）六月八日に自刃するまで、たまに京都に返り咲くが、ほとんどの期間地方に落ち延びていた。そうすると、土佐国の守護の役割も大永五年（一五二五年）を以て実質的には終わっていたと考えるのが妥当であろう。つまり、国泰が高国より偏諱を受けたのは一五二五年より前となり、②は十分当てはまるが①は微妙である。

以上に鑑みると、②の組み合わせが最も可能性が高く、津野国泰は一五〇三年生まれ、一五一七年に元服並びに家督相続、一五三三年に三一歳で逝去というのが最も妥当な年譜となる。

因みに、高岡郡三間川村（現津野町三間川）の観音堂の位牌七基の第六番目に次の位牌が存在したとのことである。曰く、「（表）常龜（裏）元實次郎殿」とある（『高知県史古代中世史料編』一三四九頁）。元実の二男、国泰の弟の位牌と推定される。そして、実名が記されていないので元服前に亡くなったと思われる。この位牌を元実本人のものとする解釈もあるが、それは違うと思う。元実本人のものであれば、元服後の逝去であるので裏側の表記は「（津野）刑部少輔元実」、せめて「孫次郎元実」となる。実名は諱で一般的には忌避されるので最後に置く。この位牌の意味は「元実ノ二男殿」と解釈される。また、表側の常龜なる戒名については、戒名全体で元実の二文字の戒名はどの系図も「勇公」で一致している。また、位牌はいわば仏法に則った正式なものであり、臨済宗も真言宗も戒名は［院号＋道号＋戒名＋位号］で構成される。津野氏の当主の位牌に二文字の戒名だけしか記載されないということは、不自然で一般的にはあり得ない。さらには、元実の菩提寺は、現須崎市下分の元亨院である。元亨院は、同院の案内石碑にもあるとおり、永正二年（一五〇五年）に開基は津野刑部少輔元実本人、開山は印宗道可大和尚により創立されており、元実の菩提寺でもある。

一六・三　一条房家の娘梅室光薫

『足摺岬金剛福寺蔵土佐一条氏位牌群』の中で「梅室光薫大禅定尼」「津野孫二（次）郎母」との位牌が記載されている。「孫二（次）郎」は津野氏当主の通称である。この位牌の成立年は、天文二三年（一五五四年）二月一日以降から弘治二年（一五五六年）一〇月三〇日の間と著者により推定されている。

（表）

梅室光薫大禅定尼　霊位

（裏）

于時天文廿二年五月廿六日　癸丑　藤林殿之次女　津野孫二郎母　生年卅一歳　死去

この位牌には「藤林殿（房家の戒名）之次女」と書かれているが、もう一人房家の次女と記されている位牌（享年不明）があり、松葉公宣の妻となった娘で戒名は月窓妙心大禅定尼である。松葉公宣は宇和島の西園寺氏の一族であったが当主ではなかった。二人の間には四人の男子があり、二男を公広という天文六年（一五三七年）生まれであったが、嫡子筋ではなかったので仏門に入った。西園寺氏の当主は、七代実充といい嫡子は公高であったが、弘治二年（一五五六年）に戦死した。永禄八年（一五六五年）公広は実充の養嗣子として迎えられて還俗し、実充の娘西姫の婿となり西園寺氏の家督を継承した。一方、梅室光薫の生まれたのは大永三年（一五二三年）で、公広の生まれた天文一八年（一五三七年）にはまだ一五歳であった。従って、常識的に考えると、松葉公宣の妻が二女で梅室光薫は房家の三女ということになる。

一条房家の娘として生まれ津野家に嫁いだ梅室光薫が、誰に嫁ぎその息子が誰であるかを確定させたい。理論上で考えられるのは次の三つの場合である。

（一）基高が夫、定勝（定雄）が息子。

（二）基高が夫、勝興が息子。

（三）定勝（定雄）が夫、勝興が息子。

（一）基高が夫、定勝（定雄）が息子との説は、『足摺岬金剛福寺蔵土佐一条氏位牌群』の筆者が主張した説であるが、この説はあり得ない。年表で解るとおり、定勝（定雄）は一五二一年（大永元年）生まれで、梅室光薫はその二年後の一五二三年（大永三年）生まれである。要は、母が生まれる前に息子が生誕していることになる。『足摺岬金剛福寺蔵土佐一条氏位牌群』にある梅室光薫の位牌に記されている「津野孫二（次）郎母」の孫次郎は、勝興かその兄で早世したと言われる定俊となる。

（二）基高が夫、勝興が息子との説は、理論上あり得るが、誰もこの組み合わせを唱えてはいないし、筆者が調べる限り、津野氏のどの系図にも書かれていない。ただ、『津野山遺聞録』に「津野勝興　定勝ノ弟二男ナリ」と書かれているだけである。これが正しいとすると、勝興は定勝（定雄）の異母弟となる。但し、勝興の兄といわれる定俊及び定勝が追放された時に伴った二人の弟の存在との整合性が取れなくなる。ただ、勝興が二男というのが梅室光薫を母とする定俊の弟で、異母家系である定勝系統と分けて数えれば成り立たなくもない。いずれにせよ、津野氏の系図自体にはこの組み合わせはおろか、基高の妻が一条房家の娘とはどこに書かれていないこともあり、この説は可能性が極めて低い。

（三）定勝（定雄）が夫、勝興が息子というのは、極めて自然で妥当な説だと思われる。梅室光薫が津野家に嫁いできたのは、天文一五年（一五四六年）のことと思われる。この年の初めには、津野家と一条家の間で長らく続いていた戦が終結し和議が結ばれた。戦相手から嫁を迎えることはないはずで、和議以前はあり得ず、子供の生まれた時期からするとこの頃になる。この年、基高は四四歳、定勝（定雄）は二六歳、梅室光薫は二四歳であった。定勝（定雄）にはこの時まで子供がいなかったようなので、妻帯していなかったと推測される。四四歳の父親が、二六歳の息子に二四歳の娘を迎える姿はごく自然である。

これによっても、まだ一つの不一致点が残る。定勝（定雄）が一条房冬の婿とされている点である。一条家で定勝（定雄）の同世代は房基である。従い、定勝（定雄）が一条家から嫁をとるとなると、房基の姉妹、つまり房基の父親の房冬の娘と推測するのが一般的と思う。まさか、同世代の人間（房基）の祖父（房家）の娘、叔母を嫁に迎えるとは考えなかったと思う。そのような訳で、房冬の婿になったのではないかと推察する。だが実際は、梅室光薫は房家の晩年四七歳の娘で、定勝（定雄）と釣り合う年齢の嫁であった。この説を支えるもう一つの根拠が、善秀妙緑禪定尼の過去帳であるが、この点については次々段の「一六・五　第二二代津野定勝」を参照願いたい。

梅室光薫が、定勝（定雄）の室であったということから、ある一つのことがいえる。すなわち、定勝（定雄）には土佐一条氏の血が入っていないということである。梅室光薫との間の子である定俊と勝興以外の子、追放された後に子を成していたとすれば、その子にも一条氏の血は流れていないということになる。もちろん、遠い先祖までさかのぼれば同じ藤原氏でつながっているであろうが。

一六・四　第二一代津野基高

津野基高に関しては、梅室光薫との関係は解明できたので、残る問題は次の二項に絞られる。

（一）基高の父親が誰か。
（二）偏諱元と時期。

（一）基高と国泰は、同年生まれであり親子関係はない。元藤の三男、元実の弟の山内摂津守元定の子、国泰の従兄弟であるとの説が正しいとして間違いない。前述の国泰の没年と享年に関する年代をいかに組み合わせても、基高の生誕年に国泰が元服を終えていたという形はできず、この点からも基高は国泰の子ではないといえる。また、仮に基高の生誕年の一五〇三年（文亀三年）に国泰が元服の年頃である一二歳から一六歳に達していたとすると、今度は国泰が父親元実が七歳から一一歳の時の子供となり成り立たない。

（二）偏諱元と時期に関しては、諸状況から判断して、基高が一条房基から偏諱を受けたことは確かだと考えられる。津野氏が一条氏に臣従することを受け入れた証が、基高が房基から偏諱受けたことであった。その時期は、基高名での文書の記録から判断して、一条房冬が逝去し房基が家督を継いだ天文一〇年（一五四一年）と推定される。津野氏の存亡をかけた一条氏との戦いが始まる二年前となるが、なぜにこの時期かは大きな謎である。

敢えて推定すると次のとおりとなる。津野元実と一条房家の時代は恵良沼の戦いが起こっており、敵対関係にあった。元実の実子である国泰の時代も一条家は房家がずっと当主であり、国泰の最後のころには房家が津野領に攻め入ってきた。従い、この期間は津野氏と一条氏が和議する環境にはなかった。変化が訪れたのは、一条房家が逝去し房冬が当主となった天文八年（一五三九年）以降のことだと思われる。津野氏側も六年前に基高が当主に就いていた。人が変われば思考と対応が変わることはよくあることで、両家の敵対関係を解消しようと動いたのではないかと推察する。一条氏は土佐の国司的存在であり津野氏もそれは認めていたので、津野氏が一条氏に臣従する形となっていた可能性がある。和解が成立したのが房冬の時代であれば、一条家の当主が房冬から房基に変わった天文一〇年（一五四一年）時点で、両家の和解関係を再確認した証が房基から基高への偏諱であったことになる。房基になってって和解が成立したのであれば、和解の証として偏諱を行ったことになる。

天文一二年（一五四三年）に一条氏が津野氏の領地に侵攻してきた原因は記録としては残されておらず不明である。津野氏側に原因があれば、一条氏にとっては津野氏の反乱となり、一条氏側に原因があれば、津野氏にとっては一条氏が高岡郡全域の完全支配を目指し変節したことになる。最も現実的な原因としては、窪川郷と仁井田郷に火種があったものと推測できる。和解によりそれぞれの本領への不可侵は合意したが、その間にあった窪川郷と仁井田郷については明確な取り決めがなかったものと推察できる。この地には仁井田五人衆と呼ばれる国人領主がそれぞれ地盤を築いており、彼らがどちらにつくかは彼らの問題で、一条氏が決めるものでも津野氏が決められるものでもなかった。従い、和解が成立した後も一条氏と津野氏は仁井田五人衆それぞれを自分の側に引き込むために種々工作を続けていたものと思う。それに火が点いたのが天文一二年（一五四三年）のことであったことになる。

一方、まったく別の見方もできなくはない。即ち、家督を継いだ時点で本来は父元定と始祖経高の名をもらい元高と名乗りたかったが、元高の名は第九代と重なるので基高とした。そうすると、一条氏との主従関係による偏諱とはまったく関係なくなる。

津野氏当主の偏諱元が誰であるかを時系列でみると、臣従関係という側面からの様相が見えてくる。第一四代泰高までは、主として自家の通字「高」を冠して当主の名が成りたち、第一五代通高で河野氏から偏諱を受ける。ここまでは、河野氏と深い関係にありながらも自主性と独立性を保ちながら家の運営が行われていた。第一六代之高から第一九代元実までは、細川管領・土佐守護家から続けて偏諱を受ける。津野氏が、全国的な動き、室町幕府の体制に完全に組み込まれたことになる。同時に、土佐国での地歩は相当なものになり最盛期を迎える。第二一代基高と第二二代定勝は、一条家から偏諱を受ける。これは、土佐国に於ける主人が土佐守護細川家から土佐国司とも称された一条家に変わったことを意味し、津野氏が一条氏に飲み込まれたことを意味する。最後は、長宗我部氏の一門となり、同家の滅亡とともに津野宗家は滅びる。

津野基高の時代に関連し、『高知県史古代中世史料編』（一三四九頁）には半山郷三間川村（現津野町三間川）の観音堂の第七番目の位牌として次のものが残されている。曰く、「前越前州太守良策常賢前禅定門」とある。一方、高野山上蔵院は次の過去帳がある。

（表）

前越州太守華屋榮香

（裏）

土州津野野見殿爲御追福 永禄元年十月廿四日（註、一五五八年）

先述の観音堂第六番目の位牌「元實次郎殿」とこの第七番目の位牌「前越前州太守良策常賢前禅定門」が同時代の人物のものとすると、高野山上蔵院の過去帳も追善供養日（永禄元年（一五五八年）一〇月二四日）から判断して同一人物のものと考えられる。仮に別人であっても、私称武家官位は、一度付けられると通称として代々引き継がれることも多く、観音堂の位牌は高野山上蔵院の過去帳の親か祖父のものではなかろうか。いずれにせよ、津野氏の分家である野見氏のものであろう。野見氏の元々の領地は、野見の地（現須崎市野見）であったが、『長宗我部地検帳』の天正一七年四月一日（一五八九年）部にある『津野半山地検帳』等を基に復元された『姫野々城下屋敷推定復元図』には野見氏の屋敷もある。従って、野見氏の位牌が、半山郷三間川の観音堂に残されていても不思議はない。「越前太守」とは越前国の守国司という意味である。律令制下では、諸国は大国、上国、中国、下国に分類されており、大国の国司（守）のみ太守と呼ばれていた。もちろん野見氏のこの呼び名は、私称

武家官位である。ここで注目されるのは「越州」である。越州は、越後国、越中国、越前国を総称して呼ぶ名で、この三国の個別の呼び名でもある。津野氏の一族もしくは家臣一族の誰かが、ここより、「越前国今立郡山ノ内城主山内首藤経実、その子経高」との着想を得たのではなかろうかと思う。同じ野見氏を冠する野見嶺南が山内首藤説、鎌倉時代入国説を唱えたのもこの辺りに誘因があるのかもしれない。

一六・五　第二三代津野定勝

前段の考証のとおり、定勝の母親は一条房家の娘梅室光薫でも次の房冬の娘でもない。基高が山内氏を名乗っていた津野家の分家の嫡子であった時期にもらった妻（戒名秀光妙圓）が定勝の母親である。定勝も分家の一男子として生まれ育っていたが、父基高がその従弟国泰の三一歳での急逝により津野氏の当主になったことで、順番が回ってきたものであった。

のちに定勝となる基高の息子は、十六歳頃で元服し定雄と名乗ったが、祖父元定の一字をもらったものと考えられる。父基高は、一条氏との長い戦いのあと一条氏に降ったが、その時の和議の条件、すなわち津野氏が一条氏の臣下となる条件の一つとして、一条房家の娘を息子定雄の室に迎えたものと推察される。歴史の事象をみると、元亀二年（一五七一年）に定勝が家臣団に追放される際に、一条氏への臣従を続けることに拘ったが、冷徹な判断は別として、血の関係から拘ったとすると、妻が一条氏の出であったことであると考えられる。

偏諱を受けることも臣下となる証の重要要素ではあったが、父が房基から偏諱を受けていたのでこの条件は満たされた。欲を言えば同時に定勝も房基の息子から偏諱を受けて然るべきであったであろうが、それは無理な話であった。和議が成立した一五四六年（天文一五年）には、房基の息子兼定はまだわずか四歳である。また、定雄が津野家の当主になった天文二二年（一五五三年）に兼定はまだ一一歳で、まだ幼名のままで元服名である兼定は名乗っていなかったことになる。従い、定雄が兼定から偏諱を受けたのは、兼定が元服した一五歳の弘治三年（一五五七年）以降のことと考えられる。残る記録上では、定雄名の最後は永禄二年（一五五九年）十二月六日で、定勝名の最初が永禄五年（一五六二年）正月七日である。従い、津野定雄が一条兼定から偏諱を受け定勝に名前を変えたのは、一五六〇年（永禄三年）か一五六一年（永禄四年）のことと特定できる。兼定から偏諱を受けるに当たり、すなわち定雄が一条兼定の臣下になることを確認する象徴的な儀式に際し、津野家側は戸惑ったはずである。定雄には既に「定」の字が冠していたからである。そこで津野氏は、全く新しい名前である定勝としこの「定」は兼定の諱としたのだと推察する。

『高野山上蔵院過去帳』に次の二つの記録が併記されて残されている。

（表）

善秀妙緑禪定尼

（裏）

土州津野殿乳母爲御追善也 永禄二年十一月□日（註、一五五九年）

（表）

秀光妙圓禪定尼

（裏）

施主御同人建立爲 永禄二年十一月□日（註、一五五九年）

両方ともに追善供養の法要を営んだのは、自ら高野山詣でを行ったか代理を派遣したかは別として、「土州津野殿」である。この時に生存していた現・元当主は津野定雄（のちの定勝）である。定雄の妻となった一条房家の娘には「梅室光薫大禅定尼」という全く別の戒名があり、これは妻を供養したものではない。そうすると考えられるのは、定雄の乳母と恐らく母親である。禅定尼は、剃髪出家女性の「位号」であり大禅定尼に次ぐ位である。『高野山上蔵院過去帳』の津野氏関係者の中で大禅定尼の「位号」を授けられているのは、先に紹介したとおり、津野之高が永享八年（一四三六年）六月十日に追善供養を行った母親「娯溪性歡大禪定尼」と、津野家の重臣山内外記が天正九年（一五八一年）五月二五日に供養した「眞屋妙天大禪定尼」の二人だけである。「位号」はその寺院への貢献度により変化する。平たく言えばお布施料により違ってくる。もちろん、供養主は故人の立場に応じた「位号」を望みそれ相当のお布施を行うであろうが、定雄の母親と乳母の場合は同日に二人供養しているので大禅定尼にできなかったのかもしれない。尚、最初の記録は、「土州津野殿乳母ノ御追善ヲ為ス也」と読め、追善供養の対象者が「土州津野殿乳母」となる。「土州津野殿乳母」が追善供養施主の場合は、『高野山上蔵院過去帳』に共通する書き方では、「土州津野殿乳母御追善爲」（動詞「為」を後に置く）と書くはずである。あとの記録は、「施主御同人建立ヲ為ス」と読める。

以上を踏まえると、次のことがいえる。

一、津野定雄（定勝）の母親、すなわち津野基高の妻は、戒名を「秀光妙圓禪定尼」と授けられるが、夫基高の死没（一五五三年）後に、定雄の乳母とともに、剃髪し基高の菩提を弔っていた。この記録からは両名の逝去年は不明であるが、基高の没年一五五三年からこの記録の一五五九年の六年の間に絞られる。

一、一条房家の娘「梅室光薫」が嫁いだ相手は津野基高ではなく、その嫡子の津野定雄であったことが再確認されたと考えられる。「梅室光薫」が津野家に嫁いだ天文一五年（一五四六年）頃には、基高の妻（正室）は存命であり、一条房基が自家の娘を家臣筋の基高の側室として送り込むとは思えない。また、基高の妻が剃髪して夫の菩提を弔っていることより、一条家の娘を娶るために基高が妻を離縁したということもなかったことになる。

また、次の記録も『高野山上蔵院過去帳』に残されている。

（表）

琴叔壽心禪定尼

（裏）

土州津野殿息女タメ 天正十年雪月晦日 （註、一五八二年一二月三一日）

この過去帳の意味するところは、土州津野殿息女タメ」の戒名が「琴叔壽心禪定尼」だということである。天正十年（一五八二年）のこの過去帳に記された「土州津野殿」は、津野定勝（六二歳）の可能性が一番高い。根拠は、この年の当主親忠はまだ一一歳であり、前当主勝興は既にあの世の住人である。この年に生存し自分の娘の供養をできる当主は定勝のみである。さらに「禅定尼」は剃髪した成人女性につける「位号」で、成人女性とは概ね数えで一六歳以上をいう。従い、この女性タメは、一五六七年より以前の生まれとなり、尼僧籍に入っていたか嫁ぎ先で夫を亡くし剃髪した女性となる。そうすると、正室の「梅室光薫」を亡くした後、定勝は後妻をもらっていたか側室を置いていたことになる。

『高野山上蔵院過去帳』をさらに詳しく調査すると、もっと多くのことが判明するかもしれないが、慶長五年（一六〇〇年）の関ヶ原の戦いに向け道中を急ぐので、この辺りで止めておく。

一六・六　第二三代津野勝興

勝興は、通説では定勝（定雄）の二男といわれている。定勝（定雄）の長男は山内刑部定俊といったが早世したので、二男の勝興が家督を継いだというものである。勝興の生誕年は天文一八年（一五四九年）で、天文一五年（一五四六年）に基高が一条房基に降り和議を結んだのが同年初頃で、房家の娘と嫡子定勝（定雄）の間で婚儀が執り行われたのが、同年の夏から年末にかけての時期とすると、その後四年間の間に勝興が定勝（定雄）の二男として生まれたとして矛盾がない。

『謙斎稿』によると、勝興は仏門に入り長林寺にいたとされ、勝興が一三歳の永禄五年（一五六二年）に前臨川寺住職の策彦周良に書簡を送り字名を請うている。一族の絶海中津などに倣い京で仏道を学びたいと望んでいたようである。仏門に入るのは一般的には、家督を継げない二男以下の思考である。従って、定勝（定雄）の二男として生まれた勝興も、仏門に入る覚悟を決め、仏典の勉学に励んでいたものと思われる。その兄である定俊は、子を遺して早世とある。従い、逝去時には二〇歳前後には達していたものと思われ、そうすると長男定俊が逝去したのは定勝が追放される元亀二年（一五七一年）より五年程前以降のことと推定される。策彦周良は臨済宗の禅僧、外交僧で、一八歳で天龍寺にて剃髪・受戒した。遣明副使・正使として二回渡明し、帰国後は今川義元、武田信玄、織田信長ほか多くの公家・武将と交流し正親町天皇の信頼も厚かった。ただ、自身は余り世に出るのを好まず、天竜寺の塔頭妙智院の住職として天龍寺の護持に努めたとのことである。

第一七章　第二〇代津野国泰の時代（土佐一条氏との攻防その一）

永正一四年（一五一七年）四月、津野元実が恵良沼で敗死した時、残された国泰は一五歳であった。元服を直前に控えた年頃であり、いずれ父のあとを継ぐものと心得ていたが、それが予期せぬ形で突然にやってきて戸惑いを覚えた。母はのちに「柏室久公」の戒名を与えられる女性であったが、夫の死に打ちひしがれていた。姫野々城下の津野氏のお土居は悲しみと静寂に包まれ、一族は放心状態に陥った。そんな中、分家中平氏の当主兵庫助元忠一人が冷静で人々を励まし士気と体制の立て直しに走り回っていた。元忠は、明応四年（一四九五年）生まれ、元亀三年（一五七二年）没で、この年は二三歳の若者であった。国泰が独り立ちするまでの間、津野家を支え続けた。その後も、次の基高、その子の定勝に仕え、この時代の津野家の盛衰の真っただ中にいて重臣として切り盛りした人物である。

その元忠と国泰が最初に直面した危機は、一条氏の一部家臣による津野領への侵攻であった。元実の大敗に乗じて津野氏の滅亡を企てその功を得んとしたのが、久保川領中越村の安並城（現四万十市）の安並弥三と出間城（現土佐市）の出間九郎兵衛の二人であった。恵良沼の戦いの翌日四月一四日には、早くも両名の連合軍が名護屋坂を越えて吾桑方面になだれ込んできた。元忠は、残しておいた守備兵と恵良沼での生き残りの兵を糾合し、吾桑松ヶ崎の錫杖坂にてこれを撃退することに成功した。出間九郎兵衛は捕虜となり安並弥三は敗走した。これで一息つける状況になった。

恵良沼の戦いで主だった男子を失った半山の城とその麓の土居・新土居は火の消えたように静かになった。連日のこと里に聞こえるのは、戦死者を弔う僧侶の読経と夫親兄弟子を失った女性たちのすすり泣きだけであった。残されたのは姫さまであったので、この頃より半山城は「姫野々城」と呼ばれるようになった。そんな中、悲しみから脱し将来に向けての立て直しを図るため、津野一族は元実の一五歳の嫡男を急ぎ元服させて家督を継がせた。同時に、土佐国守護兼管領の職にあった細川高国から、偏諱の慣習に従い、下の「国」の諱をもらい受けそれを上に冠し国泰と名付けた。中平元忠は、国泰を当主として育て上げるとともに盛り立てて津野氏の立て直しと領地経営を行っていった。

中平元忠は、まず財力と兵力の回復に努めた。元忠が最初に行ったことは、短期的かつ直接的に財力と兵力を蓄えることのできる方策であった。この当時はまだ、「津野新荘里方」の地頭職家分領地、すなわち八幡原、海浜地区、下分地域は下賀茂神社社家の別相伝として運営されており、その収穫のほとんどを京の下賀茂神社に吸い上げられていた。神様の代理人といわれる神官に背くのは多少気が引けたが、背に腹はかえられず、この土地を津野氏の直接領有地とすることを決め、武力で下賀茂関係者を追い出した。その上で、領民が下賀茂神社に払っていた年貢を軽減し、その見返りに兵役の義務を課した。これで、財力と兵力の一部を回復することができた。もちろん、神様の機嫌を損ねないように神事と祭祀はきちんと従来どおり執り行った。

次に行ったのが、領地内の未開の地への移住の促進であった。その一つが、家臣と領民のなかで家督相続からあぶれた二男、三男以下に積極的に土地を与え開墾させ作物を作らせた。津野山地域にはまだまだ未開の土地が多く残されていた。山の斜面であっても、棚田にすることができ米を栽培できた。山の斜面は水はけはよかったので日当たりのよい場所を開墾すれば、之高が京より持ち帰った茶の栽培にも適していた。知恵を絞ればできることは沢山あった。その二は、領地外から人を呼び込んだことであった。国境の向こうの伊予の国からも積極的に勧誘した。北川源兵衛と中学姫（さるがくひめ）の逸話にも残るとおり梼原と伊予の国とは交流が盛んであり、その分住民の移動にも抵抗感が少なかった。実際、直線距離ではあるが、梼原の中心部から高知城下までは約六〇千米であるのに対し、松山城下までは約五〇千米、宇和島城下まで四〇千米、大洲城下までは三七千米という状況である。

元実の時代から国泰の時代にかけては、領地経営を盛んにするために人材の育成にも尽力している。そのような領地経営の一環として、他領・他国から人材も招いた。

その一人が、常陸国戸田より招いた源義家の末孫と伝わる戸田采女之助で、船戸石元屋敷に住い船戸に田地を開き始めたと伝わる。（『戸田物語』）船戸村総河内神社に享禄二年（一五二九）十一月二十六日付の棟札が残されている。その子であると思われる戸田長左衛門は、天文十二年（一五四三）に大野見方面で一条軍を討って名をとどろかせた。

二人目が、北川源兵衛であり梼原北川氏の祖である。北川源兵衛は、安芸郡北川氏の三男（北川玄蕃道清の弟か）であったが、人物を見込まれ芳生野（現津野町）城主として迎え入れられたものであった。源兵衛は六尺近い美丈夫であるとともに、京・畿内からも新技術を取り入れて開拓を進めたので領民が心服したと言われる。彼が七夕の笹見で踊る盆踊りを教えたのが、東津野の笹見踊りだとされる。源兵衛の妻中学姫《さるがくひめ》の逸話は土佐梼原と国境を接する伊予城川、広くいえば高岡郡の津野山地域と西南伊予、との古くからの交流を示すものである。中学姫は、三滝城主北之川親安の叔母にあたり、天文年間（一五三一〜一五五〇年）に、九十九曲峠を越えて北川源兵衛のもとに嫁いできた。しかし、結婚後三年余りで源兵衛が病死し子もなかったため、中学姫が生家に帰ろうとしたのを、家来が惜しんで梼原の峠で呼び戻したという。この峠を大声（大越）峠《おおごえとうげ》、帰路姫が化した坂を化粧《けわい》坂と言うようになったと伝えている。

北川源兵衛：永正九年（一五一二年）生まれ〜天文八年（一五三九年）逝去、享年二十八歳

中学姫：永正十三年（一五一六年）生まれ～天正十五年（一五八七年）逝去、享年七十二歳
笹見踊りの歌詞で中学姫に関係するものとして、以下のようなものがある。

北川殿は六尺男　姫の脇に立つやさし
姫のくけたる帯は　結び目が細うて　おいとしや
梼原の茶屋まで白かたびらで　それより先は紅染めのゆかた
若殿様は二十のうえを　八ツあまりで一期とは　おいとし

長山氏もこの時代に遠い他国より津野山に移住してきた一族であった。残る伝承は次のとおり伝える。長山信濃守信安は能登、加賀、信濃と移り住んでいたが、弟信貞とともに禁裏守備を命じられ上京し、そののち一条氏を頼みに土佐に移ってきた。まだ二〇代の若者であった。理由は定かではないが、最終的に住みついた土地が津野氏の領地内の芳生野であった。この地に城を築き、故郷信濃から諏訪神社を勧請しこの地に勢力を拡大して行った。弟信貞はその後四万川に立ち越したと伝わる。ところが、この頃この方面には古味九郎左衛門、九郎五郎という親子が既に地歩を築いていた。名前からすると、第二代津野重高の長男より発する津野氏の分家であり、一族からは恵良沼の戦いで戦死者も出している。長山信康はこの親子を従わせようと酒宴に招き密かに毒を盛った。怪しんだ九郎左衛門が、毒見のため傍らの犬に投げ与えたところ、信安は「折角の御馳走を犬畜生に与えるとは無礼千万」と斬りつけた。古味親子は逃げたが、父は信安の矢で落命、子は切り殺されてしまった。戦国時代の『津野分限帳』には、古味氏も長山氏も津野氏の家臣としてその名がみられる。

三つ目に行った施策が、領地境の防備固めであった。中平元忠が必死で津野家を支えている間に一五歳だった国泰も一人前の当主に成長した。それに伴い、元忠は一歩退くが、国泰は元忠を信頼し続け頼

りにしつづけた。こののち二人は二人三脚で津野氏一族、家臣団と領民を率いていくことになる。幸いにこの十年余りの間に財力も兵力もほぼ回復していた。この時期になると、津野氏の領地に侵攻して来る危険性のある相手は絞られていた。西からは、幡多郡中村の一条館の主初代当主一条房家と久礼城主佐竹掃部頭義之の二人であった。東からは、戸波城主福井玄蕃、その東の蓮池城を領する大平隠岐守元国であった。

一条氏が西から陸路で攻めてくる場合は、常道としては窪川郷、仁井田郷、大野見郷を通過することになる。これに対処するために大野見城の強化を行った。さらに途中の松葉川郷の南部氏との連携に加え、仁井田郷の仁井田五人衆の去就も重大な影響を及ぼすのでその懐柔も図った。さらに、四万十川を十川、大正とさかのぼりさらに檮原川を北上し直接檮原を突いてくることも考えられた。この経路は、険しい道の連続であり可能性は低かったが、戦は万一の場合にも備えておく必要があった。その備えとして、中平氏一族の中平隠岐守重熊に命じ、四万十川沿いに四手城、南四手城、檮原川の入口に和田林城、上山城を築かせ防備に当たらせた。この方面に津野氏一族の中平氏が進出していたことは、四手村の三嶋神社に残る棟札よりも確認できる。

欽奉上棟三島大明神　　藤原朝臣
　　　　　　　　　　　中平六進重良
　　　　　　　　　　　其子正千代丸
　　　　　　　　名本　宮崎吉兵衛
于時慶長四年巳亥三月十三日（注、一五九九年）
（右上山郷四手村三島社棟札凡四枚）　　　　（『高知県史古代中世史料編』四五二頁）

その元忠自身は、東からの侵攻に備えるため、侵攻経路となる名護屋坂と桜川を挟み南西反対方向の位置にある山頂に畔田城を築いた。この城は代々中平氏の居城となった。さらには、その畦田城の南側に支城として石木戸城と菊之森城を築き三重の守りとした。東からの侵攻路は、浦ノ内湾の最奥部から峠を越えて押岡方面に進んでくることも想定された。それに備えるために、押岡地域の北側の山頂に針木城を築き、この方面に睨みをきかせた。この方面では、かつては浦ノ内湾北側（現須崎市浦ノ内）の山頂に中平城を築き、浦ノ内湾の航行の安全を図り敵の侵入に備えていたが、恵良沼の戦いで敗北した結果、この城も一条氏の手に落ちてしまっていたと推測される。従い、峠を越えた洲崎浦側でくい止めるよりほかなかった。中平城については、「中平」と名のつく限り中平氏の築いた城であろうと思うが、分家である中平氏が成立したのは文明六年（一四七四年）なので、この城の築城はそれ以降永正一四年（一五一七年）の恵良沼の戦いまでの間のことと推定される。

佐川方面から侵入してくる場合は、二つの経路があり吾桑方面と朽木峠であった。吾桑方面は畔田城とその二つの支城で防御できる。問題は朽木峠を越えてくる敵への対処方法であった。朽木峠を越えれば姫野々城までわずか九里（五千米弱）の距離であった。この間に城が築かれていた形跡はないので、朽木峠の見張りを厳重にし、途中の村々には防護柵を何重にも築いた。また、領地近くで佐川・斗賀野平野が見下ろせる山に見張り台を置いた。興味深いことに、斗賀野平野を見下ろす山の山頂に「木蔭山城跡」なる地名が現代の地図にも載っている。幸いなことに、朽木峠を越えて姫野々城に攻め込まれたことはなかった。

これらの城が破られた時の備えとして、岡本城の役割が重要で、この城の防御機能の強化にも余念がなかった。岡本城は、洲崎の下分、新荘川の北側（現新荘小学校の裏手）の標高一六九米の山頂に築かれており、新荘川沿いに半山に上る街道が一望でき、かつ洲崎浦の入口を行き交う船も目視することができた。一条氏か佐竹氏が海側から攻めてきた場合の見張りと防御の役割を果たすことができる重要な支城であった。これらの山城、防柵と見張り台の構築に加え、連絡手段として主要拠点から早馬をいつでも出せる体制を整え、主要な山の山頂には狼煙台を設け非常時の連絡手段を整備していった。

二〇代当主津野国泰とその重臣中平兵庫助元忠は、このようにして来る一条氏との決戦に備え防御網を整えていった。

国泰は短い生涯であったが、その民政に関する事績として二つの資料を現代に残した。その一つが、須崎市上分の元亨院に残る僧侶に対する寺職務の安堵状である。

（書き下し文）

彼ノ東光寺ノ事、前代申シ定メシ如ク候、道珍存セラルベク候、子細ハ尚道陳之ヲ存知モノ也

国泰　花押

永正拾五　七月廿日（一五一八年）

道陳被下（註、道珍が東光寺関係者、道陳が元亨院関係者か）

猶々東光ノ儀ハ先代ノ如ク元亨院末寺分タルヘク候

（右下分村元亨院蔵凡四通　『土佐国蠧簡集』上巻八八頁　『土佐国編年紀事略』第四巻四〇頁）

これは恵良沼の戦いの翌年に国泰が出した書状で、先代元実が定めたとおり、道珍が東光寺の住職であることを再確認したものと考えられる。東光寺はかつて大野見郷に実在した寺院である。国泰は、右のとおり永正一五年（一五一八年）七月二〇日の日付で、細川高国から偏諱を受けた元服名を使用し、

花押を残している。これが国泰の生誕年の判断材料となることは、前章での説明のとおりである。

いま一つが、国泰二四歳の大永六年（一五二六年）に大野見天満宮を改修した際に残した棟札、「大檀那藤原国泰代官深瀬高延　大永六年丙戌卯月吉日」である。この時の棟札には、「民豊かにして永らく兵戈の災なし」とも記されており、為政者が民心の安定にも気を配っていた様子もうかがえる。

次の当主基高の時代の天文一二年（一五四三年）に土佐一条氏二代房基は、家督を引き継いだ翌々年に津野氏の領地に向け本格的侵攻を開始する。しかし、国泰の書簡よりは、それ以前の享禄年間（一五二八〜一五三二年）頃にも、一条氏は窪川郷、仁井田郷に調略をかけ、戦を仕掛けていたことが分かる。津野氏にとってさらに危ういことに、姫野々本城の南の守り口である洲崎の岡本城まで一条氏が攻めて来たことが記録されている。この時期の土佐一条家の当主は初代房家で年既に晩年の五〇歳代の時であった。

この時代の一条氏からの侵攻に関して、国泰は次に紹介する五通の書状を後の世に残している。残念ながら、どの書状にも年代が記されておらず推定するよりほかない。これらの書状は、土佐一条氏との攻防に関するもので、ある年の一〇月から翌年の四月にかけての書状と推定される。具体的な年はどう調べても特定できなかった。『津野興亡史』は国泰逝去の一年前の天文元年（一五三二年）に一条氏が攻めかけてきたとしているが、根拠は示していない。推定した上で順番に並べてみて何が起こったかを見てみる。

（書状一、書き下し）

其ノ後通イ申サズ又其ノ方ニ御逗留候ヘドモ誠ニ比類無ク存ジ候、細々書状ヲ以ッテナリトモ申シ入レル可ク候處《ところ》、御推量候可ク候、方々油断無ク候ニ付而シテ心中測リ候可ク候、其レニ付テハ其ノ方長々御逗留候、此方ト申シ候テモ然シタル事コレ無ク、今少シ其ノ方ニ御逗留候テ萬《よろず》御意見候ハ本望ニ候、幡多ヨリ諸勢立チ候事ト聞キ候、一条殿モ窪川マデ御出張候ハンラシク左様候ハ各々此ノ方衆ハ一口働キ候可ク候、面々大イニ働キ定メ候ハ申ス可ク候、五日前ニ御下ガリ候可ク候トテモノ事ニテ候間、今二日三日ノ分ハ其ノ方ノ事頼ミ候可ク候、詳シク山内殿ヨリ仰セ候可ク候、何レモ々々口上ヲ以ッテ長兵衛申サム可ク推量候、余人ニ優レタル御堪忍誠ニ比類無ク候、哀レ此ノ度ハカリ（計リ、謀リ？）ハ利運ニ候可カシ一入《ひとしお》申シ合ワセ候可ク候、恐々謹言

十月廿六日　　　国泰（花押）

高瀬殿へ（上書に）

（『高知県史古代中世史料編』六三九頁）

（書状の内容）

この書簡の宛先である高瀬殿とは、高瀬甚左衛門のことと思われ、次の当主基高の時代には大野見城を守備していた。使者となった山内殿は叔父山内元定、すなわち基高の父親であったと推察できる。長兵衛は、基高の書簡にも出てくる戸田長兵衛のことであろう。最初に、本来は書状でこまごま書くべきであるがそれは出来ないので察するとともに皆々用心するようにしたためてある。

幡多衆が攻めてきたことと、一条房家が自ら窪川郷に出向いてきたとの報が半山の国泰のもとにも届いた。国泰は、奮闘すべしとこの方面の部隊を鼓舞している。この当時の窪川郷は、茂串城を拠点に窪川宣澄が治めていた。窪川氏は、最初は津野氏に属していたが、後に一条氏に鞍替えしている。この書簡は、その時の情勢に関するものと推察する。「哀レ此ノ度ハカリ（計リか謀リ）ハ利運ニ候」と書かれており、津野氏と一条氏の間で窪川氏を味方につける調略合戦が行われたが、津野氏にとって結果は芳しくなかった。窪川氏は津野氏から離れた。

窪川氏が一条氏に寝返ったことで、一条氏は幡多郡と高岡郡の境にある片坂を登り、現在の高南台地の西端にある窪川郷に高岡郡攻略の橋頭保を築いたことになる。津野氏の勢力圏と一条氏の勢力圏は、仁井田郷と窪川郷の間になり東に一〇里（約五・五千米）程動いたことになる。ただ、その後の戦の記録がなく大野見方面が攻められた形跡もないので、この時は仁井田郷で一条軍を食い止めることができたものと推察される。ところが、一条軍は今度は海から攻めて来た（書状四）。

因みに、一連の書簡の本文中で敬語である「殿」が使われているのは、一条殿と山内殿である。一条氏はこの当時は想定された敵であったろうが、津野氏も一時は年始伺いに中村まで出向いており、細川遠州家守護代がいなくなった後は、土佐の実質的な国司的な存在であり、それは津野氏も認めていた。この当時の一条殿は初代房家であった。

また、詳しくは山内殿が伝えるとしている。戦国の世に限らず、主君が臣下に重要な命令を伝える時には、主人の使いであることを示すために書状を託すが、敵方に捕まり内容が露見するのを避けるために具体的内容は使者が伝えることがよくある。この書簡もその類のものである。

（書状二、書き下し）

内々申サレ候時ハ懇ロニ承リ候、今度ニ於イテ度々御心懸ケ比類無ク候、祇（まさに、ひたすら）今世ノ落居（おちいり）（落着）無ク候ノ条乍（なが）ラ存ジ申シ合ワセ候儀、一途無ク候程後々ノ儀三本又四郎跡ノ事相違無ク扶持申ス可ク候、其ノ分ノ儀連々忠節ニ就キ申シ合ワス可ク候、猶委曲（委細・詳細）ハ山内殿ヘ申シ候、弥（いよいよ）御高名ハ専一ニ候、後日状件ノ如シ、恐々謹言

二月三日　　国泰（花押）

高瀬殿

（『高知県史古代中世史料編』六三八頁）

（書状の内容）
高瀬（恐らく甚左衛門）に対する三本又四郎跡地の知行の約束状ととれるが、内容が大雑把で詳細は山内殿に伝えてあるとしている。一条氏の侵攻に対する何らかの戦いの戦術か謀《はかりごと》の指示伝達も叔父山内元定に託していたのかもしれない。恩賞が出たということは何らかの戦功があった訳で、一条氏の東進は窪川郷でくい止め仁井田郷は死守することができたのではないかと推察する。

（書状三、書き下し）
早々御出張ノ由肝心ニ候、諸勢早々能ク出デ候ヘト申シフレ候、手遣ノ儀ハ今朝申シ入レ候キ竹田ニ懇《ねんご》ロニ申シ含メ候、定メテ申シ入ル可ク候、
一　竹田内々ニ申ス事ノ子細ハ御懇ロニ示シ給イ候ト心得申シ候、御帰ノ時懇ロニ申シ合ス可ク候、御入魂畏レ入リ候
一　幡多口ノ時ハセイ々々申シ越ス可ク候、半山ノ時宜ヲモ明日御サ居本ヨリ申シ越ス可ク候
一　各々ヘアシカル（足軽？）不参候ヤセイ々々申シ付ケ候、内事ハ此ノ如ク候、時ハ及バズ了簡候、
一　在城候ノ事用心ノ事ハ御入魂本望ニ候、毎事油断無ク世々ノ物ト大事候可ク候、跡ノ事（その後のこと）ニ候ハ追々申シ入ル可ク候、木口ノ様□□（脱字）モタセ給ウ可ク候、而シテ能ク出ヅ事候ハバ申シ合ワス可ク候、明日ハ御手間入リ間敷《まじく》存ジ候、恐々謹言
二月九日　国泰（花押）
山内殿人々中（上書に）
（『高知県史古代中世史料編』六三七頁）

（書状の内容）
翌日の書状と思われる左の書状（書状四）と合わせると、一条勢が船で洲崎に攻め上がり半山の入

口の岡本城に攻めてくるという一報が寄せられていたものと思われる。敵に対する備えを十分にするようにとの指示書であろう。

（書状四、書き下し）

毎事（まいじ）佐五郎仰セ合ワセラレ候可ク候シカト敵方手立テ一ツ候可ク候、其ノ御覚悟強タル可ク候、岡本口ヘモ幡多衆出ラル候ヨシ祇（まさに、ひたすら）取リ進メラル可ク候、高瀬竹田先懸ノ働キ無比ノ類ニ候、城周リ別ニ仕役アル間敷（まじく）候、定事（さだまりごと）若衆ナド存知ニ城ヘ矢入ナド仕リ候可ク候、常ノ事ヲバ申マシヤ然ル可ク候、敵方一手立チ無事有ル間敷（まじく）候モテ候、木口ヲ堅クモタセラレ候可ク候、悉（ことごと）ク庄衛門ヘ下知ノ事候条御心安ク存ズ可ク候、跡ノ事ニ候ハ追々示シ給ウ候可ク佐五郎ヘモ同ジク申シ入レ候、恐々謹言

二月十日　国泰（花押）

山内殿人々中

（『高知県史古代中世史料編』六三七頁）

（書状の内容）

従来の幡多口（窪川郷方面）に加え、一条軍が半山本城の南の守り口である洲崎の岡本城にも攻めてきた。緒戦は、高瀬・竹田両名が率いる津野軍が敵陣に攻め入り撃退することができた。佐五郎なる人物が誰であるか不明であるが、岡本城主（堅田氏）か、岡本口の守備隊の隊長か、国泰の伝令役の誰かであろう。岡本城や姫野々城下では慌ただしく戦の準備が進められたことが解る。この時は岡本城も姫野々城も落ちていないことより、一条軍を首尾よく撃退できたことになる。

本書簡は、一族の山内摂津守元定家中に安心するように伝える文と思われる。山内摂津守元定の屋敷は、半山への入口で岡本城に最も近い新土居に建っていたと推察される。一条軍が新荘川をさかの

ぼってきた場合、真っ先に攻められるのは姫野々城直下の土居の南西に位置した新土居で、その人心を落ち着かせるために出されたのではなかろうかと思う。親忠の時代の姫野々城下土居の屋敷配置図に、家老にもかかわらず山内外記の屋敷が見当たらないことから、その屋敷は新土居にあったと推定しているが、山内元定も山内外記も同じ山内一族でこの一族は新土居に屋敷を構えていたと考えられる。(「二三・三　津野親忠の幽閉・切腹に至る考察」を参照)

(書状五、書き下し)

神田郷ノ内南部名田貞宗名ノ事内々子細申サレ候、弓矢一着以下扶持申ス可シ、万一南部申ス事候ハ相当ノ在所ニ申シ替へ南部ノ事扶持アル可く候、猶向後ニ於イテ忠節ヲ抽カレ弥(いよいよ)申シ合ワス可ク候、此ノ度御堪忍ノ事頼ミ入リ候、山内殿へ詳シク申シ候、後ニ為ス御状件ノ如シ

卯月一日(註、陰暦四月)　国泰(花押)

高瀬神佐衛門射殿

(高瀬祐閑蔵)　(『高知県史古代中世史料編』六三九頁)

(書状の内容)

高瀬神(甚)左衛門宛で、同氏には二月三日付書状(書状二)で知行の付与を約束していた。この知行宛は前の書状(書状四)で言及されている岡本口での戦いでの戦功に対する恩賞であると思われるが、前の約束分も含まれていたのかもしれない。

天文二年(一五三三年)一二月二八日、父親の死からわずか一六年後であったが、息子国泰は三一歳の若さで父親の船団を追いかけて一人小舟で三途の川に漕ぎだした。二度と帰ってくることはなかっ

た。死因の記録は残されていない。病弱だったのかもしれないし、その前年天文元年（一五三二年）には一条氏が津野領に攻め入ったと記す書もあり、戦での負傷がもとで命を落としたのかもしれない。国泰が逝去した時、その母柏室久公はまだ存命であった。母親として最も悲しい出来事である息子の死にめぐり逢わなくてはならなかった。仏門に入りその悲しみを引きずって生きていたと思うが、ついに癒えなかったのか六年後天文八年（一五三九年）六月一七日に国泰の小舟を追いかけて旅立ってしまった。位牌には、表に「柏室久公禅定尼天文八年六月十七日」、裏に「国泰御母さま」とある。

第一八章　第二一代津野基高の時代（土佐一条氏との攻防その二）

一八・一　一進一退の攻防戦

三一歳の若さで旅立った国泰には子がなかった。そのため、中平兵庫助元忠を筆頭に主だった家臣で評議した結果、先代元実の弟、第一七代元藤の三男元定の長男基高に白羽の矢が当たった。家臣一同は合議結果を国泰の母公（後の戒名柏室久公）に伝え了解を得て最終決定とした。三男元定は、分家を設立して山内摂津守と名乗り、国泰の重臣として津野家を支えていた。山内基高は、文亀三年（一五〇三年）国泰と同じ年に生まれ、一六歳になった永正一五年（一五一八年）頃に元服した。永正一四年（一五一七年）以前に元服していれば、恵良沼の戦いで戦死していた運命だったかもしれないが、基高が生き残ったことは津野氏には不幸中の幸いであった。基高は、分家の一員として津野宗家を支える心構えを固めていたが、従弟の国泰の逝去に伴い宗家を主宰することになった。天文二年（一五三三年）年末のことであった。基高はすでに三一歳になっていた。そこから苦難の道が始まる。

恵良沼の戦い以降、一条氏との領地境では小競り合いが頻発し、時として一触即発の状態になっていた。それがこの頃に激しさを増してきたのであった。一条房家は、津野氏の当主交代を見計らうように窪川郷と仁井田郷に兵を進めてきた。一条氏の動きより、窪川郷、仁井田郷、大野見郷が当面の主戦場になることが明らかになった。その方面の過去の動向を概観しておく。

奈路天神宮の棟札によると、三代当主津野国高が大野見郷の総鎮守として天満大自在天を京都北野より勧請したのが長和三年（一〇一四年）であって、津野氏により開拓がここまで及んでいた。しかし、その後約四百年間は、津野氏に関連した記録も他家が領有した記録も残されていない。後の出来事を考えると、いつの時代かにこの地は在地豪族の支配するところとなっていたものと思われる。実際、応永年間（一三九四〜一四二八年）の頃に一城を構えこの地方を領していた一豪族があったと記す書もある。応永二十六年（一四一九年）になると、一五代当主津野通高が大野見郷の南の松葉川郷に興隆した南部陸奥守宗忠を誘って大野見城を南北から挟み討ちし城を陥落させた。これ以後大野見郷一帯が再び津野氏に属することになった。大野見城が落城してから数年を経ると、人心も落ち着いてきたので、四万十川流域とそこに流れ込む支流の平地部分の開拓が進み神社の増改築、創建も行った。

応永三十二年（一四二五年）十一月、藤原高持・高家・高有は大工清原宗高に大野見郷の総鎮守である奈路天満宮を改築させ棟札をあげた。後の棟札には、「此ノ時大川ノ上ニ浄地ヲ改メ宮建立、慶長五年迄社領本田一町六反四十六代二歩（約一・六ヘクタール）津野家ヨリ下ル」とある。

永享二年（一四三〇年）、竹原に熊野三所権現が祭られた。

永享三年（一四三一年）、萩野々沖台に河内大明神が祭られた。

永享四年（一四三二年）、伊勢川に大元神社が創建される。

永享六年（一四三四年）、笹岡伝五衛門直行によって伊豆国浅間神社が島ノ川に勧請された。

津野氏の領地経営により、さらに領民の人心は安定し人口は増し開拓も進み、永享六年（一四三四年）十月二十五日には藤原高用並に四郎衛門が奈路天神官に鰐口並びに津野家所用の陣太鼓を寄進した。これは、太平の世となって陣太鼓も既に不要に考えられたものとみられている。その後、応仁三年（一四六九年）二月二十五日には、一六代当主津野之高が、中央での応仁の乱をよそに、藤原高尚に天神宮を造営させた。この後五十年ばかりはまた何の記録もなく比較的に平穏な日々が続いていた。

この間、応仁二年（一四六八年）一〇月には、前の関白左大臣一条教房が京都の戦乱を避けるとともに、自家の荘園幡多荘の経営を直接行うために土佐中村に下向してきた。一条教房とその子孫は、一緒に連れてきた武士団と在地の豪族を糾合し、急速に勢力を拡大していった。兵馬の足音がひたひたと忍び寄って来ていたが、大野見郷の里では、開発の手が休まることはなかった。津野氏の領地経営が安定していたこともあり、領民が戦乱の足音に気づくことはなかった。

一方、恵良沼の戦いの後、中平元忠と津野国泰は財力と兵力の充実を図ったが、大野見地域の開発はその一環でもあった。

大永三年（一五二三年）、吉野に島大明神、神母野に河内大明神、下ル川に秋葉神社、橋谷に天照皇大神宮が勧請された。

大永六年（一五二六年）、二〇代当津野国泰がまた奈路天満宮の改造を行い、天災鎮撫と人心安寧に努めた。棟札曰く、

「天満宮大檀那藤原国泰代官深瀬高延、大永六年丙戌卯（四）月吉日」（『土佐国蠹簡集』巻之二）

大永七年（一五二七年）、大股に河内神社、萩野々沖台の河内神祀を中津川宮ノ本に移転した。

天文元年（一五三二年）、奈路に禅宗の竹林山天祐寺が郷内各寺の総本山格で建立された。開基は津野の家臣篠岡藤五郎、開山僧は宗因道可和尚であった。津野家寄贈の寺領は一町四反余（註、約一・四ヘクタール）であった。神仏混合の思想が培かわれ、神官が僧侶を兼ね、神社にも何々権現、何々明神と仏教語流の命名が使われていた時代のことである。

天文一一年（一五四二年）閏三月二日、奈路天満宮に津野基高がの棟札をあげた。「天満宮大檀那藤原基高天文十一年壬寅閏□初二日代官田代実富」（『土佐国蠹簡集』巻之二）

翌年には一条軍が大野見に攻め入り、戸田長兵衛がこれを撃退するが、その前年に当たり、社殿を造営し必勝祈願を行ったのかもしれない。

一六世紀のこの時期、津野荘・津野新荘の荘民たちが、伊勢御師《おんし》の勧誘により盛んに伊勢へ参詣していた事実が記録されている。『来田文書』の中に残されている『四国土佐之日記』四冊と『土佐国旦那人数帳』一冊がその記録で、天文五年（一五三六年）、天正二年（一五七四年）、天正四年（一五七六年）、天正一一年（一五八三年）、天正一四年（一五八六年）の五部からなっている。天文五年（一五三六年）当時の伊勢御師御炊大夫《みかしきたゆう・だゆう》の檀那帳では、総檀那数七八〇余名の内、約六八〇名が津野荘・津野新荘内の檀那（旦那）である。総世帯数に対する檀那の捕捉率は、山間部の芳生野地区で二割を切り、湊町の洲崎地区で五割弱と試算されている。当時は、洲崎地区は新興商業地区、全体的には芳生野地区のようなところが多かったと思われ、津野山全体での檀那率は多くて三割程度と推定する。また、総数六八〇名の内一〇〇人前後が実際に参詣を行なう人々であったとみられているとのことである。参詣者たちの階層は、領主の津野氏（姫野々城主）とその一族や家臣団ばかりでなく、洲崎浦地域に住む有力な商職人・海の民（以上現須崎市）、半山・船戸・桑ケ市・芳生野（以上現津野町）、梼原・越知面・四万川（以上現梼原町）、大野見（現中土佐町）など山間部の村に住む有力な農民・山の民にまでおよんでおり、参詣慣行が想像以上に広く、深く浸透していたことを示している。しかも彼らの中には、その親が二〜四回の参詣経験をもつ者も少なからず存在し、すでにそれ以前の十五世紀末、十六世紀初頭から、この地域でも伊勢参宮の動きが始まっていたことが解る。

御師とは、特定の社寺に所属して、その社寺へ参詣者・信者のために祈祷や案内をし、参拝・宿泊などの世話をする神職のことである。つまり、俗にいえば、所属する神社と一心同体となりその信仰を各地に広め信徒を開拓するとともに、所属する寺社への信徒の参拝を組織・手配し案内する役割を兼ねていた。キリスト教でいえば宣教師のようなもので、それに旅行代理店とツアーコンダクターの機能が兼ね備わっていたようなものである。御師は一等地である門前の街道沿いに集住し、御師町を形成するのが一般的であった。御師の活動は、寺社にとってはお布施・初穂料収入の源泉であり、参詣者（物見遊山客でもある）の落とす銭が門前町を潤し、その結果門前町からのお布施・初穂料が増えるという好循環を生み出す先導者でもあった。神の使いである僧侶や神主が、金稼ぎに直接手を出すわけにもゆかず、かといって収入が乏しければ寺社の経営が成り立たなくなるので、このような仕組みが編み出されたのではないかと思う。

伊勢の御師として津野荘・津野新荘で活動したのは御炊大夫であった。寛文二年（一六六二年）ころに制作されたとされる「山田惣絵図」では、御炊大夫は伊勢神宮外宮前の下馬所町（現本町）に屋敷を構え、外宮高宮（多賀宮）物忌職（ものいみしょく）を勤め、三方家という格式の御師で、土佐国のほかにも薩摩国、大隅国、日向国、美作国、備前国、備中国、備後国、伯耆国、因幡国、但馬国、紀伊国、信濃国、越中国他を檀那場としていた。これらからすると、伊勢の御師の組合か何かがあって担当国をある程度は調整し決めていたものと推察する。また、御炊太夫の名は特定の個人の固有名詞ではなく、御師の活動を行う一家が代々引き継いだ名前（襲名）と思われる。御師は、居住地も一等地であれば、古絵図、明治時代の写真等で見る限り、どれも門構えが大名屋敷にも劣らず立派で広大な屋敷を構えていたようである。その収入が膨大なものであったことがうかがわれる。

中世においては帯や扇が儀礼用として贈答に用いられたが、御炊大夫は津野庄内の檀那に、帯や扇の他に、杉原紙、櫛、ふのり、綿などを贈っている。これに対する報酬として料足（貨幣）、米のほか、布、太布（楮（こうぞ）の樹皮の繊維で作った布）、麻などを得ている。天正四年（一五七六年）の檀那帳によると、二三代当主津野孫次郎（勝興）には一万度御祓（おはらい）、のし・杉原紙などの諸品が贈られ、太布三〇端が与えられている。檀那の多いほど収入は多くなり、そのため御師の間で檀那の奪い合いが起こることもあったようである。実際、天正年間（一五七三～一五九二年）には、御炊大夫の地盤に益大夫、橋村氏が進出し檀那の奪い合いを激しく行ったようである。伊勢の御師間の檀那の奪い合いのほかにも、他寺社との奪い合いもあり御師の活動も楽なものではなかったと想像される。

以上は、『高知県史』（高知県編集発行）、『高知県の歴史』（山川出版社）、『図説高知県の歴史』（河出書房新社）、『土佐市の諸問題』（名著出版）、伊勢神宮関連の複数のインターネットサイトの情報をもとにまとめたものであるが、この内容より津野基高の時代の様子が推定できることがある。

第一に、基高が家督を引き継いだ天文二二年（一五三三年）より一条氏が津野領に侵攻してくる天文十二年（一五四三年）までの一〇年間は、嵐の前の静けさだったのか、比較的に平穏であったということである。国泰と元忠が実施した防備策により、他家に侵攻を思い止まらせることができた。そのため、伊勢の御師の活動も活発で、津野氏一族、臣下、領民がお伊勢参りに行く、つまり領地を空けることができたことになる。

第二に、津野山地域の人口と動員可能兵力である。この推測のために次の指標を使う。

① 一六八一年（天和元年）の土佐国の総人口は、三二七、九七一人（土佐藩の調査）。これより、一五三六年（天文五年）ごろの土佐国の総人口を二五～三〇万人と推定する。三〇万人は、一五三六年の後に戦国の争乱が激化し人口が減少、一六〇〇年頃に底をうち、一六八一年二かけて回復したとの推定に基づく。二五万人は、戦国時代も生産力の向上により人口が増え続けたとの推定に基づく。

② 一六八〇年（延宝八年）の一五歳以上男子の人口は、一一六、九七〇人（土佐藩の調査）。

③ ①と②よりこの当時の一五歳以上の男女の総人口に攻める割合を七一％と推定（②×2を①で割る）。この割合は比較的平和であった一五三六年にも適用できると仮定した。

④　現代の統計で、津野山地区（須崎市、津野町、梼原町）の高知県全体に占める人口比率は四・三％であり、一五三六年当時は現在ほど中央集中ではないと仮定し五％と推定する。一方、戦国七雄時代の津野氏五、〇〇〇貫は全体の九％程度に相当し、国力と人口が比例すると九％、結論として津野山地区の土佐国全体に攻める比率は五〜九％と仮定する。

⑤　以上より、天文五年（一五三六年）頃の津野荘・津野新荘（津野山地区）の総人口は、約一二、五〇〇人から二七、〇〇〇人の範囲に入るものと思われる。

一方、『来田文書』に基づき津野山地区の人口動態を推定してみる。「津野荘・津野新荘の世帯総数の約三割にあたる六八〇余人が伊勢の御師の檀那として組織されていた」と仮定すると、ここでいう「世帯総数」は、約二、二七〇世帯となる。前段⑤の一二、五〇〇人と二七、〇〇〇人を二、二七〇世帯で割ると、一世帯当たりの人口は五・五人から一一・二人となる。江戸時代の日本全体の世帯人口が、一七世紀で七〜八人、一九世紀になると四人程度に下がったと推定されている。このことより、まだまだ幅は大きいが、一二、五〇〇人と二七、〇〇〇人の範囲には入るとみてよさそうに思える。筆者としては、基高の時代、天文五年（一五三六年）の津野山の人口は中間点に近い約二〇、〇〇〇（一世帯当たり八・八人）と推定する。

これを前提に兵の動員力を考えてみる。二〇、〇〇〇人の内、兵となり得る一五歳以上の男子の人口は、七、一〇〇人である（二〇、〇〇〇×〇・七一×〇・五）。その内、戦に適さない高齢の男子がいるので、実際の動員可能対象人口は六、五〇〇人程度と推定される。兵の動員力については、いろいろな数字が出てくる。

①　戦国時代の大きな大名の一般的算出条件は、一万石当たり二五〇人といわれている。司馬遼太は、この数字を適用していたようである。小領主はどうしても比率が高くならざるを得ないと思われる。

② 豊臣秀吉の小田原攻め時の動員数は、各大名の禄高に応じて、一〇〇石当たり五人の軍役が基準であった。

③ 豊臣秀吉の朝鮮出兵では、朝鮮に最も近い九州の大名は領地一〇〇石当たり五人、中国・四国地方の大名は一〇〇石当たり四人、そのほかの地域の大名は一〇〇石当たり三人であった。イエズス会の宣教師の残した記録によると、実際は多い小西行長が一〇〇石当たり七・五人、少ない島津義弘が一〇〇石当たり一・三人と大きな開きがあった。

これを津野氏の所領高五、〇〇〇貫（一万石）に適用すると、標準で二五〇人、小西行長の率で七五〇人となる。動員可能対象人口は六、五〇〇人に対する比率は、それぞれ三・八％と一一・五％となる。二五〇人では、周りの豪族、大平氏、佐竹氏、ましてや一条氏とは戦にならない。かといって、領民に負担をかけすぎると領地経営が破綻してしまう。以上を勘案すると、戦国時代の津野氏の兵の動員数は五〇〇人から多くて一、〇〇〇人が現実的な数字であったと推定される。従い、『津野興亡史で』では『恵良沼の戦い』で津野元実が二千余騎で戸波城に押し寄せたとあるが、「話（はなし）二倍以上」である。

この当時、幡多郡の土佐一条氏の貫高は津野氏の三倍以上の一六、〇〇〇貫であり、兵の動員力も三倍以上あった。津野氏は、三倍以上の兵と戦うことになった。戦いの最前線である仁井田郷方面では今でいうゲリラ戦を多用したようであり、大野見方面では籠城戦を行ったようである。兵力の差からして止むを得ない戦術であったと思われる。

天文一一年（一五四二年）閏三月二日付で奈路天満宮に残る基高名の棟札を最後に、残る記録は津野氏と一条氏の攻防戦に移る。ひたひたと忍び寄っていた兵馬の足音が大野見郷の領民の耳にもはっきりと聞こえるようになった。津野氏側も一時の衰退から勢力を回復し、多くの勇将猛卒を領内にかかえ、徹底抗戦の体制を整えた。先代国泰と中平元忠が強化・構築した城塞網と緊急連絡網が有効に機能し始めた。津野基高と中平元忠を筆頭にした家臣団に情報が集まり、適宜対策を打ち始める。戦を仕掛けてきたのは一条氏であった。一条氏が幡多郡から東に軍を進めてきた。この時期、一条氏は土佐国一円を支配下に置く野望を持ち始めていた。

天文十二年（一五四三年）七月初め、土佐一条氏三代房基の軍が大野見城に迫り攻撃を仕掛けてきた。この時の大野見城には、高瀬甚左衛門が在城していた。急報を受けた基高は、船戸城主であった戸田長衛門を援軍として送り、七月一〇日の戦いにて城兵と援軍が敵を挟撃し一条軍を退けた。この時期の基高の感状が三通残されている。

（書き下し）
去ル十日大野見ニ於イテ、畑（幡多）衆合戦ノ時、比類無キ相働キニテ敵ヲ退ケ仕リ候、忠節心懸ノ至リ神妙ニ候、後日褒美有ル可キ候、彌《いよいよ》奉公ノ儀肝要ニ候モノ也

天文十二年癸卯文（七）月十七日（註、一五四三年）

基高　花押

戸田長衛門尉

（右旧船戸村庄屋戸田弥平次所蔵）

（『高知県史古代中世史料編』二八五頁）

戸田長右衛門が、七月一〇日の大野見での戦にて一条軍を退けたことに対し、後日恩賞を与えると約束した書状である。日付は戦いの七日後であり、とりもなおさず急ぎ感謝状を出したことになる。

また、高瀬甚左衛門の息子甚衛門は森定番であったが、この親子の戦功に対しても基高より「父子共に力を合せ定番を務め、防御工事を行い、外敵に対し万全の構えでこれを撃退した。まことに殊勝であるので当家開運の時、名田壱名之在所を扶持として褒美につかわす」という感状が送られている。その原文の写しの書き下しは左記のとおりである。左の文の「森」の所在が不明であるが、城とは書いていないので防御用に堅牢な防柵か陣地を築いたのではないかと思う。大野見城まで攻め込まれた七月初めの戦いを教訓に、大野見城の手前に防衛線を築いたことになる。この辺りは、四万十川が山を削り蛇行し深い渓谷を成す隘路となっている。少ない人数で大軍を防ぐには、その隘路に防御施設を設け迎え撃つことは考えられる策である。これにより、九月の一条軍の攻撃を首尾よく退けることができた。尚、本条には「何事モ野見方ニ申シ談ジ候」と野見氏が知行宛の領地探しとその配分を担当していたのではないかと推察されるが、この野見氏は「一六・四　第二一代津野基高」で紹介した「野見前越前州太守」のことではないかと思われる。

（書き下し）
今度弓矢ノ中心懸祝着候、殊ニ森ノ勝利ニテハ定番并ワセ普請等父子共ニ別而（べっして）奉公比類無クニ候、褒美ト為スハ当家開運ノ時、名田壹名ノ在所ノ扶持有ル可ク候、イヨイヨ何事モ野見方ニ申シ談ジ候テ、忠節尤（もっと）モ専一ニ候、頼ミ入リ候、後日件ノ如シ
基高　花押
天文拾貳（一二）年癸卯九月二日（註、一五四三年）
高瀬秦（甚）左衛門尉とのへ
（右高瀬友閑蔵凡十四通）
（『高知県史古代中世史料編』五九一頁）

一条軍はさらに一〇月になり再びこの方面に攻めかかってきた。この段階では、大野見城の定番が戸田氏親子に交代していたことが解る。

（書き下し）
基高　花押（註、袖判）
今ノ度弓矢一着ノ間、大野見定番ヲ為シ子一人在城仕り候ハ一段ノ忠節ニ候、田地壱町扶持有ル可ク候、随分油断無ク心懸侯而シテ奉公有ル可ク侯、懇《ねんごろ》ニ中間長兵衛ヨリ申シ聞ク可キ候モノ也、後日為ス件《くだん》ノ如シ
天文十二年十月二十四日（註、一五四三年）
戸田長衛門との
（右旧船戸村庄屋戸田弥平次所蔵）
（『高知県史古代中世史料編』一八六頁）

戦の最中でも、当然ながら、平時と同じく知行宛の仕事を放棄することはできず、家臣や寺社への知行宛は行われていた。以下に残された記録を二通紹介する。

（書き下し）
天祐庵ト東光寺ノ両寺ヲ一寺ト為シ、元亨院ニ之ヲ与ヘ隠居所ト為ス可ク候、後日状ヲ為ス件ノ如シ
天文十二年癸卯十月十二日（註、一五四三年）　津の孫次郎基高　花押
拝上
南昌東堂様
（右須崎市下分元亨院蔵）
（『高知県史古代中世史料編』一八六頁）

この書状は、天祐庵と東光寺の両寺を元亨院に組み入れることを命じた書状である。

（書き下し）
　給分之事、
四万川岡地分ノ内、一田分三段、一屋敷壹反、一山畠参枚、以上、
只今配当ニ付而シテ先々此ノ如ク候、本地知行ノ時ハ公領ト為ス可ク候、仍テ後日為スコト件ノ如シ
　天文一四年乙巳正月十六日（註、一五四五年）　基高　花押
　森部左馬允殿へ
（右梼原町四万川高階家蔵）
（『高知県史古代中世史料編』二九六頁）

森部左馬允に対する梼原四万川岡地の田畑と屋敷の知行宛である。

その後、戸田親子は船戸の本城に退き、同じ船戸の桑ケ市源左衛門が一二月一一日付の左記書状で大野見城詰めの城番となり防備を固めていたところ、一条氏の晦日攻勢を迎え討つことになった。

（書き下し）
　基高　花押（註、袖判）
大野見城定番ノ事仰セ付ケラレ候、此ノ砌（みぎり）奉公申シ候ハ一段神妙ナルベシト弓矢一着ノ時、必ズ伍段（五反）ノ分扶持有ル可キニ於イテ、度々心掛ケ□□（不明）奉公仕リ候ハ肝心ノモノ也
　天文十二年癸卯十二月十一日（註、一五四三年）
　舟戸の内　桑ケいち源左衛門
（『高知県史古代中世史料編』二九四頁）

同じ天文十二年十二月晦日の日、一条基房は自ら大軍をもって急襲をかけ大野見城下に殺到した。城将桑ケ市源左衛門は防戦する一方、直ちに使者を半山本城の基高と船戸の戸田長衛門に走らせた。急報に驚く基高の援軍が準備に手間取っているのを知り、友軍の危急に船戸の手兵をまとめ長衛門が馳せ参じ、一条氏の大軍を奇襲挟撃してついに敗走させることができた。その際の感状が次の一通である。

（書き下し）
去ル晦日ヨリ敵方多勢ニテ大野見城ニ詰メ、陣取懸厳シク働キ後巻《うしろまき》ノ事、此ノ方ヨリアリ々々ト人数申シ付ケ候テ、敵陣乱レ候テ城中クツロゲ候ハント方々調ベ候ニヨリ、此ノ方ヨリ遅レ候、然ル所船戸村人数々召シツレ働キ申シ候、陣破レ候誠ニ忠節候、何時モ此ノ如ク心カケ別テ奉公サルベキモノ也、謹言

天文一三年正月三日（註、天文一三年ハ推定）

基高　花押

戸田長衛門殿

（『高知県史古代中世史料編』四八一頁）

この頃になると、一条氏の進軍経路が陸路の窪川郷、仁井田郷、松葉川郷、大野見郷となることがはっきりし、主戦場が仁井田郷から大野見にかけての地域になることが予想されたので、津野氏も必要な手を打っていった。翌年からは、大野見城主として津野の宿将中平豊前守経利が守備した。豊前守は天文十三年（一五四四年）四月五日、少数の兵にて闇に乗じて仁井田に布陣していた一条の陣に夜襲をかけ、狼狽する敵中に突撃奮闘、敵首四級を挙げて帰城した。その後も豊前守はしばしば奇兵を率いて仁井田方面に出没、常に一条方の心胆を寒からしめた。

さらに、左の三本采女助宛の感状より、天文十三年（一五四四年）七月にも一条軍が大野見城方面を突いてきたようであるが、これも退けた。

（書き下し）
森番ノ勝利ノ義ニ付、而シテ済々心懸ケ奉公候、神妙ノ到リニ候、褒美ヲ為シ中間橘次分五段并ワセ屋敷神田郷正作貳（二）段所々上下合ワセ八段ノ扶持ヲ与ヘ候、山内左衛門大夫殿ニ付キ而シテ内々ニ申シ分達セラレ候、具《つぶさ》ニ聞キ分ケ候、弾正允《まこと》ニ意見ノ如ク忠儀心懸ケ肝心ニ候、仍テ後日件ノ如ク為ス
天文十三年甲辰七月廿七日（註、一五四四年）　基高　花押
三本采女助殿
（『高知県史古代中世史料編』四八一頁）

一八・二　最後の戦い

一条氏の当主房基は、何度も大野見城攻めをしても落とせず、津野軍の奇襲戦に悩まされ続けた結果、作戦を練り直すことにした。一部の守備兵を残し大半の兵を一旦は幡多郡に引き戻した。中村の一条館では、主だった重臣が評議を重ね新たな侵攻作戦を練り直した。採用された作戦は次のようなものであった。

一、一条軍の主力を以て改めて仁井田郷、大野見方面を突き、津野軍の主力を大野見方面に引き付ける。津野軍がこの方面に振り向けられる兵の数は五〇〇から七〇〇程度と予測されるので、一条軍の主力はその三倍近くの一、五〇〇の兵をこの方面に振り向ける。

一、津野軍の主力が大野見郷、仁井田郷方面に展開し終えたのを見計らい、手薄になった洲崎方面と半

山の本拠地に急襲を仕掛ける。東からは戸波城を守備する福井玄蕃が名護屋坂を越えて、中平豊後守元忠の居城で東の守りの要である吾井郷の畔田城を攻め落とす。一方、佐竹信濃守義直は久礼から軍船にて洲崎浦に攻め入り、津野の出城岡本城に攻めかかる。この城攻めには、東から攻めあがってきた福井玄蕃も加わる。

一、福井玄蕃と佐竹信濃守が岡本城を落城させることができれば、津野軍の主力も動揺するので、一条本体も一気に大野見を抜き船戸方面に出て新荘川を下り、半山の姫野々本城を挟み撃ちにする。

この作戦を実行するための鍵となる人物は、久礼城主である佐竹信濃守義直であった。福井玄蕃は元々一条氏の家臣なので心配はない。佐竹氏は、恵良沼の戦いで義直の父親義之が一条方に与力しその後の関係も良好であったが、一条氏の臣下ではなく独立した国人領主であった。現当主が味方するとの保証はなかった。そこで、一条房基は理由をつけて佐竹義直を中村御所に招き歓待した。戸波城の福井玄蕃も同席していた。そして、宴もたけなわの頃を見計らい作戦を明かした。房基は、佐竹義直に対し作戦が首尾よく成功したあかつきには、仁井田郷の北部を領地として与えることを約束した。これで佐竹氏は、海辺の上ノ加江からより広い耕作地のある仁井田郷に足場を築くことができる。酒の勢いもあり、佐竹義直はこの作戦に加わることを即断し、「津野、何するものぞ」と息まいた。翌日は、酒の酔いからも醒めて冷静な心持で、日程の詰め、連絡手段の確認、陣太鼓による合図の確認、兵の合言葉の確認等の細かな打ち合わせを行った後、それぞれの居城に帰っていった。

一方、津野氏側も佐竹氏が一条方に与するであろうことは予想ができた。手薄になった東側方面に攻め込まれた場合には、さらにその東側から福井軍と佐竹軍の背後を襲うことを画策した。朝倉城に拠り高知平野の西の部分を割き取り意気盛んであった本山豊前守茂宗（茂辰の父親）と蓮池城の大平隠岐守元国に支援を求めたのであった。津野氏はこの両氏に使者を送り、「我が津野家のあとは必ず御家に攻めかかってくる」と説いた。両氏は一条氏の東進に対する危惧は持っていたので、使者の説得に応じた。両家にはそれぞれの事情もあった。本山氏は、高知平野を完全に抑え西進することを目論んでいた。のちに、仁淀川東岸の吉良氏を滅ぼし、さらに仁淀川を西に渡り蓮池城をうかがうことになる。津野氏の要請はその行動のさきがけとなる可能性を秘めたものであった。大平氏は、元来一条氏の友軍であったが、蓮池城の隣の戸波城は一条氏が占拠したまま譲ろうともせず、津野氏の次に最初に矛先を向けられるのは自分と解っていたので、自家の存続のためには津野氏に加勢する道しかなかった。ただ、本山氏も大平氏も今の段階では自分に火の粉が降りかかってきている訳ではないので、どこまで本気で兵を投入するか一抹の不安も残された。

天文十四年（一五四五）十月、一条房基は昨年までの敗戦を挽回しようと一、五〇〇余の兵を招集し、一条軍の主力は片坂を越えて窪川台地に上ってきた。窪川郷の居城茂串城の麓に陣を張ると、そこから仁井田郷で守備する津野軍を急襲した。この作戦は成功し、勢いに乗った一条軍は大野見城に迫った。一条軍再び来るとの情報はすぐに半山の姫野々城にももたらされ、早馬が大平元国と本山茂宗のもとに飛ばされた。予てからの合意どおり、両氏は津野氏の東側を支援すべく出陣の準備を始めた。大野見城では一条軍の猛攻に必死に耐えていた。本山氏と大平氏が津野軍に加勢するとの報を受けた大野見の守備隊は士気が上がり勢いを盛り返し、船戸と梼原方面からの援軍も加わり、一条軍を追い返しにかかった。さらに基高は、一族の部将山内左衛門太夫に命じて仁井田郷の一条軍に当たらせた。左衛門太夫は必死の勇を振るって戦い、仁井田郷は津野の手中に回復することができた。さらに、津野の先鋒隊の将高瀬甚左衛門および竹田某は、房基の一条軍を追って仁井田郷を攻めぬけ窪川郷に迫った。一条軍は多数の戦死者や負傷者を残して窪川の茂串城に閉じこもって持久戦に出たが、津野軍の息をもつかぬ猛攻は止むことがなかった。この城を抜かれると、あとは片坂を転げ落ち幡多に退却するよりほかなくなるので、一条軍も必死に防戦した。

一条房基は予てからの評議とおり、大野見城から茂串城に退却する途中ころ合いを見計らって、仁井田郷より佐竹義直の出城である上ノ加江城に早馬を出した。上ノ加江からは、早船が出され久礼湊、宇佐湊と回り佐竹信濃守義直と福井玄蕃に伝令が伝えられた。佐竹義直も福井玄蕃も着々と準備を整えていたので直ぐに出陣できた。この速さが勝敗を分けることになった。本山氏と大平氏の援軍は、途中で津野氏の岡本城が陥落したことを知ることになり、軍を引き返さざるを得なかった。

福井玄蕃は名護屋坂から吾井郷になだれ込み、畔田城と付近の支城をまたたく間に落とした。畔田城の主である中平兵庫元忠は、基高の重臣として半山の姫野々城に詰めていたので、今回は手の打ちようがなかった。福井玄蕃は畔田城を落とした余勢で岡本城に進軍した。一方、佐竹信濃守義直は久礼本城より軍船を出し洲崎の浜、新荘川の河口付近に上陸し、岡本城の攻略に取りかかった。そうこうする内に福井軍も加わり、岡本城の攻城体制がととのった。ところが、岡本城は姫野々本城の入口を守る城だけあって堅牢な城であった。

一条氏と津野氏の三〇年近くにわたる一連の戦の勝敗をほぼ決めたのが、岡本城（別名巣ノ森城）の攻防戦であった。岡本城は、現在の須崎市立新庄小学校の裏手にそびえる標高一六九メートルの尾根に築かれた堅牢な山城であった。寄せ手は久礼城主佐竹信濃守義直、戸波城主福井玄蕃、守将は城代堅田某であった。一条勢は攻めに攻め立てるが城は容易には落ちない。そこで、一条方は一計を案じ、軍中から選んだ美少年たちに城の北側、池ノ内で踊りを踊らせる。その見物のために守兵の多くが山を下りたため岡本城は手薄となる。城兵が踊りの見物に興じている隙に、一条方は反対の南側、今の新荘小学校より登る秘密道から兵を送り込み岡本城に火をかけた。岡本城を焼かれた津野勢はあえなく敗走する。これは、「花取り踊り」の起源の逸話として残るが、真否は定かでない。現実的には、兵力の差はいかんともし難かったものと思う。いかに堅牢であろうと多勢に無勢では勝ち目がなかった。津野軍は大野見方面に多くの兵を割かれ、岡本城の守備兵は一〇〇人足らずであった。数日持ちこたえれば本山氏と大平氏の加勢が得られるはずだったので、必死の思いで戦ったが、その数日の間に落城してしまった。城に登る裏道が一条方に露見してしまい、後ろから攻められ砦は炎に包まれてしまった。

佐竹義直と福井玄蕃の軍は、時をおかずして、新荘川沿いに軍を進め半山の姫野々本城を目指した。この頃になると、本山氏と大平氏の援軍が間に合わないこともはっきりした。また、一条軍の一部が別動隊として行動し津野軍の仁井田郷の囲いを突破し、大野見城の前を素通りし船戸方面に進出してきたとの報も届いてきた。このままでは、守りの薄くなっている姫野々城は挟撃され、津野家が滅亡しかねないことが明らかとなった。実際に、先方の佐竹軍と福井軍は早くも新土居、土居と攻め立て民家を焼き払い始めた。

ここに至り、津野基高と中平兵庫元忠は評議し、一条氏側の犠牲も増える徹底抗戦を選択するよりも、これ以上は戦わずして一条氏房基に恭順した方が、家の存続のためにはよかろうと判断した。あとは相手がどう裁断するかであり、それに賭けるよりほかなかった。元忠自ら急ぎ佐竹信濃守義直の陣に赴き降伏する旨を伝え、戦いは休止となった。

一八・三　和睦交渉

津野氏は、一族・家臣の中から博識で弁の立つ山内雅楽之介を人選し、中村一条館の房基のもとに遣わして降服を申し出るとともに降伏の条件の前提となる話し合いを行った。天文一五年（一五四六年）の正月をすでに迎えていた。

房基「随分と手こずらせてくれたものだな。」
雅楽「この度の戦は当家が望んだものでは決してありません。一条さまが当家の領地に入ってきたので、止むなくお下がり頂く策を講じたものです。」
房基「うまく言ったものだな。詰まるところは、この一条家に戦いを挑んだことには変わりがないではないか。」
雅楽「そうとも言えるかも知れませんが、申し上げましたとおり、当家といたしましては万止む得ない仕儀にござりますことは、何卒ご理解を頂きたいのですが。」
房基「今回はそう言える部分もあるかもしれぬが、恵良沼での戦はどうだ。元実が我が家の娘婿を殺そうとしたではないか。」
雅楽「あれも元はといえば、津野家が東の守りとして守備していたものを一条さまが望み、我が家の者と入れ替わったのでございます。」
房基「要は、我が一条家が乗っとったと言いたいのだな。」
雅楽「………。」
房基「ま〜いいわ。あの城は、当家が東に進出するために必要だったので、奪い取っただけだ。津野の家だって、あの城を拠点に東に進む野望を持っていたのではないか。」
雅楽「過去の当主の気持ちは分かりませぬが、かといって一条さまの治める西側に攻め入る野望を持ったことは一度たりともございませぬ。」
房基「そうかな、あやしいものだ。仁井田郷、窪川郷と徐々に西に出て来たではないか。」

雅楽「そこまででございます。その証に高岡郡と幡多郡の境の片坂を下ったことは一度もございません。また、窪川郷の湊である与津浦は一条さまが治められておりますが、当家は一切手を出しておりません。」（註、与津浦は現四万十町興津）
房基「ま〜その点は認めざるを得ないな。」

山内雅楽之介は、一条房基が自分の言い分を一部認めたこと、ひとの話を聞き入れる余地があることを察知し、本当に言いたかった本題に入っていった。

雅楽「御家と当家は深い縁がございます。我が家ももとはといえば藤原一族、摂政関白太政大臣藤原基経公の後裔（こうえい）にござります。御家は、基経公四男の忠平公に発する藤原北家の本流も本流にございますが、当家は、二男の仲平公につながっております。」
房基「兄貴分だと言いたいのだな。」
雅楽「めっそうもございません。御家は嫡男筋、当家は庶子筋でございます。同じ藤原一族として、手を携えて協力するのが本来のよき姿ではござりませぬか。」
雅楽「我が主君は、房基さまに臣従する証として、恐れ多いことではございますが、一条様より姫様を迎え入れたいと望んでおりまする。」
房基「それはよいが、それでは当家が人質を出すことと同じではないか。」
雅楽「それは違います。婚儀ですので、両家の和解の証であり今後の同盟のさきがけとなるものです。藤原一門として協力すべきと存じます。ご納得がゆかぬのでしたら、当家よりも人を出します。」
雅楽「我が当主は、房基さまには親として仕えるべきなのに、それがかなわずこのような次第になってしまい嘆き悲しんでおりました。何とか両家の関係を元に戻したいと切望しております。」

房基「それは自分で蒔いた種ではないのか。」

雅楽「そうでもありますが、お互いさまでもあります。」

雅楽「房基さまはご存じないかもしれませんが、恵良沼で御家と争った元実も兼寿丸と呼ばれた幼少の頃には、年始のご挨拶のために何度かこの館を訪れ、土佐に土着された御祖父の房家さまにお目通り願っております。それ以来、我が家は一条さまを土佐の国司さまと仰ぎ奉っております。」

房基「そうか、……それにしては手荒いことをしてくれたものだな。」

雅楽「過去のことがお気に召さぬようでしたら、平身低頭お詫び申し上げます。時世には時の流れというものもございます。当人が望まぬ方向に身を流されることもございます。この辺りのこともご斟酌をお願い致したく存じます。」

房基「考えぬでもないがな。」

雅楽「このように一条さまに臣従する限りは、今後は粉骨砕身御家のために尽くす所存です。」

房基「中平兵庫守元忠は、忠義に厚く津野家に随分と貢献し、今回の和議も元忠の忠儀のお陰であろうが、いずれいなくなるであろう。お前の主人は信用できるのか。」

雅楽「人の信用を裏切らないのは、初代経高以来当家の当主に沁みついた心根（こころね）です。」

房基「話は解った。家臣と評議した後に沙汰を出すので、一両日ゆるりとしておくがよい。」

房基「ところで、津野家には男児がいたな。確か、定雄とか聞き及んでいるが。今何歳だ。頼りになる男か。」

雅楽「定雄さまは御年二六歳です。家臣一同は次の当主の器に相応しい嫡子と思っております。それが何か。」

房基「ま〜よい、婚儀の話も出てきたので一応聞いたまでだ。」

雅楽　深々と頭を下げ、「ひらによろしくお願い申し上げます。」

翌日は天気もよく、碁盤の目によく整備された中村の通りを散策し、四万十川のほとりまで足を運び川漁師の投網漁を物珍しく眺め時を過ごした。四万十川もここまでくるとこんなにも大きな川になるのだと驚いた。津野氏の領地を流れる四万十川は、まだ小さな川で、争いの地であった仁井田郷辺りでも川幅は中村の半分以下であった。翌日の昼過ぎに房基に呼びだされ二度目の面談を行った。

房基「四万十の流れはどうであった。」
雅楽「（我の動きが報告されていても当然だなと思いつつ……）津野の領地と違い一条さまの領地では四万十川まで雄大でございます。感じ入りました。」
房基「そちもなかなか人を喜ばす言葉使いを心得ているではないか。四万十川は津野の領地とつながっておる。上流で津野が毒をもれば下流で一条が死ぬ。このことを忘れるではないぞ、そのようなことにならぬようにな。」
雅楽「もちろんでございます。当主以下家臣一同、領民に至るまでそのことは申し伝えます。」
房基「さて、今回の和議に当たり、津野家に対する沙汰をここにしたためてある。これを持って帰ってやるのだ。驚くほど喜ぶぞ。おぬしもご苦労であったので、ひとつだけ教えておいてやる。津野の本領は安堵する。」
雅楽「それはご過分のご配慮、恐れ入りまする。」
房基「もう一つ申し伝えておきたいことがある。そちも藤原一族として手を携えるべきと申したが、それには同感である。我が祖父房家の晩年の娘が一人嫁ぎ先を捜しておる。定雄の二歳年下だがなかなかの器量だぞ。おぬしの主人も望んでいるようなので、この娘を嫡子の正室として嫁がせたいと伝えてくれ。将来、二人の間に一条家と津野家の血を継ぐ当主が生まれれば、そちのいうことが真（まこと）になるではないか。」

雅楽「それは全く以て真にございます。基高も喜悦すると存じます。」

房基は、「上流で津野が毒をもれば下流で一条が死ぬ」と言った。これに近いことが一五七〇年代になり起こる。長宗我部の調略により津野氏は一条氏から離れるが、東側の防波堤を失った一条氏はやがて滅びる。

山内雅楽之介は、一条房基の沙汰状を大切に携えて急ぎ半山に帰っていった。姫野々の城では基高が首を長くして待っていた。休戦したとはいえ、一条方の囲みが解けたわけではなく、主だった重臣は城に詰めて警戒を怠らなかった。元忠、雅楽之介に加えごく限られた重臣が居並ぶ中で、基高は沙汰状を開き読み始めた。次のことが書かれていた。

一、津野の本領は安堵する。但し、窪川郷、仁井田郷、戸波郷は、将来にわたり所領とは認めない。

一、仁井田郷の北側は佐竹信濃守義直に割譲するので、その旨引き継ぐこと。

一、一条家は今後とも東進を続ける。まずは仁淀川の西岸を割き取る所存であるので、津野家はその先鋒を務めること。（つまり、大平氏、波川氏、片岡氏等の領地に侵攻する宣言をしたことになる）

一、両家の和睦と今後の親睦の証に、一条家より嫡男に姫を嫁がせるので、両家で相談の上できるだけ早く婚儀を執り行うべきである。

一条房基に降った津野氏は、同じ天文一五年（一五四六年）には房基の軍令を受け、佐竹信濃守義直、福井玄蕃とともに大平元国の本拠地蓮池城を攻めた。大平元国は、猛攻に耐え切れず開城し城は一条氏の手に落ちた。大平氏はその後、元国の子の国興が戸波村に小さな領地を与えられかろうじて命脈を保つことができた。

津野氏と大平氏が一条氏の軍門に下ると、周辺の国人衆も一条氏の威光にひれ伏すこととなり、黒岩の片岡氏、波川の波川氏、日下の三宮氏、越知の野津氏等が中村の一条館に使者を送り、ことごとく一条氏への恭順を申し出てきた。これにより、仁淀川以西は全て一条氏が支配するところとなった。

（書き下し）
基高（花押）（註、袖判）
御訴訟申シ候ニ付而シテ大野見ノ内折野々立テ替ヘヲ為シ舟戸ノ村上力石御納所彼是《かれこれ》合ワセ八百文ノ分御扶持候、相残ルノ分ハ何事モ此ノ如クノ間、随分奉公仕ル可ク候、少モ之儀在ル如クハ何時モ先年ノ如ク相定ム可ク候、後日徴《あかし》ヲ為ス所件ノ如シ
天文十五　年丙午八月四日（一五四六年）
戸田蔵助殿へ
（右戸田九郎兵衛蔵凡十一通）
（『高知県史古代中世史料編』二九七頁）

右の書状は、基高より家臣の戸田蔵助に宛てた書状で、大野見から戸田氏の本拠地である船戸の土地への所有田畑の付替えを行ったもので、扶持高で八〇〇文であり、これは江戸時代の単位ながら、約二反相当分である。発行時期は一条氏に降った直後である。次の当主定勝も家臣に対する知行宛を行っており、従い、一条氏に降った後も知行宛と恐らく役付宛の権限は津野氏に残されたものと推測できる。

一条氏に降った後、一条氏より伊予方面への軍役の指示が出されるようになった。次の書簡は当主基高が伊予表に出陣することになり、元亨院の南昌東堂和尚にも何か相談したようであるが、船戸の

戸田長右衛門に対し不在中の留守居役を命じた書状である。

（書き下し）

与州郡内へ弓矢調候ニ付、南昌東堂様ニ頼ミ申シ彼方へ近日御越候、其ノ方人物取置候、能々預リ申ス可ク候、御留守中ノ事ニ候、若シ其ノ内何方モ不審ナル事候ハ、少シモ相違無キ様ニクルメ申シ候ハ、遣候へク候、連々姫野々迄御座アルへク候、其ノ方御逗留候へク候、合ノ儀ヲ以ッテ奉公候へク候

七月十七日（註、年不詳）　基高

戸田長右衛門かたへ

（『土佐国蠹簡集』三）

一条氏と和議を結んだ後、基高は浮かぬ日々を過ごしていた。一条氏からの軍令にも自身は積極的な行動はとらず、対応は重臣中平元忠に任せていた。そのような基高を喜ばせたのが、孫二人の誕生であった。定雄と一条房家の娘の間には、立て続けに二人の男子が生まれた。長男定俊と二男勝興であった。だが、残念ながら、房家の娘は勝興を生んだ四年後の天文二二年（一五五三年）五月二六日に享年三一歳で亡くなった。「梅室光薫大禅尼」の戒名が与えられた。失意の日々を過ごしていた基高は、一条家から預かった姫君を助けられなかったことでさらなる心労が重なったのか、二か月ほど経った八月一日には今度は基高が亡くなった。基高は分家の男子であったが、何のめぐり合わせか津野宗家を引き継ぐことになり、必死に家を支えた。しかし、西側で急激に勢力を拡大した土佐一条氏の勢いに押され臣従することを余儀なくされた。家の存続は守れたが、一条氏と運命を共にせざるを得ず自分の家の将来を自分で決められなくなったことで、子孫の将来に一抹の不安を残して旅立った。いずれ、冥土の世界で中平元忠からその後の津野家の行方を報告してもらえるだろうと思いつつ眠りに就いた。

一八・四　仁井田五人衆

この時代、仁井田郷には、仁井田五人衆と称される豪族が割拠していた。この仁井田五人衆は、津野氏と一条氏の攻防において重要な役割を担っていたが、その動向の詳細は必ずしも十分には判っていない。（註、仁井田郷という表現は窪川郷を含む場合もある。）

第一五代津野通高の頃には、津野氏は松葉川郷の南部氏とともに大野見城を攻略し仁井田郷への進出の足掛かりとした。その後、仁井田郷を攻略し仁井田五人衆をその支配下に置いていた。その状態がしばらく続くが、さらに西の幡多郡では一条氏が土着し急速に勢力を拡大してきた。その勢いは仁井田郷にも及び、大野見城に攻め上がってきた天文十二年（一五四三年）六月頃までには、仁井田五人衆は一旦ことごとく一条氏の支配下に入ったものと思われる。しかしながら、その後も仁井田郷では、一条氏と津野氏の間で一進一退の攻防が繰り広げられ、仁井田五人衆もそれに翻弄され続けた。津野氏は、天文一五年（一五四六年）一条氏に降伏し和を結ぶが、これを以て仁井田五人衆も完全に一条氏の軍門に下った。

窪川氏（茂串城主）

明応九年（一五〇〇年）に相模国鎌倉から下向し山内（首藤）姓を称したと伝えられる。始祖は山内備後守宣澄で、窪川茂串山に城を築きその一帯を領した。領地は二、六五〇石で仁井田五人衆の中では最大の勢力であった。窪川氏は地名をとって氏性としたとあり、明応九年頃には窪川の地名があったことがうかがわれる。初代宣澄は津野氏に仕えるが、津野氏が一条房基に降伏する頃には一条房基に仕える。永禄一一年（一五六八年）三月二三日に亡くなった。長宗我部氏の西進に伴い窪川氏は長宗我部元親の家臣となるが、宣澄の二男窪川俊光は天正七年（一五七九年）五月二一日、伊予の岡本城下の合戦で主将久武親信に従い奮戦するが戦死した。宣澄の長男窪川充秋の息子、窪川宣秋と七郎兵衛の兄弟は、朝鮮戦役で釜山の西方馬山の東熊川で戦死し、窪川氏は断絶する。尚、窪川氏については津野氏説もあるがどちらかは定かではない。

西原氏（中江城主）

紀伊国日高庄の西原清延という者が窪川郷西原に来て住んでいたが、明応元年（一四九二年）に新在家郷（現四万十町土居）の中江城に移り、新在家郷一二ヶ村、西原、若井、若井川、与津等二一ヶ村を領し、二、二四七石であった。西原氏の本姓は菅原氏であるが藤原氏を称していたとのことである。朝鮮出兵のおり、西原紀伊守貞清と新五衛門清直は敵がかねて謀ってあった毒水を飲んで歿したと伝わる。関ヶ原の戦いの後、浦戸城受け取りのための山内一豊の役人がきたとき、長宗我部の遺臣である一領具足の者が、城明け渡しに反抗した（浦戸一揆）。このとき西原清澄はこの一領具足の徒に加わって反抗したが、ついに浦戸城明渡しとなったので、身の危険を知り土佐国を去って九州鍋島家に仕え西原権助と称した。その弟の清康は、浦戸一揆には参加せず山内家に仕えたとされる。

志和氏（志和城主）

志和氏は伊予河野氏の一族で伊予国風早郡難波より移り住んだもので、もとは難波氏を称していたが、志和に来て志和氏を名乗った。その領地は志和郷の全域で一、八四五石であった。志和は、年貢米の積み出し、京都・大坂との交易の港として栄え、窪川郷・仁井田郷の海の玄関口として重要な拠点であった。戦国期、長宗我部元親が行った調査によると、志和には「船頭二人、水主三人、番匠三人がいた」とある。船頭は船長、水主は航海技術を持った船員、番匠は船大工である。文禄元年（一五九二年）、豊臣秀吉による朝鮮出兵では、志和城の城主以下の家臣団が、志和の番匠たちが作った船に乗り、船頭と水主の操船によって出兵した。志和宗茂、難波勘助兄弟は無事帰ることができた。

　永禄十二年（一五六九年）元親が安芸城主である安芸国虎を討ったとき、一条房基の家来であった志和難波勘助は、その侍大将となって兵を率い、房基の娘婿である国虎のために大いに働き、元親の軍をさんざん悩ませた。このことを元親は遺恨に思っていた。また朝鮮征伐のときはその得意の強弓を射て軍功をたてたので、秀吉より直接の招きを受けて伏見の御殿で秀吉の謁見を受けご馳走になった。元親は、自分の部下でありながら秀吉より直接の処遇を受けることはけしからんと怒った。こうした憎しみに加え、仁井田郷の統治の邪魔になるとして元親は志和一族の討伐を図った。文禄四年（一五九五年）、勘助を阿波蜂須賀蓬庵のところへ使として送り、その帰りを待って殺せと安芸の黒岩玄蕃に申し付けた。勘助はそれとは知らず玄蕃の家へ立ち寄り風呂にはいっているとき玄蕃はこれを殺した。次に、同年宗茂を伊予に使節として行かしめ帰ってくるところをねらって、構原の船戸三郎左衛門が酒をすすめているところを、松原蔵人が腕を斬り船戸が首をはねて殺した。その上で、同年四月元親は早速大軍を志和城へ差し向け志和氏を滅ぼした。

　勘助の弟台禅の子又之丞（定次）は、母に抱かれてこの危難のなかを幸いにも逃れ去ることができ、高知城外久万村川田惣右衛門の家に養われて成人した。元和元年、山内氏二代忠義に新小姓として五人扶持を受けて仕え、志和氏の命脈を伝え子孫は存続した。

東氏（本在家城主）

　伊予河野氏の一族で、三河守とその子伊賀守宗澄に至る二代の間、与津三崎山の与津城に居城し一条氏領与津の代官を務めていた。のち本在家郷の野口城（本在家城）に移り、本在家郷一帯を治め七九六石を領していた。二代目忠澄は最初津野氏に仕え、津野氏が一条房基に降るとその家臣となった。三代目宗澄は一条兼定、のちに長宗我部元親に仕える。四代目当主東丹後守越智宗隆は、一条氏が元親のために断絶したのをうらんでいた。長宗我部氏の継嗣問題で吉良親実の家臣七人が元親を討とうとした際に合流しようとしたが、既に七人が討たれたことを知り引き返す途中の日下で討たれた。また、宗隆は、浦戸一揆の一領具足大将の一人福良助兵衛と同一人物で、一揆鎮圧の後は日下に隠れ住み水浴びの最中に殺されたとも伝わる。東氏は宗隆を以て断絶した。

西氏（影山城主）

西氏は東氏の分流でもとは伊予河野氏である。東忠澄の二男（宗澄の弟）が分家し、東氏の西隣の山の山頂に影山城を築き、五三七石を領していた。最初は津野氏に属したが、二代西宗勝の代に一条房基に仕え、のち長宗我部元親に降る。慶長元年（一五九六年）、豊臣秀吉による朝鮮出兵（慶長の役）のおり、西氏を含む「仁井田五人衆」に対して、元親から出兵の命令が出たが、西宗勝は留守役（守護職）を命ぜられた。そして、朝鮮半島へ出陣する人々を、与津（現在の興津）の港まで見送りにいく途中、仁井田川を馬で渡ろうとしたが、折からの大雨による増水で、馬もろとも流され溺死してしまう。宗勝には三人の息子がいたが、家督相続を認められず一家は離散したという。

第一九章　西南四国の争乱

第二二代当主津野定勝とその子孫の決断と行動には、戦国時代末期の南予における情勢が大きく影響している。前半は、中村御所に拠る土佐一条氏の南予侵攻と、縁戚筋である豊後の大友氏による豊後水道渡海遠征が繰り返される。後半は岡豊城に拠る長宗我部氏の伊予侵攻の軍事行動と、それを受けた元親実弟で土佐国の西部地域統治並びに南予攻略の任を負う中村城監吉良親貞の南予攻撃が継続的に展開される。年毎に時の動きを纏めてみる。参考資料は、『松野町誌』『清良記』（宇和郡大森城主土居清良の一代を綴った合戦記）『宇和郡記』『中村市史』等である。

一九・一　土佐一条氏の南予侵攻

一五六五年（永禄八年）正月、一条兼定は久礼城主佐竹信濃守義直を総大将として五〇〇騎の軍勢を河原渕領（現松野町）に向けた。宇和軍勢は、三間表（現宇和島市三間町）の土居領主土居清良・中野領主河野通顕らが応戦した。二月に両軍兵を退く。尚、その後の記述でも解るとおり、一条軍の南予への主たる侵攻ルートは、中村から四万十川沿いに上り現在の西土佐江川崎に至り、そこから広見川沿いに河原渕に至る行程であった。

一五六六年（永禄九年）二月、豊後の大友勢の船数艘が土佐の宿毛に上陸、一条軍を加勢し宇和郡に攻め入るとの情報が宇和郡の旗頭西園寺実光に届くが、この年は若干の小競り合いに終わった。

一五六七年（永禄一〇年）三月、津野氏一族の山内外記率いる土州軍七〇〇騎が、河原渕領を経て深田領（現鬼北町）及び有馬領（現宇和島市三間町）に進み、三間大森城（現宇和島市三間町元宗）城主の土居清良と対陣するも、土州軍は矢戦もせず退いた。五月、山内外記率いる五〇〇騎と土佐中央部の国人国沢越中率いる二〇〇騎が河原渕領方面に布陣した。宇和軍は、三間大森城主土居清良を筆頭に奮戦し土州軍は敗走した。

一五六八年（永禄一一年）二月、一条兼定自ら千余騎を率いて河原渕領に侵入し布陣した。戦況は一進一退で進んだが、宇和軍勢も盛り返す中おりから広見川の大水があり両軍とも兵を退いた。七月、秋の食糧米の略奪を企て、一条氏の上山下山の軍勢が、松丸村（現松野町松丸）から次郎丸村（現松野町又は鬼北町のどこか）へと侵入するも三間表の土居領主土居清良、奈良村の川後滝城（現鬼北町奈良）城主坪内清俊らが土佐勢の追散に成功した。

一五六九年（永禄一二年）春、麦の収穫期を狙った土州軍が河原渕領の松丸に進出するも、土居清良が鉄砲戦でこれを退けた。

一五七〇年（元亀元年）九月、豊後大友勢に呼応し土佐勢が河原渕領に入り薄木城（現鬼北町大字清延）及び川後滝城を囲むとともに、深田領の一之森城（現鬼北町大字吉波）及び中野領（現宇和島市三間町）を攻め合戦が繰り広げられた。一之森城主竹林院は降伏した。

一五七二年（元亀三）正月、一条氏と西園寺氏の和議が成立した。長宗我部氏が一条氏を攻略し始めたため、一条氏は宇和郡の諸将に援軍を求めている。

一連の侵攻において、土佐軍は河原渕城（別名河後森城）の目の前を度々通過したが、河原渕城が土佐勢と交戦したとは記されていない。それもそのはず、一条兼定は南予進出の布石として、一族の者をこの城に送り込んでいた。渡辺教忠である。教忠は、一条氏初代当主一条房家の子である東小路教行（一条教行）の次男であり、西園寺氏の重臣河原渕城主渡辺政忠に男子がなかったためその養嗣子となった。西園寺十五将の筆頭として一万六五〇〇石を領した。土佐方の侵攻に対し宇和軍の中核として奮戦した土居清良と共に幼少期を送った。渡辺教忠は一条氏が侵攻した際、西園寺氏の出兵命令を断り日和見を決め込んだため、永禄一〇年（一五六七年）には主君西園寺公広に攻められ、養子を人質に差し出し降伏している。一条氏の土佐国追放後は長宗我部氏に敢闘し、河後森の若城主と呼ばれ評判になるが、度重なる戦乱により家臣の分裂を生む。渡辺教忠は津野氏第二二代当主定勝の妻梅室光薫の兄一条（東小路）教行の息子で、定勝にとっては甥、第二三代当主勝興にとっては従兄弟に当たる。また、西園寺公広は梅室光薫の姉の息子なので、同じく定勝の甥、勝興の従兄弟であった。渡辺教忠と西園寺公広は従兄弟同士であった。当然のことながら、当事者たちはこのあたりの関係は承知していた。

一九・二　河原渕氏と芝一族

河原渕氏は、この物語でもたびたび登場する。津野氏とは国境を挟み伊予国南側を統治していた一族で、時として争い時として親睦していた。当然、領民も頻繁に行き来し血のつながりもできていたはずである。津野氏も度々河原渕氏から姫を迎え入れていた。河原渕氏の本姓は渡辺氏であるが、その知行地に因み、一般的には河原渕氏と呼ばれていた。河原渕氏の領地は、現在の松野町、鬼北町の領域でかなり広い領地を有していた。

渡辺氏も古くからの家柄である。『渡辺家新城氏源姓由来書』は、渡辺氏の系譜を示す唯一の文書であり、その正誤には疑問点も残すが、そこには次のとおり記されている。元は村上天皇の第三皇子（実際は第九皇子）の具平親王の六世の後胤に従五位上渡部源治滝口舎人源綱が出て摂津国の城主であった。それより六代目の従五位下渡辺源七兵衛小輔源連が、建久七年（一一九六年）三月一五日に河原渕の河辺城を河後森城と改名し居住したと記録されている。河後森城への入城時期からすると、源平合戦ののちに鎌倉幕府の地頭としてこの地に送られてきたと考えられる。村上天皇は、醍醐天皇の皇子であるが生母は藤原穏子で津野氏初代経高の父親藤原仲平の同母妹、経高の叔母である。河原渕氏の出自の記録が正しいとすると、津野氏とも縁深い一族であったことになる。尚、具平親王の系統は、村上源氏の正統で、多くの公家ならびに武家では北畠氏、赤松氏が出ている。幕末の岩倉具視も村上源氏の支流とのことである。津野氏に河原渕氏の姫様が最初に嫁いできたのは、第一〇代春高の時で、一二四〇年頃と思われ、渡辺源七兵衛が河後森城に来てから凡そ四〇年後のことであり、時代的な矛盾はない。

河原渕氏はその後、鎌倉時代、南北朝時代、室町時代と命脈を保つが、一条教行（東小路教行）の次男教忠が渡辺政忠の養嗣子として送り込まれてきたことにより状況が変化してくる。

芝氏の祖といわれる西川美作守政輔は、河後森城主渡辺教忠の重臣であった。教忠は、『清良記』が記すように文弱であったらしいが、一条氏の出であるため、一条軍が河後森城の目と鼻の先を行軍して行っても城に籠りやり過ごすだけで戦わなかったため、近隣の領主・国侍はては領民から白眼視されていた。『清良記』は、教忠には男色の気があり西川美作守政輔は寵臣として可愛がられ、渡辺氏の家臣団を牛耳るようになったと書いているが、これは敵を悪しざまにこき下ろす軍記物独自の記述方法であると見なされている。『清良記』の主人公である大森城主土居清良は、土州軍（一条氏及びのちの長宗我部氏）に対しては徹底抗戦派であり、西川氏（のちの芝氏）は融和派であったことが影響していると思われる。西川氏（芝氏）が土佐勢に対し融和的であった理由は、領地がより国境に近く土佐勢の圧力を日々感じざるを得なかった、つまり抵抗し続けることの危険性をより身近に感じていたこと、歴史的に土佐との交流が盛んでありその分土佐側につくことに抵抗感がなかったのではないかと推察される。

西川美作守政輔は、渡辺氏の家中で勢力が強大となり、それを背景に主君である渡辺教忠を強制的に蟄居させたと見られている。『清良記』はこの辺りのいきさつを、「鰯川のほとりに仮屋を建て石風呂を構え教忠を接待し酔わせ、その間に河後森を乗っ取った」と記述している。ありそうなことではある。

これは下剋上であることは明白であったが、西川美作守政輔も周到で、のちに河後森城主となる四男芝源三郎を板島（のちの宇和島）に伺候させ、南予の旗頭西園寺氏により領地を安堵してもらっている。

西川美作守政輔には四男二女があった。長男は、芝一覚政景であり、広見村（現鬼北町大字広見）の多武森城主であった。また、その属城として鷹ノ森城（現鬼北町大字川上字葛川）、勝山城（現鬼北町大字上大野）、薄木城（現鬼北町大字清延）、萩ノ森城（現鬼北町大字上鍵山）を配下に置いていた。資料によっては、芝一角、芝一学との名前も出てくるが、文脈からして同一人物である。勝山城の麓には芝氏累代の墓所が雑木林に覆われて残っている。現在の鬼北町芝にある奈良山等妙寺には、天正一一年（一五八三年）に二肱如意輪観音が、脇侍の毘沙門天と不動明王と共に、芝一覚が大檀主となり芝政稔、観音講一同その外の合力により再興造営されたとの記録が残っている。二男が、芝左京進政稔であり、河後森城の番城である国遠村（現鬼北町大字国遠）の竹ヶ森城の城代を務めている。番城とは、城主を置かず城代、侍大将などを派遣して守備させる城のことである。三男が、芝四郎右衛門尉端凞であり、父親の後を継ぎ松森村（現鬼北町大字生田）の鳥屋ヶ森城主となる。松森村の三島神社棟札には、美作守政輔と四郎右衛門尉端凞の父子名が記されている。四男が、芝源三郎であり、渡辺教忠の追放後、河後森城主となる。一女は、吉野村（現松野町大字吉野）の丸山城主竹内氏に嫁いでいるが、もう一女については詳細不明である。

芝四兄弟の父親である西川美作守政輔は、松森村の鳥屋ヶ森城主として河後森城主河原渕氏旗下の重臣であり、河原渕領のうち西の川領分を支配し、西園寺旗下でも名高い知将であった。もともと西川の地域は、河原渕領主の一族西川氏が治め、前時代の古文書にも記録されているところである。旧西川氏が滅亡した後は、芝氏すなわち新しい西川氏が支配した。延川村（現鬼北町大字延川）の天満大自在天神宮の棟札には、西川美作守政輔の名を記し、芝氏が西川氏と称したことを示しており、前城主西川氏の後を継いだことを裏書きしている。

その出自については、『清良記』の家老後裔説と、『宇和旧記』の百姓出身説がある。『宇和旧記』は、「河上村（現鬼北町大字川上）に四郎右衛門という百姓がおり、河後森城主渡辺教忠が川狩りに出かけた際に見かけ、その巧みな鵜網さばきが気に入り召し抱え、短期間で出世し鳥屋ヶ森城を預かるまでになった」としている。『松野町誌』は、教忠が城主であった永禄年間（一五五八年〜一五六九年）以降元亀年間（一五七〇年〜一五七二年）天正年間（一五七三年〜一五九一年）の短い間に父子四人が城主にまで取り立てられるのは不可能であり、教忠以前からの武家であった思われるとして百姓説は否定している。取り立てる側の主君渡辺教忠は、『松野町誌』によると天文一一年（一五四二年）の生まれで天正一〇年（一五八二年）頃には家臣の芝源三郎に城主の地位を追われ政治の実権を失っている。

時は戦国時代真っ只中である。豊臣秀吉が二一歳の天文二三年（一五五四年）頃から織田信長に小者として仕え、天正元年（一五七三年）に近江国長浜城の城主となるまでおよそ一九年、秀吉臣下の石田三成に至っては、一四歳の天正二年（一五七四年）頃に小姓として秀吉に仕官し、天正一三年（一五八五年）に、秀吉の関白就任に伴い、従五位下治部少輔に叙任されるまでおよそ一一年である。翌天正一四年（一五八六年）には当時名将として名高かった島清興（左近）を知行の半分を与えて召し抱えたといわれており、それ以前に相当規模の知行地を与えられていたことは確実である。戦国時代は、旧来の社会秩序と常識が崩れ去る時期でもある。芝一族のように親が百姓から城持ちとなり、長男が城主、次男が城代、三男が父親を継ぎ城主、四男が主君を追い出し城主、これらが一〇年から二〇年という歳月のなかで起こることは不可能ではないと思われる。芝一族の祖、西川美作守政輔の百姓出自説は、時間の観点からだけでは否定しきれない。尚、芝一族は現在の鬼北町大字芝の地より起こったと思われる。

一方、家老後嗣説の『清良記』では、現代語訳で「河原渕法忠（註、渡辺教忠）四代前の庄林肥後時忠は、明応年号（一四九二年～一五〇〇年）までは弓の名手であった。この時忠の家老に芝一覚という才覚者がいた。その後の芝作州（註、西川美作守政輔）というものが出て、中でも優れもので利口であったため、西園寺実光（一五一〇年～一五六五年）に気に入られ、鳥屋ヶ森城の城代にしたが、美作は普通以上の才覚があったので、後に西の川を領地することになった。その子一覚・左京進・源五郎・源三郎とて男子四人女子弐人あり……。」とある。

一五六八年（永禄一一年）正月、西川美作守政輔の三男端漑は、兄の一覚政景や左京進政稔らと共に土居清良の大森城を取り囲んだ。翌二月には、反対に土居軍勢が端漑の居城鳥屋ヶ森城を攻めた。事件はたいしたこともなく終息したが、由来、西川氏と土居清良は不和であり、土居清良の一族が書いた『清良記』は、ことごとく西川一族を悪しざまに書いている。

一五七六年（天正四年）七月、鳥屋ヶ森城主西川政輔は西園寺旗下の武将として三〇〇騎を率い、中国の毛利一族の援軍として安芸国へ渡り、小早川氏と大友氏との合戦に加わった。

一五八〇年（天正七年）、河原渕領に侵入した長宗我部軍に対し、西川一族は、当初の頃は領主河原渕氏を援けて戦い、河後森城の合戦でも軍功があった。しかしながら、長宗我部氏の四国計略が進むにつれ、西川政輔への長宗我部氏からの工作があり、これを敵への内通と見た土居清良らは、宇和郡の旗頭西園寺公広に申言し、鳥屋ヶ森城の西川政輔を取り囲んだ。西川政輔は、長男芝一覚には西園寺方の軍勢に加わらせ、西園寺氏に対し二心ないことを陳述した。結果、荒天候が重なり城の囲みが解かれたこともあり、うやむやのうちに終わった。

一五八〇年（天正八年）から一五八一年（天正九年）の頃、西川政輔の四男芝源三郎が河後森城主渡辺教忠（河原渕教忠）を蟄居させ、宇和島黒瀬城の西園寺公広の下に伺候して所領安堵の御目見得を行った。別の記述によると、教忠は、月見の夜に居城から追放され、その後暗殺されたとも帰農したとも言われている。全く別の見解もあり、実際には子がなかった教忠が源三郎に城主の地位を譲ったというもの。『松野町誌』は、西川一族の長宗我部氏に与する動きや河後森城の乗っ取りの動きを、長宗我部氏の伊予攻略が着々と進む中、予土国境に位置する小領主が生き残るための自己保存策であったとしている。従い、西園寺氏からこれらを責められると、母親を人質に黒瀬城へ送り、西園寺氏に二心ないことも誓っている。

一五八五年（天正一三年）、羽柴秀吉の四国征伐に際し、西川政輔と芝一族は戦わずして小早川隆景の軍門に降り、おのおの城を降りて領地内に暮らしていた。

一五八七年（天正一五年）戸田勝隆が新領主となり、先に下城した芝一族は、領内に一揆もなく静穏であり、戸田氏から格別に目を掛けられその保護を受けていた。時に西川政輔は、世の中の有為転変に無常を悟り、七〇歳前後の年齢で孫一人と従者四人を連れ、六十六部の法華経を寺社に納めるため、諸国巡礼の旅に出て二度と帰らなかった。

これら含め伊予国西部で展開された一連の戦の背景には次のような事情があったものと推察される。一条氏は土佐国では東進し高岡郡方面、更にはその先に勢力を拡大することを目論み、もう一方では、北進し伊予国でその西部を侵攻している。宇和郡の西園寺氏、喜多郡の宇都宮氏をはじめとする中小諸豪族と干戈を交えており、その結果道後湯築城を代々の居城とする伊予の大豪族河野氏と衝突することになる。この時期、一条氏は豊後の大友氏と婚姻関係にあった。一方、河野氏は中国の雄毛利氏と婚姻関係にあり、この両家は村上水軍とも良好な関係を維持していた。

一条・大友両家は連携することにより豊後水道の海上交通を支配しようと図ったと思われる。そのためには、豊後水道の東側を占める伊予西部を確保することが不可欠である。大友氏は、九州北部では毛利氏と対立しており、これには周防灘・関門海峡の支配権が絡んでいるはずである。結果として、一条・大友対河野・毛利・村上という構図で戦が行われることになる。これらの戦は、単に戦国大名の領地拡大野望だけではなく、海上交通の支配権を確保する目的もあった。それは即ち、南蛮貿易、中国貿易、朝鮮貿易、琉球貿易の権益確保と深く結びついている。四万十川河口にある下田湊は一条氏の海上交通の要であった。

津野氏もこのような大きな流れの中で、主役になり切れずに呑み込まれていったことになる。一条氏は、下田湊を通じて南蛮貿易を行っていたとも言われている。これが事実であれば、姫野々城址並びに姫野々土居跡で行われた発掘調査により多数の中国青磁器、高麗青磁器等の貿易品が発掘されているが、その一部は一条氏を通じ土佐国内で直接入手したものとなろう。

一九・三　長宗我部氏の南予侵攻

四国統一を目指した長宗我部元親は、伊予の侵略を御庄口（土佐側は宿毛）と河原渕口（土佐側は江川崎）と北之川口（土佐側は梼原）方面から行い、再三再四にわたって南予の二郡、宇和郡と喜多郡を攻撃した。

一五七四年（天正二年）、福留隼人率いる土州軍五〇〇騎が、須山口（現松野町須山口）から河原渕領に侵入し、領主渡辺教忠の居城である河後森城を取り囲んだ。教忠は、一条軍の来攻時とはうって変わり、積極的反攻策に出た。三間大森城主土居清良が出陣し、河後森城兵と共に土州軍を退けたが、再び土州軍は、福留隼人と国谷刑部が七〇〇余騎を率い、須山口及び西ヶ方口（現四万十市西土佐西ヶ方）から河原渕領に攻め入った。宇和軍側は、三間表や板島（現宇和島市）や立間（現吉田町立間）の武将が駆けつけ、河原渕氏旗下の西川氏も、鳥屋ヶ森城の西川政輔及び瑞淵、多武森城の芝一覚政景、竹ノ森城の芝左京進正稔ら親子兄弟が善戦し土州軍を退けた。更に閏一一月、土州軍は津野勝興の重臣山内外記率いる七〇〇騎が、須山口と西ヶ方口と権谷口（現四万十町西土佐権谷）の三方から河原渕領内に押し寄せ河後森城を取り囲んだ。この合戦には、宇和郡の旗頭西園寺公広が将兵を率いて出陣し、河後森城主旗下の西川一族も加わったが、宇和軍方は苦戦した上で最後にようやく土州軍を退けることができた。

一五七五年（天正三年）二月、長宗我部の軍勢は山内外記が大将となり一二〇〇騎を率いて河原渕領内に押し寄せた。この度の長宗我部軍勢は、河原渕教忠（渡辺教忠）の河後森城、土居重宗の薄木城（現鬼北町大字清延）、竹林院公義の一之森城、河野通賢の高森城（現宇和島市津島町近家）を取り囲み、大将の山内外記の一軍は板島の丸串城（現宇和島城の地）を攻めた。さらに同月、吉良親貞が軍勢を率いて河原渕領内に入り河後森城とその周辺の城攻めに加わった。この合戦は、鬼北地方の大合戦となった。合戦は激戦が続き、土居清良の軍勢は敵将山内外記を打ち取り、教忠旗下の西川一族は河後森城に立て籠もり奮戦し本城を支え、遂に土州軍は敗走した。

一五七六年（天正三年）（天正三年ともいわれる）、長宗我部の実弟吉良親貞は中村城監として幡多郡を支配しており、隣接する河原渕領の攻略には執念を燃やしていた。今回は、河後森城を急襲して攻め落としてしまった。河後森城主渡辺教忠は、旗下の土居重宗の薄木城に逃れ急を旗頭西園寺氏に告げ、近隣の城主に援助を乞うた。これに応じ土居清良が駆けつけると、旗下の土居重宗や坪内清俊らと共に城を奪回した。

一五七七年（天正五年）、吉良左京進親貞は、久武内蔵助を将として八〇〇余騎にて河後森城を攻めた。河後森城主渡辺教忠は、度々の土州軍の攻略を受けて領内が疲弊し、遂に長宗我部氏の軍門に降った。旗下の多武森城、鳥屋ヶ森城、竹ノ森城諸城の西川氏一族並びに薄木城主の土居氏も降伏した。河原渕の智将西川美作守政輔が、恐らく長宗我部氏の調略に応じ和議を結び、河原渕領の安全を図ったといわれている。（ここにいう諸氏の降伏は天正六年～七年頃との見方もある。）

一五八〇年（天正八年）から一五八一年（天正九年）の頃、河原渕教忠の寵臣芝源三郎が、主君を蟄居させて河後森城主となり、長宗我部元親に降ってこれに通じ、西川一族と共に行動し、土州軍を河原渕領内に誘導した。三間大森城主の土居清良は、立間の土居以水や板島の家藤監物らと兵を河原渕領に出し、土州軍と河原渕軍がいる城や陣地を攻撃した。土居清良は河後森城の芝源三郎を攻め、土州軍が河後森城に援軍を出すなど、従来とは様相の異なる深刻な合戦の様相を呈してきた。河後森城主芝源三郎は、土居清良の軍勢に攻められ降伏、三間大森城に人質として連れ去られる。更に、源三郎の兄芝正稔のいる竹ノ森も包囲されたが、芝兄弟の父親である西川美作守政輔が、宇和軍の旗頭西園寺公広の許へ赴き、西園寺氏に対して二心のないことを釈明しようやく芝兄弟が許されたと伝えられている。

〔年次不明〕、清延村の薄木城主土居三河守重宗は、河後森城主の旗下であったが、容易には長宗我部氏に従わなかったらしく、長宗我部軍勢や長宗我部氏に降った三滝城（現西予市城川町窪野）城主北之川通安、白木城（現西予市野村町野村）城主魚成乗綱、鳥屋ヶ森城主西川瑞淵、多武森城主芝政景、河後森城主芝源三郎らが、薄木城を囲んで攻めた。時に大森城主土居清良は、薄木城主を助けて戦った。

一五七九年（天正七年）又は一五八一年（天正九年）五月、長宗我部氏の将久武親信、山内外記らが大軍を率いて三間表を攻め、世に有名な岡本合戦や橘合戦が行われた。河後森城主芝源三郎及び西川氏一族が土佐勢を案内したといわれている。この合戦後、土佐側に通じたことの譴責のため、西園寺氏と宇和の諸将は、河後森城の芝源三郎、鳥屋ヶ森城の芝瑞淵、多武森城の芝政景、竹ノ森城の芝政稔ら西川兄弟一族の追討を図って城を囲んだ。父親の芝政輔（西川政輔）が西園公広に陳弁し、無事に囲みを解いて許された。

一五八四年（天正一二年）八月、久武親直が伊予の軍代に任じられ南予攻めも強まる。

一五八四年（天正一二年）九月、長宗我部氏の軍勢は、再度三間表深田の竹林院氏、中野の河野氏、土居の土居氏、有馬の今城氏を攻めた。この合戦で竹林院氏は長宗我部氏に降ったとされる。今回も、河後森城主芝源三郎をはじめとして西川一族は長宗我部氏の軍勢に内通していたが、またも芝政輔が西園寺公広に弁明し難を逃れている。

一五八五年（天正一三年）正月、長宗我部軍は矛先を変え、前年冬に幡多郡宿毛口から南予に侵攻した。この侵攻を担当したのは、吉奈城主十市備後守、宿毛城主長宗我部右衛門大夫で、御荘越前守を常盤城の一城にとじ込め降伏させた。やがて黒瀬城の西園寺氏も長宗我部氏に和を乞うに至り、ここに長宗我部氏の南予平定は完成した。

一九・四　四国攻め以降の南予

一五八五年（天正一三年）、羽柴秀吉による四国征伐の結果、長宗我部氏は土佐一国に封じ込められ、伊予国はそのほとんどが小早川隆景の所領となった。その他では、安国寺恵瓊が和気郡、来島通総・得居通久が風早郡を領した。小早川隆景の伊予国受領に伴い河後森城主芝源三郎は下城したが、河後森城代を何者が務めたかは不明である。小早川隆景の国侍対策は寛大であり、一応城主に下城を命じたが、名ある要所の武将には在城を許し、年貢その他にも急激な変革は行わず、人心の安定に意を用いていた。

一五八七年（天正一五年）、小早川隆景が筑前国に転封となり、代わって秀吉の従臣戸田民部少輔勝隆が宇和郡と喜多郡の二郡を受領し、ひとまず大洲の地蔵ヶ嶽城に入城した。戸田勝隆の統治は、地下侍に対する圧迫と年貢米の厳しい取り立てが特色であった。従来の地侍はいずれも城から降ろし、西園寺公広も下城させ板島（宇和島）の丸串城（現在の宇和島城）には戸田与左衛門を城代として置き、河後森城には安見右近を三〇〇〇石で置き治めさせた。更には、西園寺公広を欺いて地蔵ヶ嶽城に招き斬殺した。年貢米の取り立ても過酷で、一揆もたびたび起こった。

一五九四年（文禄三年）、文禄の役はいったん和議が成り、戸田勝隆は帰途についたが、朝鮮の唐島（巨斉島）で病死し、宇和郡の領地は除封された。

一五九五年（文禄四年）、宇和郡は、藤堂佐渡守高虎が朝鮮の役の軍功により受封した。

一六〇〇年（慶長五年）九月、元多武森城主芝一覚政景は、徳川家康と石田三成の天下分け目の関ヶ原の戦いを前にして、東軍に味方した藤堂高虎により謀殺される。芝一族がかつて長宗我部氏に通じていたことが災いした。藤堂高虎は、芝一族が西軍に付いた長宗我部氏に再び通じることを恐れ、芝一覚政景に知行を与えると偽り、宇和島の居城丸串城に呼び出して酒席で斬り殺した（毒殺とも）。要は、高虎本人が出陣し留守となる領国で、騒乱を起こされ領地を奪われることを危惧し未然に防いだものであった。実際に手を下したのは、留守居役を命じられていた矢倉秀親であった。時に、芝一覚政景、享年六十歳であった。この時、「一覚の末子作蔵が父の草履取りとして玄関に侍していたが、急を聞き抜刀し切り込み雑人三人と侍一人を斬り伏せ、十余人に手傷を負わせ、その後父の遺骸に抱き着いたまま討たれた」と『清良記』が伝えている。十六歳で父に殉じた芝作蔵の悲壮な最期である。藤堂氏の討手は、残る芝氏の一族にも向けられたが、長男一覚の最期を知らされた二男の元竹ヶ森城代芝左京進政稔、三男の元鳥屋ヶ森城主芝四郎右衛門尉端凞、四男の元河後森城主芝源三郎はいずれも居所で自刃して果てた。その他一族の主な者も自刃して果てた。

一六〇二年（慶長七年）、関ケ原の合戦の結果、藤堂高虎は増封され今治城の築城に取り掛かり、今治に移っていった。南予では、板島の丸串城と大洲の地蔵ヶ嶽城に城代が置かれた。

一六〇四年（慶長九年）、宇和島城の改築を行い、松丸の河後森城の天守閣を移し、宇和島城の月見矢倉に改築した。この年、今治城も完成した。

一六〇八年（慶長一三年）、藤堂高虎は、伊賀国と伊勢国に転封され、宇和郡の新たな領主には、時の将軍徳川秀忠により、伊勢安濃津から富田信濃守知勝が封ぜられた。河後森城代は田辺壱岐守。

一六一三年（慶長一八年）、富田信濃守知勝は罪を受け宇和郡の領地を没収された。藤堂高虎が再び宇和郡を、御蔵入地として代官することを命ぜられ、重臣の藤堂新七郎良勝を宇和島城に遣わし城代として宇和郡の治世に当たらせた。（註、蔵入地とは、大名もしくは政権、幕府の直轄地のこと。所領のうち、家臣へ与える知行地に対するもの。この時の宇和郡は幕府の直轄地、いわゆる天領となる。）

一六一四年（慶長一九年）、伊達政宗の長男（庶子）伊達秀宗が一〇万石で入封。宇和島伊達家の筆頭家老である桑折景頼が七〇〇〇石で河後森城主となる。

一六一五年（元和元年）、秀宗入城。この年の、一国一城令により河後森城は廃城となる。


以上、従来土佐国側では余り歴史談議の対象にならなかった南伊予の動向であるが、土佐国における戦国合戦、津野氏の一条氏への降伏とさらには長宗我部氏へ臣従、長宗我部氏による一条氏の滅亡、長宗我部氏による四国制覇、豊臣秀吉の四国攻め、という時代の流れのなかで、南予地方でも土佐国の動きと連動し数多の攻防が繰り返されていた。

第二〇章　土佐の戦国時代

　京では応仁の乱が終結した翌年文明一〇年（一四七八年）八月二三日、土佐では津野之高が大津城（現高知市大津）を攻め落とし、城主天竺孫八郎花氏を戦死させた。この戦が土佐の戦国時代の魁（さきがけ）と説く人もいる。応仁の乱以前は、細川氏は宗家吉兆家が土佐守護を歴任し、その下で細川遠州家が守護代を務め、その支配力は盤石であったが、乱後にはそれにも翳りが見えてくる。その細川氏の権威に対して反旗を翻した象徴がこの戦いであった。天竺氏は細川一門とされており、そこに一撃を与えたのであった。ただ、大津城の西五千米ほどにあった本拠地の田村館を攻略できるほど細川氏も衰えていなかったのであろう。津野氏はこの大津城を一条氏に下る天文一五年（一五四六年）まで維持していたとされる。その後、守護代細川勝益が文亀二年（一五〇二年）に死去し、宗家の守護細川政元も永正四年（一五〇七年）に家臣により殺害された。そのため、守護代細川政益は息子の国益を伴い一族ことごとく京に引き上げていった。ここに到り、土佐国では守護代が不在となり細川氏による土佐国の守護領国支配は終焉した。この年を以て土佐国が戦国時代に入ったとするのが一般的である。

　因みに、大津の地には古くから国府川上流の土佐国府の外港大津湊があり、かの紀貫之が任期を終えて帰洛する際に、承平四年（九三四年）一二月二七日（推定）にここから船出しており、現在の大津小学校の正門のところには「紀貫之舟出の地」の石碑が建っている。大津湊が位置する川は舟入川と呼ばれており、いかにもそれらしい名前である。舟入川は土佐国府の傍を流れる国分川のすぐ南を流れ、大津湊から国分川までの距離は五百米ほどである。国府の外港が国衙に直結する国分川ではなく舟入川に作られた理由は不明であるが、国分川は舟入川に比べかなり大きく長く、山間部より水を運んでくるため暴れ川であったのかもしれない。大津城は交通の要所であった大津湊のすぐ側にあり、畿内との交易を含め、国府及びその南側の水運を支配する要の地であった。

戦国時代主要豪族分布図

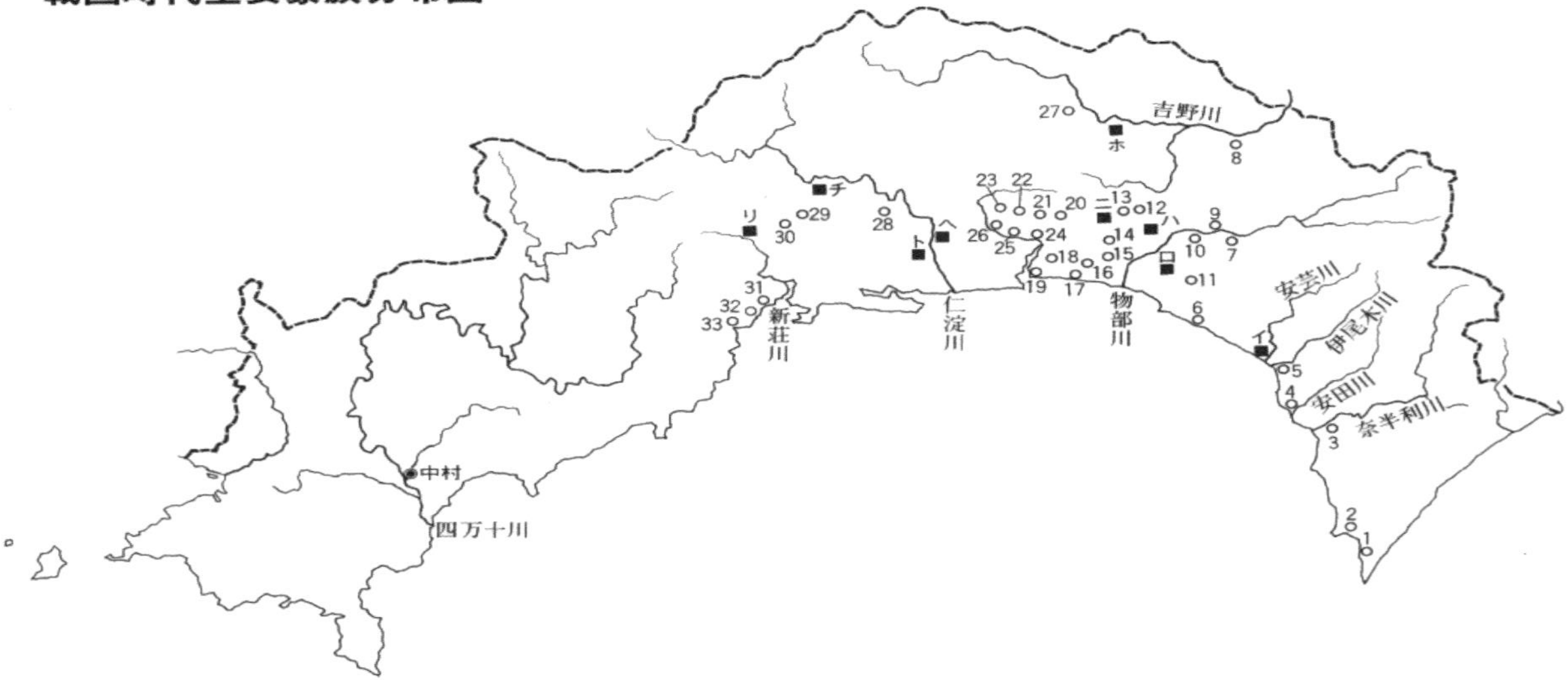

◉ 国司
中村城(一条氏)
■ 有力国侍
イ 安芸城(安芸氏)
ロ 香宗城(香宗我部氏)
ハ 山田城(山田氏)
ニ 岡豊城(長宗我部氏)
ホ 本山城(本山氏)
ヘ 吉良峰城(吉良氏)
ト 蓮池城(大平氏)
チ 黒岩城(片岡氏)
リ 姫野々城(津野氏)

○ 国侍
1 室津城(室津氏)
2 西寺城(北村氏)
3 北川城(北川氏)
4 安田城(安田氏)
5 伊尾木城(伊尾木氏)
6 金岡城(和食氏)
7 芳野城(野中氏)
8 豊永下土居城(豊永氏)
9 五百蔵城(五百蔵氏)
10 萩野城(萩野氏)
11 王子山南城(国吉氏)
12 改田城(改田氏)
13 久礼田城(久礼田氏)
14 広井城(広井氏)
15 野田城(野田氏)
16 花熊城(横山氏)
17 十市栗山城(十市氏)
18 蛸森城(下田氏)
19 池城(池氏)
20 一宮城(谷氏)
21 秦泉寺城(秦泉寺氏)
22 安楽城(久万氏)
23 嘉武保宇城(稲毛氏)
24 国沢城(国沢氏)
25 大高坂城(大高坂氏)
26 杓田城(大黒氏)
27 森城(森氏)
28 葛懸城(三宮氏)
29 佐川丸山城(中村氏)
30 尾川城(尾川氏)
31 久礼城(佐竹氏)
32 上加江城(加江氏)
33 志和城(志和氏)

『高知県歴史地図』による

二〇・一　土佐の戦国七雄

前頁の図に見られるとおり、細川氏という支配者がいなくなった土佐国では、多くの国人衆が分立する情勢となった。その中でも有力な豪族が土佐七雄といわれた。『長元物語』によると、土佐一条氏（幡多郡中村城）は土佐国司として別格で一六〇〇〇貫（三・二万石）、本山氏（長岡郡本山城）五〇〇〇貫（一万石）、吉良氏（吾川郡吉良城）五〇〇〇貫（一万石）、安芸氏（安芸郡安芸城）五〇〇〇貫（一万石）、津野氏（高岡郡姫野々城）五〇〇〇貫（一万石）、香宗我部氏（香美郡香宗城）四〇〇〇貫（〇・八万石）、大平氏（高岡郡蓮池城）四〇〇〇貫（〇・八万石）、長宗我部氏（長岡郡岡豊城）三〇〇〇貫（〇・六万石）が七雄であった。この土佐七雄を中心に土佐国の戦国の争乱が展開していった。

この章では、長宗我部氏が津野氏と一条氏の攻略を始めるまでの期間を、土佐七雄の中でも安芸氏、香宗我部氏、本山氏、吉良氏、大平氏の動向と長宗我部元親の戦いを中心に概観しておく。

（一）安芸氏

安芸氏は蘇我赤兄の末裔で、天武天皇元年（六七二年）の壬申の乱で大友皇子（弘文天皇）に味方した結果、土佐に配流となった蘇我赤兄の子孫が土佐の東端で国人化したものと伝わる。その他にも、橘氏説、惟宗氏説、蘇我部氏説等がありその出自は確定はされていない。

安芸氏は、室町時代になり香美郡大忍庄に侵出して勢力を拡大し、細川氏の被官として活動した。応仁の乱では東軍細川勝元方へ加勢し、当主元信とその嫡男の元康が共に戦死するなど苦境に立たされるが、分家の畑山氏より元信の実弟である元盛が当主に迎えられて家の存続を図った。その後はしばらく停滞することになった。戦国時代の大永六年（一五二六年）には隣接する七雄の一つである香宗我部氏を破って勢力を拡大し、さらに元盛の曾孫安芸国虎の時代には全盛期を画することになる。国虎は土佐一条氏の第三代当主房基の娘を室に迎え、一条氏とともに土佐の東西よりその他国人に圧力をかけた。しかし、香宗我部氏を破って勢力を西に拡大したことで長宗我部氏との関係が緊張し、やがて決戦のときを迎える。

（二）香宗我部氏

香宗我部氏は、甲斐国一条郷を領し一条氏を名乗った甲斐源氏の一条忠頼家臣の中原姓中原秋家が、土佐に来たのが始まりである。秋家は、建久四年（一一九三年）、土佐国香美郡宗我の深渕郷の地頭職となった。つまり、鎌倉幕府の御家人であったことになる。主君忠頼が源頼朝に暗殺されるとその子秋通を養子として迎え、秋通は香宗我部氏を称して初代となった。なお養父の秋家は土佐山田城に移り山田氏の祖となった。南北朝時代には北朝方に属し介良荘の平定を行ったり物部庄を手に入れたり、その勢力を拡大している。応仁の乱では、細川氏の東軍に加わっている。

親秀の代になると、東隣の安芸氏との抗争が激しくなり、西隣では長宗我部国親が勢力を拡大し、香宗我部氏は東西から圧迫されるようになった。この事態に親秀は、長宗我部氏と同族になる道を選択し、長宗我部国親に願い出て、その三男親泰を養子に迎え入れた。弘治四年（一五五八年）のことで親泰は一六歳であった。親秀の実弟で養子だった秀通がこれに反対したため、親秀によって殺害されている。一方、香宗我部領の北側香美郡中北部を勢力下としていた同族の山田氏は長宗我部国親に滅ぼされた。

（三）本山氏

本山氏の本姓は八木氏で、長岡郡西峰（現大豊町西峰）を発祥地とする。紀貫之の『土佐日記』にも登場している。平安時代末期には、本拠地を本山に移し本山氏を名乗ったとされる。武家としては、鎌倉時代にはその存在が確認され、室町時代には西峰のみならず、本山郷、新改（南国市）、大埇、岩村、潮江等、土佐東部に勢力を拡大していった。永正五年（一五〇八年）には、本山氏が首謀者となって吉良氏や山田氏と共謀して長宗我部兼序を討ち滅ぼした。細川氏の支配が緩み戦国時代に入ると、経済的に豊かな土佐中央平野部の獲得を目指し南下し、大永七年（一五二七年）頃までには朝倉に進出した。当時の当主本山豊前守茂宗（梅慶）は、その支配の拠点として朝倉城を築城し、天文九年（一五四〇年）にその城に移った。その後、吉良氏を攻め滅ぼし、一条氏が伊予の西園寺氏と争っている間に、一条氏の諸将の城を攻めるなど、本山梅慶の頃には土佐豪族の中でも飛びぬけた存在となった。

しかし、兼序の遺児長宗我部国親は、岡豊城復帰後に本山氏に服従の姿勢を見せつつ力を蓄え、茂宗亡き後反攻を始める。このままでは土佐が戦乱のちまたとなると恐れた一条房基の仲介で、国親の娘を嫡男本山茂辰の正室に迎えた。ひとまず両家の争いは小康を保つが、火種が消えた訳ではなかった。

（四）吉良氏

吉良氏は、源義朝の五男で三男頼朝（鎌倉殿）の同母弟である源希義の子希望に発する国人領主であった。平安時代末から戦国時代にかけ仁淀川東岸の吾川郡南部を支配した。鎌倉時代は北条氏の被官的存在だったが、希望より六代後の希世・希秀兄弟が後醍醐天皇に仕え、元弘の乱において六波羅探題攻略に功があった。以後しばらく、四国における南朝方の雄として伊予の河野氏らと行動をともにする。しかし、希雄（希秀の孫）が土佐守護細川氏の傘下に走って以降は北朝方となり、南朝方の篭る大高坂城の攻撃に参加するなどしている。応仁の乱では、細川勝元旗下で上洛し軍功を立てたといわれる。

戦国時代になると、本山氏と一条氏に挟撃されかねない情勢になってきた。本山氏は朝倉城に拠り西進を目論み、一条氏は津野元実を恵良沼に破り戸波城の支配を続け蓮池城をうかがう状況となった。当主吉良駿河守宣直は一条氏と手を結ぶことを決意するが、このことが本山氏を刺激し、逆に天文九年（一五四〇年）本山梅慶の急襲を受け滅ぼされる結果となってしまった。

（五）大平氏

大平氏は、藤原秀郷より一〇代孫にあたる近藤国平の系統と考えられる。国平は治承・寿永の乱に功があり讃岐守護に任ぜられる。そのため、讃岐にも同族の国人領主が存在した。大平氏が拠点とした蓮池城は、平家の有力家人であった蓮池家綱が築城したものであったが、治承・寿永の乱により平家が滅び、家綱も夜須七郎行宗に討たれ、蓮池城周辺一帯は近藤国平に与えられた。この国平の子孫が大平氏を名乗り、蓮池城を拠点とする国人領主となった。鎌倉幕府の御家人と考えられている。南北朝時代には、大平光国とその子たちが治める八幡荘の大平一族は南朝方についたが、兄の敏国が治める蓮池の大平氏の立場は必ずしもはっきりしない。室町時代末期まで存続した限りどこかの時点で北朝側についた、つまり守護細川氏の旗下に入ったことは間違いなかろう。大平氏は、応仁の乱頃以降の国雄の時代に最盛期を迎え、細川氏の主な被官として一時は守護代になるなど大きな勢力を有した。

しかし、天文一五年（一五四六年）、国雄の次の元国の時代には、津野氏を配下におさめ高岡郡全域の支配を目指し東進する一条氏に破れ、蓮池城を喪失し戸波の地の小領主に押し込められた。その後、蓮池城は弘治三年（一五五七年）に本山氏の手に落ちた。永禄三年（一五六〇年）、本山茂辰と長宗我部元親が争うとその隙を付いて一条氏が蓮池城を一時取り戻した。そして、戸波で細々と命脈を保っていた大平氏は、永禄九年（一五六六年）元国の子国興が一条氏に攻められ自刃し、ここに土佐大平氏はついに滅亡した。

二〇・二　土佐の出来人長宗我部元親（中東部の攻略）

土佐国中央平野部は、戦国時代初期の激戦地であった。現在の高知平野の開けた地域には多くの豪族が割拠していた。それだけ肥沃な土地で主人と民と軍隊を支える収穫も多かったことになる。しかし、

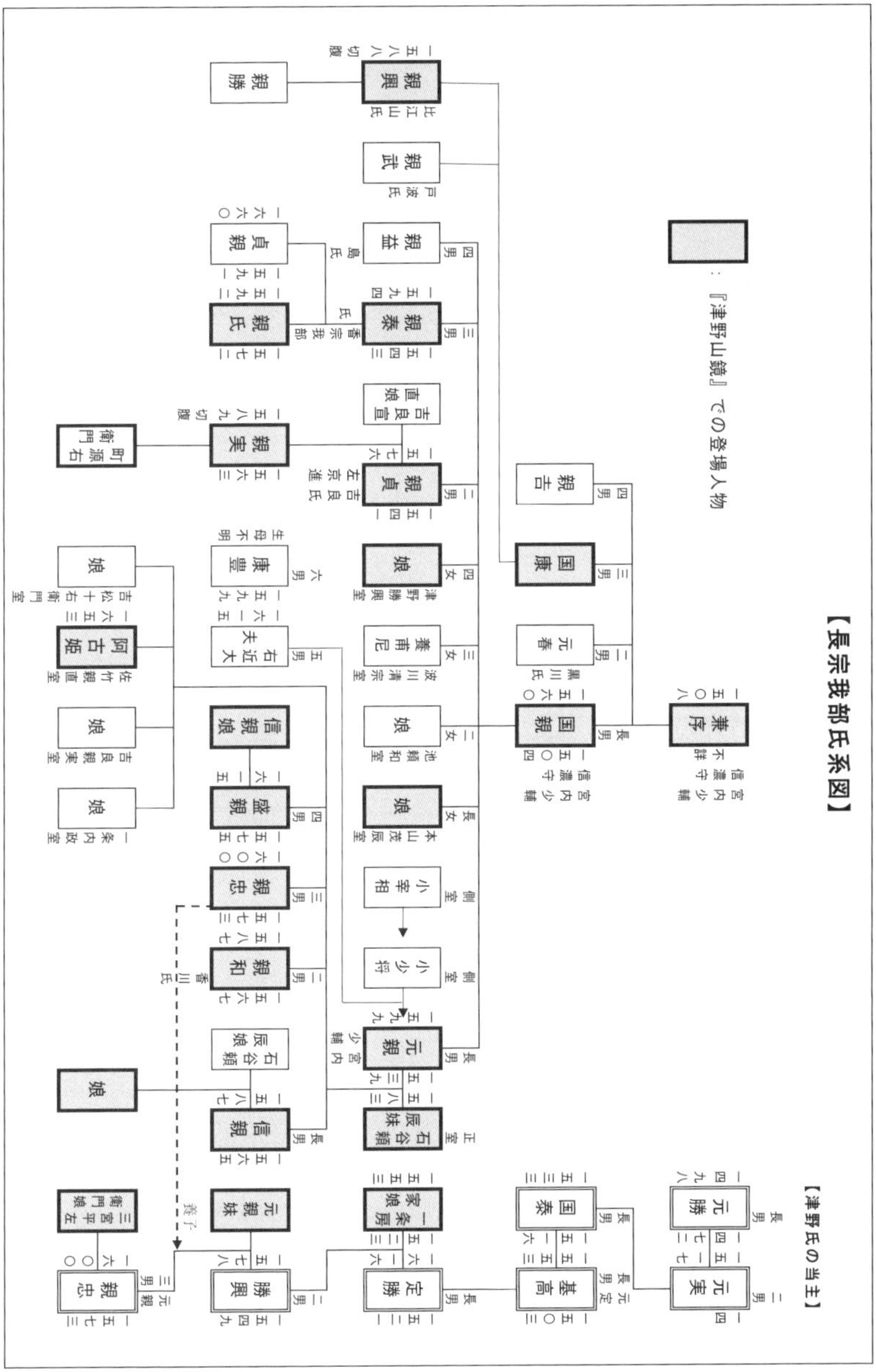
【長宗我部氏系図】
：『津野山鏡』での登場人物
【津野氏の当主】

一豪族当たりの支配地域が比較的狭くお互いの距離が近いため、互いに攻め易く守り難いという難点もあった。この地域では、長宗我部国親が周りの国人衆を攻め落とし支配地域を広げていくことになる。

長宗我部氏は、古代豪族秦氏の子孫とされる。秦河勝は、丁未の乱（五八七年）で聖徳太子と蘇我馬子が物部守屋を倒した際に功を立て、信濃国に与えられた領地に子の広国を派遣した。その子孫で信濃国更級郡の住人の秦能俊（長宗我部能俊）が土佐国に入って、長宗我部氏を称したとされる。能俊が土佐に入部した時期は説によって大きく異なるが、平安時代末期―鎌倉時代初期に入国したものと考えられる。以上が通説となっている伝承である。

南北朝時代の争乱においては、一一代信能は足利氏方に属し、土佐国守護であった細川顕氏の下で長岡郡八幡山東坂本において南朝勢力と戦っている。その功で香美郡吉原庄（現香南市吉川町西部）の他、長岡郡・香美郡・土佐郡の各地に計一一三四町（後世の天正期検地・江戸時代初期の換算率でおよそ一・二万石）の土地を与えられ、発展の基礎を築いたと伝わる。ただ、これはかなりの誇張である。一連の戦いの中での一つの戦いの結果だけでこれだけの所領を与えられたとは思えない。元々の領地と新たに与えられた領地を合わせ一一三四町を安堵されたというのであれば分からなくもないが、それでも『長元記』による長宗我部氏三〇〇〇貫（〇・六万石）の約二倍である。

室町時代には、細川氏に臣従していた。一二代兼能は、貞和元年（一三四五年）に細川氏により吸江庵（現吸江寺）の寺奉行に任じられ、一六代文兼まで世襲されていた。その後、土佐七雄のなかでは最も弱小の勢力であったので、一時滅亡の憂き目にあう。一九代兼序の時、永正五年（一五〇八年）に本山・山田・吉良・大平連合軍三千の兵に囲まれ岡豊城が陥落し、兼序の遺児千雄丸はかろうじて城を脱出し、土佐一条氏の中村に落ち延びて保護された。原因は、兼序が主君細川政元の威を借りて振舞っていたため、政元が暗殺されたのちに、周辺豪族の反感を買ったためとされている。千雄丸は土佐一条氏当主一条房家の下で元服して長宗我部国親を名乗った。そして房家の支援により永正一五年（一五一八年）岡豊城に帰還して長宗我部氏を復興し二〇代当主となる。そしてその後、周辺豪族を滅ぼし、永禄三年（一五六〇年）には長浜の戦いで本山氏との一連の戦いの火ぶたが切って落とされた。

長宗我部元親の土佐国統一の戦いは、永禄三年（一五六〇年）五月二一日から二八日の間、本山勢に対する長浜戸ノ元の戦いから始まった。この年二二歳で、父国親に伴われ弟親貞と同時の初陣であった。長宗我部元親は、天文八年（一五三九年）に国親の長男として生まれたが、幼少時は背は高いが色白く柔和で無口で「姫若子」といわれ、人と対面しても会釈もなく日夜部屋にこもり「うつけ者」と父親から叱られていた。初陣では、大奮闘し誰もが認める戦果をあげ周りの評価も一気に好転した。

長宗我部軍は、そのまま軍を進め本山氏の家臣森孝頼の潮江城攻略にとりかかった。進軍途中の宇津野山から潮江城を観察した元親は、城内には兵はいないので攻め込めと命令を下した。国親や秦泉寺豊後などは反対したが、鳥の様子、旗印の様子、人の動きを見定めた元親は断言した。攻め入ってみると果たして元親の言うとおりであり、城主森孝頼は既に潮江城から逃走していた。この時から元親は、「土佐の出来人」と尊敬されるようになった。長宗我部国親は、本山氏との緒戦に勝利すると、あとを元親に託して翌月六月一五日に逝去した。

（二）本山氏の討伐

永禄三年（一五六〇年）五月の長浜の戦いで大敗し、翌六月には浦戸城も失った本山茂辰は朝倉城に立て籠もった。以後、多くの戦いが土佐の中央部平原地帯で繰り広げられた。一五六〇年（永禄三年）半ば以降、元親は軍を進め、潮江城を焼き討ち、国沢将監、高坂権頭を降伏させた。さらに秦泉寺大和、久万豊後守を破り西北平原部の山際に勢力を伸ばした。ついで、東北方より圧力をかけ福井城主の稲毛右京も元親に降伏した。この年末には、朝倉城ほか西南部の一角を除き全て元親の手中に帰した。

一五六一年（永禄四年）、三月に元親は大黒氏の一族を率いて朝倉庄の諸所で麦薙ぎを行い打撃を与えた。元親の武将福富（留）隼人、中島大和たちは、本山氏の支城で天険の要害高森に拠る高森出雲を降した。本山氏は、わずかに朝倉城と吉良城を残すのみとなった。

一五六二年（永禄五年）、九月一六日に元親は本山茂辰の朝倉城に攻撃をかけた。茂辰の息子親茂の奮戦により元親は敗北し、逃れて神田城に籠った。茂辰はすかさず神田城に追い迫り激戦となったが、長宗我部勢は苦戦の末本山勢を撃退することができた。

九月一八日、元親は神田城を出て朝倉に押寄せ、茂辰は朝倉城を出て迎え撃ち、両軍は鴨部宮の前で合戦となりすさまじい激戦となったが、勝敗が決しないまま元親は兵をまとめ岡豊に帰った。

一五六三年（永禄六年）、一月一〇日に本山茂辰は朝倉城を焼いて領家山に退き、同月二八日にはさらに本山本城に退却した。麾下の武将の多くが元親に下った状況で、朝倉城を死守することが困難と覚った結果であった。本山氏の朝倉城よりの撤退に伴い、弘岡の吉良城の守備隊も退き、元親はここに弟の親貞を在城させた。親貞は、吉良左京進親貞と名乗り名族吉良氏を継いだ。長宗我部氏は仁淀川の東岸まで到達した。

一五六四年（永禄七年）、四月七日に本山茂辰は本山城の固守を諦め瓜生野に籠った。長宗我部勢はすかさず瓜生野に押寄せ間断なく攻撃を仕掛けたが、容易に落ちなかった。

この間に茂辰が病死し、防御の要の谷口も破られたので、親茂は降参した。親茂の母親は元親の姉であったので、最終的には和睦し親茂とその母は岡豊に住居を与えられた。

本山氏の降伏により、長宗我部氏は、西は仁淀川の東岸から東は香宗川の東岸までの土佐中央部を完全に支配下に置くことになった、そして、東部の安芸氏の攻略に取り掛かることになる。

（二）安芸氏の滅亡

安芸氏と長宗我部氏との衝突は、思わぬことから始まった。たまたま安芸氏の属領である馬ノ上（現安芸郡芸西村）の兵が、長宗我部領の夜須に侵入してきた。夜須はもと安芸氏の所領であったが、永禄の頃には長宗我部が手中に入れ吉田重俊に守備させていた。重俊は侵入してきた兵を捕まえ安芸氏のもとへ送ったが、国虎はこれを咎めることなく放免してしまった。この処置を聞いた重俊の子重康は大いに怒り、馬ノ上に兵を差し向け城を占領してしまった。これを契機に両家の間で小競り合いが続いた。

尚、以下に記述されている兵の数は、歴史物語により誇張されており実際には三分の一かそれ以下程度であったと考えるのが妥当である。

一五六三年（永禄六年）七月、安芸国虎は一条氏から三千の援兵を受け、一部三百余りを夜須城の抑えに配置し、自らは五千の兵を率いて長宗我部の岡豊城に進撃した。長宗我部方は、本山氏討伐に向け出兵したあとだったので危機に瀕したが、夜須の吉田重俊が嫡子の重康とともに兵を率いて救援に駆けつけ、安芸勢を挟み撃ちにする体制を整えた。国虎軍は戦意を失い退却した。一条兼定は、この動乱が広がるのを危惧し、両氏の和睦を斡旋し、一時的な小康状態が訪れた。

一五六九年（永禄一二年）四月、元親は安芸氏を攻略するための行動を起こした。使者に書状を持たせ国虎に「岡豊へ御来臨候へ」と告げた。国虎はこの書状を「降参せよ」と理解し、一条氏の加勢を頼みにして、元親との決戦を決意した。国虎の重臣黒岩越前は、一条兼定は頼むに足らず伊予より境を狙われている時勢を説いて制止したが、国虎は聞き入れず元親の使者を追い返してしまった。

一五六九年（永禄一二年）七月、元親は七千余の兵を率いて岡豊を出発し、安芸の手前の和食で兵を集結し軍を二手に分け、一隊は海岸沿いに安芸城を南から攻め、一隊は山中に入り安芸城を北側から攻め挟撃することにした。城の東側は安芸川で西側には山が迫っているため、これで安芸勢は逃げ場を失うことになる。国虎側も五千余の兵を集め迎撃態勢を整え、国虎自身は籠城の決意を固めた。ただ、国虎軍は長宗我部軍が山中を安芸城の北面に抜けようとしていることに気づいていなかったようである。

緒戦は安芸平野への入口近く矢流で行われた。矢流の戦いに勝利した元親軍は、その先の新荘城と穴内城を落とし安芸城に迫った。元親自身は安芸川を挟み安芸城の対岸の清水寺に本陣を置いた。ここで、安芸氏譜代の家臣数名が元親に内応し、小谷左近右衛門、専当一族らは安芸城の搦手（からめて）の北側より長宗我部軍を導き入れた。これを見とどけた元親は安芸城への総攻撃を開始した。

一五六九年（永禄一二年）八月、一条氏の援軍は来ず城中の兵糧も尽き安芸城は落城する。安芸国虎は、一子千寿丸を阿波国に逃し、黒岩越前に託し夫人を生家の一条氏に送りかえし、菩提寺の浄貞寺に入り部下の命と引き換えに自刃した。八月一一日のことであった。

こうして土佐国東部に君臨していた安芸氏は滅亡し、元親はさらに残る諸城を落とし安芸郡を平定することに成功した。元親がいつから土佐国全域の支配を望み始め、その先の四国平定を意識し始めたのかは想像の域を出ないが、安芸郡の平定により仁淀川以東は完全に長宗我部元親の軍門に下ったので、遅くてもこの頃には土佐国の平定を頭の中に描いていたのではないかと想像する。元親は次の矛先を津野氏に向け始める。途中にあった仁淀川東岸の吉良城では、弟の親貞が吉良氏を継ぎ吉良親貞と名乗っており、西岸の大平氏は既に一条氏によって滅ぼされ、その居城の蓮池城と西隣の戸波城は元親の弟吉良親貞により攻略されていた。津野氏に対する調略が始まり、武力による侵攻も行われるようになる。

第二二章　第二二代津野定勝の時代（一条氏か長宗我部氏か）

津野氏が土佐一条氏に降った後も戦乱の世は続く。土佐一条氏は、津野氏を降し淀川の西岸以西の土佐国を平定した後、仁淀川を渡ることなく何故か矛先を南予に切り換えてしまう。一方、土佐中央部と東部で勢力を拡大し続けた長宗我部元親が仁淀川に迫ってくる。元親は、永禄六年（一五六三年）には、本山茂辰が退去した朝倉の地を手に入れた。同時に仁淀川東岸の吉良城も手に入れ、弟親貞に吉良氏を継がせ吉良親貞と名乗らせ在城させた。長宗我部氏は、仁淀川西岸を望める地まで到達し、ここに長宗我部氏と一条氏が仁淀川を挟んで対峙することになった。一条氏の東の最前線を守備していたのは津野氏であり、津野氏はやがて一条氏と袂を分かち長宗我部氏に降るか、一条氏と運命を共にするかの選択を迫られることになる。

二二・一　津野定勝の領国経営（土佐一条氏のもとで）

第二二代当主津野定勝（定雄）は、大永元年（一五二一年）に先代基高が一九歳の時にその長男として生まれた。定勝（定雄）が生まれた年には、父基高（名前も基高になる前だが不詳）はまだ津野家の当主にはなっていなかった。生母は、戒名が秀光妙圓禅定尼とある女性であるが出自等は不詳である。父基高が一条房基に降ったときに、一条房家の娘梅室光薫大禅定尼（戒名）を妻として迎えることになる。定勝（定雄）の幼名は不明であるが、一六歳に達した天文五年（一五三六年）頃に元服式を行い元服名は定雄とした。これが成人した基高の長男の最初の名前である。「定」は祖父山内摂津守元定よりもらった名であった。そして、天文二年（一五三三年）に父基高が津野家の家督を継ぐことになり、その長男もいずれ津野家を継ぐものと期待される立場になった。天文二二年（一五五三年）八月一日に父基高が逝去すると定雄は津野家の家督を継いだ。その後、津野氏が降った土佐一条氏の当主一条房基の長子が、永禄元年（一五五八年）頃に元服し兼定となると偏諱を受け定勝に改名した。

基高の長男が生まれ、その幼名から定雄となり、さらに後世に伝わる定勝に変わっていく間に、様々な出来事が起こっていた。時代は動いていた。

一、大永三年（一五二三年）四月、明国の対日貿易の港町寧波で大内氏と細川氏の争いが起こる。「寧波の乱」といわれる争乱で、山口と博多を拠点とする大内氏と堺を拠点としていた細川氏が、明国の役人も巻き込み、対明貿易をめぐる利権を争ったものであった。外国に出かけてまで争うということは、余程大きな利益があったものと思う。室町幕府の体制下、細川管領家と周防方面の有力守護が争った訳であるが、やがて両家とも一時の勢いを失っていく。

一、この時期、戦国時代の主役となる人々が次々と登場して来る。

大永三年（一五二三年）七月、毛利元就が家督を継承した。

天文一〇年（一五四一年）六月、武田晴信（信玄）が父信虎を追放し実権を握った。

天文一一年（一五四二）八月、斎藤道三が国主土岐氏を追放した。

天文一八年（一五四九年）一一月、松平竹千代（徳川家康）が今川氏の人質となった。

天文二〇年（一五五一年）八月、陶晴賢が大内義隆を自害に追い込んだ。

天文二二年（一五五三年）八月、武田信玄と上杉謙信の間で「川中島の戦い」が始まった。

永禄三年（一五六〇年）五月、「桶狭間の戦い」にて織田信長が今川義元を破った。

一、天文一二年（一五四三年）八月、ポルトガル人が種子島に漂着し鉄砲が伝来する。鉄砲の導入により戦の戦い方が大きく変わる。

四国の地では、伊予国東部の覇権をめぐる争いが、相変わらず河野氏と細川氏の間で続いていた。伊予国での争いは、徐々に瀬戸内海の反対側の大内氏、毛利氏、小早川氏等と同じく海を挟んだ九州の大友氏が関与するようになってくる。伊予南部の宇和郡も最南部に位置する法華津氏、竹林氏、御庄氏、河原渕氏などは一条氏と手を結んでいたが、道後湯築城の河野氏が南にさらに力を伸ばし始め大洲地蔵ヶ嶽城の宇都宮氏と敵対、宇和島松葉の西園寺氏も含めた四つどもえの争乱状態になった。

土佐国では、津野氏を下した一条氏は仁淀川の西岸まで到達すると、反転してその矛先を西南四国、伊予国南部に向けるようになった。『土佐国編年紀事略』によると津野氏と一条氏の間で降伏の和議を結んだ天文一五年（一五四六年）には、早くも一条房基の命を受け津野基高は国境を越え梼原に近い予州喜多郡に、恐らく戸田長右衛門をして、軍を進めてさせている。同じ頃と推定される七月一七日付の戸田長右衛門宛の基高の書状には「与州郡内へ弓矢調候」とあることより、基高自身も伊予方面に出陣したことが判る。その後、この方面は一時静かになるが、さらに南の方面を巻き込み西南四国全体が騒がしくなってくる。

詳細は「第一八章西南四国の争乱」に譲るが、西南四国の戦いには、当然のこととして、津野氏も駆り出されている。津野氏家老の一人で一族の山内外記が、河原渕方面、三間方面、宇和島方面と何度か出陣している。この山内外記の一族は、代々「外記」を名乗っていたようであるが、それぞれの実名は不明である。また、久礼・上ノ加江の佐竹一族も駆り出されており、永禄八年（一五六五年）正月、一条兼定は久礼城主佐竹信濃守義直を総大将として五〇〇騎の軍勢を河原渕領（現松野町）に向け、その後続く本格的南予侵攻の口火を切っている。

そのような中、当主津野定勝も自ら軍を指揮し南予に軍を進めている。永禄一〇年（一五六七年）

頃、道後湯築城の河野氏と大洲地蔵ヶ嶽城の宇都宮氏の間に緊張が走った。河野氏は宇都宮氏への敵対心を軍事行動に変え、重臣来島通泰、平岡房実が宇都宮領を通り宇和郡立間（現宇和島市）まで乱入し、喜多郡と宇和郡の境目鳥坂《とさか》峠に城を築いた。宇都宮氏は一条氏及び西園寺氏に救援を求めた。来島通泰は病没し、鳥坂城は来島一族の村上吉継が守備することになったが、津野定勝が一族の家老津野藤蔵人助、芳生野に拠る北川氏、家老市川佐渡守一族の市川左馬進国英等を伴い、一条軍（幡多衆）を率いて伊予に出陣したため河野方には大きな軍事的圧力がかかってきた。永禄一〇年（一五六七年）一二月のことであった。今度は、中国の毛利が動き出す。来島氏に恩のあった毛利元就は、三男小早川隆景を河野氏支援の主将とし、隆景はまず重臣乃美宗勝を伊予に送り鳥坂城の救援に向かわせた。津野定勝が率いる一条軍も、宇都宮氏属将菅田直之軍とともに鳥越城を攻め立て落城は近いと思われていたが、思わぬ援軍が現れ浮足立ってしまった。形勢は一気に逆転し、永禄一一年二月四日の鳥坂峠の戦いで敗れた定勝は軍を土佐にひいた。まもなく小早川隆景、吉川元春が率いる毛利軍本体が伊予に攻め入り、一条、西園寺、宇津宮諸勢をうち破り大洲城に迫ったため宇都宮豊綱が降伏・開城し戦は収まった。

津野氏が毛利氏と干戈を交えたのは二度目のことであったが、河野氏と戦ったのは恐らく初めてであったであろう。過去に大きな恩義を受け婚姻関係も何度か結んでいるが、津野氏はすでに大きな時代の動きに巻き込まれ自分の意志だけでは決められない時代になっていた。この後、長宗我部氏の傘下で梼原方面から伊予を攻める軍の主力として河野勢と幾度も戦うことになる。この鳥越城戦に従軍した市川左馬進国英が出陣と戦のあらましを書き残している。

（書き下し）

一条様ヨリ市川左馬之進ニ我等ヲなさせられ候、子細ハ与州宇和表多田之口ニて両国合戦候テ、道後衆ノ陣へ幡多衆取リ懸リ候テ、比類無キ大鑓ニ候処ニ其ノ時に御大将津野よりハ喜多川（北川）殿藤蔵人助殿御両所御立チ候、各番子長々放チ居候つる間、罷帰（まかりかえ）ラレ候処、我等ハ跡（後）迄相残リ両大将なミニ鑓仕リ候、其ノ時ノ御褒美ニ従ヒ、上意様名字官を同ジク下サレ候、定勝様ヨリ御褒美状末代之ニ書キ添へ置キ候、爰元（ここもと）罷立（まかりた）チ候年ハ城丁卯ノ年（註、永禄一〇年・一五六七年）十二月ニ立チ候テ、明春ノ二月四日甲申ノ日鑓にて候、敵方ハ与州（予州）衆計（ばかり）ニてハなく候、中国安芸国ヨリ加勢候テ、大勢ノ故ニ幡多衆鑓（やり）ニ御負ケ候テ、其ノ時も御沙汰候つるハ余ノ国中へ遠出ニて敵を思こなし候故と御さたにて候、是（これ）皆後世に意得（こころえ）有ル可ク候い上

永禄十一年戊辰二月吉日（註、一五六八年）　市川左馬進国英（花押）

（右高瀬友閑蔵凡十四通）　（『高知県史古代中世史料編』五九七頁）

この戦に於ける忠儀に対し、市川左馬進に対し定勝は感状を出している。具体的恩賞は後日となっており感状で約束した褒美が何であったかは分からない。

（書き下し）

今度ハ与洲表在陣仕リ候、殊ニ道後衆（河野衆）ト鑓候テ高名比類無ク候、必々以ッテ時分ニ（頃合いをみて）褒美ヲ加ウ可ク候、先々後日此ノ如ク為シ候

永禄十一年二月十三日（註、一五六八年）　定勝（花押）

市川左馬進殿

（右高瀬友閑蔵凡十四通）　（『高知県史古代中世史料編』五九七頁）

また、同じ高瀬友閑蔵で、同じ市川佐馬進宛の同月二月吉日の日付で右書状の封紙（包み紙）と思われる古文書も残されている。

（書き下し）

堅紙上包ニ　一条様並ビニ定勝様御判有リ（註、一条兼定と津野定勝の花押がある）

市川左馬進

永禄十一年二月吉日（註、一五六八年）　康政（花押）

（右高瀬友閑蔵凡十四通）（『高知県史古代中世史料編』五九六頁）

この康政とは、一条氏の家老源康政のことである。恐らく、書状本文は康政が執筆し定勝が花押を書き、書状の封紙には康政が花押を入れ差出人としたが、兼定と定勝が花押を書き添え裏書としたと推定される。要は、一条兼定の命令で戦に出た津野定勝の家臣である市川左馬進に対し定勝が感状を出すに当たり兼定がお墨付きを与え、その書状を兼定の家臣である康政が出状したことになる。このことよりも、一条家と津野家が定勝の妻梅室光薫（戒名）の嫁入りを契機に随分と親密になっていたことがうかがわれ、定勝が長宗我部氏に降るべきという家臣団の要求を受け入れなかったのも解らなくはない。

さて、時代は前後するが、津野定雄（のち定勝）が残した記録と文書を年代順にたどり本人の行動と事績を探ってみることにする。

最初は、土佐国の一の宮である土佐神社に残された鰐口の銘文である。この土佐神社は、一の宮とはいえ、一般的理解は長宗我部氏所縁の神社で、その重臣谷忠澄もこの神社の神主の出である。そのような神社に何故に鰐口を奉納したのかと不思議に思い、年表を眺めていると興味深いことに気が付いた。この鰐口の日付のおよそ八か月後に妻で一条房家の娘梅室光薫（戒名）が他界している。享年三一歳で他界したこの女性は、病弱であったのか二男勝興を生んだ後の健康が思わしくなかったのかもしれない。いずれにせよ、自領内の三嶋神社でも賀茂神社でもなくわざわざ土佐国一の宮に足を運んで、定雄は妻の病気平癒を願って鰐口を奉納したと思われる。人間的一面がうかがわれる。長宗我部元親の初陣であった長浜の戦いは、永禄三年（一五六〇年）五月のことなので、天文二一年（一五五二年）のこの時期はまだ半山姫野々城と土佐神社の間の往還路は安全であったと思われる。また、妻の没後二か月後には父基高も他界しており、基高も病気であった場合は、二人の病気平癒を祈願したことになろう。尚、鍛冶工は自領内の人物と思われ自領にお金を落としている。

（古記録）

土佐神社鰐口銘

奉鋳土佐国一宮大明神御宝鰐口大檀那定雄大願道全敬白天文廿一壬子年九月三日（註、一五五二年）

高岡郡鋳物師三郎兵衛

定雄　　　　高知県神社誌）

その後は、三通の知行宛状が続く。

（書き下し）

定雄

御給田ノ事

中間七良五良はい当分　一所屋敷壹ツ　梼原中洞ノ内

同主ノ分　一所弐反　同村ノ内

越知面ノ内田野々　一所壱反十代　むかい

同村ノ内　一所廿代　中川原

右少ノ儀候ヘトモ先々此ノ分仰セ付ラレ候、相以ッテ之明所候ハバ必ズ扶持有ル可キモノ也、仍テ状件ノ如シ

弘治三年丁巳三月吉辰（註、一五五七年）

吉門民部大夫方へ

（右高岡郡越知面村左近大夫蔵凡五通）

（『高知県史古代中世史料編』三〇三頁）

給田相手は、三嶋神社神職吉門民部大夫である。「中間七良五良はい当分」とは上地（没収地）の再配分のことであり、「少ノ儀候へ」と少し訳ありとなっている。現代で言えば、裁判所の訳あり物件のようなものであろう。因みに、津野氏領内の三嶋神社の神職は、代々吉門家と掛橋家が継承していが、その担当神社が半山なのか梼原なのかどうもはっきりしない。恐らく、時の当主の意向で任地が時々変更になっていたように思える。

（書き下し文）

給田ノ事

四万川ノ内　一所弐反　なろ池ノ内

同　一所敷　おも屋しき

一所山畠　二枚

右本地知行ノ時ハ公領ト為ス可ク候モノ也、仍リテ状件ノ如シ

弘治三年丁巳三月吉日（註、一五五七年）

定雄（花押）

森部右馬殿

（右四万川高階野村金七蔵凡二通）　（『高知県史古代中世史料編』三〇四頁）

（書き下し文）

上分ノ内一所行房名

以上

各此ノ間別而《べっして》奉公心懸ヨリ彼ノ名ヲ仰セ付ケ候、弥《いよいよ》忠節ヲ専ラトス可キモノ也、

仍リテ状件ノ如シ

弘治三年丁巳三月吉辰（註、一五五七年）　定雄（花押）

（右佐伯杏仙蔵）　（『高知県史古代中世史料編』五九三頁）

弘治三年については、『土佐国蠹簡集』三に、「弘治三年、吉良茂辰（本山茂辰）高岡郡蓮池ノ城ヲ攻テ是ヲ披《ひら》キ其ノ地ヲ領ス」（「蓮池村西宮八幡宮棟札」）とあるとおり、本山氏が仁淀川を渡り蓮池城に攻めかかってきたとの記録がある。もう少し前の戦いとの指摘もあるが、いずれにせよ、一条氏本家が南予に気を取られている間の一五五〇年代は、蓮池城をめぐり一条氏と本山氏の間で取ったり取り返されたりが繰り返していたようで、この当時津野氏は一条氏の旗下にあったので、左記給田状の後半二件は関係する戦の恩賞であろうと思う。

定雄（定勝）の統治下では、厳しい出来事も発生している。同じ弘治三年七月に鷹野（高野）左京亮が謀反を起こし討伐されている。詳しい状況は不明であるが、何らかの不服が謀反人側にあったことは確かであろう。記録に残っていないだけで、他の当主の時代にも様々な謀反・反乱が散発していたのかもしれないと思うと、統治とは難しいもので、万人を満足させる統治は出来ないものとつくづく思う。

（書き下し）

尚々松浦善助方同前ニ申シ候、皆々忠節迄ニ候、今度ハ鷹野左京亮謀反ノ企仕ラル候間、成敗ノ儀申シ付候処、各以ッテ心懸ケ討留メラレ候事別而《べっして》肝要候、連々褒美有ル可ク候、百姓共心カケ罷《まかり》出デ候由ニ候、誠ニ神妙ニ思シ召シ候、能々申シ聞カル可キモノ也

弘治三年文月（七月）十日（註、一五五七年）　定雄（花押）

三本左京亮トノへ
森田六郎左衛門トノへ
三宮孫左衛門トノへ

（右高岡郡高瀬友閑蔵九十四通）

（『高知県史古代中世史料編』五九四頁）

次に出てくるのは、神社関連の記録で、神主に宛てた書状もあれば、神社の棟札もある。昔の統治者にとって、寺社対策は非常に重要で、人々の日常生活も今よりもはるかに強く寺社と結びついていた。領主もしかりである。特に、多ノ郷賀茂神社の棟札二枚と上分賀茂神社の棟札一枚は全て同年同月の永禄二年（一五五九年）一二月のものであり、この時期に賀茂神社の増改築が一斉に行われたことが見てとれる。一斉に行われたとなると何らかの契機があったであろうが、それが何であったかは不明である。ただ言えることは、神社の大規模な増改築に精力を投入できたということは、戦国時代とはいえ津野氏にとっては比較的穏やかな時期であったのであろう。長宗我部元親が歴史の表舞台に登場する長浜の戦いは、翌年の永禄三年（一五六〇年）のことであり、一条氏が南予への侵攻を開始し駆り出されるようになるのは、永禄八年（一五六五年）以降のことであった。

（書き下し）

定雄（花押）

姫野々三嶋ノ宮ニ於イテ志めをかけ可キ由内心申シ上ゲ候ハ肝要ニ候、然ルハ山里感心ヲ以ッテ行ウ可ク候、当家領内富貴豊饒ノ為ニ此ノ如ク候、必ズ成就者ニ於イテ空（うつろ）ノ志め識ノ志ゆとう御別義有ル間敷（まじく）候、殊ニ内々決ッセラレ候事相叶イ候ハバ、彼方ニ於イテ一町ノ分仰セ付ケラル可ク候モノ也、仍リテ後日為ス件ノ如シ

弘治三年丁巳六月廿三日（註、一五五七年）

吉門民部大夫方

（右越知面村左近太夫蔵位凡五通）

（『土佐国蠹簡集』三・一四二頁）

本書状の宛先は三嶋神社の代々の神主吉門民部大夫であるが、神社の業務にかなり立ち入った内容の書状である。「領内の富貴豊穣のために祈祷を怠りなく行うこと。決められた願い事がかなえられた場合には、どこか別の地で一町の知行宛を行う」ととれる。このような内容の書状をわざわざ出すということは、逆に神主が神社の業務に怠慢で、それを咎めたのかもしれない。

（原文写し）

多ノ郷賀茂社棟札

奉鴨大明神御宝殿一宇之再造立

藤原朝臣定雄

生年二〇公文中平定国□高長

永禄二年巳未一二月三日（註、一五五九年）

（郷土史研究）

多ノ郷賀茂神社の宝殿を建て替えた際の棟札である。

（原文写し）
鴨社大檀那藤原朝臣定雄公文中平定国永禄弐年巳未十二月三日（註、一五五九年）
政所神田山口三郎衛門嶋佐渡代官山□郷津野豊前守代官吾井郷下元伊豆守神田久国政所吾井郷木三郎
衛門政所多郷宗国次郎兵衛神田郷代官野見掃部介多郷田代丹後守観音寺中平次男権大僧都道監
（右多ノ郷賀茂社棟札凡四枚）
（『高知県史古代中世史料編』三〇七頁）

多ノ郷賀茂神社の社殿の増改築と思われるが、大勢で取り組んでおりかなり大掛かりな増改築工事が行われたことが推定される。

（原文写し）
加茂社大檀那藤原朝臣定雄永禄二年巳未十二月六日（註、一五五九年）
（右上分村賀茂社棟札凡六枚）
（『高知県史古代中世史料編』三〇七頁）

同じ年の一二月には、上分賀茂神社の増改築も行われたことが確認できる。

この棟札の記録を最後に、次の書状までの間に諱（実名）を定雄から定勝に変えた。弘治三年（一五五七年）に都の一条家で養育されていた土佐一条家の主君が一五歳に達し、元服の儀を執り行い兼定と名乗り土佐に帰国してきた。それに伴い、定雄は兼定との主従関係の再確認の意味も含めて偏諱を受け定勝とした。永禄三年（一五六〇年）四〇歳の年のことで、この時は津野次郎左衛門定勝と名乗った。「定」の字をもらった訳だが既に「定雄」であったので、主人の「定」を下にする訳にもいかず、新しい名前に衣替えした。上の字は兼定の下の字「定」譲り受けたと見なし、下の字も替えて新しい名前「定勝」としたと推察される。この時期に花押も変えたのであろう。定雄・定勝は『高知県史古代中世史料編』を見ると、定雄で二回、定勝で三回と頻繁に花押を変えている。

次の書状は、定勝が堅田九郎次郎の元服に際して偏諱を与えた書簡である。「貞」は堅田氏の通字であり「勝」の位置は偏諱の約束事に従って上にきている。定勝が烏帽子親にもなっていたかは不明である。この書状からは、次のことが類推される。元服の儀は、その他の人物の例をみても、数え年で元服歳に達した年のできるだけ早い時期（この場合正月七日）に行われた。偏諱は、基本的にはきちんと書状を以て与えた。

（原文写し）

元服　　実名　　勝貞

永禄五年正月七日（註、一五六二年）　　定勝（花押）

堅田九郎次郎殿

（右は佐伯杏仙蔵）　　（『高知県史古代中世史料編』五九六頁）

定勝になって以降も、給田状、棟札等の記録が残されている。

（書き下し）

給田ノ事

合ワセ六段卅代　屋敷一ツトモ巳上四ケ所

右ハ在所扶持申シ候、随分奉公等心懸ノ事肝要候モノ也

永禄七年甲子三月三日（一五六四年）

定勝

吉門民部太夫とのへ

（右津野山越知面村左近大夫蔵凡五通）　　（『土佐国蠹簡集』三・一五四頁）

右の給田には屋敷地も含まれていることより、所領の安堵か神主の担当神社替えによる給田が目的ではなかったかと推察される。

（原文写し）

天満宮大檀那藤原定勝永禄九年丙寅三月初三日代官津野高為（註、一五六六年）

（右大野見天神棟札凡五枚）

（『土佐国蠹簡集』三・一五七頁）

大野見天満宮の増改築に伴う棟札である。

（書き下し）

川内谷ノ内風呂田御判ニ不合ノ由申セラル候、自然出来候ハバ神体申サル可ク候モノ也

永禄九年三月十日（註、一五六六年）

定勝（花押）

吉門民部太夫殿

（右吉門喜義氏蔵）（出典不明）

詳細は不明であるが、川内谷の神社の手当上のことであろうと思われる。

さて、定勝にとっての運命の時が近づいてきた。次の二つの知行宛状は永禄一三年（一五七〇年）のもので、それぞれに一町の土地を与えており、戦功に対するものであろう。発給時期からすると、長宗我部氏の高岡郡攻略の先鋒で吉良城に拠る吉良親貞が、仁淀川を越えて西に軍を進め津野氏の領地に迫ってきた時期のものである。尚、この時期には浦ノ内方面が津野氏の領地であったことがうかがえる。このことは、浦ノ内に中平氏の中平城があったことからも推察できる。

（書き下し）

定勝（花押）

弓矢以来皆々心労一段神妙候、浦内屹度《きっと》給地壱町宛行《あてがい》ス可ク候、向後弥《いよいよ》心掛候ハバ証跡ノ外ニ褒美加ウ可キモノ也

永禄十三年十一月廿八日（註、一五七〇年）

今橋三郎左衛門

（郷土史研究）

戦功に対し浦ノ内の土地を宛がうと約束したものである。この約束の結果、実際に知行宛した書状が次の文書と推定される。この推定が正しければ、文書に年は記載されていないが、永禄十三年（一五七一年）の発給となる。ここに出てくる今橋氏は、津野氏の系図では二代重高の二男が設立した分家の子孫である。

（書き下し）

桑田山兼弘在家百姓地ヲ為シ仰セ付ラレ候、本地等知行ノ時仰セ替ヘラル可ク候モノ也、仍テ後日件ノ如ク為ス

卯月廿日（四月二〇日）（註、推定一五七一年）次郎左衛門尉　定勝（花押）

今橋三郎左衛門とのへ

（『高知県史古代中世史料編』九六三頁）

（書き下し）

一作配当坪付

一所々八ケ所、以上合ワセ田数壱町

永禄十三年庚午（註、一五七〇年）

富田又七殿へ（註、恐らく戸田氏のこと）　　定勝（花押）

（右戸田九郎兵衛蔵凡十一通）　　（『土佐国蠹簡集』四）

この知行宛行は、恐らく、船戸の戸田一族の又七なる家臣に対し行ったものと思われる。

定勝にとりさらに頭の痛かったことに、同じ年の年末に西の方面で騒動が起こったことであった。津野氏の領地の北辺に接する佐川郷長者村の賊徒が、境を越えて乱入し姫野々の八里（約四千米）近くの杉ノ川村で略奪を行ったことであった。幸いにも、竹村弥三兵衛、白石左助他の働きで賊を討ち取ることが出来たが、年末とはいえ、国境の守りを厳重にする必要があることを改めて思い知らされた。

（書き下し）

今日ハ半山白石ノ口ニ於イテ敵ヲ討取リ候儀比類無ク候、褒美ヲ為スニ竹村ヲ任《ゆる》シ候、弥《いよいよ》忠節仕ル可キモノ也

元亀弐年辛未正月朔日（一五七一年）　　定勝　花押

椙川名本

弥三兵衛

（右高岡郡半山郷杉川名本市十郎蔵）　　（『高知県史古代中世史料編』三二三頁）

同一文面の書状が白石村重兵衛所蔵文書にあり、「白石左助ニ任《ゆる》ス」とある。

元亀元年（一五七〇年）一二月晦日の夜、西森源内と栗木太郎佐衛門を頭目とする夜盗数十人が椙川（現津野町杉ノ川）の竹村弥三兵衛の家に押し入った。弥三兵衛は盲目の母親を背負って一旦裏山に逃

れ母を隠しておいて急ぎ引き返した。賊は家財を取り出した上で家に火をかけようとするところであったので、加勢を得て抜刀し夜盗の群れに討ち入り源内を討ち取った。他の輩は白石（現津野町白石）方面に逃げたが、白石左助が追いかけ中谷という所で栗木太郎佐衛門を討ち取った。

この事件を捉え、『東津野村史』は夜盗の類といい、『檮原町史』は一顧だにしていない。しかしながら、『葉山村史』では特別に一項目をもうけて丁寧に書き綴っている。その主張は『仁淀村史』と同じで、西森源内は長宗我部元親の一領具足で鶴松ヶ森にて調練し、頃合いをみて津野氏を長宗我部になびかせるための攪乱活動を行ったと自推している。西森源内は姓を有していることよりそれなりの身分の者ではあったと思う。では、どちらの説が正しいのであろうか。

『土佐国編年紀事略』には、「元亀元年冬十二月晦日佐川郷長者和泉村住人西森源内半山郷ニ入乱妨狼藉ニ当リ妨ゲル者ナシ、于時（ときに）半山杉川村名本弥三兵衛白石口ニ於短兵ヲ以テ是ヲ討取、名誉絶倫、津野定勝賞シテ感状ヲ与ヘ且ツ竹村ノ氏ヲ給ウ、実ニ元亀二年正月元日也」とある。今でいういわゆる威力偵察的な軍事行動であれば、家財を奪う行動は見せかけでそこそこで終え、適当に暴れたら討ち取られる前に引き上げるはずである。少人数での攪乱活動のための軍事行動であれば、退路はきちんと確保した上で行動するはずであるが、そのような行動パターンではない。これを見る限りは単なる野盗である。また、現代の人間が書いた『葉山村史』と『仁淀村史』が主張する根拠となる過去の書き物はどこにも見当たらなかった。　事件の外部状況を考えてみる。

一、元親の弟吉良親貞が仁淀川を渡り蓮池城を攻撃し西岸南部地域の攻略を始めたのは、元亀元年（一五七〇年）一一月の初めであった。久武親信が北部方面を侵攻し佐川氏の松尾山を攻め落としたのは、元亀二年（一五七一年）の半ばの頃と推定される。特に北側は、波川の波川氏、日下の三宮氏、黒岩の片岡氏、越知の野津氏も控えており攻略に時間を要したと思われる。一五七〇年の晦日に津野氏に対し佐川郷から散発的に軍事行動を起こすには少し早すぎる。行うことが出来たとすれば、佐川郷までを制圧した後であったであろう。

一、佐川郷長者村とあるが、長宗我部氏がまだ支配していない他家の領地で長宗我部の臣下が集団で軍事訓練を行えたとは思えない。しかも鶴松ヶ森は津野領の船戸と目と鼻の先（直線で約三キロメートル程）であり、船戸は一条氏との戦いで勇名をはせた戸田一族が守備している。おかしな動きがあれば気付かないはずがない。この当時、佐川郷には津野氏一族の佐川越中守が命脈を保っており、長宗我部氏が自由に活動を行える状況にはなかったはずである。

一、一領具足は半農半兵の制度である。自分の領地が他家佐川氏の領内にある西森源内が長宗我部氏の一領具足にというのは現実を無視している。主君はあくまでも自分の知行地の統治者である。一領具足ではなく、別の身分の臣下であったかもしれないが、調べる限り、長宗我部氏の主要家臣に西森姓の人物はいない。同じく、津野氏の家臣にも西森姓は見当たらない。

因みに、西森姓の現在の分布をみると、全国では高知県に約六、五〇〇人と圧倒的に多い。高知県内では、高知市の約二、〇〇〇人は別として、仁淀川町に約一、〇〇〇人、佐川町に約九〇〇人、津野町に約六〇〇人、越知町に約五〇〇人となっている。これら地域に根差した氏姓であることは明らかである。

長者村は現在の仁淀川町の山深い地であり豊かであった地とは思えず、山を越えると津野領である。そして、津野領に乱入したのは一二月晦日のことで、津野領には過去にも正月を控えた時期に野盗が乱入してきたことが記録されている。もちろん、津野領が貧した時は逆もあったであろうが、正月を控え守りが薄くなった時期を狙ったものと思う。最大の目的は、金品の略奪でそれにより普通の正月を迎えたかったためで、領地獲得等主人の臣下としての行動ではなかった。ここに挙げた状況からして、西森源内の行動もこの種の略奪行為であった可能性が高い。『葉山村史』のこの辺りの下りにも、事実無根のことから歴史をつくり上げる著者の豊かな創造性を感じざるを得ない。

明けた翌元亀二年（一五七一年）正月には、伊予国との国境の向こう側から北之川肥前守親庸等が、梼原に迫ってくるという事件も発生したが。これは中平駿河守之房により撃退された。

二一・二　姫野々城よりの追放

長宗我部元親は、永禄七年（一五六四年）には仁淀川東岸の吉良城を押さえ、高岡郡に侵攻する橋頭保を確保したが、その後土佐郡北部の本山氏を平定し、安芸郡の安芸氏を滅ぼすまでに数年を費やし、しばらくは新たな支配地域の統治を安定させることに力を注いでいた。しかし、元亀元年（一五七〇年）の秋を迎えると、土佐国統一の野望を秘めて高岡郡と幡多郡の制圧に向け動き出した。西進する上での大きな壁が津野氏であった。その切り崩しに取りかかる。

元親は、絵図を見ながら家臣と評議し軍事行動としては二方向から津野氏を攻略していくことを決めた。南側の経路は、吉良城から一気に仁淀川を渡り、蓮池城、戸波城を落とし名護屋坂を越えて津野氏の領地洲崎に攻め入るものであった。北の経路は、仁淀川を渡河した後に波川、日下、佐川、斗賀野と進み、朽木峠を越えて津野氏の本城姫野々城に迫るものであった。高岡郡と幡多郡への侵攻は、弟吉良親貞と臣下の久武親信を大将に進めた。元親自身は、高岡郡の戦にも幡多郡の戦にも、最後の詰めの渡川の戦い他一部を除き、ほとんど出陣しなかった。やはり、大恩のある一条氏への戦いで軍配を振るのははばかられたのかもしれない。

南側の侵攻路は、弟の勇将吉良親貞が担当した。親貞は、吉良の地より蓮池に間者を送り込み、日頃から蓮池城の在番幡多衆を馳走するなどして敵陣の中に食い込んでいた。その上で、一条氏に対する大恩から躊躇する元親を翻意させるために、親貞は一芝居をうった。洲崎と戸波の境の名護屋坂で臣下がたまたま一条氏の使者と出会ったが所持する書状を奪ってみると、一条氏重臣の安並左京と為松若狭連名の蓮池城番衆に対する密書で、「安芸国虎の正室が一条房基の娘（兼定の姉妹）であった故に、当主兼定が国虎討伐に怒り心頭に達しており、近く岡豊に攻め上がる」との内容であると評議の場で伝えた。もちろん偽の書状であった。これを聞いた元親も、さすがに腹に据えかね仁淀川を渡る決断を下した。この時期一条兼定は、南予の攻略に勢力を注いでおり、中村の一条館からは遠く離れた仁淀川西岸の蓮池、戸波の地の守りは手薄であった。あるいは、一条氏は長宗我部国親の養育とお家の再興に尽くしており、まさかその恩をあだで返すことはあるまいと油断していたのかもしれない。

元亀元年（一五七〇年）一一月の初め、吉良親貞は夜陰をついて仁淀川を渡り、蓮池城を取り囲むと秋の朝霧が立ち込める中、総攻撃を開始した。城内は「すわ敵ぞ」と慌てふためき大混乱に陥った。不意をつかれた幡多衆は防戦することもできず、我先に西に一〇里（約五千米）の戸波城に逃げ去っていった。吉良親貞の軍勢は、ますます勢いを増し戸波城に攻め寄せたので、この城は一たまりもなく落ち、城番の兵たちはさらに中村まで落ち延びていった。

吉良親貞は、高岡郡攻略の拠点とするため、自身は蓮池城に移り、後陣の吉良城には城代を置いて守備をさせた。

長宗我部元親は、弟の動きと連動して北側の侵攻路では、重臣で智将の久武親信を遣わしその地の国人たちを攻め落とさせた。波川の波川氏、日下の三宮氏、黒岩の片岡氏、野津子の野津氏、佐川の佐川氏（中村氏）等を服従させていった。そして、久武親信は佐川氏の松尾山に在城し高吾北地域の支配拠点とした。元亀二年（一五七一年）の半ばの頃ではなかったかと推定される。親信はその後天正元年（一五七三年）には、水の便の悪い松尾城を放棄し柳瀬川を挟んだ南西方向の反対側の山頂に佐川城を築いて、吾北地方支配の拠点とし伊予国への侵攻の出撃拠点とした。

この頃になると長宗我部元親は、土佐国を統一した後には自らの手で四国に蓋をかぶせること（統一すること）を想い描くようになっていた。その際には、阿波国、讃岐国、伊予国が合力して土佐に攻め上がられてはとても敵うものではないので、逆に出来るだけ間髪をおかず同時に攻め入る戦略を描き始めていた。そのためには、今後出来るだけ兵力を温存しようと考え、津野氏の攻略はまず調略を以て進めることとした。そのために、津野氏の筆頭家老津野藤蔵人佐弥市をその目標相手と定めた。

元亀二年（一五七一年）十一月、グレゴリオ暦で西暦一五七一年暮れの一二月のある日、土佐の山間部では冷え込みが一段と進むころ、半山郷姫野々城下の定勝の御土居で重臣の評議が開かれた。招集を働きかけたのは、一族重臣の津野藤蔵人佐弥市であった。表向きは、迫りくる長宗我部勢への対抗策を打ち出すためとされていた。評議に加わったのは、当主定勝、筆頭家老津野藤蔵人佐弥市、以下家老市川佐渡守、山内外記、下元豊後守等の面々であった。

定勝「皆々、ご足労である。晦日も迫ったこの日に集まってもらったのは他でもない、長宗我部元親の動きが急で、当家としても対策を十分練っておく必要があるためである。」

蔵人「旧来とおり一条氏の傘下に残るか、新興の長宗我部氏につくかの瀬戸際にあると存じますが、当主として定勝さまは、いかなるご存念にございますか。」

定勝「元親に勢いがあるのは確かで、当領内でも調略をかけているようであるが、旧恩が一条氏にあり、彼の家が今は伊予方面の攻略でこちらにまで手が回っていないのも確かである。」
定勝「皆の考えも聞かせてもらいたい。つまるところはどちらに与するかということであろう。」
佐渡「お家存続に関わる事態であることは十分理解しております。津野家の当主は定勝さまです。定勝さまが決断をすべきと存じます。私はその決断に従いまする。」
豊後「私も佐渡に同じ考えでございます。」
外記「基本的にはお二人に同じ考えでございますが、少しだけ存念がございまする。」
定勝「なんだ。腹蔵なく申してみるがよい。」
外記「私は一条兼定さまの命で何度か伊予表に出陣しております。そこで感じたのは、兼定さまには余り定まった心掛けがなさそうだということです。命令がよく変わり余り一貫性がありませぬ。」
蔵人「私も伊予表に軍を進めたこともあり、一条家の重臣たちとの付き合いもありますが、兼定さまは、短慮で怒りっぽいと申しておりまする。主君と仰ぎ続けるのは如何なものかと存じます。その点、元親どのは、あくまでも聞きかじりですが、相当の器量だと聞いておりまする。」
佐渡「私も兼定さまの命を受け、定勝さまの軍配で伊予表の鳥越峠で河野氏と芸州毛利氏の連合軍と戦いました。結果は、負け戦でしたが、それを咎めるではなく恩賞もきちんと賜りました。自分の感情は抑え情勢をきちんと判断する器量は備わっているように見受けますが。」
外記「最後は定勝さまの命に従いまするが、津野家の存続もさることながら、臣下の面々の生き残りもかかっておりまする。賢明な判断をお願いしたく存じます。」
豊後「その点は私も同感にござりまする。」
佐渡「私もです。」
蔵人「兼定どのは、なにやら南蛮の邪教に心を寄せているようです。豊後の大友義鎮（よししげ）は知らずと知れた邪教に帰依した御仁ですが、その娘、何やら怪しい名前の娘を娶っております。しかも、大洲の宇都宮豊綱どのの娘を離縁してまでです。耶蘇《イエス》とやらの教を信じるとは私には解せませぬ。」

誰か「そうなのか、おお、くわばらくわばら（桑原桑原）。」

定勝「わしは一条館でのこと、その娘ジュスタに会ったことがあるが、特段変わった娘には見えなかったがな。」

蔵人「まさか定勝さままでも……。」

定勝「それはない、安心するがよい。」

蔵人「それはそれは、三嶋大明神さまもご先祖さまたちもご安心でしょう。」

（註）「桑原桑原」は嫌なことや災難を避けようとして唱えるまじないだが、起源説はいくつかあるらしい。興味深いのが、死後に雷神となったという菅原道真の領地桑原には落雷がなかったところからというもの。菅原道真自身が雷神なので、自分の土地に落ちて危害を加えることは元々絶対にあり得ないと思うが……。面白いのが、雷神が農家の井戸に落ちて農夫にふたをされてしまったとき、雷神が「自分は桑の木が嫌いなので、桑原と唱えたなら二度と落ちない」と誓った、という伝説によるもの。

藤蔵人佐弥市の言葉で話題はそれてしまったが、臣下たちは定勝の決断の言葉を待っていた。

定勝「さて、それではわしの存念を述べる。ただ、これは命令とまではいわぬ。わしの存念に対する考えを皆から聞きたいものでもある。」

一同「……。」

定勝「津野家も一条家も同じ藤原北家である。同じ一族は楽しい時も苦しい時も助け合うのがまず筋である。このことは、父基高が一条氏に降った時に、房基さまと使者の山内雅楽之介、外記そなたの身内であったな、との間でも堅く約束したことである。それに、すでにこの世にはいないが、わしの妻は一条の出であり、妻の気持ちを考えるととても裏切るつもりにはなれない。」

蔵人「お気持ちは察しますが、ことは心の問題ではありませぬ。生きるか滅びるかの問題です。」

定勝「わしの話を最後まで聞け。」

定勝「一条と長宗我部の戦いはまだ始まってはおらぬ。津野が倒れれば、一条は東の柵を失い、恐らく敗退に向かって歩むことになろう。一条と津野が合力すれば、長宗我部に対抗できる力となることは間違いない。これは戦略の問題だ。」

蔵人「その戦略が問題なのです。元親どのは、数々の戦略で小国から身を起こし周りの国人衆を従えてまいりました。一条殿は、未だに南予州のほんの少ししか切り取れておりませぬ。時の流れは長宗我部にありまする。今は長宗我部につくのが上策かと。」

定勝「そちは佐川の久武から随分と誘いを受けていると聞くが、まさかそのせいではあるまいな。」

蔵人「めっそうもござりませぬ。お家第一に考えてのことにござります。」

定勝「当家は一条との戦いで一度死んだも同然だ。永らえさせてもらった命、なにを惜しむことがあるものか。人も家もいつか必ず滅びるものだ。」

ここまで来ると、自分の家の存続が一番の家臣たちには、受け入れられる思考ではなかった。藤蔵人佐弥市は筆頭家老の立場を利用して、御土居の警備と偽って、定勝の屋敷の周りに自分の手勢を配置していた。いざとなったら、実力行使に出る腹づもりであった。定勝はその気配を感じていた。

定勝「藤蔵人佐弥市の存念は解った。ほかの者たちはどうだ。」
一同「……。」

長い沈黙が続いた。

蔵人「定勝さま、ご決断を。」
定勝「皆の本心は解った。おのれはこの家を去る。」
佐渡「どういうことですか。」
豊後「臣下を見捨てるのですか。」
定勝「そうではない。立場上も心情の上でも、わしは考えを変えられぬ。家臣たちと全く逆の考えを持つ当主は邪魔なだけだ。それを悟っただけだ。わしは、外から津野家の行く末を見守り続ける。」

定勝は、翌一月の初め、荷物をまとめ、二人の弟兵部及び孫次郎と共に三人の従者を連れて、半山の姫野々城を後にした。向かった先は五台山の吸江寺であった。

家臣たちは大慌てで次の当主を擁立した。定勝と一条房家の娘の間には二人の男子が生まれていた。長男定俊は若くしてすでに他界していた。二男は二二歳であったが、仏門に入っていた。この二男を急ぎ還俗させ当主とした。一条氏の血の濃い人間であり、一抹の不安があったが、本人の存念を十分確認する時間もなかった。二男は還俗後、勝興と名乗り第二三代目の津野氏の当主となった。

この頃には、ひとつ大きな悲しみもあった。国泰、基高、定勝と三代の当主に仕え、津野氏の行く方向の決定に大きく関わってきた中平兵庫助元忠が、元亀三年（一五七二年）一一月二三日に亡くなってしまった。元実の恵良沼の戦いと国泰の多難な人生、基高の一条氏への降伏、定勝の追放と津野氏の歴史の生き証人であった老臣元忠も、仏の定めた寿命には勝てなかった。

二一・三　津野定勝の最期（後日談）

城主の座を追われた定勝は、春高以来懇意にしている五台山吸江寺をたずね僧となり、朴安と号した。兵部もまた剃髪して山内能祐と称し、吸江寺の案内役を勤め、孫次郎は山内七郎左衛門と改めて、衣笠村の吸江寺領の荘監となったが、のち山内一豊が人国すると同姓をはばかって、津野七左衛門と改めた。山内能祐もその子に至って田所氏と改姓し、子孫も続いているとされている。尚、孫次郎については、その名自体が津野氏当主の通名であり御認か誤記ではないかと思われる。

しかし、定勝の墓は五台山近辺には見当らない。現梼原町四万川の松谷に定勝の墓と伝えられるところがある。定勝はその後、伊予の宇和郡鷹ノ森城に移った。現在の愛媛県北宇和郡鬼北町大字川上字葛川にあり、西川一族の長男芝一覚の属城とされる。その後、その近隣の森屋敷に移ったが、川上、鍵山、父川、日向谷、上小野、下小野、鷹子の七個村を領して、石見守と改号した。つまり、宇和島の西園寺氏の被官となったことを意味する。この当時の西園寺氏の当主は公広で、先に紹介のとおり、定勝の妻梅室光薫の姉の息子であり定勝にとっては甥であった。定勝はこの西園寺公広の庇護を得てこの地に溶け込み生きていたと推察される。

その後、この地の主人は、長宗我部元親、小早川隆景、戸田勝隆、藤堂高虎と目まぐるしく変わる。西園寺公広は、長宗我部氏と小早川氏の時代はその臣下となり生き延びていたが、戸田氏が領主として入ってくると、その統治が過酷であったため一揆が多発しその首謀者として疑われた。天正一二年（一五八八年）一二月一一日に戸田勝隆に大洲地蔵ヶ嶽城に呼び出され謀殺された。公広には子もなかったため伊予西園寺氏はここに完全に滅亡した。公広、享年五二歳であった。

津野定勝は、この地で別に子孫を残したが、最後は梼原の地に帰り卒した。周囲の事情より察すると、定勝が梼原に帰ってきたのは、西園寺公広が逝去したこの頃か、定勝の居住地の領主であった芝一覚が、慶長五年（一六〇〇年）の関ヶ原の戦いの直前に藤堂高虎によって謀殺された頃ではないかと推測する。川上村の善福寺がその菩提寺であるという説もあるが、梼原にその墓といわれるものがあることを考えれば、その心情からしても、再び津野領内に舞い戻ってこの草深い国境の地でその最後を迎えたであろうと推察される。元和二年（一六一六年）七月九日のことであった。本人が言ったとおり、津野宗家の最期も見とどけ、時代の動きもある程度見極めた上でこの世から去っていった。

梼原松谷の長生庵の側に建てられている碑には、以下の碑が刻まれている。

（書き下し）

津野城主中務少輔定勝ハ元和丙辰ノ七月九日ニ松谷ニ於イテ卒去ス、長生庵ノ側ニ葬干ス歳九十六、家系曰ク定勝ハ一条房冬（註、房家の間違い）公ノ婿也、一条家ノ武威漸ク衰ヘルニ及ビ、秦元親取ラント欲シ幡多ニ先ジ定勝ヲ計ル、従ハザルニ於イテ此ノ家臣等心ハ区々《まちまち》ナリ、而シテ異変生ルヲ恐レ故ニ退キ像州ニ赴カント欲ス、而シテ先ズ暫ク梼原村ノ内松谷ニ弟兵部孫次郎ト位ル、家臣等ハ御子勝興ヲ立テ家ヲ嗣ガ令ムニ及ブ

（原文写し）

津野城主中務少輔定勝元和丙辰之七月九日於松谷卒去葬干生庵側歳九十六家系曰勝者一条房冬公之婿

也一条家及武威漸衰秦元親欲取幡多先討定勝不従於此家臣等心区々而恐生異変故退欲赴像州而先暫位
椨原村之内松谷弟兵部孫次郎及家臣等御子立勝興令嗣家

ある論文の著者は最後の三代の最後の文に、「長宗我部氏から十七歳で津野家に入った親忠は失政によって失脚し、最後には身内の弟盛親に殺され、定勝・勝興兄弟（実際は親子）の墓地は高岡郡半山から遠く離れた現梼原町に葬られ、悲運な死を遂げると共に、領民からも受け入れられなかったことを伝えているようである」と記述している。これは、これら当主、津野家、長宗我部家、さらには梼原町の名誉を随分と傷つけている文章である。まるで梼原が最果ての流刑地でそこに流された罪人のような取り扱いである。このように根拠の希薄で思慮に欠けた否定的文章を流布させるから、世の中の人々が誤解するのである。関係者の名誉を回復しておく。

一、まず以て、当該文章を掲載しているのは論文であるはずだが、論文にこのような否定的な感情移入をすることからして似つかわしくない。論文は出来るだけ客観的に冷静に書くべきである。

一、定勝は、確かに家を追われるように去り放浪しているが、九六歳の人生を全うしている。追われた後に悲嘆にくれて悲しみの内に残りの人生を送った人間が、九六歳の大往生を遂げられるとは思えない。「悲運な死」とは論文の著者の勝手な思い込みである。

一、勝興の死因は病気といわれており、運命である。仏門に入っていた本人は、粛々と受け入れたと思う。「悲運の死」は論文の著者の想像でしかない。

一、親忠の政が失政ではなかったことは、のちの「第二三章最後の当主津野親忠に関する考証」で詳述するとおりである。盛親が久武親直の暴走を止められず、親忠の自刃を止められなかったのは事実である。しかし、盛親が自分の意志で親忠を切腹させたかどうかは意見の分かれるところである。

当時の武士の気持ちは十分には解らないが、腹を切ると決めた人間は覚悟を決めていたはずで、泣きわめいて小刀を腹に刺した訳ではない。その時の気持ちは、本人に聞いてみないと分からない。

一、領民から受け入れられなかった人間が、津野神社に祀られ、寺が建てられ今も本人及び津野家の法要が地域の人々により営まれ、その霊を慰めるために茶堂がいくつも建てられるものだろうか。さらにいうなら、津野宗家が滅亡するとその遺臣は、「再び主君に仕えず」と申し合わせている。仕えるに値しない主君のためにこのような申し合わせをするとは想像できない。

一、梼原をいかにも寂れて鄙びた山深き片田舎のように書いているが、その当時の梼原は政治的にも文化的にも先進地であった。むしろ、大高坂辺り（今の高知城周辺）よりも発展していたかもしれない。当時の梼原の人々は、伊予の文化圏（松山・大洲・宇和島等）とも足しげく交流しており、他の地域の誰よりも自分たちのアイデンティティーについて誇りを持っていたはずである。まして、津野氏にとって梼原は故地でもあり重要な土地である。津野之高の子中平常定が梼原方面の九ケ村を与えられたのも、その土地が津野氏古来の領有地であったからに他ならない。定勝も勝興も自分の意思で先祖の地に帰っただけで、死後移された訳でも行く場所がなくなって見知らぬ片田舎に仕方なく引っ込んだ訳でも何でもない。このような表現は、現在の状況を過去に投影しているとしか思えず、梼原と津野氏の歴史を十分認識できていない時代錯誤の曲解である。しかも、現代にしても都会に住むか田舎に住むかは人間の価値観と選択の問題でもあり、異なる評価感を一方的に推しつけられるものではない。

津野定勝は、伊予国川上村（現愛媛県北宇和郡鬼北町川上）、梼原とは直線距離で三〇里（約一七千米）に住んでいた時に地元の女性との間に一児をもうけた。その子は娘であったが、長じてその地の多武森城主芝一覚の一族関係者の妻となったとされる。男子の一人が津野氏を名乗り世代を継いで土佐に帰ってきた。これが筆者の祖先と伝わる。この芝一覚は、長宗我部氏に臣従していたが、慶長五年（一六〇〇年）九月初め関ヶ原の戦いを前にして、藤堂高虎の留守居役矢倉秀親により宇和島で謀殺された。知行宛の話として宇和島に呼びだされ、酒を飲まされた上で藤堂家の家臣により斬りつけられたと記録に残っている。関ヶ原の戦いに当たり、長宗我部氏と連携し藤堂高虎の軍隊の留守中に謀反されることを恐れての殺害といわれている。

第二二章　第二三代津野勝興の時代（長宗我部氏のもとで）

二二・一　最後の攻防と和睦交渉

家臣団に擁立された第二三代当主津野勝興の体の中にも一条氏の血は流れていた。当主を継ぐと、親長宗我部派の思惑とは裏腹に、勝興は長宗我部氏に対し戦いを挑んだ。

この頃に佐竹氏の久礼城下で、一首の詩が書かれた高札が立てかけられたとの逸話が残されている。

「秋はてば一でう冬にかゝるべし又こむはるをなにと信州」

「秋」は「安芸」に、「一でう」は「一条」、「信州」は「佐竹信濃守」にかけている。つまり、「安芸国虎が亡び一条氏は冬を迎えつつある、この後に迎える春に佐竹信濃守義直はなんとしようか」となる。佐竹義直本人が自分の心境を詠んだ詩ともいわれている。

高岡郡の国人衆は皆、長宗我部の武威がおのれの領地に迫りつつあることをひしひしと感じていた。一方高岡郡の西では、それまで一条氏が南予の西園寺氏の領地を度々侵食していたが、元亀二年（一五七二年）正月になると、一条氏は一転して宇和島の西園寺氏との間で和議を結んだ。長宗我部氏が一条氏の支配地域である高岡郡を攻略し始めたため、一条氏は宇和郡西園寺氏との戦を停止し、長宗我部の侵攻に備え始めたものである。

津野勝興は、迫りくる脅威をはねのけようと試みた。元亀三年（一五七二年）の春頃から秋頃にかけて「仁淀川の戦い」とも称される一連の戦いを長宗我部軍との間で繰り広げた。「仁淀川の戦い」は、津野氏と長宗我部氏の間で、一大決戦があった訳ではなく、一連の中小規模の戦いを、後世の人間がそう名付けたものである。

元亀二年（一五七一年）末に家督を継ぐと、一条兼定の傘下にあった勝興は長宗我部元親との全面対決を決意する。まずは、元亀元年（一五七〇年）一一月に吉良親貞により占領されていた戸波城と蓮池城の奪還を目指した。勝興は兼定に援軍を依頼すると戸波城に軍勢を進める。津野軍が名護屋坂で長宗我部軍を破り戸波城を奪い取ると、そのまま蓮池城に迫ったため、長宗我部軍は蓮池城を放棄して仁淀川東岸の吉良城まで撤退した。やがて長宗我部軍には元親の援軍が、津野軍には兼定の援軍が到着し仁淀川を挟んで対峙した。弓・鉄砲での何度かの戦いはあったものの川を渡っての決戦には至らなかった。仁淀川を挟んでの対峙は長引き、元親は弟の吉良親貞に任せて帰陣する。

ところが、兼定の家臣土居治部が衰退する土佐一条氏を見限って元親を頼って、長宗我部軍に内通してしまった。膠着状態が続いたある日、土居治部は自陣のある蓮池城の建物に火を放った。蓮池城内での出火を見とどけた長宗我部軍は、これに乗じ川を渡って攻撃を開始した。津野・一条連合軍は大混乱となり敗走した。蓮池城を奪い返した親貞は戸波城に迫ると、勝興は元親へのこれ以上の抵抗は無理だと覚り降伏した。これを以て、仁淀川の戦いは終結し津野氏は長宗我部氏の臣下となった。降伏に伴う和議交渉は、吉良親貞の本城吉良城で行われた。交渉の当事者となったのは、吉良親貞と津野勝興であったが、敗者が勝者の地に赴かざるを得なかった。伴の数も限られた。

親貞「仁淀川を渡り、わが地までご足労頂き深謝いたします。」
勝興「我は降る側、当然でございましょう。」
親貞「両者を隔てる仁淀川がこのように厄介な川とは思いもよりませんでした。」

勝興「我が家をもっとた易く落とせると思っていたとの意味でございましょうか。」
親貞「そういう意味ではありません。自然の障壁に加え、津野家と一条家の絆の強さを感じたとの意味とお考え下さい。」
勝興「わが家に対するご沙汰はいかようになりましょう。安芸家と本山家のようにお取りつぶしとなりましょうか。」
親貞「安芸と本山は最後まで抵抗した。御家は、無用な戦を避け矛を収めなされた。それは、賢明な選択でござりました。最後の決断は、兄元親次第ですが、それは津野家の今後のお心構えによっても異なることになりましょう。」
親貞「この和議に当たり、兄元親よりは絶対に譲れぬ条件とし、三つを受けております。隠しても仕方がないので率直に申し上げる。」
勝興「それはどのような。」
親貞「ひとつ、今後は長宗我部家の下知に従って従軍すること。ふたつ、国内外に騒乱がある場合は長宗我部家が津野の領地内で一定の棟別銭（棟単位で賦課された不動産税）または間別銭（屋敷の間口に応じて課された不動産税）を徴収することを認めること。みっつ、勝興殿、そなたは還俗したばかりで正室がおらぬと心得るが、長宗我部家より正室を迎え両家の絆の証とすること。以上すべてを受け入れてもらわねば、そなたの生命もしくはそなたの家の存続は保証できぬ。」
勝興「承知仕りました。全て受け入れまする。ふたつ目の条件は、やり方次第では、我が臣下と領民を塗炭の苦しみにおとしめますので、その点はご配慮願いたいとお伝え願いたい。」

勝興が元親の条件を受け入れた瞬間に、勝興は元親の臣下となり、親貞は主君の弟で主君筋の重臣となった。吉良親貞の口調子もそれに変わった。しかも、親貞は勝興より八歳年長であった。

親貞「我が家の当主とて領主、臣下と民なくして国が成り立たないことは承知しているので心配は無用である。」
勝興「それを聞いて安心いたしました。」
親貞「そのほかの条件はいかがとなりましょう。」
勝興「それは元親殿と協議し、追って沙汰いたす。ただ、わしとしても無理難題はなきようにできるだけの心使遣いはして差し上げよう。」
親貞「何かそちからの望みはあるか。」
勝興「今、元親殿の奥方は懐妊していると聞き及んでおりまする。」
親貞「よく調べたものだな。安和の忍びの者でも使ったのか。」
勝興「めっそうもござりませぬ。からめとった兵士が申しておりました。御家中では評判のように存じます。女房どものうわさ話は、忍びの者よりも早く伝わりまする。」
親貞「そうか。それでどうした。」
勝興「もし生まれてくるお子が男の子（おのこ）場合は、津野家の跡継ぎとしていただけませぬでしょうか。長宗我部家の姫さまと私の間に姫が生まれた時には、その男の子に嫁がせます。これで両家の絆は盤石になりまする。」
親貞「それはよい考えであるな。元親殿に伝えよう。」
定勝「もうひとつございます。」
親貞「申してみよ。」
定勝「元親様のお子が将来当家を継ぐことを考えると、それなりの処遇も必要になりましょう。といってはなんですが、坪付権と役付権は、津野家に、いや元親様のお子に残しておいていただけませぬでしょうか。」

親貞「うまく考えたものだな。兄元親殿がどう言うか分らぬが伝えよう。」
親貞「では、追って沙汰を伝えるので神妙にして待つように。くれぐれも言っておくが、良からぬ考えを起こさぬようにな。今度起こせば滅びるぞ。」
勝興「何とぞよしなにお願い申しあげます。」

七日程して、長宗我部元親の使者が半山の姫野々城下に遣わされてきた。勝興は、変な疑いをかけられぬように城下の屋敷で鎧は脱いで待っていた。元親の沙汰には、先の三条件の念押しと勝興の申し出を受け入れる旨がしたためられていた。津野氏の家臣団の大半は、これで自分の家の存続もかなうと胸をなでおろした。

元親にはもっと深い思惑があった。いずれ一条家と幡多方面で一戦を交えねばならぬかもしれぬ。その時に、津野に背後から襲われては、一条軍との間で挟み撃ちになるので、それだけはどうしても避けたかった。では亡ぼせば良いとの意見も長宗我部家中にはあったが、次に四国に蓋をする時には、津野軍は地の利の面でも伊予国との関係の面でも、伊予国の中西部を攻略するための重要な戦力になると考えた。長宗我部元親は、津野家に大きな恩を売るとともに血のつながった人間を二人送り込むことで、津野家が絶対に離反できぬようにしたのであった。一条房基は、「四万十川の上流で津野が毒をもれば、下流で一条が死ぬ」と言ったが、その毒は元親により盛られてしまった。勝興は、自家の存続のためには止むを得ないこととはいえ、母の実家一条家に毒を盛ることに暗黙の了解を与えたことになる。

二二・二　津野勝興の領国経営

長宗我部氏に降ったことで一息つけたのか、勝興は領地の経営にも精を出し始めた。知行宛の記録がいくつか残されている。

(書き下し)

給田ノ事

神田郷国平名

トネタニ　一所九段　種子足ヲモッテサンヤウス

フケ三カ所　一所三反

已上壱町弐反

右此ノ所ニ相加ヘ宛行モノ也

元亀三年壬申閏正月吉日（一五七二年）

勝興　花押

市川大蔵兵衛尉殿

（右高岡郡仁井田郷三本六右衛門蔵凡二通）

（『高知県史古代中世史料編』三二五頁）

(書き下し)

長々此ノ表ニ勤任間誠ニ神妙候、往々堪忍之成リ様ニ於イテ爰（ここ）ニ許ス、扶持相違有ル間敷（まじく）候也

天正四年十一月十一日（一五七六年）

勝興　花押

西村源次郎殿

（右高岡郡梼原西村宗六蔵凡五通）

（『高知県史古代中世史料編』三三二頁）

（書き下し）

給恩ノ事

新庄上分郷衣包名相揃へ宛行ノ所、前々筋目相違無ク却ッテ尚以ッテ向後ノ勤功怠惰有ル間敷（まじき）モノ也

天正五年丁丑二月吉日）（一五七七年）　勝興（花押）

市川大蔵兵衛尉殿

（右仁井田三本六左衛門蔵凡二通）　（『高知県史古代中世史料編』三三三頁）

（書き下し）

今ノ度生龍祈念別而（べっして）辛労祝着候、其ノ内ニ訴詔（歎願）之申スノ間、吾井郷ニ於イテ正善寺分ノ内、田数五反之宛行ス、彼ノ意ニ限ラズ此ニ罷リ出ヅルヲ以ッテ相ノ奉公等仕ル可キモノ也

天正五年丁丑八月廿四日（一五七七年）　勝興　花押

吉門甚次郎どのへ

（吉門喜義氏蔵）　（『東津野村史』）

この間も時計の針は回っていた。元亀四年（一五七三年）の正月を祝ってしばらくした頃、津野勝興は長宗我部国親の娘、元親の妹を妻として迎えた。津野家家中では、臣下も領民もこれを祝い祝宴が続いた。この年の七月二八日には元号が天正に改元されるが、年の暮れが近づくと一人の赤子が乳母に抱かれ、多数の陪臣に伴われて姫野々城下に移ってきた。後の津野親忠である。長宗我部氏傘下での津野

家領地の経営が本格的に始まった。長宗我部元親はもう土佐一条氏を臣従させるという野望を隠さなくなっていた。既に、久礼の佐竹信濃守義直や仁井田五人衆は元親に降っていた。このような動きを姫野々の凡そ一一〇里（六〇千米）ほど南西にある一条館の主一条兼定は苦々しく見つめていた。

この年天正元年（一五七三年）七月、京の都では織田信長が足利義昭を追放し室町幕府が滅亡した。

その一条兼定は、南予の攻略も思うに任せず、東では長宗我部元親が迫り来つつあり、現実から目を背けたかったのか放蕩な生活を送り始めた。一門の血縁者で老臣土居宗珊がこれを憂いて再三諫言したが、ついに兼定の怒りに触れて宗珊と一族が手打ちにされるという事件が起こった。これに失望した他の三家老である羽生監物、為松若狭守、安並和泉守などの合議によって、天正元年（一五七三年）九月に隠居を強要されてしまった。土佐一条家の屋台骨は内側が腐り崩れ始めた。土居一族殺害については、兼定の名を騙《かた》る吉良親貞の密偵の仕業、三家老の合議による謀略、長宗我部側の謀略に気づいた三家老が主君兼定を岳父である九州豊後の大友氏の元へ逃がす策である、などの諸説があるがいずれも定説ではない。なお、この際に本家より義弟の一条内基が訪れ、兼定の嫡子万千代の元服を執り行い一字を与えて内政と名乗らせた。これを見とどけた後、兼定は天正二年（一五七四年）二月に中村御所を出て九州へ渡った。

一条家内部では、兼定の追放に憤慨した旧臣加久見城主の加久見左衛門他が挙兵して中村を襲い、老臣らを討伐したが、反乱鎮圧を名目に長宗我部氏が介入し中村を占領されてしまう結果を招いてしまった。長宗我部元親は、ほとんど戦うこともなく一条氏の自己崩壊を物見見物しながら、その領地を手中に収めることができた。中村には城代として弟吉良親貞を常駐させた。

九州の地では兼定が、妻の勧めに従ったのか異国の神に再生の望みの願掛けを行ったのか、翌天正三年（一五七五年）になると宣教師ジョアン・カブラルから洗礼を受け、洗礼名ドン・パウロを与えられキリスト教に入信した。そして、同年大友義鎮《よししげ》宗麟の支援を受けた兼定は、旧領回復を目指し四国に戻り宇和島で挙兵した。旧臣を糾合しながら元の本拠地の土佐中村に進軍し、中村に到着した頃には、その兵の数は三五〇〇ほどに膨れあがっていた。一方、親貞より急報を受けた長宗我部元親は、またたく間に七五〇〇名の兵を集め四万十川の東岸に大軍を率いて現れた。これによって一条氏と長宗我部氏との軍事的衝突は避けられぬ情勢となった。四万十川河口部の西岸栗本城に入った兼定は四万十川に杭を打ち込ませ、地形を利用した迎撃の構えを取った。

天正三年（一五七五年）七月、両軍は四万十川を挟んで東西に対陣する。まず長宗我部方の第一陣が正面から渡河を試み、数に劣る一条方は後退しつつ応戦した。ここで、長宗我部方の第二陣に控えていた福留儀重が率いる手勢が北へ向かい、障壁となる杭がない上流から迂回する動きを見せる。この動きを見た一条方は二方面からの挟撃を恐れ、上流に向かった福留隊を追った。福留部隊の陽動で一条軍の正面が手薄になると、この機を逃さず、長宗我部元親は残った全軍に一斉渡河を命じた。

少ない兵力をさらに分散させ、寄せ集めで指揮系統も乱れていた一条方に、正面から倍以上の兵力で迫る長宗我部軍を迎え撃つだけの力はなく、たちまち総崩れとなった。なおも追撃を受けた一条方は二〇〇余名の死者を出して敗走したのに対し、長宗我部方に被害は少なかった。

土佐の覇権をかけた長宗我部氏と土佐一条氏の渡川の戦い（現在では四万十川の戦い）は、数刻で決着し長宗我部軍の圧倒的勝利に終わった。その軍勢は七五〇〇と記されているが、朝鮮の役で長宗我部軍が動員した兵の数が三〇〇〇名であったこと等を考慮すると、両軍の兵の数は半分以下であったと推定する。

津野氏は、長宗我部軍に編入され出陣した。数は推定だが、五〇〇から一〇〇〇の間であったであろう。勝興は、さすがに母の実家に弓を向けることを避けるため、直接指揮はとらず家老の津野藤蔵人親房を派遣した。

長宗我部元親は、土佐一条氏を下し土佐一国を平定すると、いよいよ次の野望に向けて動き出した。四国を平定し蓋をすることであった。その侵攻計画の概要は次のようなものであった。

一、阿波国は、まず東の海岸線を北上し吉野川河口に至る。同時に四国山地を貫通する北山官道を北上し吉野川沿いに大西覚用の白地城（現三好市池田町）を落とす。元親は、この白地城を四国侵攻の本陣とした。これが首尾よくいった暁には、いよいよ阿波国の本丸吉野川河口近くの三好氏の本城である勝瑞城を落とす。

一、讃岐国については、白地城及び阿波国の両面から讃岐山地を越えて攻め込む。讃岐の主要攻撃目標は、堅城天霧城による西の香川氏、中央の目標は藤尾城を拠点とする香西氏、東は最も手ごわい相手でこの当時は阿波の三好氏の一族となっていた十河氏の十河城であった。

一、伊予国については、三方向からの侵攻が計画された。一つ目が南予を攻略する侵攻路で、幡多から南予の海岸沿いと内陸部の河原渕方面から西園寺氏領に攻め入る手はずで、元親の弟吉良親貞が担当した。二つ目が伊予中西部に攻め込む侵攻路で、梼原から大洲の宇都宮氏の所領に攻め入りのち北に河野氏の本城湯築城を目指す津野軍と、佐川から久万と浮穴郡を攻略し湯築城に攻め上がる久武軍より成っていた。最後が東予であるが、伊予国の東側と土佐国の間は急峻な四国山地で遮られており、直接攻め入るのは難しい。現代でも、高知自動車道を除けば、全長五、四三二メートルの寒風山トンネル（一般道のトンネルとしては日本最長）があるだけである。従い、三つ目の侵攻路は、白地もしくは西讃岐から川之江方面に西進する侵攻路であった。室町時代に細川頼之が伊予に侵攻する際にたどった道順と同じである。

伊予国侵攻に関し、津野勝興が参戦したことを示す逸話が残されている。天正六年（一五七八年）から天正十二年（一五八四年）の間、長宗我部軍は伊予攻めを行っているが、津野勝興も軍を率い参陣した。長宗我部軍が道後の湯築城を囲み河野通直を攻めた時、勝興は「河野氏は孝霊貞第二皇子伊予親王六十四代の王孫世で、その年を経ること一千年以上である。通直を殺すことは易いが通直の死はこの名家を絶やすことになる。私はこれを殺すことはできない」と囲みを解いて逃がしてやった。通直は毛利輝元を頼って沼田の庄竹原に住んだ。勝興が凱旋した時元親はその功をたたえて佐川郷を与えようとしたが勝興は、「道後を陥れたのは我が勇にあらず武にあらず、貴公の武威の然らしめた所である。また、自分は長宗我部の家来ではなく客分である。あなたから領地を受けるのは筋違いだ」と言ってこれを断ったので元親も愧（は）ずる所がありこれより毎年米千石を贈った。

この話はどうもよくでき過ぎている。津野氏が河野氏に大恩があることを踏まえ美談にするために誰かが創作したもので間違いない。津野勝興は、天正六年（一五七八年）一一月二一日に病没したとされており、病人が長期の戦に出たとも思えず、死の直前に伊予への国境を越えて短期間で河野氏の本城である道後の湯築城まで攻め上がったとも思えない。また、河野通直が竹原に移った時期も異なる。ただ、誰が軍配を振ったかは別として、津野軍が河野氏を攻撃したことは事実であろう。

津野軍の行軍につき逸話がもう一つ残されている。天正六年（一五七八年）、長宗我部軍の一翼として伊予に攻め入った時、津野の軍は滝沢寺の放火を禁じたことである。その事実を示す書状が須崎市下分にある元亨院に伝わっている。その書簡が次の二通であるが、この二つの寺の概要を確認しておく。

元亨院：須崎市下分、津野氏菩提寺、現在は曹洞宗総持寺派、創立は永正二年（一五〇五年）、開基は津野元実、開山僧侶は印宗道可和尚。

龍澤寺：曹洞宗総持寺派、西予市城川町魚成、元亨三年（一三二三年）に創基、当時の名は龍天寺で現在の北宇和郡鬼北町にあった。永享五年（一四三三年）に薩摩国島津元久の長男で、巡航した仲翁守邦禅師が中興し、現在の龍澤寺と改名、鬼瓦に島津家の家紋「丸に十」が刻まれている。龍澤寺は、洲崎・半山・檮原方面から岡本城・河原渕城等西南予に攻め入る場合の行軍路に当たる。

【龍澤寺から元亨院への礼状】

（書き下し）

去ル天正戌寅（註、天正六年（一五七八年）四月、佐州（土佐）ヨリ豫州（伊予）マデ諸軍發足ノ砌（みぎり）、貴院御才覚ヲ以ッテ仰セ調ベラレ候、而シテ山内俊光公津野親房公却而（かへって）狼藉ト放火ヲ静メ為シ、警固ヲ加ヘラレ寺家ノ安全ノ段自他ノ覚ヘ此ノ事総ジテ貴院ノ大功ニ謝ヲ為スカナ、当寺四代蒲菴大和尚ノ法衣ノ御袈裟黒衣同先師流通ノ首楞厳（しゅりょうごん）（首楞厳経）一部印本之ヲ進ゼ候、其ノ右虚蔭ヲ頂拝セラレ後昆（のちの世の人・子孫）ノ処、乾徳（天子の徳）ハ他ニ勝リ山海ハ秀ヲ蔵シ郡峰ハ諸末寺ト異ナル可シ、仍テ證筆件ノ如シ

天正八年八月廿八日（一五八〇年）　　龍澤俊派（花押）

進上元亨院壽鑑大和尚　衣鉢閣下

（右下分元亨院蔵凡四通）　　（『高知県史古代中世史料編』三三六頁）

【元亨院から龍澤寺への返信】

（書き下し）

欽拝答

御尊意ノ如ク先年当邦ヨリ其ノ表ニ乱入ノ砌、山内俊光公津野親房公恩儀深ク重ネテ依頼入リ、警固ヲ加ヘラレ貴寺安全ノ処門中大慶ニ候、随イテ蒲菴大和尚法衣ノ御袈裟黒衣并ワセ首楞厳一部印本当山ニ於イテ運送誠ニ以ッテ当寺末代ノ家珎（家宝）ヲ過ギズ、之則チ手ヲ雪《そそ》ギ焼香三拝ス、尓《しか》リテ再ビ千三（希なか）黄梅伝衣（茂ル）ハ之ノ如クヤ、必ズ企テ参扣申シ上グ可ク候ノ条此ノ旨御披露、誠恐誠惶頓首和南

（註）参扣：高位の人の所へおうかがいすること。
誠恐誠惶：手紙の結語、誠に恐れかしこまること。
頓首和南：恭しく深く首を垂れること。

天正八年九月七日（一五八〇年）　　壽鑑（花押）

拝答龍澤寺
衣鉢閣下

（右下分元亨院凡四通蔵）　（『高知県史古代中世史料編』三三七頁）

以上の二通の書状からすると、この時の伊予攻めの大将は、山内俊光（窪川城主窪川宣澄の二男）と津野親房（津野氏家老）である。勝興はこの侵攻の時期には既に病を自覚しており、戦には加わらなかった。

長宗我部の伊予侵攻に対抗するために、河野通直は毛利氏に援軍を頼み小早川隆景が伊予に派遣され、長宗我部軍を押し返すことができたが、天正九年（一五八一年）になると羽柴秀吉が鳥取城を陥落させ中国攻めを本格化させた。このため、毛利一族は四国に係わる余力がなくなり、この機を逃さず元

親は河野氏を攻めた。天正一一年（一五八三年）頃には、河野通直は元親に降伏した。そして、河野氏の降伏に伴い伊予の諸将の抵抗も弱まり、天正一三年（一五八五年）の春には伊予国全土が長宗我部元親の手中に入った。ところが、同じ年の六月には豊臣秀吉が四国への出陣を決定し四国攻めが始まる。河野通直は、長宗我部軍の一翼として湯築城に籠城するが、約一カ月の後には小早川隆景に降った。秀吉により所領は没収され、ここに伊予の大名として君臨した河野氏は滅亡してしまった。通直は隆景の本拠地である竹原にて天正一五年（一五八七年）に病死したとされる。

津野勝興は、病に悩まされるようになり自分の余命が幾ばくも残されていないことを覚り、親忠に家督を譲ることを決意した。天正六年（一五七八年）半ばのこと、勝興はまだ幼少の親忠（六歳）に家督を渡し、自身は梼原村西野川に退居した。現在の梼原町西の川地区で、津野氏の故地に帰ってきたのである。そして、その数か月後の天正六年（一五七八年）一一月二一日、先祖の故地から遥か西の彼方に向けて旅立った。当主の二男として生まれ一度は仏道を夢見たが、いつの間にか現世に連れ戻された。一条氏を母に持ちながら一条氏に反旗を翻さざるを得なくなり、最後は長宗我部元親の被官として軍を各地に送り出し、苦労の絶えない人生ではあった。どのような病であったかは知られていない。津野勝興の死を以て、津野宗家における経高に発する津野氏の血が絶えたことになる。

第二三章　最後の当主津野親忠に関する考証

二三・一　津野親忠の生没年と年譜

津野親忠については、没年月日は慶長五年（一六〇〇年）九月二九日ではっきりしているが、書物によりその時の年齢記載が二つある。二八歳と二九歳である。親忠の年齢を記した系図はそのほとんどが「二八歳」もしくは「享年二八歳」と書き残している。はっきり二九歳と書き残したのは、『土佐物語』の「行年二九歳」のみである。『土佐物語』の記録に従うと、生誕日により異なるが、親忠は元亀元年（一五七〇年）か同二年（一五七一年）に生まれたことになる。昔はほとんどの人が誕生日を意識せず、記録にも残していないので、数え年で自分の年齢を考え、結果として没時は享年で表されていたことになる。このようなことも考慮すると、親忠の逝去時の年齢は享年二八歳、生まれは天正元年（一五七三年）が正しいと判断されるのでそれを前提に本物語を進める。尚、津野親忠の死に関する古文書には、次の二つがお寺の記録として残っている。

津野城主孝山寺殿慶長五子年九月廿九日壽二十八歳
（右一通高岡郡北川村亨泉寺ニ蔵ル文ナリ凡テ二通ノ第一紙）
（『高知県史古代中世史料編』一三二八頁）

高山宗笋居士慶長五庚子舎九月晦日
（右一通香美郡岩村高山寺ニ蔵ムル津野孫次郎親忠ノ牌主ノ文ナリ）
（『高知県史古代中世史料編』一三二八頁）

この時代になるとかなりの資料が残されており、親忠の年譜についてもある程度の詳細が判る。それらに基づき親忠関連の年譜をまとめると次のとおりとなる。


一五七一年（元亀二年一一月）　津野定勝、五一歳、家臣団により追放される。

　　　　　　　　　　　　　　　津野勝興、二二歳、還俗して家督を継ぐ。

一五七二年（元亀三年）　津野勝興、二三歳、長宗我部元親（三四歳）に降る。

一五七三年（天正元年）　長宗我部親忠、生誕、長宗我部元親三五歳三男、生母は美濃国石谷氏（明智光秀の重臣斎藤利三の縁者）の娘。

（この頃）　津野勝興、二四歳、長宗我部国親の娘（元親の妹）を妻に迎える。

（この頃）　長宗我部親忠（幼名不明）、津野家の養子に入る。［推定］

一五七八年（天正六年半ば）　津野親忠、六歳、津野家の家督を継ぐ。

　　　　　（天正六年一一月二一日）　津野勝興、逝去（享年二九歳）。

一五八一年（天正九年）　長宗我部親和、元親二男一五歳、讃岐香川氏の養子となる。

一五八五年（天正一三年七月二五日）　長宗我部元親、四八歳、羽柴秀吉に降伏する。

　　　　　（天正一三年八月頃）　津野親忠、一三歳、秀吉の人質として大坂に上る。

　　　　　（天正一三年一〇月）　長宗我部元親、秀吉に謁見するため精鋭五〇人に守られ上京する。

　　　　　（天正一三年一〇月）　香川親和、一九歳、元親に同行し大和郡山城で人質となる。

　　　　　（天正一三年一〇月一五日）　津野親忠、元親に同行し土佐への帰途につく。

一五八六年（天正一四年）　香川親和、二〇歳、岡豊に戻る。

一五八六年（天正一四年一二月一二日）　長宗我部信親、二三歳、元親長男、豊後戸次川の戦いで戦死する。

一五八七年（天正一五年）　香川親和、病のため岡豊城下で逝去（享年二一歳）。

一五八八年（天正一六年）　津野親忠、一六歳、元服［推定］。その後、日下城主三宮平左衛門の娘を迎える。

一五八八年（天正一六年九月）　長宗我部元親、五〇歳、本拠地を岡豊城から大高坂城へ移す。

（天正一六年一〇月四日）冬　長宗我部元親、親忠を退け四男盛親に家督を譲ることを決定する。

一五八九年（天正一七年一〇月以降翌天正一八年一二月までの間）　比江山親興（元親の従兄弟）、三男親忠への家督相続を主張し元親の怒りを買い切腹させられる。

吉良親実（元親の弟）、三男親忠への家督相続を主張し元親の怒りを買い切腹させられる。

一五九〇年（天正一八年）　長宗我部元親、五二歳、水軍を率い小田原征伐に参戦する。

一五九一年（天正一九年一月二〇日）　豊臣秀吉、五五歳、「唐入り」と称する明国への遠征準備を常陸以西、四国、九州の諸大名に号令する。

（天正一九年八月二三日）　豊臣秀吉、「唐入り」を翌春に決行する不退転の決意を改めて全国の大名に発表する。九州の大名には遠征軍の前線基地並びに宿営地として名護屋城の築城を命じる。

一五九一年（天正一九年末頃）　長宗我部元親、五三歳、本拠地を大高坂城から浦戸城へ移す。

一五九二年（天正二〇年二月二六日）　長宗我部元親、五四歳、盛親（一八歳）と浦戸より出兵する。

（天正二〇年三月末）　津野親忠、二〇歳、名護屋城に向け浦戸を出帆する。

（天正二〇年三月）　名護屋城が完成する。

（天正二〇年四月一二日）　小西行長、釜山に上陸を開始する。【文禄の役の開始】

長宗我部軍（三〇〇〇人）、五番隊（福島正則隊）として渡海する。

一五九三年（文禄二年九月二日）　留守守備隊以外の日本軍が朝鮮半島より撤兵する。

一五九四年（文禄三年六月初まで）　津野親忠、二一歳、守備隊として朝鮮半島に残る。

（この頃）　津野親忠、二二歳、朝鮮より帰国する。

一五九七年（慶長二年二月二一日）　津野親忠、本拠地を半山姫野々城から洲崎城に移す。［推定］

（慶長二年六月一〇日頃）　豊臣秀吉、六一歳、朝鮮戦役再開を命令。【慶長の役の開始】

津野親忠、二五歳、再び朝鮮に出征する。［推定］

長宗我部軍（三〇〇〇人）、六番隊（藤堂高虎隊）として参戦する。

一五九八年（慶長三年八月一八日）　豊臣秀吉、逝去（享年六二歳）。政情が不安定化する。

（慶長三年一〇月一五日）　豊臣政権五大老、朝鮮よりの帰国命令を発令する。

（慶長三年一一月頃）　津野親忠、二六歳、朝鮮より帰国する。元親・盛親も同時に帰国するも元親は伏見に上る。

（慶長三年一一月二五日）　小西行長、釜山より帰国し日本軍の撤収完了。【慶長の役終了】

（慶長三年一二月晦日頃）　長宗我部元親、六〇歳、京より土佐に帰国する。

一五九九年（慶長四年三月）　津野親忠、二七歳、元親により香美郡岩村郷霊巌寺に幽閉され、家臣との連絡を絶たれる。

（慶長四年四月）　長宗我部元親、病気療養のため上洛する。

（慶長四年五月一九日）　長宗我部元親、京伏見屋敷にて逝去（享年六一歳）。

一六〇〇年（慶長五年九月一五日）　関ヶ原の戦い。長宗我部盛親は西軍につき敗走する。

（慶長五年九月二九日）　津野親忠、岩村霊巌寺で自刃する（享年二八歳）。


津野親忠の年譜のなかで、半山の姫野々城に移り住んだ時期は書き物としては残されていない。『土佐津野氏に関する論文集』では、その時期を、親忠が一五歳の天正一五年（一五八七年）から一七歳の天正十七年（一五八九年）三月六日の頃と推定している。その根拠は、天正一五年（一五八七年）正月一一日付の『土佐郡大高坂郷地検帳』に国沢越中守給地に「津野様御土居」が記録されており親忠はそこに住んでいたとし、もう一つが津野親忠名での初出の書状が天正一七年（一五八九年）三月六日付の高橋鹿之助宛の坪付状であることとしている。しかしながら、これは正しい論証とはいえない。その理由は次のとおりである。

一、主要な家臣が、主君の城下にある程度の警護機能を持った屋敷（土居）を構えるのはごく一般的なことである。目的は、領主及びその臣下の宿泊施設、主君との連絡窓口、情報収集等である。室町幕府時代の何々殿（例、細川殿）、豊臣政権下の大坂屋敷・伏見屋敷、徳川政権下の江戸屋敷がこれに当たる。浦戸城下にも津野屋敷があったことが確認できる。大高坂城下の津野屋敷もこの種の屋敷に相当するはずである。残る記録によれば、長宗我部元親が、本拠地を岡豊から大高坂に移したのは、天正一六年（一五八八年）冬のこととされており、地検帳の記録はその一年前である。津野家は、はやばやと大高坂に屋敷を築いていたかまだ普請途中であったかどちらかである。元服頃の津野親忠が開発途上の地にあるこの屋敷に住み養育されていたとは考えられない。因みに、地検帳に出てくる国沢氏は、現在のはりまや橋辺りに城を構え一帯を領有していた国人領主である。

一、葉山村埋蔵文化財発掘調査報告書『姫野々土居跡』による津野親忠の時代の姫野々土居の推定復元図には、当主津野親忠の屋敷「御土居」の隣に「御乳人」（ちちひと）の比較的大きな敷地がある。乳人は乳母のことである。このことは、親忠は幼少期に乳母に伴われて津野氏に入ってきたことを類推させる。一五歳か一七歳の男子に乳母がついて他家に養子に入るとは思えない。養父津野勝興は、元亀三年（一五七二年）に長宗我部元親に降っており、親忠は翌年に生まれている。生まれて間もない乳飲み子の時に、母親代わりの乳母に抱かれ、周りを固める長宗我部氏の家臣団に囲まれて津野氏に入嗣したと考えるのが妥当である。尚、徳川三代将軍家光を養育した春日局の例に見られるように、乳母がある程度の権勢を持ちそれに伴う屋敷を与えられていたであろうことはあり得ることである。

一、領地の主君が、その年齢にかかわらず、遠隔地から領地を支配することは一般的には考えられない。臣下と領民が納得しない。いかに幼少であろうと、領主としての判断と命令が補佐役によりなされようと、主君は主君、その正統性と権威を示すためには領地に在住することが重要である。本能寺の変後の織田家後継者を決める清洲会議で、異説もあるようだが、秀吉が信長の嫡孫である幼少の三法師を抱いて現れ他の参加者を平伏させた逸話は有名である。その意味では、親忠が勝興より家督を継承したと推定される天正六年（一五七八年）（親忠六歳）には、いくら遅くても、姫野々城にいなくてはならない。

一、当主としての発給文書については、正式に元服の儀を執り行い幼名から元服名に変わり、大人として認められて初めて自分の元服名名義で発給することになる。逆にいえば、元服前の幼名で正式文書を出すことはない。それまでの間は、後見人か代理人名もしくは複数の重臣の連名で発給していたはずである。そうすると、親忠名で現代に伝わる初出の書状が、親忠が元服した後の一七歳の時の天正一七年（一五八九年）であるのはごく自然なことであり、居住地とは関係ないことになる。実際問題、例えば、足利将軍家では、元服前に将軍後継者と任命されても、管領の命令書である管領下知状が発給され続け、元服後に「判始」の儀式を行い将軍の命令書である御判御教書を発給し始めるのがしきたりであった。

津野親忠については、その領地経営と父親元親に幽閉された原因を中心に考察と考証を進める。

二三・二　津野親忠の領国経営

津野親忠の領地経営の詳細に関しては、歴史的叙述としては残されていないが、坪付等の古文書が記録として残されており、それからある程度は類推できる。これら古記録を調査した前述の『土佐津野氏に関する論文集』では、親忠の領地経営は失敗であり、そのために長宗我部元親より津野氏当主の座を追われ幽閉され、あげくの果てに盛親に殺されたと結論付けている。曰く、「津野家に入った親忠は失政によって失脚し、最後には身内の盛親に殺され、定勝・勝興兄弟（筆者註、兄弟は間違い）の墓地は高岡郡半山谷から遠く離れた現梼原町に葬られ、悲運な死を告げると共に、領民からも受け入れられなかったことを伝えているようである」と、津野親忠、その出である長宗我部家、その入嗣先である津野家並びにその当主であった定勝と勝興の名誉を随分と傷つける表現を残している。親忠失脚の原因は、分不相応な家臣への所領付与と相次ぐ訴訟による信頼失墜としている。しかしながら、残る古文書をより詳細に分析すると、同書の分析と主張は事実を正しく解釈しているものではないと判断される。この考証部分では、とりあえず津野親忠の名誉を回復しておくことにする。残る関係者の名誉回復は、関連部分をお読み頂くと自ずと理解いただけると思う。

現代に残る関連の古記録を理解する上では、幾つかの重要事項を理解しておく必要があり、まずはそれらにつき、解説をしておく。

その一は、「坪付」についてである。坪付とは、古代・中世、坪ごとに田畑の所在地や面積を示すこと、また、その帳簿のことであった。それに基づいて貢租の減免や年貢額の決定が行われたのが元々の役割であった。これが転じて、鎌倉時代以降の武士の主従関係における所領の知行宛行《あてがい》、所領の安堵《あんど》の役割を果たすようになったと思われる。所領の坪付はいくつかに類型化される。

一、新たな所領の知行宛行。戦功・職功に伴う領地の付与で、新たな家臣への宛行、旧来の家臣への加増がある。この場合の家臣への所領付与は、一般的には主君の領地（公領）の減少を意味する。家臣が自ら開発した新たな土地の所有権を認める坪付もあるが、この場合は主君の領地に増減はない。

一、主君の代替わりに伴う所領安堵。これは、所領の再確認であるが、新しい主君との主従関係の確認でもある。原則、主君と家臣双方の所領の増減を伴わない。

一、家臣の相伝・譲与に伴う安堵。これは、家臣の当主交代、死没に伴う相続、家族への分与等が考えられる。主君の領地の減少は伴わない。隠居領の付与という形態が出てくるが、家長を退いた隠居者の生活保障のために領地を与えるもので死後は返却されるのが原則なので、長期的には当主の所領の増減はないと見なしてよい。

一、家臣の移転・処分に基づく知行宛行。これは、実際の形態により、主君の領地の増減が決まる。

一、安堵される土地は、主君の領地もあれば、家臣の土地の上地（没収地）もある。上地の理由は、処罰、戦死、家の断絶、領地外への移転等が考えられる。この種の上地の付与は主君の領地の減少にはならないことはいうまでもない。

以上を勘案し、親忠並びにその関係者の坪付を分析する必要がある。

その二は、津野氏の領地面積である。天正一五年（一五八七年）一〇月頃完成と推察される『津野分限帳』が存在し、それによると津野氏の領地の石高は次のとおりとなっている。
津野氏領地合計：二五、〇三三石（約三、一二九町相当）
（領有者別内訳）
内津野親忠領地：　九、六四五石（約一、二〇五町相当）（いわゆる公領地）
内家臣割当領地：一五、三八八石（約一、九二四町相当）
（地域別内訳）
一五、八七一石（約一、九八四町相当）：津野山（半山、船戸、梼原、大野見等）、吾井郷、神田郷、
　多ノ郷、上分郷、下分郷、池之内、洲崎海浜地区等の津野累世の本領地（註1）
二、一六〇石（約二七〇町相当）：　久礼、仁井田両村の内佐竹領より割譲された分（註2）
二、三五〇石（約二九四町相当）：　仁井田郷（注2）
四、六五二石（約五八一町相当）：　戸波、波介、甲原三ケ村（註3）
（註1）津野氏の本領で、津野基高が一条氏に降った時に安堵された領地に相当する。
（註2）津野基高が一条氏に降った時に一条氏・佐竹氏に割譲された領地で、一条氏の滅亡後に
　長宗我部元親により返還されたことになる。
（註3）津野元実の恵良沼の戦い（一五一七年）頃より一条氏、大平氏、本山氏、最期に長宗我部
氏が領有した領地で、長宗我部元親により譲渡されたことになる。
（註4）田畑面積は、江戸時代より若干生産性が低いと仮定し、一町当り八石を適用した。
『元禄郷帳石高』（一六九七～一七〇二年）による土佐国石高：二六八、四八五石、
『町歩下組帳』（享保六年（一七二一年）による土佐国田畑：三三、〇〇三町、
以上より、一町当りの石高土佐国：八・一三五石、全国平均：八・七五二石。

その三は、戦国大名の収入源の問題である。既に上巻にて説明のとおり、戦国大名は、領国内の土地のほとんどを知行地として家臣や寺社に分け与えてしまうのが普通であったから、田畑からの年貢収入は戦国大名にとって大きな財源とはなり得なかった。大名が年貢を徴収できた土地は直轄領だけであり、一般的にその規模は有力家臣のもつ知行地とほぼ同程度にすぎなかった。戦国大名が主な財源としたのは、むしろ段銭・棟別銭・夫役（夫役は本来、労役であるが、銭納されることも多かった）などの税収入であった。年貢と異なり、税は原則として家臣や寺社の知行地を含め、領国内のすべての耕地・家屋に賦課されたから、その額は年貢収入をはるかに上回るものであった。戦国大名が検地に積極的であったのは、検地により把握された貫高・石高が、家臣に対する軍役の賦課基準であっただけでなく、これら領民に対する諸税の賦課基準でもあったためである。

津野氏の場合、津野親忠の領地（公領）が領地全体の約三九パーセントと、比較上は年貢米の収入が占める割合が高い。この理由は、領地そのものが、臣下と領民に開拓してもらったとはいえ、津野氏が七〇〇年近くにわたり営々と開発し耕してきたからである。それが歴史の重みである。さらには、年貢米に加え段銭・棟別銭等の収入も相当額あったはずである。

その四は、文禄・慶長の役と長宗我部軍における津野親忠の役割の問題である。諸大名にとっては、外国遠征にかかる人と軍資金は大きな負担になったはずである。また、日本軍は最終的には朝鮮半島から撤退しており、新たな領地を獲得した訳ではないので、戦後処理の恩賞が諸大名の頭痛の種だったはずである。長宗我部派遣軍の状況につき考察してみる。

一、朝鮮出兵の際の土佐国軍は、長宗我部軍と津野軍の二隊があった訳ではなくあくまでも長宗我部軍一隊であり、津野隊は長宗我部軍の一部隊である。秀吉から三、〇〇〇名の派兵命令を受け、元親が土佐国内の各統治者に割り振ったはずである。津野氏は、土佐国内でのその財力・民力比率からして五〇〇名程の動員ではなかったかと推定できる。

一、軍隊が海を渡って海外で戦うための兵站として、主に兵糧の確保、武器の補充、弾薬の確保・補充、兵馬と秣《まぐさ》の確保、以上の海上輸送手段として船の確保、陸上輸送手段として荷車・人足・牛馬の確保が課題になる。長宗我部軍では、これらを各隊が個別に行うことは考えられず、誰かが取り纏めていたはずである。筆者は、津野親忠はこの兵站並びに兵站を確保するための資金調達を担当していたものと推測する。そうすると、古文書に残るいろいろな事象の背景と理由が見えてくる。親忠が資金調達と兵站を任された理由は、そのような才能もしくは素養を元親が見込んだからで、その礎は秀吉の人質として大坂城に送り込まれて以降に、藤堂高虎等との交流を通じて学んだものであったであろう。文禄の役の際には、親忠が元親・盛親よりも一カ月以上あとに肥前名護屋城に向け出発したが、これも資金調達に奔走していたと考えれば辻褄が合う。尚、親忠が秀吉の人質となったのは一三歳の時で、上方にいたのは三カ月足らずであった。この三カ月足らずの間に経済面での領地経営に習熟することは難しく、実態としては動機付けは得たが勉学はその後引き続き行ったことと思う。因みに、弟盛親は兵員動員と軍船と輸送船の確保を担当していたようにうかがえる。次のような盛親の書状が残っている。

(書き下し)
猶以ッテ貳人ノ奉行ヲ以ッテ来タル迠茂《までも》未ダ仕ル可カラズモノ也、長濱衆高麗立チノ仕組(計画)書付ケ遣ワシ候、頓々《やうやう》此ノ如ク書立テコレ拵《こしらへ》合ワセ候テ相待ツ可ク候、日限ハ上国(都に近い国)ヨリ仰セ下サレ次第ニ追々云イ遣ワス可ク候、兵糧仕ル組船組ハ重ク(大切で)而シテ云イ越ス可ク候、内々諸道具拵《こしら》ノ事油断有ル間敷《まじき》候、少茂《すこしでも》緩キニ於イテ曲事(不正な事)ヲ為ス可シ者ハ堅固ニ申シ付ク可キモノ也

文禄三年九月廿日（註、一五九四年）　盛親（花押のみ）
長濱　横山九郎兵衛（註、横山友隆のことで、この当時は浦戸城の海の玄関長浜の代官）
奉立舘衆　長谷川左近
同し不立衆　堀内菊衛門（註、長浜の地を領す）
使　伊衛門
同　助九郎
（右吾川郡横浜前荘監一右衛門蔵凡六通）
（『高知県史古代中世史料編』三九四頁）
この書状の内容は、盛親が長浜代官ほかに、朝鮮へ出発の準備を怠りなく行い次の指示を待つように連絡したものである。出発期限は上国（上方の豊臣政権）より出されるとしている。ただ、書状の日付が文禄三年九月二〇日となっており、文禄の役で守備部隊を残し日本軍の主力が撤収した直後である。この日付が正しければ、盛親はすでに土佐に帰国していたことになる。また、この時期に渡海の準備を行っていたということは、日本側の臨戦態勢はまだ解かれていなかったことになる。

一、兵糧に関しては、三つの部分より成り立っていたはずである。遠征を命じた秀吉が四十八万人分を集めた。何日分かは不明であるが、これが各部隊に配分されたか船奉行（兵員物資輸送担当）によって戦地に運ばれたかであろう。残る部分は、各部隊が持参する兵糧と現地で調達する兵糧となる。大半は現地調達となろうが、現地調達といっても要は現地で敗者より奪い取るか略奪することである。文禄慶長の役の記述よりも敵がため込んでいた兵糧米を奪い取った記録が沢山見受けられる。
一、海上運送手段の船については、動員令の一部として秀吉より、一〇万石につき大船（長さ三三米、幅一一米）二艘、中船五艘を用意する命令が出ており、これがその用途に使われたものと思う。太閤検地による慶長三年（一五九八年）の土佐国の石高は約九万八千石と記録されており、大中七艘の船が豊臣政権により土佐国より徴用されたことになる。船数と兵の数からして、自軍の兵を運ぶ船はこれとは別枠であったはずである。

一、陸上輸送手段は、初期時点では兵が人足を兼ね兵馬が荷馬として使われることもあったかもしれないが、原則は現地調達である。調達手段は、兵糧米と同じであろう。

一、では、津野親忠が朝鮮出兵前に奔走して集めた金銀は何に使われたのであろうか。それは、その当時に金銀でしか買えないものは何かとそれを販売していた人が誰かを考えると答えが出る。南蛮人が販売していた鉄砲とその弾・火薬が購入対象の中心であったことで間違いないと思う。実際に、ルイス・フロイス他の宣教師も名護屋を訪れており、宣教師が動けば南蛮商人が動き、南蛮商人のいるところ堺の商人もいる。堺の商人が間に入ろうと南蛮人が受け取るものでしか買い求められなかったはずである。国産の鉄砲はもっと安く米でも買えたようであるが、わざわざ九州の北の果てまで武器調達用に大量の米を運ぶより、重量比でより価値の高い金銀を持って行った方が効率的である。軍資金については、豊臣政権も大量の金貨・銀貨を鋳造したが、各大名も紐付けなしに自由に使える金銀を欲したはずである。

以上、主に四つの要素を勘案し、津野親忠の経営力と信用力を推し量ってみる。

（一）朝鮮出兵に伴う坪付【津野領内】

この表（一）は朝鮮出兵に伴う軍資金の調達と戦功に対する坪付に関するもので、家臣が金銀を拠出したことに対する相当の土地の知行宛行（加増）と戦功に対する知行宛行（加増）より成っている。この表の知行地給付は津野親忠の領地（公領地）の減少を意味する。尚、⑦の鷹野六郎兵衛に対する一〇町分の加増の約束については、後段に個別の坪付状が出てくるので、ここでは合計に含めない。

表（一）【朝鮮出兵に伴う知行地給付】【津野領内】

家臣名	発給者	給付理由	知行地	知行地地積（歩・坪以下は切捨て） 地目	町	反・段	代	歩・坪	発給日（天正二〇年は一五九二年）	典拠『高知県史古代中世史料編』	史料番号
永山平次兵衛	親忠花押	金一五文目	多ノ郷（四ケ所）	田		五			天正二〇・一・一六	三七二頁	①
明神兼丞	親忠花押	金五匁	北川村（四ケ所）	田		五	一五	三	天正二〇・二・吉日	三七三頁	②
西村与次衛門	親忠花押	料足二貫文	梼原村上中洞名	田		二			天正二〇・二・吉日	三七三頁	③
戸田蔵介	親忠花押	金八匁五分	船戸村上下力石名	田		五	四八	二	天正二〇・二・吉日	三七四頁	④
西村宗介	親忠	刀三腰・料足一貫文	梼原村下西ノ川	田		四	四三	二	天正二〇・二・吉日	三七四頁	⑤
高橋主水	親忠花押	金一文一分八厘	半山黒川	田		一			天正二〇・三・吉日	三七六頁	⑥
鷹野六郎兵衛	親忠花押	陣中での諸事心かけ	一〇町加増の約束						文禄二・一一・二四	三八四頁	⑦
鷹野六郎兵衛	親忠	文禄の役	多ノ郷	田	三	二	三〇	五	文禄三・九・二四	三九四頁	⑧
田上六右衛門	親忠花押	文禄の役（加増）	大野見村・船戸村	不詳	一	一	二八	五	文禄三・一一・六	『壹簡集』	⑨
				合計	六	八	一六	五			

（二）朝鮮出兵に伴う坪付【津野領外】

表（二）は、朝鮮出兵に伴う坪付であるが、津野氏の臣下に対する知行宛行が、親忠名義は⑩と⑫のみで、その他は長宗我部氏の奉行により宛がわれている。この背景については後述する。ここで坪付された土地は（不明地を除き）全て長宗我部氏の領地内であり、津野氏の公領地の減少にはならない。

表（二）【朝鮮出兵に伴う知行地給付】【津野領外】

家臣名	発給者	給付理由	知行地	行地地積（歩・坪以下は切捨て） 地目	町	反・段	代	歩・坪	発給日（慶長四年は一五九九年）	典拠『高知県史古代中世史料編』	史料番号
高野六郎兵衛	親忠（花押）	文禄の役か	長宗領上地	不明	三	一	三二		慶長三・一二・一八	四五〇頁	⑩
高野六郎兵衛	長宗三奉行	文禄の役か	長宗領（岩村他）	不明	二		二	一	慶長四・三・六	四五一頁	⑪
長谷川喜介	親忠（花押）	慶長の役か	長宗領内上地	不明		九	三一	二	慶長四・三・一四	四五二頁	⑫
高橋久右衛門	長宗五奉行	慶長の役か	長宗領（安芸他）	不明	一			四	慶長四・三・二二	四五三頁	⑬
高橋久右衛門	長宗五奉行	慶長の役か	長宗領（安芸他）	不明	一			二	慶長四・三・二二	四五四頁	⑭
高橋久右衛門	長宗五奉行	慶長の役か	長宗領（安芸）	不明	一		一	五	慶長四・三・二二	四五四頁	⑮
津野弥三	長宗五奉行	慶長の役か	長宗領（安芸）	不明	一		一	三	慶長四・三・二三	四五四頁	⑯
津野弥三	長宗五奉行	慶長の役か	不明	不明	一			三	慶長四・三・二二	四五三頁	⑰
弘瀬蔵之進	長宗五奉行	慶長の役か	長宗領（安芸）	不明	一		二		慶長四・三・二三	四五四頁	⑱
弘瀬蔵進	長宗五奉行	慶長の役か	長宗領（安芸）	不明	一		一		慶長四・三・二三	四五四頁	⑲
西村平吉	長宗五奉行	慶長の役か	長宗領（安芸）	不明	一			一	慶長四・三・二三	四五五頁	⑳
弘瀬蔵進	長宗五奉行	慶長の役か	長宗領（安芸）上地	不明	一			三	慶長四・三・二六	四五五頁	㉑
西村平吉	長宗五奉行	慶長の役か	長宗領（和食）	不明	一			四	慶長四・三・二六	四五五頁	㉒
				合計	一六	一	二四	四			

（三）通常の坪付（加増等）【津野領内】

表（三）は、朝鮮出兵とは直接は関係のないと思われる通常の坪付で、知行宛行の土地は津野氏の領内であり、公領地の減少を意味する。尚、㉘の坪付が津野氏の奉行名で成されている。津野親忠は、天正二〇年三月末（一五九二年）に、朝鮮出兵の前線基地である名護屋城に向け浦戸を出港しており、留守役を任された権頭（役職名であり家老・中老か）と奉行の三名の連盟となったものである。

表（三）【通常の知行地給付（加増等）】【津野領内】

家臣名	発給者	給付理由	知行地	行地地積（歩・坪以下は切捨て） 地目	町	反・段	代	歩・坪	発給日（文禄三年は一五九四年）	典拠『高知県史古代中世史料編』	史料番号
高橋鹿之介	親忠（袖判花押）	不詳（加増）	下分・上分	不明		四	三五		天正一七・三・六	三六四頁	㉓
高橋鍵右衛門	親忠　花押	不詳（加増）	神田郷衣包・武久	不明		一	八	五	天正十八・九・五	三六九頁	㉔
高橋鍵右衛門	親忠	奉公（加増）	多ノ郷・吾井郷	田		七	一七		天正二〇・三・吉日	三七五頁	㉕
戸田蔵兵	親忠袖判	長年の忠節（加増）	船戸村中土居	不明			二〇		天正二〇・三・吉日	三七五頁	㉖
下元与次兵衛	親忠	奉公（加増）	下分郷（五ケ所）	田	二		三		天正二〇・三・吉日	三七六頁	㉗
戸田新左衛門	津野四奉行	不詳（加増と仮定）	船戸村（安堵か）	不明	一	二	二七	三	天正二〇・四・二〇	三七六頁	㉘
中間作衛門	親忠袖判	不詳（新給）	大野見中津川	不明		二	五	三	文禄三・一一・六	『蠹簡集』	㉙
市川一衛門	親忠　花押	奉公心懸け（加増）	半山・大野見他加増	不明		六	二七	二	文禄三・一一・六	『蠹簡集』	㉚
下元与次兵衛	親忠　花押	不詳（加増）	下分郷	不明		五	七	四	文禄五年・二・二二	四〇八頁	㉛
市川甚兵衛給	親忠　花押	買地分訴え（新給）	桑田山	屋敷		一	一〇		慶長二・四・一	『蠹簡集』	㉜
				合計	六	一	一一	五			

（四）知行地の安堵・相伝・隠居領又は没収地の坪付【津野領内】

表（四）も、朝鮮出兵とは関係のない通常の坪付と思われるが、津野氏公領地の減少を伴わないものである。内容は、上地（没収地）、新規開発地等の知行宛行である。興味深い坪付は㊺で、津野中平氏一族の蔵太夫が洲崎の浜に開発した塩田に対する知行宛行で、この地でも海水からの製塩が行われていたことがうかがえる。

表（四）【知行地の安堵・相伝・隠居領又は没収地の給付】【津野領内】

家臣名	発給者	給付理由	知行地	地目	行地地積（歩・坪以下は切捨て）町	反・段	代	歩・坪	発給日（文禄五年は一五九六年）	典拠『高知県史古代中世史料編』	史料番号
市川一衛門	親忠	奉公心懸	吾井郷・桑田山上地	田		五	一五	四	天正二〇・三・吉日	三七四頁	㉝
永山左兵衛	親忠花押	忠功（安堵）	芳生野村	田	九	一	一〇	五	天正二〇・三・吉日	三七五頁	㉞
岡崎忠兵衛	親忠袖判	不詳（加増）	上分郷上地	不明			四五		文禄三・六・一六	三九一頁	㉟
岡崎忠兵衛	親忠袖判	隠居領（没後返却）	神田郷	田	一		一二		文禄四・一二・一	四〇五頁	㊱
西村宗助	親忠袖判	土地回復（安堵）	梼原（没収地か）	不明		六	三〇	五	文禄五年・二・五	四〇五頁	㊲
田上六右衛門	親忠袖判	奉公（加増）	大野見上地	不明		三	四五	一	文禄五年・二・五	四〇五頁	㊳
永山平次兵衛	親忠花押	給地の再確認	半山、洲崎方面	不明	四			一	文禄五年・二・五	四〇六頁	㊴
津野弥蔵	親忠花押	父親忠死（安堵）	梼原、北川	不明	一		一七	四	文禄五年・二・一〇	四〇七頁	㊵
高橋主水助	親忠花押	訴え（加増）	下分郷上地	不明		一			文禄五年・二・一一	四〇七頁	㊶
武正次郎右衛門	親忠　花押	浜表の機遣い	大谷・上分等上地	不明	一			四	文禄五年・二・一二	『蠹簡集』	㊷
高橋鍵右衛門	親忠　花押	訴仕り	姫野々上地等	屋敷		一	一〇		慶長二・四・一	『蠹簡集』	㊸
高橋主水助	親忠　花押	不詳（立替え）	神田郷・多ノ郷上地	不明		一		四	慶長二・四・一	『蠹簡集』	㊹
中平蔵大夫	親忠　花押	新塩田開発	神田郷	塩田		五	二五	三	慶長二・六・四	『蠹簡集』	㊺
永山平次兵衛	津野三奉行	公領地一毛作付権	大野見村	田	二		六	五	慶長四・二・七	四五一頁	㊻
				合計	**二〇**	**七**	**二一**				

（五）「坪付」に関する結論

現在に残る坪付（知行地給付）の古文書からは、『土佐津野氏に関する論文集』で説いている津野親忠の姿は見えてこない。むしろ、実相は全く逆の姿であったと推測できる。親忠が経営者として有能であったかは分からないが、無思慮で無分別な放漫経営の無能な経営者でなかったことだけは確かである。

右記の（一）（二）（三）（四）の合計は、四四件で坪数で四九町八反二四代二歩である。因みに、『土佐津野氏に関する論文集』では、同書で列挙している二八件の坪数総計三〇町九反一二代が、津野氏の公領からの支給（持ち出し）もしくは支給する土地が足りなくなったので父元親に肩代わりしてもらったとの如く記述している。それは正しい解釈ではなく、次のことがいえる。

一、津野氏公領からの支給（持ち出し）坪数は、右の（一）項と（三）項の合計である一二町九反二八代四歩である。（四）の坪数二〇町七反二一代は、隠居領は将来返還され、その他は新規支給ではないので、津野氏の公領が減ることはない。（二）の坪数一六町一反二四代四歩は、長宗我部氏領（もしくは一部香宗我部氏領）からの支給であり、津野氏の領地が減少する訳ではない。

一、（一）と（三）の合計一二町九反二八代四歩は、四四件の合計の二六パーセントであるが、津野氏の公領、すなわち津野氏固有の領地で津野親忠の裁量で処置が決められる総領地約一、二〇五町相当の坪地の約一・一パーセントで、領地経営に破綻を来たすような問題ではあり得ない。仮に、『土佐津野氏に関する論文集』のいう三〇町九反一二代であっても約二・六パーセントで全く問題ない。もちろん、記録に残っている坪付は一部であろうが、親忠の治政で大きな加増を求められる事態は朝鮮出兵以外に見当たらないので、多くてもこれら数字の一〇倍は超えないのではなかろうかと推定する。年貢米のほかに段銭・棟別銭・夫役の銭納等の収入があったことも考慮すると、領地経営上は耐えられる範囲であり、親忠の領地経営が失敗であったと断言するのは的外れである。

因みに、時代は津野氏の土佐国への入国の時まで遡るが、『土佐津野氏に関する論文集』では次のとおり記述している。すなわち、「津野氏は承久の乱（一二二一）以後、鎌倉幕府の命を受け高岡郡津野新荘北方山間郷村の地頭として入り、「本村」（註、床鍋）に落ち着き、のち半山谷姫野々へ移ったとみられる」としている。その根拠は、『長宗我部地検帳』の『津野半山地検帳』の床鍋の「一反八代ヤシキ市川六郎佐衛門給」の部分に註記されている「先年津野殿従関東初而下向之時此やしきニ御付被成候」との記述である。書き下すと、「先年津野殿関東ヨリ初メテ下向ノ時此ノやしきニ御付（着）成サレ候」となる。この考証につき考証しておく。

一、地検帳に記されていることは、当時の人物が三五〇年以上昔のことを伝え聞いたものを天正一六年（一五八八年）頃に地検役人に話したもので、伝承以外の何物でもなく、この二四文字の短い伝承を以て、他の事象を全て否定して、鎌倉時代入国と決めつけるのは早計である。しかも、「承久の乱以後」「鎌倉幕府の地頭」と特定できるものは何も示されていない。この解釈によると地頭とは鎌倉幕府の「新補地頭」のこととなるが、そうすると誰かの土地を没収したか未開の地であったことになるが、そのような証は皆無で史実に反する。しかも、鎌倉時代にはこの方面の土地は京都下賀茂神社の荘園地であったが、そのこととの関連性は一切考察されていない。

一、「先年」とは一般的には比較的近い過去のことで、何百年も前のことには使わない。実際に、『長宗我部地検帳』の高岡郡の部分を調べる限り、「先年」とは前年もしくは数年前の意味と解釈できる使い方をしている。また、「下向」とは上方から下方にくだる意味だけではなく、社寺に参詣（さんけい）して帰ることも意味する。「津野殿」の表現は当主のことには間違いないと思うも、『高野山上蔵院過去帳』にも見られるとおり、一般的には同時代か少し前の当主のことを指し何百年も前の人物をこのように表現することはないと思う。そうすると、この文章の意味は、「当主親忠か勝興あたりが伊豆三嶋神社参詣、熊野参詣もしくは高野山詣でを行った帰りに立ち寄った」とも解釈できる。立ち寄った理由は、この地に結果を報告すべき何かがあったか、誰かがいたことであろう。床鍋は津野氏の歴史に取って重要な地であり、何らかの祠があったのかもしれないし、高野山詣でで追善供養した人物の墓があったのかもしれないし、親族が住んでいたのかもしれない。いずれにせよ、いろいろな解釈が成り立ち、経高が鎌倉時代に入国したと特定できる根拠とはなりえない。

一、内容的には、上巻で引用した前田家の『津野分限帳』と『大野見中平氏の系図』の記述と似通っており、人物を混同している可能性もある。

一、さらに付言すると、『土佐津野氏に関する論文集』が引用しその論文の典拠としている「津野十八代記」の原点となる系図の編者である谷秦山でさえ、始祖藤原経高が八九二年生まれであることを認めている。(梼原原中平版『津野家十八代記』『皆山集』五八二頁)

以上より、『津野半山地検帳』で口伝を書き写し、時代も不明で複数の解釈が成り立つ二四文字の註記を以て、津野氏が鎌倉時代に土佐国に入国したとすることには無理がある。

(六) 朝鮮出兵に関する考察

右の「(二) 朝鮮出兵に伴う知行地給付【津野領外】」関連の古記録を、他の事実とも突き合わせて読み込むと様々なことが理解できる。

一、言うまでもなく、戦功・職功に対する恩賞は武士にとって非常に重要な事項である。長宗我部元親も津野親忠も恩賞に伴う坪付には随分と気配りしたものと思う。文禄の役における親忠の所領付与は、次のように分類される。

①金等による軍資金提供に対する対価としての付与で、親忠が名護屋城に向けて出発した天正二〇年（一五九二年）三月末頃までに発給した書状。

②朝鮮半島の陣中より鷹野（高野）六郎兵衛宛に出した所領付与の約束状。約束状の日付は文禄二年（一五九三年）一一月二四日で、親忠が居残り組として朝鮮半島で守備に就いていた時期である。

③親忠は文禄の役では占領地の守備隊として朝鮮半島での居残り組となるが、文禄三年（一五九四年）六月初頃までには帰国したと思われる。帰国後、鷹野（高野）六郎兵衛に約束の内、三町二反三〇代五分を多ノ郷で宛がっている。

一、高野（鷹野）六郎兵衛に対しては、慶長の役から帰国後、慶長三年（一五九八年）一二月一八日付にて、今度は長宗我部氏の上地（没収地）を親忠の名で付与している（三町一反三二代）。ところが、親忠は慶長四年（一五九九年）三月に、元親により香美郡岩村郷霊巌寺に幽閉され家臣との連絡を絶たれてしまう。その事件を契機として、慶長四年（一五九九年）三月六日付で長宗我部氏の三奉行連名で二町二代一歩の給付が長宗我部氏領内の岩村で行われる。長宗我部氏の三奉行が長宗我部氏領内の土地を坪付しているということは、長宗我部本家も高野（鷹野）六郎兵衛の功績を認めていたことになる。また、その軍功が単に津野軍に関わることではなく長宗我部軍全体に関わる軍功であった可能性もある。以上合計で八町四反一四代一歩であるが、親忠が高野（鷹野）六郎兵衛に対して約束した一〇町との差、一町五反二五代五歩がどうなったのかは残る古文書上は不明である。ところで、高野（鷹野）六郎兵衛に対する恩賞坪付一〇町は破格である。その坪付状には、「当陣中ニ於ケル諸事心かけ無類ニ候」と理由を書いている。恐らく、高野（鷹野）六郎兵衛も在陣中に出したものと推測されるが、多大な戦功があったものと思われる。発給時期は、元親がすでに日本に撤収した後のことと判断される。とすると、この戦功は親忠がらみのことで、憶測ではあるが、親忠個人もしくは長宗我部軍の絶体絶命の窮地を救ったのではなかろうか。

一、津野親忠より坪付を受けた臣下は、当然ながら、津野氏の臣下がほとんどであるが、特定できない臣下が二人いる。その一人が話題にあがっている高野（鷹野）六郎兵衛である。長宗我部氏の領地である土佐郡大津郷に高野の地名があり、その地の出身と思われるが、洲崎には高野善兵衛なる人物の給地があった。もう一人が長谷川善介で、土佐郡に所領があることでほぼ間違いない。以上より、次のことが推察できる。すなわち、元親の三男親忠が征服者として津野家に養子に入った際には、当然のこととしてかなりの人数の陪臣が付き添って姫野々城に入り、城下に移り住んだはずである。この二人はこのような陪臣ではなかったかと推察する。そうすると、長宗我部氏の領地である土佐郡・長岡郡方面に領地を持ち、その方面に所領を与えられるのも納得できる。もちろん、長宗我部氏の了解を得た上での処置であろう。因みに、親忠の随伴陪臣とはっきりと確認できる人物は次の人々である。

中内左近衛門尉：付添い家臣の筆頭であった。長宗我部三家老の中内氏の一族で、津野家では一三〇石を領し中老二四人の一人として主に津野荘の奉行として活躍した。津野氏の家臣に移籍する前は、元親の実弟吉良親貞の子の親実（吉良城主・蓮池城主）に仕えており、その関係で給地は高岡、蓮池にあった。

三宮重平衛尉：日下の三宮氏の一族。長宗我部信親の意向を受け浦戸衆（国真左馬亮、中内左近衛門尉ら）とともに姫野々城に派遣され奉行衆を務めた。

国真左馬亮：長宗我部氏家臣なるも詳細不明。

谷弥左衛門：谷氏については、津野氏の領地には、他に谷新衛門（二〇石）、谷右太夫（一一石）

の名が見えるが、恐らく一族であろう。

一、慶長の役の恩賞で、親忠が慶長四年（一五九九年）三月に幽閉されて以降の坪付けは、本書で抽出したものは、津野氏の家臣に対しても、全て長宗我部氏の五奉行により行われている。知行地はほぼ全てが旧安芸氏の所領で、その当時は香宗我部氏の所領であった場所のはずである。そして、坪付状の日付は、慶長四年（一五九九年）三月二二日から二六日にかけて一斉に行われている。この時期元親は病気がちと思われ、四月には病気療養のために上洛することになる。為政者の心裏でこの状況を探ってみると次のような推定も成り立つ。長宗我部元親は、自分の余命があまり長くないことを覚った。そのため、後継ぎと決めた盛親に出来るだけの権威付けを行い、その権威を実現できる統治体制を残そうと考えた。朝鮮出兵に伴う恩賞と所領の知行宛はその最良の機会であった。津野氏の臣下には長宗我部氏から直接坪付けが行われ、今後は長宗我部氏が直属の主君であることを示すとともに、必要あれば所領替えも行うことを示した可能性がある。香宗我部氏に対しては、その領地を長宗我部氏が割き取ることが出来ることを坪付という具体的な形で示したことになる。しかも、当主である盛親本人からではなく、一段置いたその奉行たちからという形式を整えた。逆にいえば、盛親を一段上に置きその権威を高めたことになる。

（七）訴状とその他書状

「訴」という言葉には二つの意味がある。一つが文字とおり「訴訟」の意味であり、もう一つが事情を述べ伝え要求や不満を上位者に申し出て対応を求める「訴願」の意味である。親忠に関する古資料の「訴」の多くは「訴願」で原因は様々である。これは、人間に自我と欲望がある限りなくなることはないが、適切に処理すれば問題ない。迅速かつ適切に処理すれば感謝さえされる。

前者の「訴訟」に関しては、人々が当事者間で解決できないことを自分の主君、その地の統治者、場合によってはさらにはその上位者に訴え出て公の裁定を求めることである。これも太古から現代に至るまで人間の世の常である。そのために、中央政府は必要な法的整備と裁定機関の設置を行ってきた。朝廷・貴族政治下では太政官に付属する刑部省、鎌倉幕府の問注所、室町幕府では管領職傘下の評定衆がその任に当たってきた。戦国時代は、中央政府が機能していなかったので、それぞれの領地の守護、国人が訴状を裁いてきた。津野氏の領地では、恐らく、調査・事情聴取等の実務を行う人材を何人か置き、その上で当主自身が重要な判断を下していたのではないかと推察する。但し、その「訴訟」も親忠の統治そのものにに触れる「訴訟」は見当たらない。

「訴訟」であれ「訴願」であれ、量の多寡はあれど、人間がこの世に住んでいる限り、今も昔も争いごとは絶えることはなく、訴状も提出されてくる。そのこと自体は通常事態なので問題ない。問題は、統治者が訴えをいかに公正で、当事者に取り納得性のある形で裁定を下したかである。これを誤れば、謀反や反乱が起こったりすることがある。

では、具体的訴案で津野親忠がどのように対応し裁定を下したかをみてみる。

例一【入会権（いりあいけん）の訴え】（「訴訟」）

親忠　花押

大谷名山ノ儀ニ付而シテ山内次郎兵衛尉ト今度ノ口論ノ故ニ野見浦ノ者取退（とりのく）（立ち退く）ノ儀曲事（不正なこと）ニ候、然ニ今ヨリ以後ノ儀ハ大谷山へ山手鳥目弐百文相渡スハ無用、木ハヽ山（大谷山）へハ用次第ニ入ル可キ事、若シ此ノ旨ニ相背キ□乱ノ輩之有ルハ、堅ク御成敗有ル可キモノ也、仍テ状件ノ如シ

天正十七年卯月四日（註、一五八九年）

野見惣浦之者かたへ

『高知県史古代中世史料編』三六五頁）

（右高岡郡大谷村前荘監長兵衛蔵）

【内容と裁定】

山内次郎兵部は基高二男、定勝弟の山内兵部能祐と推定され（系図参照）、定勝と一緒に追放された後に帰郷していたのかもしれない。訴え出たのは野見浦大谷名の住民である。恐らく、従来住民が自由に行っていた大谷山への入山（目的は薪、山菜等）を山内刑部またはその一族が妨害したため住民が訴え出たものである。親忠の裁定は、津野氏の一族にも関わらずその妨害行為を認めず、住民側の勝訴である。非常に公正な裁定だと思う。

例二【名本名変更の訴え】（「訴訟」）

三ヶ所 合貳（ふたつ）反七代五歩 初瀬村

下村式部訴へ申ス道ニ付而シテ名本名あミ替へ候、然ルハ郷内うなかし給分として右ノ所改メテ云ヒ付候、万事ノ公用緩無ク申シ付ク可ク候、若シ沙汰ヲ仕ル無キニ於イテ候ハ則チ役を付替ヘル可シモノ也

天正廿年三月吉日（註、一五九二年）

初瀬村下村源内

（『高知県史古代中世史料編』三七四頁）

（右津野山初瀬村下村八兵衛蔵）

【内容と裁定】

原告は下村式部、被告は下村源内で一族間の争いに思える。対象の土地面積は三四七坪、給地と年貢・公事の負担責任者の変更通知を行った書状と解釈できる。この沙汰に従い公用を果さなかった場合は、役を変えると警告している。公務の怠慢に対しては強い態度で臨む意志が示されている。

例三【裁定の通知と補足説明】（戸田文書）（「訴訟」）

尚々榑原廣野百姓地ノ事モ下村式部ニ替地云イ付次第ニ返シ付ク可ク候、以上、

舟戸ノ村百姓地前々ノ如ク云イ付候処、親大炊助名本名ヲ望ミ仕リ、今ヨリ給田申シ付ヲ為シ候、脇百姓（註、名主より低い身分階層の百姓）ノ事ハ此ノ中正作（註、領主が田地を直営すること）ノ如ク已ニ下シ、緩ミ無ク馳走仕ル可ク候、今度元親様ヨリ井原助右衛門尉殿弘井（広井）嘉右衛門尉殿両人ヲ仰セ下サレ候、諚（おお）セノ趣卿モ相□□候ノ条万事奉公ニ向ヒ油断仕リ間敷ク候、委細ハ豊前守永山久兵衛尉市川蔵丞口上ニ相達シ候モノ也、仍テ件ノ如シ

文禄五丙申年二月五日（註、一五九六年）　親忠（花押）

戸田弥平次かたへ

（右船戸村戸田九郎兵衛蔵凡十一通）　（『高知県史古代中世史料編』四〇六頁）

【内容と裁定】

家臣戸田弥平次に宛て、榑原広野の百姓地に関する処置、船戸村の百姓地に関する処置を済ませたことを伝えている。元親の下知についても言及している。詳細は、永山豊前守久兵衛と市川蔵丞が口頭で伝えるとしながらも、かなりの状況を書状で伝えており、まめな性格であったことがうかがえる。

【右の親忠書状を受け守永山久兵衛と市川蔵丞が連名で出した書状】（「訴訟」）

書状披見セシメ候、仍ッテ戸田蔵兵へ身上ニ付而シテ懇ニ年候間、則チ御物語ヲ得候、然ニ桑甲非ノ地ノ内中間名半分ノ儀、其ノ方訴ヘ仕リ給分仰セ付ラレ候由御意ニ候、今ヨリ以後ノ事ハ中間名半分ノ立替森本三良右衛門ニ於イテ仰セ付ラレ候由、古来之ノことく御百姓地たるへく候、御堅固ニ申シ届ケ置キ候へと、御意成サレ候間、此ノ旨蔵兵へ手堅ク申シ聞カセラル可キ也候、此ノ方にても申シ渡シ候、恐々謹言

文禄五年二月廿日（註、一五九六年）
須崎永久兵衛　花押
市蔵丞　花押
同大炊助殿旨
戸田弥平次殿
尚々其ノ村々役にいつれの者御定メ候ヤ、かい〲しき者申シ付ラレ候者、弥平次殿参上ノ時召シ連レ懸ケラレ御目置キ候へと御内々仰セ下サレ候、我等モ左様ニ存ジ候、其ノ御分（身分、力量）別シテ尤《もっとも》ニ候、以上
（『土佐国蠹簡集』巻之六）
（右津野山桑市村彦兵衛蔵凡四通）

【内容】
土地の所有権の争いの処理は、領主・大名にとって非常に重要な役割である。この二つの書状よりは、何も親忠が単独で判断、処理していたのではなく担当の奉行がいたことが分かる。永山氏も市川氏も長年にわたる津野氏の重臣である。加えて、両名は書簡の最後に追記をしており、親忠の力量に感服している。

例四【役職任命】
毎度奉公緩ミ無ク相勉メ候、褒美ヲ為シ津野領惣分紺役奉行ヲ云ヒ付候、向後奉公ヲ抽ク可キモノ也
天正十八年七月十二日（註、一五九〇年）
親忠　花押
谷弥左衛門かたへ
（右高岡郡津野山船戸村勘左衛門蔵）
（『高知県史古代中世史料編』三六九頁）
【内容】
親忠の津野氏入りに随行した谷弥左衛門を津野領全体の紺役奉行（職務不明）に任命したもの。

此ノ中奉公相心懸ケ候条、褒美ヲ為シ越知面役人ニ相定メ候、萬ニ百姓役等緩無シヲ申シ付ク可ク候、勿論理不尽ノ沙汰聊《いささか》モ以ッテ仕□（儀か）候間敷モノ也

文禄三年十一月十四日（註、一五九四年）　　親忠　判

岡式部かたへ

（『土佐国蠧簡集』巻之五）

（右高知岡安節蔵）

【内容】

岡式部に対し、越知面の役人を命じる任命書である。百姓役等を怠慢なく務め、理不尽な沙汰を出してはならぬと戒めている。民を思う心の表れである。岡式部は、小早川隆景の家臣だったが辞して津野親忠に仕え、岡本城を守備していた時期もある。

例五【家名承認】（親忠の書状ではないが参考に掲載する）

家名ノ儀、而シテ念望ニ達シ申シ候ノ条、今ヨリ之一筆残シ候モノ也

天正拾九年正月廿九日（註、一五九一年）　　源兵衛尉　親普（花押）

吉村新九郎とのへ

（右高岡郡津野山中平村津野六右衛門蔵）

（『高知県史古代中世史料編』三七〇頁）

【内容】

親普は津野藤蔵人親房の子。この書を受け取った家に代々伝わったとすると津野氏分家の吉村新九郎が津野氏に復姓することを望み許可したものと思われる。

此ノ中別而《べっして》奉公相勤メ候条、望ニ付イテハ苗字仕リ市川長介モノ也

文禄三年十一月十四日（註、一五九四年）　　親忠　花押

市川長介かたへ

（右文書所蔵者不明）

（『土佐国蠹簡集』巻之五）

【内容】

奉公が良好であったため市川長介を名乗ることを許可したもの。

二三・三　津野親忠の幽閉・切腹に至る考察

津野親忠が長宗我部元親により岩村郷霊巌寺に幽閉され領地及び臣下から隔離された理由が、領地の経営力の問題でも臣下・領民からの信用失墜でもなかったことを古記録から読み解いてきたが、では何故にそうなったのであろうか。考え得る可能性を列挙してみる。

一、元親と親忠は肌が合わなかった。性格の違いというか、これは親子でもあり得る。

二、将来を嘱望していた長男信親が豊後戸次川で戦死して以後、元親の性格が大きく変わったといわれており、猜疑心が強くなった。これが影響した。

三、津野親忠は、体は長宗我部氏であったが心は津野氏であった。幼少期から津野氏の関係者に囲まれて育った親忠には、津野氏の考え方、因習、行動形態、精神構造、家風が沁みついており、長宗我部氏のそれとは異なったため、元親がそれを敬遠した。親忠の兄二男の親和も一五歳で讃岐の香川氏に養子縁組で送り込まれるが、最後は元親から冷遇された。元親の弟親貞も吉良家を継ぐが、その子親実は結局元親に切腹させられている。他家に入嗣するとは他家の人間になるということだが、その結果で生じたことを受け入れられなかった可能性がある。

四、長宗我部元親の老齢化に伴う頑固さ、不寛容さが拍車をかけたこと。いわば老害。

これらは人間の心理的な要因で、政治的判断と処置に複雑に絡み合い影響を与えたことは否めない。
一方、政治的な要因としては次のことがいわれている。

五、津野親忠が、羽柴秀吉の人質として大坂に上った時より藤堂高虎と懇意になり、徳川家康と近かった藤堂高虎と懇意にしていた親忠を疎ましく考えたとの説である、実際、藤堂高虎は豊臣秀吉の命により、文禄四年（一五九五年）に宇和島城主となり、慶長一三年（一六〇八年）に徳川家康により伊賀国と伊勢国に転封されるまで宇和島城主（途中で今治城主も兼務）に留まっている。宇和島城主の領地は津野親忠の領地と境を接しており、藤堂高虎と津野親忠が友誼を保っていたことは確かと思う。ただ、長宗我部元親自身が藤堂高虎を嫌い、徳川家康を敬遠していたかは疑問も残る。

一つの理由が、慶長の役である。慶長の役では、長宗我部元親と藤堂高虎は同じ六番隊として共に戦っている。津野親忠も長宗我部隊の一翼として参戦している。長宗我部軍と藤堂軍は友軍として共に生死の境を歩いたことになる。盛親も交えて四人で酒を酌み交わしたこともあったと思う。

理由その二は、藤堂高虎が徳川家康に接近したのは、豊臣秀吉が死んだ慶長三年八月（一五九八年）以降のこととされており、時期的にみて親忠を幽閉した大きな理由だったかは疑わしい。ただ、秀吉の死後に急激に家康にすり寄る高虎を心よく思っていなかったことは想像できる。

理由の三つ目は、関ヶ原の戦いの直前に、長宗我部盛親は、徳川家康に与するために使者を二人送り出しており、長宗我部家が最初から徳川家を敵視していた訳ではない。残念なことに、この二人の使者は、石田三成が近江の大津に設けた関所でひっかかり家康の元にはその意思が伝わらなかった経緯がある。

六、ただ、藤堂高虎が長宗我部元親及びその重臣に嫌われかねない別の要素もあった。藤堂高虎は、長宗我部氏に対する豊臣秀吉の「取次」係であったと推定され、秀吉の命令を伝える場面も多々あったはずである。長宗我部家側にとっては、自分より格下とみなしていた高虎が、秀吉の威を借り命令を出してくることを快く思っていなかった可能性はある。

これらの要素を考えると、藤堂高虎と親忠が懇意であったことが理由で幽閉したという説は、結果を見て後で原因を付け加えた説のように思える。むしろ、久武親直はじめ一部の長宗我部氏の重臣が藤堂高虎を嫌っていたため、同じ感情が懇意であった親忠にも向けられたものと推察する。

七、天正一四年（一五八八年）一二月一二日、豊後戸次川の戦いで長男信親が戦死すると、長宗我部家内部で家督相続をめぐる争いが起こる。争いでは、四男の盛親を望んでいた元親とそれを推す久武親直と、長幼の序を以て二男の親和、その死後は三男の親忠を推す吉良親実（元親の甥）と比江山親興（元親の従兄弟）が激しく対立する。結局元親は天正一六年（一五八八年）になると、盛親を家督継承者とすることで押し通してしまう。最後まで反対した吉良親実と比江山親興は腹を切らされてしまう。この時のしこりが最後まで尾を引いたとする説である。親忠が幽閉されたのは、慶長四年（一五九九年）三月なので、この説だと一〇年以上にわたり親子の確執が続いたことになり、その間にそのような確執を抱えながら文禄の役、慶長の役両方を一緒に戦ったことになる。

八、久武親直の讒言（ざんげん）によるものとの説である。久武親直は久武親信の弟であるが、兄親信は、伊予岡本城の戦い（一五七九年、一五八一年とも）で戦死すると家を継ぐことになった。兄親信は、弟の行状に危惧を抱いていて元親に対し、「弟の彦七（親直）は腹黒き男ゆえ、お取立て召されるな」と伝えていたとされる。親信の危惧は的中し、親直は結局のところ讒言を繰り返して反対派を粛清し、盛親の代になってもその行状は収まらず、長宗我部氏を改易へ導く主役となった。

この親直が、関ヶ原の戦い後に盛親が徳川家康に謝罪に上京する前に、「津野殿は徳川家康の腹心藤堂佐渡守高虎殿と入魂（じっこん）で、土佐国の西半分を割き取ろうとしている」と根も葉もない讒言を行い、親忠を自刃に追いやっている。この親直に与した津野氏の家臣が、津野藤蔵人親房である。その父親は津野藤蔵人佐弥市で、二二代の津野定勝を追放した時の家臣団の中心的人物と目される。親子のそのような行動癖からも親忠に冷遇されていたのではないかと思う。重臣であったはずの割には、親忠の書状には一度も出てこない。親直と親房は、岩村霊巌寺で親忠に盛親の命だとして切腹を伝え、自刃するその場に立ち会っている。

では、実際のところはどのような理由であったのであろうか。盛親を家督継承者に選ぶ過程では、右の一、二、三、四が作用していたことは、否めない。津野親忠の幽閉から切腹に至る過程では、五から八の理由になろうが、単純にその一つとも言えないし、これらだけともいえないように思える。あれだけのことを成し遂げた元親である。部下の讒言を単純に信じたり、感情に突き動かされて息子の命を奪いかねない所業にでるとも思えない。

一番大きな理由は何か、この時の元親の肉体並びに心理的な状況を勘案すると見えてくるような気がする。津野親忠が幽閉されたのは慶長四年（一五九九年）三月で、この時期元親は土佐に帰国していた。そして、翌月四月には病気療養のため再び上洛し、その翌月五月一九日には京伏見屋敷にて没する。そうすると、親忠を幽閉した時には、死に至る病を自覚していた可能性が高い。死を自覚したかもしれない元親が親として考えたことは、長宗我部家の永遠の存続・繁栄と当主盛親の領国での統治基盤を盤石にすることだったと思う。そのための話し合いが行われた可能性は十分ある。恐らく、領地経営の基本理念と長宗我部家当主の役割と権限の範囲につき、元親と親忠の間で意見が合わなかった可能性が高い。親忠は、今までとおりの裁量を求めた。カリスマ性のある元親であれば、津野氏と香宗我部氏、吉良氏等の一門衆にある程度の裁量権を与えていても全体をまとめ上げることが出来たが、盛親にそれを望むことは出来ずしかも年少であった。従い、別の統治体制を構築する必要があった。知行宛方式の変更は、そのための重要な手段であった。先の坪付けの段でも述べたとおり、一門衆より所領宛行権を剥奪し盛親の下に集約することで盛親の権威を確保しようとし、それを存命中に成し遂げたかったのではなかろうかと推察する。親忠は、盛親の兄の立場でもあり、元親のこのような方針に承服しなかった。それが大きな要因となり幽閉された。筆者はこのように推察した。

二三・四　長宗我部家の改易

関ヶ原の戦いの戦後処理で、徳川家康は本音では、島津も毛利も長宗我部も滅ぼしたかったはずである。関ヶ原戦後の情勢展開で一番恐れていたのは、豊臣家に恩義を感じている西国雄藩の薩摩（島津氏）と長州（毛利氏）と土佐（長宗我部氏）が手を組み、徳川家に戦を挑むことであった。しかし、統治者は施策の及ぼす波紋の大きさも斟酌する。島津家と毛利家を滅ぼす波紋では、大きく抵抗されれば大きな戦になる。一方、長宗我部家は小身で滅ぼすことによる波紋は小さい。家康のそのような思惑にうまく当てはまり、長宗我部家取り潰しの格好の理由付けになったのが、盛親による兄親忠殺しであった。

薩摩と長州は土佐とは比べ物にならない大藩であった上に、島津義弘と毛利輝元は領国に引きこもったきりで、詫状は入れたかもしれないが、家康のもとには出てこなかった。つまり、逆にいえば両国で臨戦態勢を敷いていた訳である。一方盛親は、裸同然で家康の懐に入り込み、しかもその直前に兄を切腹させている。その当時の土佐国の石高は一〇万石程度といわれており、潰すには適切な規模でもあった。西軍の総大将になっていた毛利輝元は一二〇万石から三〇万石に領地を大幅に削られてしまった。しかし、毛利一族は分家の吉川広家が東軍につき、戦後には毛利宗家の存続を家康に懇願している。島津家の場合は、参戦した義弘は謹慎するが、兄の義久は臨戦態勢を敷いた。義弘は最終的には謝罪の使者を家康に送り、六〇万石の本領は安堵された。西国雄藩の中の毛利氏、島津氏、長宗我部氏を何とか押し込めたかった家康は、兄を切腹に追いやった盛親をここぞとばかり譴責《けんせき》し土佐国を没収してしまった。

この三藩が手を組めば天下を動かす原動力になることは、幕末に実際に明らかになったことである。幕末に土佐を動かした大きな原動力は、かつての長宗我部氏の臣下であった一領具足の末裔、江戸時代の土佐での身分で郷士たちであった。

二三・五　土佐佐竹氏との関係

『津野分限帳』等によると、佐竹信濃守義直が津野氏八家老の中に名を連ねている。それまでの関係からするとどうも不思議である。その背景は次のとおりと推察される。すなわち、『津野分限帳』では津野氏の本領に加え津野氏がかつて領有していたが、その後一条氏と佐竹氏の領地となった土地を、津野氏の領地と分類している。

久礼、仁井田両村の内佐竹領より割譲　：二、一六〇石（約二七〇町相当）。
仁井田郷（旧一条氏領）：二、三五〇石（約二九四町相当）。
戸波、波介、甲原三ケ村（旧一条氏領）：四、六五二石（約五八一町相当）。

津野氏の当主親忠の下では、長宗我部氏の臣下も津野氏の役人として多数働いている。従い、元親は戸波郷以西、仁井田郷までの支配と管理を息子親忠に集約したのではないかと推測される。佐竹氏の立場では、名目上は津野氏、実質上は長宗我部氏の被官となったもので、そのため津野氏の家老になったと思われる。これにより、仁淀川以西は、長宗我部氏の直轄地とした蓮池城の統治領を除き、佐川の久武氏、半山の津野氏、中村の吉良氏が元親の傘下で分担統治する体制を築いた。

この佐竹信濃守義直と父親佐竹掃部少輔義之いう人物は、津野氏とは縁深い人物である。津野元実が恵良沼の戦いの前に久礼方面に侵攻しているが、その際には佐竹繁義の嫡子の命を助けた。その子が義之である。今度は、津野基高が一条氏・佐竹軍にその居城姫野々城を攻めたてられ存亡の危機に瀕する。この時、佐竹軍の総大将が義之の息子義直で、基高とその重臣中平兵庫助元忠の降伏を受け入れ、津野氏は一条氏と降伏条件の交渉を行うことになった。今度は、佐竹氏が津野氏を助けたのであった。後段の考証ともかかわるので佐竹氏のこの当時の主要人物の凡その生誕年を推定してみると次の通りとなる。(「土佐佐竹氏系図」も参照)

佐竹義之：一五〇八年頃以前。一五一七年の恵良沼の戦いの際の行動をみると一〇歳には達していたと判断され、息子義直の生誕年とも整合する。義之は、吉良親貞が高岡郡を平定する過程で元亀元年（一五七〇年）に討死したとされる。

佐竹義直：一五三〇年頃以前。一五四五年の姫野々城攻めで佐竹軍の大将であり元服していたと判断される。

佐竹義秀：一五五〇年頃以前。息子親直の生誕年一五六六年から判断される。

佐竹義辰：一五六二年とされている。天正九年（一五八一年）頃に家督を継いだと伝わる。

ここで『長宗我部地検帳』に言及しておく必要がある。『長宗我部地検帳』の高岡郡の地検は、天正一五年（一五八七年）から天正一七年（一五八九年）にかけて実施されているが、その中に「久礼上様」の給地と「久礼大上様」の給地が多数存在する。「久礼上様」の給地は、高岡郡新居庄（現土佐市新居）に約一町七反（凡そ一・七ヘクタール）存在するが、高岡郡内では他の土地には存在しない。新居庄は、かつては大平氏の所領であったが、その後一条氏、本山氏、長宗我部氏と領主が変わっているが、『長宗我部地検帳』の時代は長宗我部氏の所領であった。従い、「久礼上様」は長宗我部氏より給地されたと考えられ、長宗我部氏の縁者と推定できる。長宗我部地検帳で使われている「上様」は、「妻」「奥方」を意味すると解釈されている。そうすると、「久礼上様」は、長宗我部家から佐竹親直に嫁いだ阿古姫（元親三女）となる。

一方、「久礼大上様」の給地は、津野氏の本領である高岡郡吾井郷、下分郷、上分郷、半山、大野見村に約四町五反（凡そ四・五ヘクタール）存在し、しかも半山姫野々城下には屋敷地も持っていた。さらにもとは波川氏の領地と思われる高岡郡高岡村下分と上分を中心に約五町七反（凡そ五・七ヘクタール）の給地を与えられている。合計で、約一〇町二反（凡そ一〇・二ヘクタール）の土地になる。既に考証のとおり、基高・定勝・勝興・親忠と続く一条氏と長宗我部氏の統治下でも坪付（知行宛行）の権限は津野氏に残されていたので、「久礼大上様」に対する津野本領の給地は、津野氏の当主親忠が宛がったものでほぼ間違いない。すると、「久礼大上様」は津野氏の縁者の可能性が高くなる。高岡村の給地の発給者は不明であるが、その土地自体はかつて波川氏の領地と推定される。そうすると、波川氏の当主玄蕃頭清宗及びその一族は、天正八年（一五八一年）に長宗我部元親によりことごとく討伐されており、領地も没収されたはずである。その土地が、何らかの形で親忠の領地となり「久礼大上様」に給地された可能性はあるように思える。

天正一六年（一五八八年）の『長宗我部地検帳』（「津野半山地検帳」）と近年の発掘調査に基づき作成された姫野々城下の屋敷配置図（「二四・三津野親忠の足跡」）には、「久礼大上様持」と記された大きな敷地が存在する。大上（おおうえ）様とは「貴人の母の敬称」「先代当主の奥方」の意味とされるので、その当時の久礼佐竹氏の当主の母親、先代の奥方の屋敷となる。しかも、津野氏の城下に移り住んでいるということは、津野氏の出で佐竹氏に嫁いだが、夫が亡くなったので天正一六年（一五八八年）には姫野々城下に戻ってきていたと考えられる。そうすると、末尾の土佐佐竹氏系図に従えば、「久礼大上様」の嫁ぎ先は佐竹義秀か佐竹義直のどちらかと考えられる。佐竹義秀は、天正七年（一五七九年）（天正九年説もあり）に伊予岡本城の戦いで主将久武親信、山内外記（津野一族）とともに戦死している。佐竹信濃守義直は、天正一四年（一五八六年）に病死しており、どちらとも当てはまる。

次に「久礼大上様」が誰の娘かということになるが、可能性があるのは定勝と基高である。定勝の娘の場合、一条房家の娘である梅室光薫との間に娘がいたとすれば、長男定俊、二男勝興との関係ではその生まれは一五五一年から一五五三年の間に絞られる。そうすると、義直の子とされる義秀と親辰の推定生誕年から判断して義直の妻ではあり得ず、義秀の妻となる。義秀の息子親直の生誕年が一五六六年であることを考慮すると、義秀の結婚後一年後にすぐに親直が生まれたとしても、定勝の娘は数えで一三歳から一五歳の時に嫁いだことになり、確率は低い。基高の娘であった場合は、そのような年齢的な制約は余りなくなる。基高の没年一五五三年より前に生まれていれば、義直と義秀の年齢次第ではあるが、妻として成り立つ。定勝の娘の可能性は低く、基高の娘の可能性が高い。

さらに、末尾の佐竹氏系図と先の推定生誕年を見ると、一般論として、次のことが言える。その一は、義秀の討死は義直の病死の七年前であり義秀は当主にはなっていなかった。その二は、当主は親辰が継いだ可能性が高い。実際に、親辰が義直の存命中の天正九年（一五八一年）に家督を継いだとする記述もある。佐竹兵部少輔親辰は、長宗我部氏の改易が決まった際には、佐竹家中の者に「井伊家の使者に従って浦戸から退去するように」との命令を出しており、長宗我部氏の改易の慶長五年（一六〇〇年）には佐竹氏の当主であったと推定される。尚、親辰は同じ慶長五年十二月には泉州堺に移り住み寺子屋の師匠となっている。その三は、義秀の生誕年は息子親直が一五六六年生まれであることより一五五〇年頃より前になり、弟親辰との年齢差が一二歳以上あったことになる。以上に鑑みると、基高の娘「久礼大上様」は佐竹信濃守義直の室と考えるのが妥当である。このことは、『長宗我部地検帳』の時代の佐竹氏当主親辰の「先代当主の奥方」との定義も満たすことになる。また、基高にしてみれば、自分の命と津野家を救ってくれた佐竹義之の息子義直に娘を嫁がせる意味合いは非常に大きなものであったと思う。

因みに、佐竹氏の系図では義秀を義之の二男、義直の弟とするものもあり、その場合も家督は義之、義直、親辰と継承されたことになる。この場合は、津野基高の娘「久礼大上様」は明らかに佐竹信濃守義直の室となる。尚、「久礼大上様」が津野氏の娘であったとのことについては、御子孫佐竹敏彦氏(中土佐町上ノ加江在住)からうかがったことであり、右の考証とも一致するので、そのこと自体は間違いないと思う。

ここで一旦宿取りをして休憩し伊達騒動につき紹介しておく。佐竹義秀の子を親直といった。佐竹親直は長宗我部元親の三女阿古姫を妻に迎えている。元親が娘を嫁がせたということは、元親が余程将来を見込んでいたのであろう。親直は関ヶ原の戦いでは盛親に従軍し撤退に尽力している。盛親の改易後は寺子屋の師匠となったが、大坂冬の陣が起こると盛親を助けるために妻子を伴って大坂城に入った。慶長二〇年(一六一五年)五月六日、夏の陣の際に八尾の戦いで戦死した。阿古姫は大坂城が陥落した時に息子三人とともに落ち延びるが、途中で仙台藩主伊達政宗の兵に捕えられた。阿古姫と息子たちは政宗の判断により助命され、阿古姫は伊達家の侍女として召抱えられ、中将と称した。仙台藩に入ると長宗我部系の名を伏せるために夫親直の領地上ノ加江から名を取り賀江と姓を改めた。阿古姫は教養豊かで弁が立ったため政宗から信頼され、晩年まで近侍を務めたとされている。阿古姫は、仙台藩第三代藩主伊達綱宗の代承応二年(一六五三年)に仙台藩領内で亡くなった。戒名を東奏院という。親直と阿古姫の二男を賀江（佐竹）仲次郎といい、仙台藩のお家騒動として有名な伊達騒動の登場人物となる。

賀江仲次郎は、のちに柴田朝意と名を変えるが、慶長一四年（一六〇九年）に生まれた。父親直が寺子屋の師匠をしていた時である。幼名は於倫、官位・通称は外記・中務、通り名は柴田外記である。伊達政宗はこの母子を重臣の柴田宗朝に預けた。母の阿古姫は侍女として、於倫と兄は小姓として仙台藩に召し抱えられ、於倫は仲次郎と名を変えた。柴田家は、登米郡米谷城主（現宮城県登米市の北上川左岸）を務めていた。寛永五年（一六二八年）に城主柴田惣四郎宗朝が跡継ぎなくして死去すると、仲次郎がその異父妹申の婿に迎えられ、養父宗朝の「朝」と祖父元親の「親」から一字ずつを取って柴田朝親と名乗った。のちに諱を朝意に改め官位名は外記とされた。

柴田外記朝意は、万治三年（一六六〇年）には奉行となった。彼が奉行となった頃、伊達藩は伊達兵部宗勝や原田甲斐宗輔ら伊達兵部派が幼君綱村を擁して実権を握り、藩政を思いのままにしていた。寛文一一年（一六七一年）、伊達家の一門伊達宗重は幕府に伊達兵部派を訴えるため江戸に向かい、柴田外記も証人としてそれに同行する。三月二七日、大老酒井忠清邸で裁判があり、判決を待っていた時、敗訴すると考えた原田甲斐は突然、伊達宗重に斬りつけ殺害した。これを知った外記は甲斐の肩と胸を斬ったが、自身も額を斬られた。その時、外記を助けに蜂屋六左衛門が来てなんとか甲斐を殺した。これにより屋敷中が大騒ぎとなったが、外記一人は重傷を負いながらも冷静で「大老の家で死ぬわけにはいかない」と伊達家の者に言い、宇和島伊達藩の屋敷に自身を運ばせたが、その日の夜に死亡した。息子の宗意は、伊達綱村から朝意の忠節を賞され国家老に任ぜられている。

尚、柴田外記朝意は柴田家を継いだ後も長宗我部家のことは忘れず、一族の香宗我部重親が浪人した時、伊達家仕官の斡旋をしている。

【土佐佐竹氏系図】

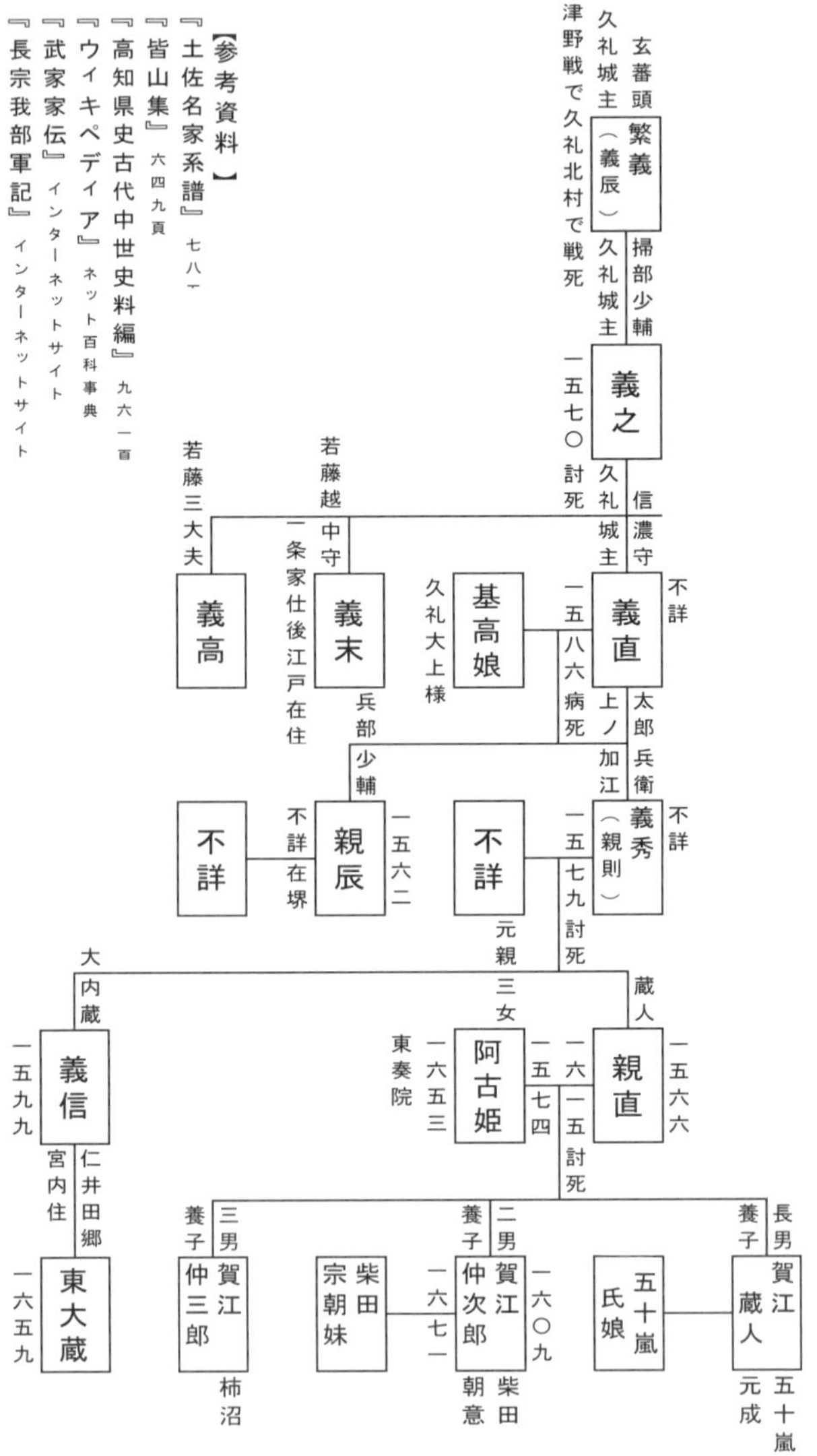

【参考資料】

『土佐名家系譜』七八ー
『皆山集』六四九頁
『高知県史古代中世史料編』九六一頁
『ウィキペディア』ネット百科事典
『武家家伝』インターネットサイト
『長宗我部軍記』インターネットサイト
『長宗我部氏家臣団一覧』
『（佐竹氏）家譜指出』天保八年（一八三七年）
『清和源氏佐竹氏族川口系図』

二三・六　藤堂佐渡守高虎との関係

津野親忠と藤堂高虎は懇意であったといわれている。親忠が佐渡守高虎の面識を得たのは、父長宗我部元親が羽柴秀吉に降りその下に人質に出された時のことであった。親忠が一三歳の天正一三年（一五八五年）八月頃から同年一〇月頃のことであった。この時に、親忠は領地経営と経済のことを学んだとよくいわれているが、どうも期間が短すぎるように思える。人質の期間が正しければ、そのさわりを知った程度で、これを機会に独自に学んだか上方方面から師匠を迎えたのではなかろうかと思う。藤堂高虎はこの時期四国攻めの戦功で加増されたが、まだ一万石の大名で親忠の推定石高の方が二倍程度あったが、領地規模としてはほぼ互角であり付き合い易かったのではなかろうか。ただ、このあと藤堂高虎は破格の出世を遂げる。

次の機会は朝鮮の役であった。文禄の役では、長宗我部部隊と藤堂部隊は別動隊であったが、慶長の役では同じ六番隊として共に戦っている。親忠も父元親の下で従軍しており、苦楽をともにした戦友であったことになる。関係が深まったことは想像に難くない。

その後、藤堂高虎は文禄四年（一五九五年）に主君羽柴秀保（秀吉の甥）が早世したため、出家して高野山に上るも、その将才を惜しんだ秀吉が生駒親正に説得させて召還したため還俗し、五万石を加増されて伊予国板島（現宇和島市）七万石の大名となった。さらに、慶長の役の武功により、大洲城（現大洲市）一万石を加増されて八万石となった。この時期に板島丸串城の大規模な改修を行い、完成後に宇和島城に改称している。この宇和島領と津野親忠の領地は、境を接しており古くから交流と抗争を繰り返してきた間柄である。豊臣政権下では交流と親睦を深めてきたはずである。高虎はその後、関ヶ原戦の軍功により徳川家康により今治一二万石が加増され二〇万石の大名となった。その後さらに、慶長一三年（一六〇八）に伊賀上野藩・伊勢津藩に転封されるまで伊予国の領地を治めていた。

また、諸事象から判断すると、藤堂高虎は長宗我部家に対する取次の係であったと推察される。豊臣政権では、秀吉により「取次」が任命され、諸大名への命令伝達、統一過程での服属促進、臣下となった後の政策指導、軍勢や普請の動員や指揮といった役割を果たした。秀吉は、これら「取次」によって、ある特定人物と全国の諸大名との関係を親密にさせる一方で、それぞれの大名を豊臣政権に取り込んでいった。藤堂高虎は、豊臣政権の命令を伝えるという役柄から、長宗我部氏の一部幹部に毛嫌いされていたことが推察される。久武親直もそのような一人ではなかったであろうか。

そのような背景があったので、藤堂高虎は久武親直による津野親忠に対する讒言の口実として使われ、津野氏一族は、親忠が切腹させられると真っ先に高虎のもとに駆け込んだことになる。

長宗我部氏遺臣の再就職先を調べてみると、北は仙台伊達藩から南は九州細川藩にまで全国に散らばり再仕官している。各藩の家臣名簿を調べる限り、一番多くを受け入れたのは伊賀上野藩（現伊賀市）・伊勢阿野津藩（現津市）の城主となった藤堂佐渡守高虎のようである。津野氏の一族も二名、津野又左衛門と津野茂左衛門の名が記録に残されている。この両名は、高虎の娘の子、孫の藤堂高刑隊の一員として大坂夏の陣に参戦し元主君長宗我部盛親軍と戦っている。慶長二〇年（一六一五年）五月六日に藤堂軍と長宗我部軍は八尾で激突する。藤堂高刑は戦闘が進むなか馬を下りて槍で敵を二人まで突き伏せるが、三人目の中内弥五左衛門と相打ちになり、遂に首を掻かれてしまう。家士の菊池覚兵衛が駆けつけ、高刑の首を何とか取り返そうと周囲の敵と斬り結ぶが、覚兵衛も戦うのに精一杯で、これは適わなかった。せめて遺骸をと、堀縫殿助や高刑与力（騎馬衆）の津野茂左衛門と津野又左衛門が突撃、なんとかこれを収容することが出来た。その後、どちらの子孫か分からないが、津野文左衛門が二〇〇石を拝領している。

第二四章　第二四代津野親忠の時代（戦国時代末期）

二四・一　幼少期

津野宗家の最後の当主津野親忠は、天正元年（一五七三年）に長宗我部元親の三男として元親夫人との間に生まれた。元親夫人は、明智光秀の重臣斎藤利三の縁者石谷光政の娘で、長宗我部家が中央の有力者の縁者を求めたものであった。親忠は、生まれて間もない頃に乳母に抱かれて半山の姫野々城に津野勝興の養子として、その跡継ぎになることを約束されて入ってきた。そこから、波乱万丈の人生が始まった。

最初の試練は、天正六年（一五七八年）一一月二一日に養父津野勝興が病死したことであった。この時、親忠（幼名は不明）はまだ六歳であったが、津野氏当主の通名である孫次郎を名乗ることになった。この時期、父長宗我部元親は四国全域を自分の手中に収めるために、阿波国、讃岐国、伊予国への侵攻を進めていた。六歳では、当主としての本来の役割を果たせなかったのは明らかであるが、領地経営と軍事行動は津野氏の家臣団と長宗我部氏から派遣された家臣団に援けられことなく遂行できた。精神的には、亡き養父の正室、元親の妹で親忠の叔母が支えとなり順調に育っていった。

親忠が津野家に養子として迎えられ元服するまでの間に、父元親は南予に幾度か攻め込ませこの地を平定している。津野軍もその主力として遠征している。この時期に津野軍を率いたのは、主として津野藤蔵人親房、山内外記であった。

天正三年（一五七五）、渡川の戦い（四万十川の戦い）で土佐一条氏を壊滅させた長宗我部元親は、翌年早々、四国制覇への道を歩みはじめた。元親は幡多・高岡二郡の兵を以て伊予を攻めさせ、安芸・

香美両郡の兵で阿波に侵攻させ、長岡・土佐・吾川三郡の兵は一部を四国中央の白地城に侵攻させるとともに東西に備えさせた。

天正五年（一五七七年）、元親は、智将の久武内蔵助親信を南予二郡の軍代に任命し、南伊予攻略の指揮を任せた。このころ、宇和郡では予土国境に位置する河原渕城（河後森城）の西川一族、西ノ川・北ノ川・魚成らの諸氏が長宗我部氏に内通し、喜多郡では大洲地蔵ヶ嶽城の宇都宮氏に取って代わった菅田直之と提携し、西園寺氏を包囲した。この状勢に脅威を感じた河野氏は、毛利氏（小早川隆景）の援助を得て菅田直之を攻撃した。長宗我部氏も妹婿《いもうとむこ》の波川玄蕃に命じて直之を救おうとしたが、玄蕃が勝手に河野軍と和睦して帰国したので、直之は孤立して討死した。天正七年（一五七九年）には、元親は、征服の遅れた伊予の平定を久武内蔵助に命じ、三間表に侵攻させたが、土居清良を中心とする三間衆に大敗してしまった（岡本城合戦）。天正八年（一五八〇年）三月一八日の三善治部少輔充宛の法華津前延の書状（『阿波国徴古雑抄』二二四八）によると、久武親信をはじめ主だった者数百人が討ちとられ敗北したと記している。また河野通直は土居清良に感状を与え、久武蔵人助親信をはじめ凶徒を討ちとり、岡本城を奪い返したことをほめている（『土居甚内文書』二二三五・二二三六）。このようにして三間表からの長宗我部氏の伊予侵攻作戦は、総司令官たる久武親信の戦死によって一頓挫をきたした。

その後、天正八年（一五八〇年）から翌年にかけて、長宗我部軍は、一転して北之川氏を三瀧城（現西予市城川町）に攻撃し、北之川親安を戦死させたという（『元親記』『土佐物語』）。ただし、三瀧城落城の年次については、天正八年末から翌年初とする説と一一年説（『予陽河野家譜』『北之川記』）とがある。前者は土佐側の史料、後者は伊予側の史料である。『宇和旧記』の「北之川殿之事」に収める天正一一年正月一五日の緒方藤蔵人惟照充ての西園寺公広の書状によると、土佐勢が北之川表に来襲したとき、諸家（国侍）はこぞって長宗我部氏に内通して謀反を企てたが、白木城に拠る緒方氏は、長宗我部軍の攻撃をよくもちこたえたという。この文言からすると、これ以前には、いまだ北之川表の西園寺方の諸将は土佐方に抵抗しており、ようやく天正一一年（一五八三年）に至って降伏したとも考えられる。翌一二年（一五八四）八月、久武親直が伊予の軍代に任じられた（『元親記』）。親直は、先の岡本城合戦で戦死した親信の弟である。親直は、かつて兄親信が奪取できなかった三間表に侵攻、深田の竹林院氏（西園寺氏流）を攻略して降した。一方、前年の冬、幡多郡宿毛口から侵攻した幡多郡の長宗我部軍（吉奈城主十市備後守、宿毛城主長宗我部右衛門大夫）は、御荘氏（勧修寺流、『南海通記』は御荘越前守とする）を常盤城の一城にとじ込め、翌一三年（一五八五年）正月、これを降伏させた（『金子文書』二四〇六）。やがて黒瀬城の西園寺氏も長宗我部氏に和を乞うに至った（『清家文書』二四〇九）。ここに長宗我部氏の南予平定は完成したのであった。（『えひめの記憶』）

長宗我部元親は、多少の隙間はあったかもしれないが、四国の地に蓋を被せることを成し遂げた。しかしそれも束の間、羽柴秀吉が本能寺の変の後に織田信長の後継者の地位を確実にすると、天正一三年（一五八五年）になり四国攻めを発動し、阿波、讃岐、伊予の三方面から同時に攻めかかってきた。これには、さすがに土佐の出来人も抵抗しきれず、同年七月二五日に降伏し、土佐の一カ国に閉じ込められてしまった。次がその時の秀吉による元親宛の書状とされている。

（書き下し）

徒（いたずら）ニ国有リテ乱レ四国ノ黎民（れいみん）ヲ悩マ令ム、剰（あまつさ）へ殿下ニ於イテ競望致スノ旨、叡聞（天子が聞くこと）ニ依リテ某（それがし）ヲ罷向（まかりむかわ）セ討伐セ令ム可ク、勅宣ヲ蒙リテ一卒（謙った表現）阿讃両国ニ指シ向ウ、所々城郭ニ於イテ楯籠（たてこも）ルハ則時踏落住国ニ到ル、責メ伏セル可キノ刻降参ノ旨趣言上致シ候條、土佐一国宛行畢《おわん》ヌ、名字御寛宥《かんゆう》（寛大に許す）成サル、此ノ如ク仰セイ出ラル事、頗《すこぶ》ル天道ノ冥慮ニ叶ウモノカ、今ヨリ以後二心無ク忠節ヲ抽ク可シモノ也

天正十三年（註、一五八五年）　羽筑　秀吉

長宗我部宮内少輔とのへ

（右所蔵者不明、『土佐物語』にも引用有り）（『高知県史古代中世史料編』三五三頁）

父元親が秀吉に降った後、親忠は人質として築城が進んでいた大坂城に送り込まれた。その後も、本拠地の半山から洲崎への移転、朝鮮の役での海外遠征、父元親による幽閉、最後は久武親直の讒言による自刃で終焉するまで浮き沈みの激しい人生を送る。

二四・二　長宗我部家の家督争い

津野孫次郎親忠には、兄が二人と弟が一人いた。長男弥三郎信親、二男五郎次郎親和、四男右衛門太郎盛親である。

秀吉に降った長宗我部氏は、その動員令に従い九州攻めに駆りだされた。薩摩・大隅・日向三カ国の太守島津氏など九州諸将との戦いである。その緒戦、天正一四年（一五八六年）一二月一二日、豊後戸次川（現大分市大野川）の戦いで信親が戦死する。戸次川の戦いは、島津家久率いる島津勢と仙石秀久を大将とし、長宗我部元親・信親父子、大友義統、十河存保が率いる豊臣勢の間で行われた戦いであった。この合戦は九州平定の最初の戦いで、豊臣勢が敗退した。秀吉は秀久の愚策と敗戦を怒り、その領地の讃岐を没収している。

島津家久が豊後に侵入し、大友氏の鶴ヶ城を攻撃した。一二月一一日、秀久と元親はこれを救援しようと戸次川に陣を敷いた。作戦会議において秀久は川を渡り攻撃するべきと主張したが、これに対して元親は加勢を待ちそれから合戦に及ぶべきであるとして、秀久の作戦に反対をしたが、秀久は聞き入れず存保も秀久の主張に理がありとして同調した。秀吉は援軍が来るまで戦端を開かないように厳命していたが、功をあせった勇み足の仙石秀久と十河存保の思惑の結果ともいわれている。このため、ついに川を渡って出陣することになり、戦闘は一二月一二日の夕方から一三日にかけて行われた。先陣の秀久の部隊が不意をつかれて真っ先に敗走したため、長宗我部軍の三千の兵が新納大膳亮の五千の兵と戦闘状態になったが、元親と信親は乱戦の中に離ればなれになってしまった。信親は中津留川原に留まったものの、鈴木大膳に討たれた。享年二二歳の若さであった。信親に従っていた七〇〇人も討死、存保も戦死し鶴ヶ城も落城した。嫡子信親の死を知った元親は自害しようとしたが家臣に諫められ、何とか戦場を脱出することができた。かつて藤原純友が拠点とした伊予国日振島まで逃れた。そこから島津氏に使者を送り、嫡子信親の遺骸を求めた。島津氏は信親の遺骸を荼毘に付した後に元親のもとに送り届けた。この戦いの主要戦死者名簿の中に津野一族の名が四名残されている。その内の一人が、二二代定勝を姫野々城より追放した中心人物の津野藤蔵人佐弥市であった。

戦いの直後に秀吉が元親の二男五郎次郎親和に出した書状が伝わっている。

（書き下し）

豊州府内合戦ニテ仙石権兵衛騒気ニ任セ、元親ノ武功ヲ信用セズ軍兵敗北ノ刻、信親掛リ向イテ討チ果サレ候ノ由、憐惜浅カラズ思シ召シ候、宮内少輔如何ニ候ヤ、一ニ左右ニ聞キ召サレ為サル度ニ両人ヲ指シ下ス、縦令（たとひ）父子相果テ候トモ其ノ国ノ事其ノ方ニ宛行畢（おわん）ヌ、猶藤堂与右衛門（藤堂高虎）増田右衛門尉（増田長盛）宣舌シム可キモノ也

天正拾四年十二月十九日
秀吉（朱印）

長宗我部五郎次郎とのへ

（右所蔵者不明、『土佐物語』にも引用有り）

（『高知県史古代中世史料編』三六〇頁）

この豊臣秀吉の書状からはいろいろなことが推定できる。尚、秀吉が豊臣姓を正親町天皇から賜ったのは、天正一四年（一五八六年）九月九日のことであり、右の書簡の時は既に豊臣氏である。

一、書状の日付は、戸次川の戦いから七日後のことであり、豊後戸次川（現大分市）から大坂まで七日で敗北の報がもたらされている。また、もっと重要な事は、文脈からしてこの時点ではまだ元親の生死は秀吉には分かっていなかった。

一、「縦令《たとひ》父子相果テ候トモ其ノ国ノ事其ノ方ニ宛行畢《おわん》ヌ」と、たとえ元親・信親父子が戦死しても領国を親和に安堵するとのお墨付きを与えている。このことは、秀吉が為政者として長宗我部家に情けを掛けたとも取れる。

一、と同時に、一国の主である長宗我部家の家督相続を為政者である自分が決めるのだという意志が込められているように思える。日本全国の統治者とならんとする人間にとって、各領国の支配者の当主の任命権を確保することは自分の立場の権威付けと臣下支配の手段として重要事項であることは確かである。後に徳川幕府は各大名の家督相続を許可制にしていることからもうかがえる。

一、藤堂高虎が長宗我部家との取次役になっていたことがうかがえる。三男親忠が秀吉の人質になっていた時に藤堂高虎と懇意になったと言われているが、役柄からもそのことが裏付けられる。

一、この書状は、最高権力者にとっては一般的ではあろうが、誰かがしたため秀吉が朱印を押したものである。秀吉の表現につき一人称と三人称が混在している。

将来を嘱望していた嫡男信親を失った元親は、傷心のあまり落ち込んでしまい人が変わったようになり、専制的な振舞いが目立つようになった。落胆した元親に対し「九州征伐の暁には大隅国を与えよう」と秀吉から加増の沙汰があったが、海を渡っての飛地の領地経営はさすがに困難と判断したのか、これを辞退した。

長宗我部家内部で家督をめぐる争いが生じる。二男親和は、讃岐国への進攻の過程で天正九年（一五八一年）西讃岐四郡の守護代であった香川之景（信景）との和睦の一環で養子として送り込まれ、香川五郎次郎親和と名乗った。「五郎次郎」は香川宗家の通字である。天正一三年（一五八五年）、豊臣秀吉の四国征伐によって香川家は改易となり、親和は人質として大和郡山へ送られるが、天正一四年（一五八六年）には許されて岡豊に帰国する。元親より幡多郡山田郷一帯に所領を宛がわれ、岡豊城下の東小野村の屋敷に閉居していた。信親の戦死後、豊臣秀吉は藤堂高虎を土佐に遣わし、元親に朱印状を与え親和に家督を継がせるよう計らった。これが右の書状のことであれば、「縦令（たとひ）父子相果テ候トモ」との条件がついており、元親が生きていた場合でも無条件に親和への家督継承を進めようとしたものとも思えぬが、元親は秀吉の計らいを良しとせず、溺愛する四男の盛親に家督を継がせることになる。程なく親和は病にかかり、天正一五年（一五八七年）に岡豊城下で死去した。死因については家督相続をめぐる絶望から病気になったとする説をはじめ、家督相続の可能性がなくなったために断食して命を絶った説、長宗我部宗家を慮って断食したとの説、父による毒殺説などがある。親和の遺体は一族累代の墓所には葬られず、岡豊山麓の小さな墓石の下に葬られた。

この家督相続問題には、側近家臣たちの確執による権力闘争が深く絡んでいた。久武親直と吉良親実・比江山親興との対立である。兄の久武親信は、親直の性分を危険視していたのか、主君長宗我部元親に対し、「自分が戦死しても、御家の害になるので弟に後を継がせないように」と伝えていた。しかし、天正七年（一五七九年）に兄親信が戦死すると、親直は久武家の家督を継ぐ。元親の直臣であった親直は元親の意をくみ追従する陪臣であった。吉良親実は、元親の実弟で吉良家を継いだ吉良親貞の嫡男で、元親は叔父に当たる。親実は一門衆として活躍するが、生来気性の激しいところがあった。久武親直とはことあるごとに対立していた。比江山親興は、元親の父親である長宗我部国親の弟国康の子で元親は従兄弟に当たる。両名共に長宗我部氏の一門衆である。吉良親実と比江山親興は、正論として武家の家法である長幼の序を守って親和を、親和亡き後は津野孫次郎親忠を跡継ぎとすることを進言し、元親に追従し四男盛親を推す久武親直と激しく敵対することになった。しかしながら、元親は反対論を押し切って四男盛親を家督継承者に指名し家中に周知することになった。天正一六年（一五八八年）九月のことであった。だが、吉良親実と比江山親興はそれでも反対し続けたのであろうか、それとも久武親直が競争相手を排除するために謀をめぐらしたのであろうか、諫言がかえって元親の逆鱗に触れることになり、二人は元親により切腹を命じられ一族も多くが自害する悲劇を招くことになった。比江山親興は同天正一六年一〇月に、吉良親実も腹を切らされた。時期が特定できていないが、天正一七年一〇月から翌年の一二月の頃までの間に切腹させられたとされている。

二四・三　朝鮮の役と洲崎への本拠地移転

長宗我部元親の三男は、天正一六年（一五八八年）に一六歳に達するとその正月早々に元服の儀を執り行った。その二年前には、豊後戸次川の戦いで長男信親を失っており失意のどん底にあった元親だが、久しぶりに明るい気分を味わえた。烏帽子親が誰であったかは不明であるが、元親自身も、恐らく、半山まで足を運び元服を祝うとともに、「親」の名を付し「親忠」という元服名を与えたものと推察される。元親は、元服のご祝儀として親忠に旧一条氏の領地を与えた。戸波郷、仁井田郷（窪川郷含め）であった。さらに元親は、久礼の佐竹氏及びその領地を親忠の管轄下においた。仁井田郷の一部、上ノ加江、久礼の地であった。これらを合わせると石高およそ九、二〇〇石、面積およそ一、一五〇町歩相当の領地であった。この結果、親忠の領地の石高は合わせておよそ二・五万石となった。元服に伴い親忠は、自ら津野氏を主宰し自ら領地経営を行うようになった。

親忠が元服しておよそ四年後の天正一九年（一五九一年）一月一二日、豊臣秀吉は「唐入り」と称する明国への遠征準備を命じる書簡を常陸以西の本州、四国、九州の大名に発出する。元親は後継者に指名した盛親には、当主の役割の見習いとして兵の動員と軍船の手配を自分の下で行うことを命じた。津野親忠には、当主を支える役割として軍資金調達と兵站の役割を命じた。秀吉はさらに、同じ年の八月には改めて「唐入り」を来春に決行するとの不退転の決意を全国の大名に伝え、九州の大名には肥前国に渡海拠点として名護屋城を築城することを命じた。秀吉からは翌年初めになると、三月中に肥前国名護屋に集結するべしとの出陣動員通知を受け取った。この頃になると遠征準備の最終段階を迎え、長宗我部氏家中は出発準備で大わらわであった。遠征軍に加わる臣下に対しては、兵士の数、武器と兵糧の準備等が各戸に通知された。兵糧は二〇〇日分を用意するようにとの指示が出された。その準備通知書が一通残されているが、同様の通知書が土佐国全土に出されたものと思う。

【朝鮮出兵に関する準備通知書】（書き下し）

から立名代仕立ノ事

一てつほう一ちやう

一やり一ほん　長さ二間くろしさや八ほん遣

一名代侍一人

一らうとう一人以上
兵糧ハ二百日やういいたゝしとうこく立のことく二十丁くミ也
天正廿年正月八日　野中弥二衛門（花押）
梶左旧殿
（右一通香美郡韮生郷梁瀬村ノ郷士柳瀬五市郎蔵ス凡テ十三通ノ第八紙）
（『高知県史古代中世史料編』一二八六頁）

親忠は土佐国領内に棟別銭を課して軍資金を集め、兵糧を徴収し、富裕な者から金銀を拠出してもらう等の準備に忙殺された。自分の臣下からの金銀の拠出に対しては、律儀にも自分の公領からそれぞれ坪付を行い相当の田畑を宛がった。長宗我部元親は、天正二〇年（一五九二年）二月二六日に盛親を伴い浦戸湊から肥前名護屋城に向け出帆した。前年に改築が完了した浦戸城を右に眺めて船団は西に進み、足摺岬の先で北上し、六年前に苦い思いをした豊後水道を通り抜け集結地に向かった。

親忠は、出来る限りの軍資金を集め、後々の兵站の手はずも整え、元親に遅れること一カ月ほどで浦戸湊から出発した。浦戸城の前には、月の名所桂浜が広がり、その向こうには太平洋が波打っている。親忠は、次に桂浜の月を見ることができるのはいつのことだろうとの想いを抱きながら戦地に向かった。途中、自分の領地である洲崎湊では重臣中平左京亮光義が待っていた。そこで自軍の五〇〇名ほどの兵と合流し、船団はさらに西に向かった。湊では、慣れぬ外国の地に向かう兵たちをその家族と近隣の住民が不安な面持ちで見送った。

名護屋城に集結した遠征軍は、天正二〇年（一五九二年）四月初めに小西行長を先発隊として次々に海を渡っていった。同月一二日には小西軍が釜山に上陸を開始し戦端が開かれた。長宗我部軍は、福島正則（当時は今治城主）、蜂須賀家政（徳島城主）、生駒親正（高松城主）ら四国の大名より成る五番隊の一員として戦った。五番隊の行軍経路はよく分かっていないが、初戦の段階では慶尚道、忠清道辺りで展開していたようである。「唐入り」の本来の目的は明国に侵攻することであったが、戦いは朝鮮半島で終始するようになった。戦いの初期段階は日本軍が朝鮮軍を圧倒した。この頃に、朝鮮国八州の石高を記録した覚書が残されている。覚書の目的が判然としないが、単に各部隊の地域の担当地域の石高を確認したものであろうか。あるいは、戦後の領地配分のための石高表であろうか。そうであれば、「捕らぬ狸の皮算用」であった。

【朝鮮各道の石高】

（書き下し）

高麗八州ノ石納覚書

けくしやく道（註、慶尚道）　弐百八拾八万七千七百九拾石　安喜さいしやう殿（毛利輝元か）
せらう道（註、全羅道）　弐百弐拾六万九千参百七拾九石　小早川（小早川隆景か）
中しやく道（註、忠清道）　九拾八万七千五百拾四石　四国衆
かあん道（註、京畿道）　四拾万弐千弐百八拾九石　毛利いきのかミ（毛利勝信か）
けんくひ道（註、咸鏡道）　七拾七万五千百参拾三石　ひせんさいしやう（鍋島直茂か）
はかい道（註、黄海道）　七拾弐万八千八百六拾七石　黒田かいのかミ（黒田長政か）
ゑあん道（註、江原道）　弐百七万千弐拾八石　主計殿（加藤清正か）
ひあん道（註、平安道）　百七拾九万四千百八拾六　小西つのかミどの（小西行長か）

都以上合而シテ千百九拾壹万六千百八拾六石

天正廿年文月（七月）十三日（註、一五九二年）　高麗つせんほ松原ニ而

田上六右衛門尉

高野菊丞（花押）

（たたみたる表に此の如くあり）

田上六右衛門尉殿参　　　　鷹野六郎兵衛尉

（右大野見荘監宅兵衛蔵凡六通）　　　　（『高知県史古代中世史料編』三七七頁）

この覚書を記録した鷹野氏（高野）は、親忠の津野家への養子入りに随行した一族と推察され文禄の役に従軍していた人物と思われる。花押の菊丞と表書きの六郎兵衛尉が同一人物かは分からないが、六郎兵衛尉は親忠が一〇町の坪付けを約束した人物である。田上氏は大野見郷の津野親忠家臣である。もとは本山氏の臣下であったが、同氏が亡んだのちに長宗我部氏に仕え親忠に従い大野見に入植してきたものであった。

この当時の朝鮮国は中国明王朝を宗主国とする冊封国であった。朝鮮側は、日本軍が攻めて来るやいなや明国に急報し援軍の派遣を要請した。やがて、七月にその明軍が参戦し日本軍は徐々に後退することになった。翌文禄二年（一五九三年）三月、日本軍の小西行長・加藤清正と明軍の沈惟敬との間で講和交渉が始まり、翌四月に現場の大将の間では合意し休戦状態に入った。同年九月には遠征隊は朝鮮半島より撤兵した。しかし、講和の最終合意は秀吉と明国皇帝との間で条件が合意して初めて成り立つことであり、道程はまだまだ遠かった。そのため、朝鮮半島には守備隊が残され、津野親忠はその守備隊として朝鮮半島での居残り組となった。土佐に帰国したのは、残る坪付状より、文禄三年（一五九四年）六月かその少し前ではないかと推定される。この時、津野親忠と中平光義が持ち帰ったといわれる「朝鮮松」が梼原の三嶋神社境内で今では大木となっている。

この文禄の役の前後に、長宗我部元親は本拠地を岡豊から大高坂に移し、さらには浦戸に移している。天正一六年（一五八八年）に岡豊から南北朝時代に大高坂松王丸が築いたとされる大高坂城（現高知城）への移転を計画し大改修を行ったが、低湿地での工事が難航し断念したとされている。移転の理由ははっきりしないが、高知平野の東北端の岡豊から中心地の大高坂城に移転し土佐国の統治体制を整備しようとしたのではなかろうか。近年になり高知城で発掘調査が進み、長宗我部時代の立派な石垣も見つかっている。いずれ、過去の歴史も見直されるのではなかろうか。

天正一九年（一五九一年）末頃になると、長宗我部元親は浦戸湾の入口を望む小高い山の上に浦戸城を築き本拠地を移した。その年の正月には豊臣秀吉が「唐入り」の準備令を出しており、移転理由についてはその命令との関連を指摘する説もある。明確な移転理由は書き残されていないが、この地に本拠地を置く利点と不利点を考えてみる。

一、軍事的にみてみると、土佐国の領有は固まり、他の四国の国も絶大な中央政権である豊臣秀吉の知行宛で固まった。つまり、今後は土佐と四国での陸地での戦いは予想できない。小田原攻め、朝鮮への侵攻で見られるように、今後の戦いでは遠隔地への出兵が不可欠で、長宗我部軍にとっては軍船による移動が避けられなくなった。そのための拠点としては適している。

一、豊臣秀吉の臣下として生きるためには、大坂・京都方面との連絡、そこでの情報収集、その地への出仕は不可欠で、陸路より海路の方が断然早く、浦戸に城と港を整備することは重要であった。

一、居住環境の点からすると、浦戸の地は大高坂と比較すると洪水の心配をする必要がなく、城下町を築き易い。

一、経済面では、土佐国の統治が安定すると民を豊かにする必要がある。そのためには、国内の殖産興業を図るとともに、産品を他国に輸送し販売することと優れた製品を自国に買い入れる必要がある。交易を盛んにするための港が必要となる。

一、不利な点もある。その最大のものは軍事面での防御であろう。大高坂城であれば、陸地に幾重もの防衛線を築ける。浦戸城では陸地に開けているのは西側だけである。海からの攻めには城山の斜面しか防御線がなく、西側から攻め込まれれば逃げ場がなくなる。だが、土佐国内の情勢が安定しており、豊臣政権の下で他国からの侵略を危惧する必要がなければ、前の四項がより重要になる。

父元親が浦戸城に本拠地を移したのを目の当たりにした親忠は、津野氏の本拠地を内陸部の半山姫野々城から海岸部の洲崎に移転させることを考え始めた。具体的時期は特定できないが、親忠が文禄の役から帰国した文禄三年（一五九四年）六月頃から、慶長の役で再び朝鮮半島に出征する慶長二年（一五九七年）六月頃までの三年間の間に絞られると推定する。この時期と推定する理由は、浦戸に移った父元親との連絡を密かつ迅速に行うためには、自分の拠点も港のある場所に移転させるべきと考えたであろうこと。その二は、朝鮮半島への出征で本人が不在中にこのような重要事項を実施したとは思えないことである。その三は、津野親忠は慶長二年（一五九七年）五月十五日付けの書簡の署名欄にわざわざ「スサキ親忠（花押）」と署名しており、この時点では洲崎を本拠地としていたことが判る。移転そのものの理由は、浦戸との連絡の便と経済的理由が大きかったと推察する。

明国との講和交渉が数年にわたり続けられたが、文禄五年（一五九六年）九月になり明国の国書の内容に秀吉が激怒し決裂する。秀吉は再び朝鮮への動員命令を発布した。そして慶長二年（一五九七年）正月一四日、日本軍諸将の朝鮮半島への再上陸が開始され、二月二一日に秀吉による戦役再開命令が出され慶長の役が始まった。長宗我部元親は、親忠と盛親を伴い再び三〇〇〇の兵を率いて六月に土佐を出発し、七月には朝鮮半島に渡った。長宗我部軍は、伊予国板島（現宇和島市）七万石の主となっていた藤堂高虎を盟友として第六番隊の中心部隊として連戦した。遠征自体では今回も得るものは少なく、

【津野親忠時代の須崎・想像図】
（学研歴史群像シリーズ㉙より）
海蔵寺
西鴨神社
八幡神社
大善寺
西願寺
東泉寺
糺鴨神社
津野親忠屋敷
山内右衛門大夫屋敷
山城
池ノ内
漁師町
馬場
商職人町
塩田
弓場

慶長三年（一五九八年）一〇月一五日、五大老連署による撤兵命令が出された。その二か月前の慶長三年（一五九八年）八月一八日に豊臣秀吉が伏見城で薨去（こうきょ）したためであった。諸将の撤収は一一月二五日に小西行長が博多に帰国したことに伴い完了する。博多で諸将を出迎えたのは、五奉行の石田三成と浅野長政であった。諸将は一旦伏見に上りのち領国に帰国した。元親が土佐に帰国したのはその年晦日から正月の頃であった。津野親忠は伏見には上らず、そのまま同年一二月初めごろまでには土佐に帰国した。慶長三年十二月十八日付の坪付状が残されているがためにそのように判断できる。

二四・四　津野親忠の足跡

さて、現代に残されている記録をもとに津野親忠の足跡をたどってみる。そうすることにより、親忠の人間味も見えてくる。

まず最初に、親忠の時代の半山姫野々城下の土居の姿を俯瞰してみる。天正一六年（一五八八年）の「津野半山地検帳」（長宗我部地検帳）と姫野々城址と姫野々土居跡の発掘調査に基づき、「姫野々城下土居屋敷配置図」及び「姫野々城と城下土居屋敷の想像図」が作成されている。津野親忠がこの地を歩いていた時よりおよそ四百年後の一九九四年に姫野々城跡の発掘調査が実施され、一九九七年には姫野々城下の土居跡の発掘調査が行われた。図を見ると、『津野分限帳』で津野氏の八家老とされる、津野藤蔵人佐親房、市川佐渡守、山内藤左衛門、市川大蔵介、佐竹信濃守、下元豊後守と特定・推定される屋敷地は確認できる。残る二人、山内外記と久松越中守の屋敷地は見当たらない。山内外記一族は、「第一七章第二〇代津野国泰の時代（土佐一条氏との攻防その一）」で考察したとおり、津野之高が造営した新土居に屋敷を構えていたと推察される。久松氏も之高が京都より招聘した川越貞宗の家系といわ

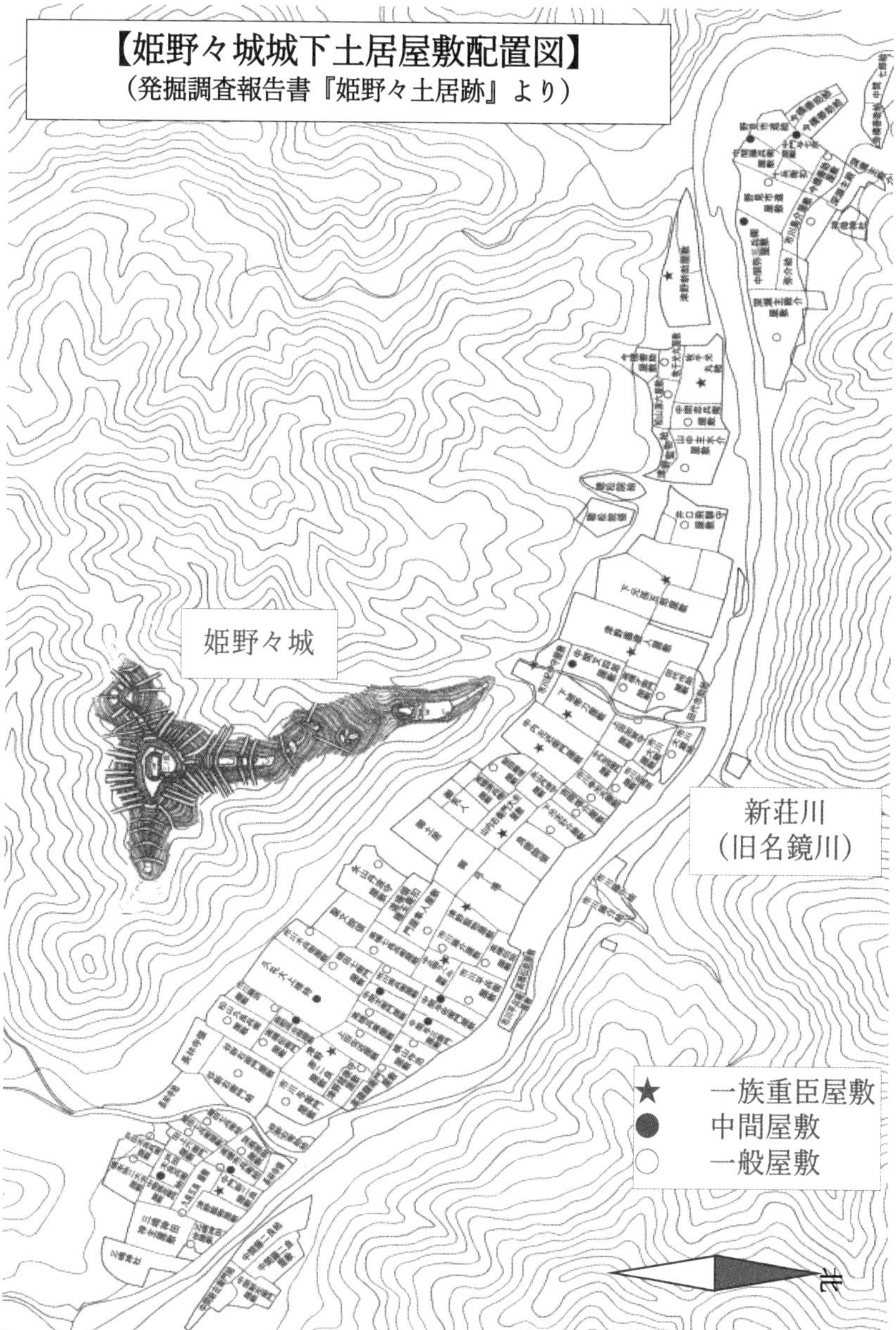
【姫野々城城下土居屋敷配置図】
（発掘調査報告書『姫野々土居跡』より）
姫野々城
新荘川
（旧名鏡川）
★　一族重臣屋敷
●　中間屋敷
○　一般屋敷
北

【姫野々城と城下土居屋敷の想像図】

（発掘調査報告書『姫野々土居跡』より）

れているので、新土居に屋敷を構えていて不思議ではない。両図をみると、戦国末期の津野氏の本拠地の様子がよく分かる。山城が防御の拠点となり、その下に当主の屋敷を含め、重臣、家臣、寺院の建物が配置されている。姫野々城にはいくつもの竪堀りが掘られており、国人領主の中世山城の形を成している。配置図にある「御乳人」と「久礼大上様持」の解釈については、別項の解説のとおりである。

姫野々城址の発掘調査では、備前焼を中心とする国産土器や杯、輸入陶磁器として青磁、白磁、染付が出土している。古いものでは一三世紀後半から一四世紀にかけての製品群がみられるとのことである。城内でも生活が営める食器類が揃っていたことになる。城下の土居での発掘調査では建築物の遺構として、津野氏の館を囲む濠、土橋、井戸、塀や柵等が見つかっている。食器類では、土器、石器、瓦器、備前焼、常滑焼、瀬戸・美濃焼等の国産土器、青磁、高麗青磁、白磁、青花（中国華南系）、褐釉壷（タイ産）等の輸入土器がたくさん出土している。また、銅銭、鉄器（刀。釘等）や人骨まで掘り出されている。特に、輸入品が多く見つかっているが、南蛮貿易を行っていたともいわれる一条氏か堺の商人から調達したものであろう。

ここからは、残る古記録を基に親忠の足跡を年月日順にたどることにする。

文禄の役と慶長の役の間の休戦期間の半ばを過ぎた文禄五年（一五九六年）二月一〇日付にて、梼原方面の役人たちに要点のみを記した指示書を出した。親忠はこの指示を重要視したのと、一部内容につき機密性を有していたので、下元右近と古屋四郎兵衛を遣わし詳細を伝えさせた。指示の内容は次の三点であった。

一、西村与次右衛門が辻役（辻番か国境の関所番）を油断したので桧板二三束の罰金を科すこと。これは、恐らく後の二つの御触れと関連しており、逃散者を見逃したためと推察される。

一、下村式部関連の道の訴訟につき、年寄りの意見を無視できず、沙汰を先送りすること。
一、谷右太夫弥三郎が申す道のこと（内容不明）。

【御触れ】（書き下し）

条　　此使　下元右近　古や四郎兵衛へ
一西村与次右衛門手前ノ事ニ付辻役油断仕リ科役ヲ為シ桧板廿三束運上仕ル可キ事
一下村式部梼原番中申ス道此ノ度双方対決之ヲ以ッテ理非ノ沙汰ト雖モ仰セ付ラル可ク候、駿河追ッテ而シテ御訴訟申シ候間、年寄申シ上ゲ候事ヲ黙止シ難ク思イ候テ当分沙汰ヲ指シ延ベ候事
一谷右太夫弥三郎申ス道ノ事
文五二月十一日（註、一五九六年）　親忠（花押のみ）
山分衆中
（右高岡郡梼原中平左近進蔵凡九通）
（『高知県史古代中世史料編』四〇七頁）

右の御触れと同じ日付で、梼原と伊予国との国境の管理につき御触れを出した。この御触れも下元右近と古屋四郎兵衛に託した。両名は二つの書状を携えて半山から梼原に馬を駆った。梼原に着くと主な役人を招集し、伊予国と土佐国の国境を往来する男女の記録を取るように命じた。そして同じ内容を梼原内の各地の辻役に伝えるように指示した。役人たちは慌てて各地に飛んでいった。さらに三週間後の三月三日には、追加の御触れを高橋惣兵衛、下村式部、中平駿河の幹部役人他に対し出し、国境の取締りを厳重にし、土佐に入ってくる逃散者も土佐からの逃散者も通してはならないとの指示を出した。そしてこれは東（浦戸方面、長宗我部氏）よりの指示に基づくものであった。文禄の役の戦費と軍役の負担が重く、加えて不作でも重なり、農村が疲弊し自分の戸籍を離れ逃散するものが後を絶たなかったの

かもしれない。統治者にとっては頭の痛い問題であった。

【御触れ】（書き下し）

条々　　　　此使　下元右近　古や四郎兵衛

一今度双方申ス道御沙汰相延ベラレ候事
一今ヨリ以後人々覚悟ノ事
一与州道口ノ事ニ付往来ノ者男女ニヨラズ相記ス可キ事
一国役ノ事ニ付宇役ノ事　同辻役ノ事
一上使への事

文禄五丙申年二月十一日（註、一五九六年）　　親忠（花押のみ）
山分衆中

（右高岡郡梼原中平左近進蔵凡九通）　（『高知県史古代中世史料編』四〇七頁）

【御触れ】（書き下し）

返々（かえすがえす）聊（いささか）も無緩ノ御法度申シ渡ス可ク候、以上
与州ヨリノ此ノ方ヘノのき衆一人もとをすましき由東よりノ御法度状持チ遣ワシ候間、諸境目能々相止メル可ク候、勿論此ノ方よりのはしりもの一人も通スましく候、とおり候者候ハくゝり候て此ノ表へ引カセ候へく候、いつも〱法度ノ上ヲゆるかせニ仕リ候間、此ノ中はしり者少々通リ候事是非ニ及バズ候、今よりかたく相止メ候てせうこなくして通ル可シものをハきり候へと有ら非ザルも申サレ候、村々へよく〱申シ触レ候へく候、猶委ハ此ノ下勘介申ス可クかしく
うら戸より　親忠（押形如前篇）

三月三日（註、推定文禄五年一五九六年）

ゆすはら高橋惣兵衛

下村式部

中平駿河

其外衆中

（右梼原中平左近進蔵凡九通）

（『土佐国蠹簡集』巻之五）

同じ年、逃散者の騒ぎも一段落し普段の日常が戻っていた。親忠も当主としての日々の仕事に追われていた。津野氏は、長宗我部元親の居城のある浦戸城下に敷地をもらい受け在浦戸津野屋敷を構えていた。そこには浦戸番役を常駐させ、長宗我部政権との連絡等の役を果たしていた。五月一五日、その浦戸番役の高橋久右衛門と山内八兵衛に洲崎より書状をしたため、こまごまとした諸事項を連絡した。

一、書状で連絡を受けた盛親の視察訪問につき了解した。（盛親を諱で呼び捨てにしており兄として意地が感じられる。）

一、大津の堤の修理のことは今朝勝兵衛に伝えたのでそのようにすること。山次からの返事は見たが、明日子三兵がそちらに行くのでその折に詳細は伝える。

一、久礼（佐竹信濃守義辰か津野氏出身の母親）からの書状は届き返事も出した。

一、荷物を廻送した船が未だに到着しないがその状況は奉行より詳細を伝える。

一、栗毛は良く飼育してもらっているようだが時々山外源兵に調教をさせること、源兵が留守の場合は久太夫に乗らせるように。

一、度々申している買物代金は当節速やかに処理することが第一である。

書状の発信者は「スサキ親忠」となっており、この頃には洲崎城もほぼ完成し本拠地を洲崎に移転していたこと、洲崎と浦戸の間に船を走らせていたことが分かる。この事実よりは、親忠が洲崎湊の整備と海運を重視していたことが想像できる。また、浦戸屋敷で栗毛の馬を飼っていたことも記述されている。

【諸事連絡】（書き下し）

尚々其ノ元取（年貢祖米）沙汰ノ義頓（とみ）ニ此ノ方申シ越ス可ク候

夕亥刻（二一～二三時）ノ状今日未ダニ之ノ刻披（ひら）キ見ズ候

一盛親御下リノ由相意得候、此ノ状竹豊へ渡し候て御土居へ相届ケ候様申ス可ク候

一大津堤修理ノ事ハ今朝勝兵衛ニ申シ候、其ノ意成ス可ク候、山次ヨリノ返事懇ロニ見届ケ候、委（くわしく）ハ明日小三兵相越ス可ク候間、其ノ節委申ス可ク候

一久礼ヨリノ状届キ候、即返事差シ越シ候、慥（たしか）ニ相届ク可ク候

一是ヨリ荷物ヲ廻セシ舟今日未ダニ之ノ時慥ニ帰津セズ候ニ於イテハ首尾ハ奉行人ヨリ委申ス可ク候、其ノ方相残リ候分万書立テ候テ追々越ス可ク候

一栗毛よくかわせ候へく候いたミ過申サズようニ折々山外源兵せめさせ候へく候、此ノ衆留守ノ時ハ久太夫ニ乗らせ候へく候

一度々申シ候買物代速ヤカニ此ノ節済ミ候様機（気）遣イ専一候かしく

西之時五月十五日（註、一五九七年）　スサキ親忠（花押）

うらと高橋久右衛門

山内八兵衛

（右高知高橋与六蔵凡七通）　（『高知県史古代中世史料編』三八八頁）

前の書状の一週間後には、同じく浦戸番役への諸事連絡状を出状した。一つは馬の鞍道具の引き渡しを十分念入りに注意して行うこと。二つめは、送った櫃《ひつ》を蜷川道標様に速やかに届けること。三つめは、中間伝兵衛の交代として中間左近老人を向かわせたので交代させること、また両人には馬屋関係のことでは引継ぎを万事きちんと行うように伝えること。

ここに出てくる蜷川道標親長（道標は道号）はこの時代きっての文化人で、土佐に下向し長宗我部元親に仕えた。妻が元親の室と異父姉妹であったことがその縁であった。親忠は道標から指導を受けていた。この書状より、親忠が道標に櫃《ひつ》（ふたが上に開く箱）を送ったことが分かる。中味は不明だが、指導に対する礼物であろうか、それとも借りた道具・衣装を返すものであったろうか。長宗我部氏の改易後は、慶長七年（一六〇二年）に徳川家康に山城国綴喜郡に五〇〇石を給されて旗本として取り立てられ、家康の御伽衆となった。ということは、家康との伽話のなかで、津野親忠の切腹の顛末の話も出たかもしれない。

【諸事連絡】（書き下し）

尚以ッテ鞍道具以下能々〳〵志を入レ引キ渡シヲさせ候へく候、かい口旁々《かたがた、ほうぼう》よくよく念ヲ入レ候へく候、次ニ此ノひつ、亟《すみ》ヤカニ此ノ状道標様へたしかに届ケ候へく候、若シ内場へ御座成サレ候ハ御子息ノ五良吉様へ届クへく候、大事之つゝにて候、其ノ意成ス可ク候かしく中間伝兵へ替として此ノ中間左近老人差シ越シ候へく候間、替リ候へく候、勿論馬や向キノ候事万端懇に請取わたしをし候へと二人ノ者ニ申シ聞せ可ク候、昨日飛脚一人中間こし候へる、又追々一二人超す可ク候、諸篇油断無ク相気遣ス可シもの也

ふもと

五月廿二日　　親忠花　押無し

山八兵へ
高久衛門
（右高橋与六凡九通）　（『土佐国蠹簡集』巻之五）

翌月の六月六日には船の運航状況と船道具の手配について、諸事連絡を行った。その内、運送荷物の中で鮫鞘の脇差については今夜中にでもこちらに持ってくるようにして欲しいと督促をしている。この書状には、与津（現四万十町興津）の船頭池久助の名が出てくる。与津はかつて一条氏の直轄地であったが、この時代は親忠の支配下に入っていただろうことが分かる。

【諸事連絡】（書き下し）

尚々此ノふね昨日こうしま殿戻り候ふねにて候、近日万々つミ廻し候へく候、第一〳〵舟道具ノ事油断候ましく候、次わきさし六文めの事ハまつ〳〵申のへ候へく候、それ成候さめさや今夜中ニもたせこし候へく候、か江修理殿ヨリかり舟の手廻舟の船頭池久助と云其元へ舟道具不足の理のため一昨夕こし候キいまた此方不戻ふしん千万候、早々不足分ノ舟道具ノ事舟御奉行衆相添ヘラル如ク候、久助理（ことわり）ヲ申シ候ハハ頓（こと）ニ此舟頭此方へ戻来候へと浦戸なと相尋て申シ達ス可ク候、与津のものにて候、其意成ル可ク候、将ニ又市川惣佐衛門乗リ候ふねもいまた不廻候、是又早々廻シ候へく候、又申シ候あきへ申シ遣ヘラル候てと池六なとへ申ス可ク候かしく

六月六日（推定、一五九七年）親忠（花押無し）
高久衛門
山八兵
（右高知高橋与六蔵凡七通）　（『高知県史古代中世史料編』三九〇頁）

続いて六月九日には、鮫鞘の脇差を早く持ってくるように改めて督促した。この刀にかなり執心していたことがうかがえる。前の書簡の栗毛の馬といいこの鮫鞘といい親忠はかなり拘りを持った人間ではなかったかと思う。親忠は、この書状の直後に慶長の役のため朝鮮に向け出立している。鮫鞘の脇差を腰に差し栗毛の馬に乗って戦場に立った親忠の姿が目に浮かぶ。

【諸事連絡】（書き下し）

急度（きっと）申シ候さめさや早々もたせ越候へく候、十匁ノ代銀ノ事ハ先書ニ奉公共ニ申シ達シ候、まつ〳〵ととくいを頼リ候て、かり合ワセ神島かたへ渡リ候へく候、今夜中ニ来タラズ候へハ成ラズ候、其ノ態云イ越シ為シ候乍（ながら）勿論少しも悪所候ハ能ク念を入させ候て調もたせこし候へく候、此刀尚以ッテ大事ノ刀にて候間いかにも〳〵たしかなるものニもたせこし候へく候、将ニ又明後日ノ御供ノ衆大名衆ハたれ〳〵御小姓衆ハたれ〳〵中間衆ハいかほとゝ能々立入リ候て尋ネ申シ越シ候、もし御小姓衆なとへとり付候事成ラズ候ハ道標さまなとへたつね候へドモ成リ申シ越ス可ク候、いさゝか緩ましく候、中間ノ事ハ平兵へニ尋ネ候ト知ル可キモノニ候かしく

六月九日（推定、一五九七年）　親忠（花押無し）

八兵

久衛門

（右高知高橋与六蔵凡七通）

（『高知県史古代中世史料編』三九〇頁）

次に書状を出したのは、慶長の役の陣中からであった。慶長二年六月一六日のことである。洲崎で出したと思われる先の書状の七日後のことであり、この書簡で述べている陣中とは、朝鮮への前線基地で

あった名護屋城のことと推定されえる。親忠は、陣中よりもこまごまとした指示を出した。

【慶長の役の陣中よりの手紙】（書き下し）

覚

一年貢納様ノ事ニ付蔵ノ事
一高橋下代ノ事
一諸百姓ノ事ニ付俵物ノ儀奉行中切手次第出ヅ可キ事
右ノ趣違背無ク当陣中ノ義ヲ抽キ余自ラ機遣（気遣いか）致ス可ク候、自然緩ニ於イテハ已来聴キ付次第、堅く重科ヲ行ウ可キモノ也、仍テ後日為ス件ノ如シ

慶長二年六月十六日　（註、一五九七年）　親忠　花押

西村宗助かたへ

（右津野山梼原西村宗六蔵凡九通）　（『高知県史古代中世史料編』四四四頁）

慶長の役でも、最初は日本軍が有利に戦を進めたが、朝鮮と明国の連合軍も徐々に力を盛り返し日本軍は押し戻されるようになった。この頃になると秀吉の唱えた「唐入り」は到底無理であることも分かり、日本軍の士気も下がってきた。厭戦気分も漂うようになった。その「唐入り」の命令を下した張本人の豊臣秀吉が、慶長三年（一五九八年）八月一八日に伏見城で没すると、それまでは口することさえ憚られた朝鮮半島からの撤退が評議されるようになった。二か月後の一〇月一五日なると、五大老による帰国命令が発令された。

津野親忠は、一年余り朝鮮の戦場に立ったが、この帰国命令を受け、長宗我部元親・盛親とともに博多湊に引き上げてきた。父元親は、秀吉の霊を弔い今後を見極めるために、そのまま上洛し伏見屋敷に

向かい、親忠・盛親兄弟は土佐に帰国した。元親は、その後その年の年末から翌年の年始の頃に土佐に帰ってきた。

長宗我部元親により津野親忠が岩村に幽閉される一月ほど前の慶長四年二月七日付にて、津野氏の三奉行連名で坪付状が出された。内容は、公領地（津野親忠の領地）の耕作権を付与するもので、土地そのものの宛行ではない。従って、担当役の権限で出状できる内容であったのかもしれない。ただ、時期が時期だけに、当主名で出せなかった何らかの差し迫った事情が発生していたことも想定される。

【臣下の連署による坪付】

　坪付　永山平次兵衛給

十ケ所合田数弐町六代五歩　大野見村

右ハ御公領地一毛ノ作付仕ラル可ク候、重ネテ御名組ノ時ハ上より御意次第仕ル可キ也

　慶四　二月七日（註、一五九九年）　道弃（どうき）（花押）

　　市　蔵（註、市川蔵丞）

　　永　久兵（註、永山久兵衛）

（右仁井田柿木山村永山平六蔵凡四通）　（『高知県史古代中世史料編』四五一頁）

現代のこの世に残る津野親忠関連の書状はこれが最後となり、後は『土佐物語』等の軍記物語で切腹までの道程を辿ることになる。

二四・五　幽閉と元親の死

慶長三年（一五九八年）八月一八日に豊臣秀吉が伏見城で没したが、長宗我部元親は秀吉に忠誠をつくし、秀吉からも厚遇されていただけにその落胆ぶりは目を見張るものがあった。その前には、弟香宗我部親泰とその子親氏を相次いで亡くしており、悲運に見舞われ続けた。さすがの元親も急に老け込み、病が重なって訪れた。

長宗我部宗家滅亡の大きな導火線の一つとなった三男津野親忠の幽閉事件が起こった。親忠という人は、本当に運の悪い人である。生まれてすぐに他家に養子に出され、本家を余り知らぬまま他家の人間になり切ってしまい元親から疎まれる。家督相続事件といい今回の幽閉事件といい、元親の精神状態がどん底の時期に決断され、結果悲運に巡り合うことになる。親の元親にとって問題だったのは、豊臣家にとって代わろうとする野心を秘めている徳川家康と急速に接近しつつあった藤堂高虎と親忠が昵懇（じっこん）であったことである。また、家督相続問題以降、久武親直とはそりが合わず敵対していた。当然、元親の傍で仕えていた親直は親忠に対する讒言を繰り返した。

このような外部要因も影響があったが、一番の引き金は子の盛親を思う親の元親の情であった。この時期元親は病に侵されており、自分の余命が長くないことを覚った。そのような心境で、死ぬ前に片づけておかなくてはならないと考えたのは、自分が後継者と指名した盛親の統治基盤を盤石にすることで、長宗我部家の将来にわたる繁栄を可能にすることであった。

慶長四年（一五九九年）三月のある日、津野親忠は元親に呼びだされ浦戸の城下にあった元親の御土居屋敷を病気見舞いも兼ねて訪ねた。この時期、親忠は居城を洲崎城に移しており洲崎浦から浦戸湊までの船旅であった。

親忠「父上、お久しゅうございます。」
元親「朝鮮の時以来かのう。よう参った。」
親忠「上方と都詰めのお仕事も大変にございましょう。」
元親「そうよのう、太閤さま亡きあと五大老筆頭の家康殿と三成の意見が合わずに、皆右往左往してお
るわ。家康殿は自分の同調者を増やそうと盛んに動いておる。わしの伏見屋敷にも参ったぞ。表
立ってその旨は言わなかったがな。困った世の中になったものよのう。だが、この日の本の行先
は彼の地で決まるので、長い間離れる訳にもゆかぬわ。」
親忠「そうでございますね。ところで、お加減が思わしくないとも聞き及んでおりますが、いかがでご
ざいましょう。」
元親「いっときの病じゃ、心配は無用じゃ。」
親忠「そうでございますか。でも、用心にこしたことはございませぬ故、十分にご注意くださりませ。」
元親「それは分かっておる。」
親忠「父上のために、洲崎の沖で獲れた初鰹と四万十川で獲れたうなぎを生きたまま持って参りまし
た。精をお付けくださいませ。」
元親「それは心遣いいたみ入る。」
親忠「ところで、お呼び出しの御用向きはいかがでございましょう。」
元親「そちを呼んだのは他でもない。わしがいなくなった後の政の体制を話しておきたいと思うてな。」
親忠「まだまだお早うございます。父上には、ずっと元気でいただかなくては。」
元親「そうも言っておられぬわ。永年の戦続きでわしの体もぼろぼろになっておるわ。そろそろはっき
りさせておかねばならぬと思うてな。」
親忠「なにをはっきりさせるのでござりましょう。」

元親「その前にこの日の本の動きじゃが……。」
親忠「といいますと。」
元親「そちも承知のとおり、太閤殿下の世では、太閤殿下が下知を出し五大老と五奉行が太閤殿下の下で実際の業務を行う体制が出来上がった。要は、政の権限が中央に集中したということだ。今後は、このような形で日の本が動いて行くものと思う。」
元親「わしの領国もそのような形に変えていこうと考えているが、一応はそちの意見も聞いておこうと思うてな。」
親忠「それは長宗我部氏の領地、長岡郡、土佐郡、安芸郡のことでござりましょうか。」
元親「もちろん、土佐国全体のことだ。」
親忠「そうでございますか。……。」
元親「どうした、納得がいかぬようじゃのう。」
親忠「……。そのような体制は真ん中に立つ人間が有能でかつ軍事的にも強力であって初めて成り立つものと心得まする。太閤殿下は天下を統一されたし、父上も四国を切り取られましたので、問題はないと存じます。私にやれと言われてもそのような能力はござりませぬし、せいぜい今の領地がいいところでございます。」
元親「そちに土佐一国を統治しろと言っているのではないぞ。」
親忠「それは重々承知しております。が、私にはできませぬ。まして、弟の盛親に……。」
元親「そちはわしが選んだ後継者人事を未だに不服に思っているのか。」
親忠「そのようなことを申しておるのではござりませぬ。父上の決め事は、今までも今後も、尊重致すことはいうまでもありません。盛親についても、当主となった以上はその命に従います。軍役にも盛親を大将と盛り立てて従軍致す所存です。」

元親「だいたい、自分の主君を諱（いみな）で呼び捨てにすることからしてけしからん。」

親忠「では、何と呼びましょう。盛親は豊臣政権、朝廷から官位官職を与えられていないはずですが。他に呼びようがありませぬ。」

元親「盛親どのでよい。」

親忠「かしこまりました。もちろん、盛親どのの命に従いまする。但し、私は津野家の当主ですので無理難題、理不尽なことまで無条件に受け入れることは、家臣に対する手前もあり、出来ない場合もあると思います。」

元親「そちは、わしの選んだ盛親がそちやそちの領地に無理難題、理不尽なことを押し付けるというのか。」

親忠「そうは申しておりませぬ。そのような事にならぬようにと願うての話にございます。」

元親「本当に心からそう思うておるのか。」

親忠「私の心根は父上と母上が一番ご存知と存じます。」

元親「そうかも知れぬが、そちも津野家に養子で入った故に長宗我部家からは随分と遠いところに行ってしまったからなあ。」

親忠「……。」

元親「まあよい。ところで、盛親の統治の要として、知行宛・坪付の権限と役職の任命権を盛親の下に集約することにする。盛親の下に奉行を置き、盛親の命で奉行が執行したり、奉行が原案を作成し盛親が承認する体制とする。即刻実行に移すので心得ておくように。」

親忠「それはいかがでございましょうか。津野家の領地では、一条氏に降った後も、父上に降った後もこの二つの権限を奪われたことは一度もございませぬ。領主にとり、この二つの権限は肝心要（かなめ）の非常に重要な権限です。父上は、私からその権限を取り上げようというのですか。」

元親「そんなに深刻な問題とも思えぬがな。統治方法はいくらでもある。」
元親「わしはそなたが津野家に入嗣した際に、祝儀として、かつての一条の領地の一部と佐竹の領地をそなたのものにしてあげたが、それで移された側の領地経営が行き詰まったとは思えぬが。」
親忠「坪付と役付けは、領主の権限の根本で、これがなくなれば私は領主ではなく単なる代官になります。」
元親「それでいいではないか。これは決まり事だ。」

父と子の思いは最後はかみ合わなかった。この会話があって直ぐに、津野親忠は岩村郷の霊厳寺に幽閉され家臣との連絡も絶たれてしまった。

津野親忠を幽閉した元親は、盛親に領国経営と親忠の処遇に関し様々なことを申し伝えた。そして、翌四月初めに盛親を伴って京に上り伏見屋敷に入った。そこで京と大坂方面の名医を招き病気治療に専念した。しかしながら、治療と投薬の甲斐もなく慶長四年（一五九九年）五月一九日、伏見屋敷で没した。享年六一歳、長浜の戦いの初陣から戦続きの長い人生であった。

親忠の幽閉後、元親は佐川松尾山城の城主久武内蔵助親直に対し、津野領の奉行として盛親を援けるように内々に言い含めた。つまり佐川の地から洲崎、半山、檮原、戸波、大野見、仁井田方面の面倒をみておけと言ったことになる。但し、状況が微妙であり幽閉中とはいえ親忠から津野家の当主の座を奪ったのではなく、後継者も指名されていないので、正式なお触れは出さなかった。長宗我部元親は、将来は土佐国の統治体制を変えて、安芸郡、長岡郡、土佐郡、吾川郡、高岡郡、幡多郡、これらすべてを盛親の直轄地とすることを考え、その旨も盛親に伝えていた。しかしながら、津野氏の家臣はそのような元親の意図を知る由もなかった。

主君親忠が幽閉されたとの報は、浦戸屋敷からすぐにもたらされた。重臣の評議が招集され、状況把握に努め対応策を検討したが、相手が元親だけに手の打ちようがなかった。戦ではないので、結局しばらく様子を見ることになった。だが、不確かな状況のまま時が流れ二カ月程が経った。五月一九日に長宗我部元親が京の伏見屋敷で亡くなったとの知らせが、親忠の領地にも届いた。これで幽閉も解けるのではないかと期待されたが、事態は何も変わらなかった。親忠の家臣のいら立ちがつのり始めた。

中平左京亮光義は親忠とともに朝鮮の役を戦い抜いた盟友であったが、親忠の身の上を最も案じた家臣の一人であった。光義は何とか親忠に接触する手段を得ようと、領地隣の佐川松尾城に陣取る長宗我部三家老の久武内蔵助親直に近づいた。光義の知行地は奥地梼原であったが、そこから佐川まで足繁く通い何かと理由を付けては面会を申し込み、抜かりなく進物も献上した。光義の思惑に気づいていた久武親直は、久万次郎兵衛に用心するようにと注意を喚起する書状を出した。久万次郎兵衛は土佐郡の平野部中央の久万城主の一族であったが、久武親直の郎党となっていた。津野親忠を幽閉し切腹させる陰謀にも関わっていた人物であろう。

この書状は、関ヶ原の戦いの二日前の日付である。光義は一年余りにわたり久武親直の懐柔を試みたがどうにもならなかった。中平光義は、主君親忠を陥れた張本人が親直であることをまだ知らなかった。親直は物理的距離では一番近い所にいたが、心情的には一番遠い人間であった。

【久武内蔵助親直の注意喚起】(書き下し)

梼原中平左京ノ事、年来ノ御奉公聞食(きこしめ)、彼ノ表ニおいて壹町里分ニ而シテ壹町合弐町仰セ付ラレ候儀、奉公衆談ジ合わせ候て早々御申シ付有ル可ク候、先年以後彼ノ仁心ヲ遣ワス、貴所を存知

始メノ前ニ候、呉々モ山里ニかけて然ル可ク候、恐惶謹言　　久　内蔵（註、久武内蔵助）

慶長五年（註、一六〇〇年）

九月一三日　　親直（花押無し）

久万次郎兵衛殿（まいらせ候）

（右梼原中平左近進蔵凡九通の内の一連の三通の一つ）（『高知県史古代中世史料編』四六五頁）

久武内蔵助親直は同じ九月一三日付で、一方では仲間の久万次郎兵衛に、他方では光義の父親である津野氏の重臣中平駿河守之房に坪付状を出している。しかしながら、之房と親直の間には主従関係はない。主従関係のない相手に、当主でもないのに単独名義で坪付を行い、しかもその文面がどう見ても上から目線である。さらに、具体的通知は一段置いて部下の久万次郎兵衛が行うとしている。その辺りにこそ親直の意図があったように思える。

【久武内蔵助親直から中平駿河守之房に対する坪付】（書き下し）

貴所年来ノ心遣聞食（きこしめ）、御給貳町仰セ付ラレ候、久万次郎兵衛方より申シ越セラル可ク候、

弥々（いよいよ）無二ノ御奉公専用（何よりも大切）ニ候、以上

九月一三日（註、一六〇〇年と推定される）　　久　内蔵（註、久武内蔵助）

親直　花押

ゆす原中平駿河殿（まいらせ候）

尚前田源兵へ岡本民部其ノ表案内無キノ事ニ候間、助言用捨（ようしゃ）有ル間敷候、以上

（右梼原中平左近進蔵凡九通の内の一連の三通の一つ）（『高知県史古代中世史料編』四六六頁）

【久万次郎兵衛から中平駿河守之房宛の書状】（書き下し）

其レ以後面談能ワズ候、御無事ノ由千万目出度ク候、殊ニ前々より別而《べっして》御心遣ニ付而シテ親直ヨリ此ノ如ク仰セ越サレ候、貴殿へノ御状私方へノ条ニ御袖判成サレ候、則持セ候、慎ミテ御頂戴有ル可ク候、坪付ノ儀ハ永山久兵市川蔵内談ジ申シ追々相渡シ申ス可ク候、時分（時期）ノ儀候間、先ニ御両通（二通）送進コレ候、委細ハ永久一蔵エ入魂《じゅこん》（前もって申し入れ）申シ候、仰セ談ジラル可ク候、恐々謹言

久次兵（註、久万次郎兵衛）

九月廿三日（註、推定一六〇〇年と推定される）

中平駿河守殿（まいらせ候）

尚々坪付ノ儀ハ両人内談申シ驪《やが》テ而シテ相證《あか》シ申ス可ク候、以上

（右梼原中平左近進蔵凡九通の内の一連の三通の一つ）（『高知県史古代中世史料編』四六六頁）

この段の最後が、右の書状で前の書状を受けて久万次郎兵衛が中平駿河守之房に宛てた書状である。内容はともかく、この書状にも親直を之房のかなり上位に位置づけようとする意図がうかがわれる。「貴殿へノ御状私方へノ条ニ御袖判成サレ候」とあるが、ここにも出てくる袖判とは、文書の右側の部分（袖または端という）に花押を記すことであり、その花押のことをいう。中世武家文書に多くみられる。花押は通常は文末の年月日を施した下に据えるが、差出者と受取者との間に身分上の隔たりがあるときに袖判を用いることがある。源頼朝は家臣への下文に袖判を多用したとのことである。

盛親の家老と親忠の家老なので、主従間もなく実際には袖判を使う程の身分差があるとは思えないが、久武親直は、伝え聞くその性格からして、意図的に袖判を使い、「己の方が断然に格上である」と見せつけたかったのだと思う。さらに中平駿河守之房に直接手紙を出すのではなく、わざわざ部下を

介して出させているところも芝居がかっている。尚、この書状の日付は、関ヶ原の戦いから八日目であり、親忠の自刃の六日前である。西軍の敗北と長宗我部軍の敗走は浦戸城には伝わっていたと推察する。

親忠を幽閉させた後、元親は親忠と臣下との連絡を断った。中平駿河守之房もその子の中平左京亮光義も何とか連絡を取ろうと、すがる思いで久武親直に心遣いしたのだと思う。しかし、中平親子は、津野親忠を幽閉させその後に切腹に追い込む裏の張本人が久武親直であるとはまだ気付いていなかった。切腹で初めて事態が飲み込めた中平駿河守之房は、恐らく怒り心頭に達したであろうが、宇和島の藤堂高虎の居城に息子の近房を、親忠の遺品とともに派遣し注進する。この情報が、藤堂高虎から徳川家康の耳に入る。

二四・六　関ヶ原の戦いと津野宗家の滅亡

豊臣秀吉の死後、徳川家康は徳川家の天下を目指して動き、画策し、落とし穴含め手を打って行く。時代は関ヶ原の戦いへと突き進む。土佐にも東西両軍から参陣の誘いがかかる。盛親の気持ちは徳川方に傾いており、浦戸城での軍議の結果も徳川家康に味方することに決した。問題は、その意志の伝達方法であった。盛親は、徳川家への内応の旨を伝える使者、十市新右衛門と町屋三郎左衛門の二人を大坂経由で陸路関東に向け派遣した。使者は、近江の水口で西軍の実質的盟主石田三成の関所に引っ掛かりその先に進めなくなってしまった。盛親の運命はここに尽きた。

この時期徳川家康は、会津の上杉景勝征伐のため江戸に滞在し、後北上し小山会議に臨む。諜報活動を然るべく行っていれば、家康の所在は掴んでいた筈であり、ならば使者を海路で関東に送っておればその後の土佐国の歴史は違っていたのにと素朴に思う。長宗我部家は、小田原北条攻めでも大活躍した強力な水軍を抱えていたがこの件では活用されていない。もう一つの選択肢として、津野親忠その人かその重臣を宇和島の藤堂家に派遣することであったと思う。高虎はこの時期宇和島城主であり家康と共に会津征伐の行軍途上にあったが、宇和島城の留守居役に意図を伝えれば、然るべき藤堂家の情報伝達経路で高虎に伝わったはずである。だが、元親の死後も親忠の幽閉を続けていた盛親とその重臣にはこのような考えは浮かばなかった。徳川家康に内応することが本気であれば、それに応じた手段を講じる筈であるが、どうも中途半端である。多くの大名と同じで、まだまだ日和見気分が残っていたのではないかと推測する。

長宗我部盛親は、やむなく西軍につき、主戦場から八里（四千米）ほど離れた南宮山の東南麓に一六〇〇余（六五〇〇との書もあり）の兵で布陣する。家康に内応することを密約したとの噂の吉川広家が前方の山中に控え、その本心が読めない状況では、不用意に動くと吉川隊と東軍の池田・浅野・山内隊に挟み撃ちにあうため身動きがとれない状態になった。結果、戦わずして関ヶ原の戦場を離脱することになった。関ヶ原の戦場ではわずかの兵しか失わなかったが、伊勢路を経ての退却行軍で兵の大半を失い土佐に帰国する。途中、大坂天満の土佐屋敷で戦後処理の対策を打った。東軍の戦目付であった井伊直政に家康へのわび入れの仲介を頼むことであった。だが、帰国後まもなく井伊家の使いが浦戸城を訪れ、盛親自身の上坂を促された。

ここで再び久武親直が登場する。親直は、主戦論を抑えて盛親に徳川家康への恭順を勧めた。その一方で同時に、上坂に先立ち盛親の兄の津野親忠を殺すように進言する。関ケ原での敗戦後、親忠も藤堂高虎を通じて徳川家康に謝罪し本領安堵を取り付けようとしていたと言われているが、「藤堂高虎と謀って土佐の半国を支配しようとしている」と讒言したため、親忠は香美郡岩村霊巌寺にて自害を余儀なくされる。関ヶ原の戦いから二週間後の九月二九日、親忠享年二八歳の時であった。

盛親が、親直の讒訴によって「兄殺し」をした話は『土佐国編年紀事略』に記述されている。一方で『土佐物語』では親直の讒訴を盛親は聞き入れなかったが、親忠の抹殺を願う親直は「盛親の命令があった」と、大義名分を捏造《ねつぞう》して親忠を殺害したと伝える。また、徳川側の記録である『改正三河後風土記』に曰く、「…親大いに歓び直に大坂にのぼらんとせし所に、家老久武内蔵助が諫めけるは、『御舎兄津野孫次郎殿は、藤堂高虎と無二の御親友なれば、定めて高虎内府公（家康）へ請奉り、今度土佐半国を津野殿へ賜はらん様にはかられんも眼前なり。急ぎ津野殿を失い給ひて後、大坂へ趣給ひ然るべし』と申けるに、兄弟の大倫も弁へぬ盛親なれば、これ尤もと姦臣が無道の詞に迷ひ、孫次郎を無理に腹きらせ、十一月十二日大坂へのぼりしかば、『伏見の居邸にて休息すべし』と命ぜらる。」

このように長宗我部家内の競争相手たちを次々に粛清したことから、久武親直を長宗我部家滅亡の元凶あるいは稀代の奸臣とみる者もいる。長宗我部家の改易後は肥後熊本藩の加藤清正に仕えたが、その変節ぶりを激しく非難された。

盛親は、兄津野親忠を切腹させるという久武親直の進言を快くは思わなかったが、かといって親直を諫めることもなかった。親直はこれを暗黙の了解と受け取った。まして、この進言が親忠本人の耳に入れば何をされるか分からぬので、盛親の命令として親忠に腹を切ってもらうことにした。そして、津野家の家老で野心家の津野藤蔵人親房を抱き込むことにした。親直は、親房を呼びだし手はずを含ませた。二人は五〇人ほどの騎馬兵・鉄砲隊・足軽を引き連れて岩村に向かい、翌朝には霊巌寺を取り囲んだ。そして、親直は親房を伴い寺の門を叩いた。僧侶は、こんなに朝早くから何事かと思ったが、別に怪しみもせず門を開いた。二人は僧侶に津野親忠との面会を求めた。軍装姿の二人に対し抗《あらが》うこともできず、僧侶は親忠にその旨を伝えた。親忠は、二人を少し待たせ、服装を整えたのち二人を引見した。

親忠「こんなに朝早く騒々しく何の用だ。しかも戦支度をしているではないか。」
親直「盛親さまのご沙汰をお伝えに参りました。」
親忠「どういう沙汰だ。」
親直「親忠どのにはお腹を召されよとのことにござりまする。」
親忠「何と、わしに腹を切れというのか。血迷うたか。」
親忠「……して、わしの罪状は何だ。」
親直「謀反の罪にございます。」
親忠「謀反だと。わしがどのような謀反を起こそうとしたというのだ。」
親房「宇和島の藤堂佐渡守高虎どのと内通し土佐の西半分を割き取ろうとの咎（とが）にございます。」
親忠「誰がそんなことを申したのだ。言うてみい。」
親房「盛親さまが大坂に上られたあと、きっとそうするだろうという者が家中には何人かいます。」
親忠「わしの知らぬ謀（はかりごと）をよくもまあ仕込んだものだ。盛親はそんな作り話を信じたのか。沙汰は書き物になっておるのか。」
親直「これに。」

書面には自刃をしろとの短い命令が書かれていた。

親忠「筆跡が違うが盛親は本当に自分で書面をしたためたのか。花押もないではないか。」

親直「内容が内容なだけに代筆し花押は入れるなとの命でした。書面は伝えたら破棄しろと。」
親忠「そちたちの話だけでは信用できぬ。一度盛親に会わせてくれ。」
親直「盛親さまに会う気はございませぬ。主君のご沙汰に従えぬとおっしゃるようでしたら、兵を入れざるを得なくなります。」
親忠「そういうことか。詰まるところ、そちたち二人の謀ということだな。」
二人「……。」
親忠「よく考えてみるがよい。去年の三月よりわしはこの寺に幽閉され家臣との連絡も絶たれている。そのようなわしが、佐渡守どのと内応し土佐国の半分を得ようと画策できると思うか。」
二人「……。」
親忠「もっと愚かなことは、徳川殿は西軍に与した国を取り潰したいと考えているに相違ない。特に、大国長州と勇猛な家臣を擁する薩摩と土佐の力を出来る限り削ぎたいと考えていることは明らかだ。そんな時に土佐の国内でごたごたを起こしては、徳川殿の思うつぼだぞ。そんなことも理解できぬとは、何と愚かな。」
親直「往生際が悪うござりまする。覚悟を決めなされ。」
親忠「…………。」
親忠「……わしの遺髪と遺品は洲崎で待っている妻と家臣にできるだけ早く届けてくれ。」
親房「それはわたくしが責任を持って届けまする。」
　親忠には一つの確信があった。遺髪か遺品を受け取った家臣は、とりもなおさず、宇和島の藤堂家に早馬を飛ばすだろうということと、顛末を知った藤堂佐渡守高虎が家康に耳打ちするだろうということを。そして、そのとおりになった。盛親が上坂した時には既に家康の知るところとなっていた。

親直「冥土でお待ちくだされ。いずれ我々も参りまするゆえ。」
親忠「何を申しておる。按ずるな、もう二度とお前たちに会うことはない。お前たちには地獄行の船が待っておるわ。ほら、見えぬのか、すぐそこまで来ているではないか。」

慶長五年九月二九日、津野親忠は遥か西の果ての西方浄土を目指して旅立って行った。その後は、本人も本人が背負っていた津野宗家も二度とこの世に戻ってくることはなかった。

（完）

あとがき

四十歳代半ばより、サラリーマン生活のかたわら少しずつ資料を集めて読み始め、主要事項を年表に書き込み整理を行ってきた。途中で中休みが何度もあったが、その作業を二五年近く続け思考を積み重ねてきた結果として、この物語を書き上げた。書き続けていると、登場人物が生き生きと躍動する姿が頭の中を駆け巡った。不思議なもので、まるで生きている人のように思われ、親近感を感じたことである。

筆者がこの物語を描き始めた動機は大きくいって三つあった。

その一は、初代藤原経高（津野経高）から最後の当主津野親忠までを、切れ目なく結び付けてあげることであった。それなくして宗家の当主たちも泛ばれないであろう。現代に残されている数多の津野氏系図を、成立年代、没年と享年、戒名を丹念に整理し、さらに残されている記録と伝承を分析した結果、延喜一三年（九一三年）から慶長五年（一六〇〇年）までをほぼ矛盾なく一気通貫でつなぐことができた。

その二は、津野氏に関する古記録が乏しいことが誘因となり、土佐南学派の儒者、郷土史家の一部の人たちでさえ、正しくない論説を唱える人がいることに失望を感じたことにある。このような説を唱える人には、自説の根拠を示さない者、歴史的事実と合致しないことを根拠とする者、単なる空想をあたかも事実と唱える者、そのような人もいる。この辺りの誤謬を正しいであろう方向に転換しておく必要を感じたためである。そのために、津野氏に関して残る直接的資料で裏打ちできないものは、できるだけ日本国、四国並びに土佐国における歴史的事実を調べ上げ、それを根拠に修正を加えていった。もちろん、それでも類推以外にできない事項は多々残ったが、合理的と思われる背景と理由は出来るだけ付け加えた。この点については、今後、筆者の誤解を指摘される方、異論を唱えられる方がおられると思うも、そのような場合でも、是非とも同じようなアプローチで根拠を明確にして論じて頂きたいと願っている。

その三は、津野氏の通史を書き上げることであった。誤謬はあろうとも、解釈の違いはあろうとも、とにかく津野氏の歴史を何らかの形でまとめ上げ、資料として残す必要性を感じたためである。自分の子孫と周りの関係者のみならず、全国に分散している関係者にこの物語を提供したいと願ったものである。その人々が拙著をどのように受け入れ理解されるかは、それぞれの個々人次第であるが、少なくとも自分たちの歴史を考える一助となればと願っている。

『津野山鏡』を書き始める決心をした時には、どれだけのことが書き綴られるのか不安があったが、書き進めより広く深く調べるうちに、相当な量の関連資料と情報がこの世の中には現在も存在していることが判った。問題は、それらを精査し全体を体系的にまとめ上げることができていなかったことだと感じた。個々の時代、個別のテーマについてはよく調査・研究されている論文等があった。しかし、津野氏の歴史を時代の流れの中で、その時代背景のもとで、津野氏の歴史の盛衰の中での位置づけで捉えたものは少ないように思われた。まして、始祖から最後の当主まで、綿々と綴ったものはなかった。筆者は今回、その仕事を曲がりなりにもできたものと考えている。もちろん人間のなす業、理解違いもあれば誤解もあるはずである。それらが将来、誰かもしくは自分により、より事実に近い物語に近づけられることを願って、『津野山鏡』のキーボード打ちを終えることにする。

令和六年・二〇二四年四月九日　　千葉県白井市の自宅にて

【津野親忠に係わる坪付状】（書き下し）

①
　坪付
四ケ所合五段　　多郷
唐立（朝鮮出兵）ニ付而シテ金銀用意専ラニ候ノ処、金拾五文メ馳走（奔走）申シ候間、褒美ヲ為シ
右田数ヲ加ヘ扶持ニ遣し候、弥《いよいよ》奉公ヲ抽クモノ也
　天正廿年正月十六日（註、一五九二年）　　親忠　花押
　　永山平次兵衛尉とのへ（註、津野氏家臣）
（右高岡郡仁井田永山平六蔵四通）　（『高知県史古代中世史料編』三七二頁）

②
　坪付
四ケ所　北川村
　合五反拾五代三歩
右ノ田数唐立（朝鮮出兵）ニ付而シテ金銀専ラニ候ノ処、金五匁《もんめ》（一〇分の一両）調法申シ候
ノ条、給地ヲ為スト云ヒ付候、今ヨリ奉公専一也
　天正廿年二月吉日（註、一五九二年）　　親忠　花押
　　明神兼丞かたへ（註、津野氏家臣）
（右高岡郡津野山北川山伏本頼院蔵）　（『高知県史古代中世史料編』三七三頁）

③
　坪付
初田本出三反十七代ノ内　一所弐反　下　梼原村上中洞名

合五反拾五代三歩
唐立（朝鮮出兵）ニ付而シテ料足弐貫文氣遣仕リ候間、右田地給分ニ云ヒ付候、今ヨリ奉公専一也
天正廿年二月吉日（註、一五九二年）　親忠　花押
中洞西村与次衛門尉（註、津野氏家臣）
（右津野山梼原村西村与次兵衛蔵）（『高知県史古代中世史料編』三七三頁）

④

坪付
五ケ所　舟戸村下力石名上力石名
以上五反卌八代弐歩
右ノ田数唐立（朝鮮出兵）ニ付候て金八匁（もんめ）（一〇分の一両）五分氣遣イ申シ候ノ間、給地為スト云ヒ付候、今ヨリ奉公肝要也
天正廿年二月吉日（註、一五九二年）　親忠　花押
戸田蔵介（註、津野氏家臣）
（右仁井田郷六段地弥次右衛門蔵）（『高知県史古代中世史料編』三七三頁）

⑤

坪付
三ヶ所　梼原下西ノ川名
合四反卌三代弐歩
唐立（朝鮮出兵）ニ付而シテ刀三腰并ビニ料足壹（ひとつ）貫文氣遣申スノ条、右田数給分ニ云ヒ付候、今ヨリ奉公仕ル可キモノ也
天正廿年二月吉日（註、一五九二年）　親忠

西ノ川西村宗介（註、津野氏家臣）

（右津野山梼原西村宗六蔵凡五通）

（『高知県史古代中世史料編』三七四頁）

⑥

坪付

名本ヤシキノ前ニ反内半山中

一所壹（ひとつ）　黒川

唐立（朝鮮出兵）ニ付而シテ金壹文壹分八リン相調（あいととの）へ候間、右ノ所云ヒ付候、今ヨリ奉公別而（べっして）仕ル可キモノ也

天正廿年三月吉日（註、一五九二年）　親忠　花押

高橋主水（註、津野氏家臣）

（右半山郷杉ノ川熊之介蔵凡四通）

（『高知県史古代中世史料編』三七六頁）

⑦［別而］奉公向［後］然ル可ク殊更当陣中ニ於ケル諸事心かけ無類ニ候、別而（べっして）扶持加ヘセシメ度ク候といへとも先只今迠持チ来リ候、田数ニ相［加フハ］拾町ノ分申シ付候、若シ差相ノ儀候ヘドモ兎モ角［向後］帰朝ノ砌右ノ筈（手はず）堅固ニ申シ付ケル可ク候、尚以ッテ［以後］ノ儀退屈（怠慢）無ク奉公ヲ加フ［可ク］候、委細ハ［後日又は帰朝ノ砌］水上左馬直ニ申ス可シモノ也

（註）［　］箇所は史料編では欠落部分につき筆者が推定し加筆した。

（文）禄二年拾一月廿四日（註、一五九三年）　親忠　花押

鷹野六郎兵へとのへ（註、土佐郡大津郷に高野あり）

（右長岡郡大津高野清之丞蔵凡四通）

（『高知県史古代中世史料編』三八四頁）

⑧ 十七ケ所合三町貳段卅代五歩　多ノ郷
右ノ田地余（よ・われ）ヨリ公役（くやく）抽キ相心懸ケ為スニ依リテ扶持加ヘ申シ付候、高麗ニ於ケル約束ノ田数不足分ハ、所明クル次第追而（おって）申シ付ク可ク候、弥（いよいよ）退屈無ク奉公致ス可キ也、仍テ件ノ如シ、
文禄三年甲午九月廿四日（註、一五九四年）　親忠
鷹野六郎兵へとのへ（註、土佐郡大津郷に高野あり）
（右大津高野清之丞蔵凡四通）　（『高知県史古代中世史料編』三九四頁）

⑨（丸印）　坪付　田上六右衛門尉新給
十七ケ所合壱町壱反廿八代五歩半　大野見中津川下向井名　船戸村名本名
右ノ扶持加ウハ此ノ度高麗へ召シ連レ候處、別而（べっして）奉公仕リ候条、褒美為スヲ云イ付ノ上ハ、向後余ヨリ国役并ビニ宇（天下の）役ヲ抽キ、諸事緩無ク相勤ム可キモノ也
文禄三年甲午十一月六日（註、一五九四年）　親忠　花押
田上六衛門かたへ（註、田上氏は本山氏・長宗我部氏家臣から親忠家臣へ）
（右大野見宅兵衛蔵凡六通）　（『土佐国蠹簡集』巻之五）

⑩（親忠印）　坪付　高野六郎兵給
十六ケ所合三町壹反卅弐代貳分　広井分　山川五郎左衛門分　小原次郎右衛門尉分　下地蔵丞分　近澤掃部分　番院与五郎分　国沢孫助分　吉松介兵衛分　西内二郎兵衛分　加藤与七分　川村左馬之助分　中嶋九介分　国沢七郎兵衛分　池田作右衛門分
慶長三年十二月十八日（註、一五九八年）　親忠（花押）

高野六郎右（兵か）衛門殿（註、土佐郡大津郷に高野あり）

（右大津高野清丞蔵凡四通）（『高知県史古代中世史料編』四五〇頁）

⑪ 坪付　高野六郎兵衛給（註、土佐郡大津郷に高野あり）

合弐町弐代壹歩勺　立田　岩村　野田　佐野　山田

慶長四年三月六日（註、一五九九年）

久万次郎兵（註、長宗我部氏家臣）

矢野甚兵（註、長宗我部氏家臣か）

山内三郎右（註、長宗我部氏家臣）

（右大津高野清丞蔵凡四通）（『高知県史古代中世史料編』四五一頁）

⑫ 坪付　長谷川喜介給（註、土佐郡に給地あり）

ホウタノ同ジ　三拾八代　桒（桑）名藤太郎分（註、長宗我部氏家臣）

タツカケノウチ　壹反五代　五百蔵六之進分（註、長宗我部家臣）

サタトミ　四拾八代貳歩　（近）澤嘉兵衛分（註、長宗我部氏家臣）

三拾五代　借家四郎兵衛分

三拾五代屋敷　与八郎殿分

壹反三十代　同じ

合九反三十壹代弐歩

慶長四年三月十四日　親忠（花押）

（右香美郡上田村渠官安兵衛蔵凡五通）

（『高知県史古代中世史料編』四五二頁）

⑬

坪付　　高橋久右衛門給（註、津野氏家臣）

合壹町四歩才　安喜西内弥左名分　川北村散田分　同豊永四郎兵へ分

サ、クンモ、シロ壹石ヤシキ　今西ミツクリ東岡ヤカイ　スエマサニウシマ　北嶋サテ久　カミツハキ

慶長四年後三月廿二日（註、一五九九年）

山内三郎右　花押（註、長宗我部氏家臣）
濱田二右衛門　同（註、長宗我部氏家臣）
下村与次郎　同
借家七郎衛門　同
池小兵衛　同（註、長宗我部氏家臣）

（『高知県史古代中世史料編』四五三頁）

（右高知高橋与六蔵凡七通）

⑭

坪付　　高橋久右衛門給（註、津野氏家臣）

十ケ所合壹町弐歩勺　安喜西内庄衛門分　同散田分

井ノ口ヨコタ　クロイワサワ　ツルカ内ニウシマ　タイノ前

慶長四年後三月廿二日（註、一五九九年）

山内三郎右　花押（註、長宗我部氏家臣）
濱田二右衛門　同（註、長宗我部氏家臣）
下村与次郎　同
借家七郎衛門　同

池小兵衛　同（註、長宗我部氏家臣）

（右高知高橋与六蔵凡七通）

（『高知県史古代中世史料編』四五四頁）

⑮
坪付　高橋久右衛門給（註、津野氏家臣）
九ケ所合壹町壹代五歩才　安喜岩神左右衛門　同専頭分　同城領
ワサタ下黒鳥　ヤナイシマクスノ木ノ本　松ノ下イセ六　北山タ小ヤシキ　サイタノ本
慶長四年後三月廿二日（註、一五九九年）
山内三郎右　花押（註、長宗我部氏家臣）
濱田二右衛門　同（註、長宗我部氏家臣）
下村与次郎　同
借家七郎衛門　同
池小兵衛　同（註、長宗我部氏家臣）

（右高知高橋与六蔵凡七通）

（『高知県史古代中世史料編』四五四頁）

⑯
坪付　津野弥三給（註、津野弥蔵なら津野氏家臣）
九ケ所合壹町壹代三歩勺才　安喜城領孫七名
慶長四年後三月廿三日（註、一五九九年）
山内三郎右　花押（註、長宗我部氏家臣）
濱田二右衛門　同（註、長宗我部氏家臣）
下村与次郎　同
借家七郎衛門　同

池小兵衛　同（註、長宗我部氏家臣）

（右津野山芳生野津野三右衛門蔵凡三通）

（『高知県史古代中世史料編』四五四頁）

⑰

坪付　□□□□□（津野弥三給か）（註、津野弥蔵なら津野氏家臣）

九ケ所合壹町三歩勺

慶長四年後三月廿二日（註、一五九九年）

山内三郎右　花押（註、長宗我部氏家臣）

山内三郎右　花押（註、長宗我部氏家臣）

濱田二右衛門　同（註、長宗我部氏家臣）

下村与次郎　同

借家七郎衛門　同

池小兵衛　同（註、長宗我部氏家臣）

（右津野山芳生野津野三右衛門蔵凡三通）

（『高知県史古代中世史料編』四五三頁）

⑱

坪付　弘瀬蔵之進給（註、津野氏家臣）

八ケ所合壹町弐代壹分才　安喜城領弥衛門名

慶長四年後三月廿三日（註、一五九九年）

山内三郎右　花押（註、長宗我部氏家臣）

濱田二右衛門　同（註、長宗我部氏家臣）

下村与次郎　同

借家七郎衛門　同

池小兵衛　同（註、長宗我部氏家臣）

（右四万川弘瀬五介蔵）　（『高知県史古代中世史料編』四五四頁）

⑲

坪付　弘瀬蔵進給（註、津野氏家臣）

十ケ所合壹町壹代三分　安喜城領久左衛門名

伊尾木散田分

慶長四年後三月廿三日（註、一五九九年）

山内三郎右　花押（註、長宗我部氏家臣）

濱田二右衛門　同（註、長宗我部氏家臣）

下村与次郎　同

借家七郎衛門　同

池小兵衛　同（註、長宗我部氏家臣）

（右四万川弘瀬五介蔵）　（『高知県史古代中世史料編』四五四頁）

⑳

坪付　西村平吉給（註、津野氏家臣）

八ケ所合壹町壹歩　安喜城領三郎兵衛名

ヤカイクサイタ　一宮ヱヒイ　ソウケンカウチクルミ　ノマチ玉俊

慶長四年後三月廿三日（註、一五九九年）

山内三郎右　花押（註、長宗我部氏家臣）

借家七郎衛門　同

下村与次郎　同

濱田二衛門　同（註、長宗我部氏家臣）
池小兵衛　同（註、長宗我部氏家臣）
（『高知県史古代中世史料編』四五五頁）
（右津野山梼原村西村伝左衛門蔵）

㉑
坪付　弘瀬蔵進給（註、津野氏家臣）
八ケ所合壹町三歩勺　安喜井上与次太夫上地
同間齋分
慶長四年後三月廿六日（註、一五九九年）
山内三郎右　花押（註、長宗我部氏家臣）
濱田二右衛門　同（註、長宗我部氏家臣）
下村与次郎　同
借家七郎衛門　同
池小兵衛　同（註、長宗我部氏家臣）
（『高知県史古代中世史料編』四五五頁）
（右四万川弘瀬五介蔵）

㉒
坪付　西村平吉給（註、津野氏家臣）
六ケ所合壹町四歩勺才　和食四名　同散田分
アリノ木ノ本重友カウニハヱ　ヲチヤイハチノシリ　ミネツク政所ヤシキ
慶長四年後三月廿六日（註、一五九九年）
山内三郎右　花押（註、長宗我部氏家臣）
借家七郎衛門　同

下村与次郎　同
濱田二衛門　同（註、長宗我部氏家臣）
池小兵衛　同（註、長宗我部氏家臣）
（右津野山梼原村西村伝左衛門蔵）
（『高知県史古代中世史料編』四五五頁）
㉓　親忠（袖判花押）
坪付
芝崎同ジ西　一所壱段廿代　出四代弐歩中　下分公文名
堂ノ本　一ヽ十代　出十一代四歩下　下分同ジ名
同ジノ北　一ヽ廿代　下ヤシキ　上分利包名
カシノ木ノ本同ジ西　一ヽ弐反廿三代　下　上分同ジ名
カウシノ木ノ本同ジ西　一ヽ十弐代　下ヤシキ　下分公文名
以上五段一代
右ノ分扶持ヲ加ヘ為スヲ云ヒ付候、弥（いよいよ）奉公ヲ抽クモノ也
天正十七年三月六日（註、一五八九年）
高橋鹿之介とのへ（註、津野氏家臣）
（右高岡郡半山郷杉川熊之助蔵凡四通）（『高知県史古代中世史料編』三六四頁）

㉔　坪付　高橋鍵右衛門尉給（註、津野氏家臣）
合壹（ひとつ）反八代五歩　神田郷依包名　同郷武久名
右ノ所扶持加ヘヲ為シ云ヒ付ルモノ也

天正十八年九月五日（註、一五九〇年）親忠　花押

（右文書誰人ノ所蔵カ知ラズ）　（『高知県史古代中世史料編』三六九頁）

㉕

坪付

合七反拾七代　多郷　吉井忠兵へ　吾井郷　神田

右ノ田地此ノ中別ニ而シテ奉公仕リ候ノ条、扶持ヲ加ヘ為スヲ云ヒ付候、今ヨリ尚以ッテ緩無ク奉公申ス可キノ段肝要ト為ス可キモノ也

天正廿年三月吉日（註、一五九二年）親忠

高橋鍵右衛門（註、津野氏家臣）

（右文書不知誰人所蔵）　（『高知県史古代中世史料編』三七五頁）

㉖

（親忠袖判）

坪付

名本ヤシキノ前　一所廿代　出廿六代中　舟戸村中土居

親以来別而（べっして）忠節仕リ候由候ノ間、新ニ扶持ヲ為スト云ヒ付候、弥（いよいよ）奉公心懸ク可キモノ也、仍テ件ノ如シ

天正廿年三月吉日（註、一五九二年）

戸田蔵兵へ江（註、津野氏家臣）

（右津野山桑市彦兵衛蔵凡四通）　（『高知県史古代中世史料編』三七五頁）

㉗

坪付

五ケ所合弐町三代　下分郷

此ノ中少分限ニて別而（べっして）奉公仕ル候間扶持加ヘルヲ為ス、右田数云ヒ付候、弥（いよいよ）諸事
心懸ケニ於イテハ猶恩賞有ル可キモノ也

天正廿年三月吉日（註、一五九二年）　親忠

下元与次兵衛江（註、津野氏家臣）

（右高岡郡下分村下元介左衛門蔵凡三通）　（『高知県史古代中世史料編』三七六頁）

㉘

（坪付）

舟戸村上刀石半名御百姓地

権頭（花押）

廿七ケ所合壹町弐反廿七代弐分半

永山久兵（花押）（註、長山久兵衛、中老の一人）
市川蔵之（花押）（註、市川蔵之丞、馬廻りの一人か）
堅　蔵（花押）（註、堅田内蔵進、馬廻りの一人か）

天正廿年卯月廿日（註、一五九二年四月）

戸田新左衛門殿（註、津野氏家臣）

（右戸田九郎兵衛蔵凡十一通）　（『高知県史古代中世史料編』三七六頁）

【補足説明】津野親忠は、天正二〇年三月末（一五九二年）に、「唐入り」の前線基地である名護屋城に向け浦戸を出港しており、留守役を任された権頭（役職名であり家老・中老か）と奉行の三名の連盟となっている。

㉙

親忠袖判　坪付　中間作衛門新給

三ヶ所合弐反五代三歩　大野見中津川彦二郎上地下向井名

右給地云イ付候ノ条、向後別而（べっして）奉公ニ於イテ仕リ候ハ明カナル所次第扶持加ウ可キモノ也

文禄三年甲午十一月六日（註、一五九四年）

（右香美郡上田村渠監安兵衛蔵凡五通）　（『土佐国蠹簡集』巻之五）

㉚

（丸印）　坪付　市川一衛門尉給

合六反廿七代弐歩　半山北川大野見下分郷上分郷

右ノ買地此ノ中別而（べっして）奉公相心懸ケ候条、扶持加ヘ為スヲ云イ付候、国役并ビニ宇（天下の）役等緩無ク相勤ム可ク候、猶以ッテ向後退屈無ク奉公仕ル可キモノ也

文禄三年甲午十一月六日（註、一五九四年）　親忠　花押

市川一衛門尉かたへ（註、津野氏家臣）

（右吾桑郷岡崎孫六蔵凡六通）　（『土佐国蠹簡集』巻之五）

㉛

坪付　下元与次兵衛給（註、津野氏家臣）

合五段七代四歩　下分郷則重名末光名四ケ所

右ノ給地扶持加ヘ為スヲ云イ付候、往々ノ儀此ノ中相替ヘズ、弥（いよいよ）奉公致ス可キモノ也、件ノ如シ

文禄五年丙申二月廿二日　親忠　花押

（右下分村下元助左衛門蔵凡三通）　（『高知県史古代中世史料編』四〇八頁）

㉜

坪付　市川甚兵衛給

一所壱段拾代桑田山中間忠九良分下々　吉宗在家

一、壱段下やしキ同し分同し　同し在家

合弐段拾代

買地分遂ニ訴ヘ候ヘ共、本主有リノ内申シ上ゲズ候間、一向ニ相押ス可シ候ト雖モ、向後別而（べっして）御奉公仕ル可キ旨申シ候間、新扶持右ノ所云イ付候、諸公役ノ義聊（いささか）モ沙汰無ク仕ル間敷候モノ也、仍テ件ノ如シ

慶長弐年卯（四）月一日（註、一五九七年）　親忠　花押

市川甚兵衛（註、津野氏家臣）

（右吾井郷岡崎孫六蔵凡六通）　（『土佐国蠹簡集』巻之六）

㉝

坪付

五ケ所　合五段拾五代四歩　高橋神介上地吾井郷　与藤兵へ上地桒田山（現桑田山）

右ノ田地此ノ中別而（べっして）奉公心懸ケ候間云ヒ付候、今ヨリ猶公役ヲ以ッテ以下緩無ク仕ル可キモノ也

天正廿年三月吉日（註、一五九二年）　親忠

市川一衛門（註、津野氏家臣）

（右高岡郡吾井郷岡崎孫六蔵凡六通）　（『高知県史古代中世史料編』三七四頁）

（註）上地（あげち）とは、領主が配下の者から没収した土地。あがりち。上知とも。

㉞

坪付

百卅三ヶ所　合田数九町壱反拾代五歩　　芳生野村

右ノ田数誠ニ数代ト雖モ百姓為ス所此ノ中別而（べっして）忠功ヲ抽クノ間、改メテ給地云ヒ付候、相應ノ明カナル所之有ル時ハ、引換ヘ恩賞有ル可シ、弥（いよいよ）奉公相心懸ク可キモノ也

天正廿年三月吉日（註、一五九二年）　　親忠　花押

永山左兵衛へ（註、津野氏家臣）

（右津野山芳生野永山喜兵衛蔵凡二通）　『高知県史古代中世史料編』三七五頁

㉟

（親忠印）　坪付

タカアセ同所一所四十五代上分郷下　津野彦次郎上地行□（扒か）名

右ノ所少分為スト雖モ先ニ扶持加ヘ為スヲ云イ付候、弥（いよいよ）緩ミ無ク奉公役相勤メル可キモノ也、仍テ件ノ件

文禄三年六月一六日（註、一五九四年）　　親忠

岡崎忠兵へ尉かたへ（註、津野氏家臣）

（右吾井郷岡崎孫六蔵凡六通）　『高知県史古代中世史料編』三九一頁

㊱

（親忠印）　坪付　岡崎忠兵衛給

八ケ所合田数壹町十二代三分　　神田郷

右ノ在所隠居領ト為スト云イ付候、弥（いよいよ）奉公油断無ク仕ル間敷（まじく）候、名役神役等有リ来ル如ク相勤ム可キモノ也

文禄四乙未年十二月朔日（註、一五九五年）　親忠　花押

岡崎忠兵衛尉（註、津野氏家臣）

（右吾井郷岡崎孫六蔵凡六通）　（『高知県史古代中世史料編』四〇五頁）

（註）隠居領は死後返却するのが普通である。

㊲

（親忠印）坪付　西村宗助給

十六ケ所合六段卅代五歩　梼原

松浦市助跡訴仕リ云イ付候、今ヨリ以後諸公役等油断無ク相勤ム可キモノ也、仍テ件ノ如シ

文禄五丙申年二月五日（註、一五九六年）　親忠　花押

西村宗助かたへ（註、津野氏家臣）

（右梼原村西村宗六蔵凡五通）　（『高知県史古代中世史料編』四〇五頁）

㊳

（親忠印）坪付

アンザウ　一所壹段廿八代　後藤四郎兵衛上地　大野見ニ有リ

永山久兵衛買地ノ内

亀ノホキ　一、壹段拾八代　出拾八代弐歩　大野見成ニ有リ

石川甲斐助上地

井ノ口　一、卅代五分　彦二郎殿上地　大野見中津川向分

弥三左衛門作

合三段四拾五代壹歩

右ノ給地云イ付候間向後別而（べっして）奉公仕ルニ於イテハ明所次第ニ扶持加ウ可クモノ也、仍テ件ノ如シ

文禄五丙申年二月五日（註、一五九六年）親忠　花押

田上六右衛門尉かたへ（註、田上氏は本山氏・長宗我部氏家臣から親忠家臣へ）

（右大野見田ノ上宅兵衛蔵凡六通）　（『高知県史古代中世史料編』四〇五頁）

㊴

坪付　永山平次兵衛給

三十六ケ所合四町壹歩　下分郷　神田郷　半山　スサキ

右前ニ給スモ悪所ニ付候、而シテ御訴訟申シ候間、自余（その他）ニハ合点無ク候エドモ奉公ヲ相心懸ケ候間云イ付候、国役之儀ハ云ウニ及バズ名役神役有リ来ル如ク緩ミ無ク相勤ム可キモノ也、仍テ件ノ如シ

文禄五丙申年二月五日（註、一五九六年）親忠　花押

永山平次兵衛かたへ（註、津野氏家臣）

（右仁井田永山平六蔵凡四通）　（『高知県史古代中世史料編』四〇六頁）

㊵

坪付　津野弥蔵給（註、津野氏家臣）

十四ケ所合壹町拾七代四歩　梼原古味地　北川ワテ地名

手前無力種々ニ就キ遂ニ訴訟サレ候ト雖モ然ルニ此ノ時分ハ分別難ク候エドモ、親民部助与州（予州）表ニ於イテ忠死ノ由候間、其ノ旨ニ思イ宛候テ買地借物以下相押サエ前ニ給ノ内壹町余云イ付候間、其ノ意往々ニ儀ヲ得ラレ、別而（べっして）奉公相心懸ケラル可キモノ也、仍テ件ノ如シ

文禄五丙申年二月十日（註、一五九六年）親忠　花押

梼原　弥蔵とのへ

（右高岡郡津野山芳生野津野三右衛門蔵凡三通）　（『高知県史古代中世史料編』四〇七頁）

㊶
坪付　　高橋主水助給
カチワキ壱町壹代弐歩ノ内下分郷公文名森岡出雲守上地
一所壹段中
右ノ給地訴仕リ扶持加ヘ為スヲ云イ付候、弥（いよいよ）御奉公緩メ仕リ間敷キモノ也、仍テ件ノ如シ
文禄五年丙申二月十一日　親忠　花押
高橋主水助かたへ（註、津野氏家臣）
（右半山郷杉川熊之助蔵凡四通）
（『高知県史古代中世史料編』四〇七頁）

㊷
（丸印）坪付　　武正次郎右衛門給
合壱町四歩　大谷名山内侍郎兵衛上地上分郷門屋又兵衛上地下分郷俣川神兵へ上地上分郷下元上地
此ノ中浜表機遣イノ儀比類無キノ条、右ノ処給地ト為スト云イ付候、国役并ビニ諸公事等緩無ク相勤ム可ク候、猶以ッテ向後退屈無ク奉公ニ於イテ仕ルハ弥（いよいよ）褒美セシム可キモノ也
文禄五年乙未二月十二日（一五九六年）　親忠　花押
武正二郎右衛門かたへ
（右高岡郡須崎武正理右衛門蔵）
（『土佐国蠧簡集』巻之五）

㊸
坪付　　高橋鍵右衛門尉給
谷同し本一所壱段拾代下やしき　姫野々岡崎市右衛門上地山中主水跡
訴仕リ右ノ屋敷言イ付候、弥（いよいよ）諸奉公役緩ミ仕ル間敷キモノ也、仍テ件ノ如シ
慶長弐年四月一日（註、一五九七年）　親忠　花押
高橋鍵右衛門かたへ（註、津野氏家臣）

（右所蔵者不明）　（『土佐国蠹簡集』巻之六）

㊹　坪付　高橋主水助給

クラメチ　一所三拾六代四歩　神田郷高嶋堪兵衛上地国永名

カマノツホ同し東一、五代出九代下　多ノ郷番匠彦進上地清永名

合壱段四歩已上

此ノ中知行仕リ候、鍛冶大工壱反ノ所又出雲ニ申シ付候間、立替ヲ為シ右ノ給分言イ付候モノ也、仍テ件ノ如シ

慶長弐年四月朔日（註、一五九七年）　親忠　花押

高橋主水かたへ（註、津野氏家臣）

（『土佐国蠹簡集』巻之六）

（右半山郷杉川熊之介蔵凡四通）

㊺　坪付　中平蔵太夫給

六ケ所合五反廿五代三歩　神田郷末石名　同じ給衣包名　同じ同じ給貞光名

右ノ新塩田開発仕リ候間、訴仕リ扶持加ウヲ為シ宛行（あてがう）也、今ヨリ以後国役并ビニ宇（天下の）諸公役等ノ義聊（いささか）モ油断無キヲ以ッテ相勤メル可キモノ也、

慶長弐年六月四日（註、一五九七年）　親忠　花押

中平蔵大夫かたへ（註、津野氏家臣）

（右津野山梼原村中平左近進蔵凡九通）　（『土佐国蠹簡集』巻之六）

【説明】開発した塩田の知行宛。洲崎の浜で塩田が開発されていたこと解る。

㊻　坪付　　永山平次兵衛給（註、津野氏家臣）
十ケ所合田数弐町六代五歩　大野見村
右ハ御公領地一毛ノ作付仕ラル可ク候、重ネテ御名組ノ時ハ上より御意次第仕ル可キ也
慶四　二月七日（註、一五九九年）　道弃《どうき》（花押）
市　蔵（註、市川蔵丞）
永　久兵（註、永山久兵衛）（註、津野氏家臣）
（右仁井田柿木山村永山平六蔵凡四通）
（『高知県史古代中世史料編』四五一頁）

『津野山鏡・下巻』の【参考文献・資料】は上巻と同じため省略。上巻を参照。

津野氏の歴史年表

元号	日付	西暦	出来事・関連事項（日付は旧暦、年齢は数え年）
			平安時代（７９４年～１１９２年）
承和３年		836	藤原基経、生誕。生父藤原長良３５歳三男、生母藤原乙春、養父藤原良房。
貞観９年	5月5日	867	宇多天皇、生誕。生父光孝天皇第七皇子源定省、生母班子女王。
１０年	この頃	868	藤原胤子、生誕。生父藤原高藤、生母宮道列子。
１３年		871	藤原時平、生誕。生父藤原基経３６歳長男、生母廉子女王（人康親王娘）。
１４年		872	藤原温子、生誕。生父藤原基経３７歳、生母操子女王（式部卿忠良親王娘）、第60代醍醐天皇養母、別名東七条后（中宮）、七条后（中宮）。
１６年		874	伊勢、生誕。生父藤原継蔭（伊瀬守・大和守等）、生母不詳。伊勢の御、伊勢の御息所と呼ばれる。生没年は、８７２年～９３８年説もある。
１７年		875	藤原仲平、生誕。生父藤原基経４０歳二男、生母廉子女王（人康親王娘）。
元慶４年	11月8日 12月4日	880	藤原基経、４５歳、関白に叙任。 藤原基経、太上大臣に宣下（正二位）。 藤原忠平、生誕。生父藤原基経４５歳四男、生母廉子女王（人康親王娘）。
８年	この頃	884	藤原胤子、１７歳（推定）、光孝天皇の第七皇子源定省と結婚。
仁和元年	1月18日 2月21日 8月15日	885	醍醐天皇、生誕。生父源定省１９歳長男、生母藤原胤子１８歳（推定）。 改元。 藤原継蔭、伊勢守に叙任（従五位下）。 藤原穏子、生誕。生父藤原基経５０歳、生母廉子女王（人康親王娘）。
２年	1月2日 1月7日	886	藤原時平、１６歳、元服、光孝天皇が内裏仁寿殿で加冠、正五位下に叙位。 藤原継蔭、従五位上に叙位。
３年	2月13日 8月26日 8月26日 11月21日 11月26日 12月	887	藤原仲平、１３歳、正五位下に叙位。 宇多天皇、２１歳、即位（源定省が皇族に復帰）。 藤原時平、１７歳、蔵人頭に叙任、従四位下に叙位。 藤原基経、５２歳、日関白宣下。 藤原基経、関白を辞し阿衡の紛議を起こし権勢を世に示す（従一位）。 敦慶親王、生誕。生父宇多天皇２１歳第四皇子、生母藤原胤子。
４年	6月2日	888	藤原基経、５３歳、阿衡を止め関白に復す（従一位）。 藤原温子、１７歳、宇多天皇に更衣で入内、女御宣下、正四位下に叙位。
寛平２年	１月16日 2月13日	890	藤原時平、１９歳、讃岐権守を兼任（従四位下）。 藤原仲平、１６歳、元服、宇多天皇が殿上にて加冠、正五位下。 均子内親王、生誕。生父宇多天皇２４歳、生母藤原温子１９歳。
３年	1月13日 1月	891	藤原基経、逝去（享年５６歳）、贈正一位。 藤原継蔭、大和守に叙任。 伊勢、中宮温子が基経の喪で里邸に下がり付き添う。弟藤原仲平と恋仲になるが、破局し父の任地大和国に下る。（伊勢１８歳、仲平１７歳）
４年		892	藤原経高（津野経高）、生誕。生父藤原仲平１８歳、生母伊勢１９歳、庶子。生誕地は伊勢の父親藤原継蔭の任地大和国国府。
	この頃		藤原仲平、１８歳、藤原善子を正室とする。善子の父親は藤原良世。
５年	1月11日	893	藤原仲平、１９歳、讃岐権守に叙任、蔵人に叙任（正五位下）。
６年	1月7日	894	藤原仲平、２０歳、従四位下に叙位。
７年	8月21日 この頃	895	藤原忠平、１６歳、元服、正五位下に叙位。 伊勢、２２歳、中宮温子の要請で京の都に戻り温子のもとに出仕する。
８年	6月30日 この頃	896	藤原胤子、逝去（推定享年２９歳）。温子が醍醐天皇の養母となる。 伊勢、２３歳、宇多天皇の寵愛を受ける。
９年	6月18日 6月19日 7月3日 7月3日	897	藤原仲平、２３歳、讃岐守を辞任（従四位下）。 藤原時平、２７歳、藤原氏の氏長者に就任。 宇多天皇、３１歳、退位。 醍醐天皇、１３歳、即位。

元号	日付	西暦	出来事・関連事項（日付は旧暦、年齢は数え年）
	7月3日		藤原胤子、皇太后を追贈。
	7月3日		藤原温子、２４歳、皇太夫人に叙任。
	7月7日		藤原時平、蔵人所別当を兼任。
	この頃		伊勢、２４歳、宇多天皇の皇子行明親王を生み桂の宮で養育するも早世する。宇多天皇退位後、伊勢も野に下り五条の里第（私邸）に転居する。
昌泰元年	4月26日	898	改元。
２年	2月14日	899	藤原時平、２９歳、左大臣に叙任（正三位）。
	2月14日		菅原道真、５５歳、右大臣に叙任（正三位）。
	3月7日		藤原仲平、２５歳、中宮大夫を兼任し皇太夫人温子にも仕える。
	10月24日		宇多上皇、３３歳、出家、東寺で受戒、仁和寺に入り法皇となる。
３年	1月11日	900	藤原仲平、２６歳、讃岐権守に叙任（従四位下）。
延喜元年	1月7日	901	藤原仲平、２７歳、従四位上に叙位。
	1月7日		菅原道真、５７歳、従二位に叙位。
	1月25日		菅原道真、藤原時平の「讒言」により太宰員外師に左遷。
	3月		藤原穏子、１７歳、醍醐天皇に入内、女御となる。
	3月19日		藤原仲平、蔵人頭に叙任。
	7月15日		改元。
２年	3月13日	902	醍醐天皇、「延喜の荘園整理令」を発布。
３年		903	南山房遍勃、経高の異母弟、生誕。成長すると出家し天台宗の僧侶となる。
	1月7日		藤原忠平、２４歳、従四位上に叙位。
	2月25日		菅原道真、逝去（享年５９歳、従二位）。
４年	この頃	904	藤原経高、１３歳、藤原氏の勧学院で学業を始める。（推定）
	この頃		藤原暁子、経高の異母妹、生誕。醍醐天皇第七皇子有明親王の妃となる。
５年		905	藤原仲平、３１歳、讃岐守を辞任（従四位上）。
６年	この頃	906	藤原明子、経高の異母妹、生誕。藤原敦忠（時平三男）の三人目の妻となる。藤原敦忠の官位は従三位権中納言、三六歌仙の一人。
	この頃		敦慶親王、１９歳、均子内親王１７歳を妃とする。
７年		907	藤原経高、１６歳、、元服（推定）。通称蔵人。
	1月7日		藤原仲平、３３歳、正四位下に叙位。
	6月8日		藤原温子、逝去（享年３６歳）。
			伊勢、３４歳、長く仕えた温子のため哀悼の長歌を作詩する。
８年	この頃	908	藤原経高、１７歳、蔵人所の役職を叙任され、高殿宮を妻とする。（推定）
９年	4月4日	909	藤原時平、逝去（享年３９歳、正二位）、翌４月５日贈正一位太政大臣。
	4月9日		藤原忠平、３０歳、従三位に叙位、藤原氏の氏長者に就任。
	5月11日		藤原忠平、蔵人所別当に叙任。
１０年	1月28日	910	藤原仲平、３６歳、備前権守を兼任（正四位下）。
	2月25日		均子内親王、逝去（享年２１歳）。
			藤原経高、１９歳、讒訴で罪を受け逃走し播州国高砂浦で捕えられ伊予国に配流、護送途中で讃岐国鵜足津の津野山と津野郷を通過する（推定）。
			藤原経高、伊予国で河野四郎直実に預けられ、浮穴郡川上庄山之内谷（現東温市山之内）に憂き３年の歳月を送る。
１１年	この頃	911	伊勢、３８歳、敦慶親王と結婚する。
１２年		912	中務、経高の異父妹、生誕。生父敦慶親王２５歳、生母伊勢３９歳。女流歌人、三十六歌仙、女房三十六歌仙。
	1月15日		藤原恒佐、３４歳、兼伊予権守に叙任。藤原恒佐は、藤原良世の七男で、藤原仲平の妻善子の弟。
１３年	1月7日	913	藤原忠平、３４歳、正三位に叙位。
			藤原経高、２２歳、京三条で詫び住まいの妻高殿宮を伊予に呼寄せる。

元号	日付	西暦	出来事・関連事項（日付は旧暦、年齢は数え年）
	3月3日		初代藤原経高（津野経高）、土佐国に入国する。床鍋に居を定める。
	4月15日		藤原恒佐、３５歳、兼讃岐権守に転任。
１４年		914	藤原経高、２３歳、床鍋から梼原に転居。家臣を各地に配置し洲崎から梼原までの土地の開発を進める。（推定） 藤原経高、竹の薮に三嶋神社を祀る。（推定）
	8月25日		藤原忠平、３５歳、右大臣に叙任。
１５年	1月13日	915	藤原保忠、２６歳、時平の長男、兼伊予守に叙任（従四位上）。
１６年	2月27日	916	藤原忠平、３７歳、従二位に叙位。 藤原経高、２５歳、高殿宮と長男実忠を梼原に呼び寄せる。（推定）
１７年	1月7日	917	藤原仲平、４３歳、従三位に叙位。
	1月29日		藤原保忠、２８歳、兼讃岐権守に叙任（従四位上）。
１９年		919	藤原経高、２８歳、朝廷の勅により上洛、一千町の土地を賜る。（一千町は土地の開発権か多くの土地の意味と推定） 藤原経高、母伊勢４６歳と再会し直筆の「伊勢物語」を贈られる。（推定） 藤原仲平、４５歳、醍醐天皇の勅命で大宰府に下り天満宮社殿を造営する。 藤原経高、大宰府に下る父仲平の船に同船し、途中再び津野山と津野郷の地に立ち寄る。その後伊予国府の外港今張湊まで同行し別れる。（推定） 藤原経高、大山祇神社（三嶋神社）を梼原に勧請する。（推定） 藤原経高、帰国後姓を津野に改める。
延長元年	3月21日	923	醍醐天皇、３９歳、第二皇子で皇太子の保明親王（生母藤原基経の娘藤原穏子）が崩御（享年２１歳）。菅原道真の怨霊とされる。
	4月20日		菅原道真、贈右大臣、正二位。
	4月26日		藤原隠子、３９歳、醍醐天皇の中宮となる。
	閏4月11日		改元。
	7月		朱雀天皇、生誕。生父醍醐天皇３９歳第十一皇子、生母藤原隠子。
2年	1月7日	924	藤原忠平、４５歳、正二位に叙位。
	1月22日		藤原忠平、左大臣に叙任。
4年	1月7日	926	藤原仲平、５２歳、正三位に叙位。
	6月2日		村上天皇、生誕。生父醍醐天皇４２歳第十四皇子、生母藤原隠子４２歳。
8年	2月28日	930	伊勢、５７歳、夫敦慶親王に先立たれる（享年４４歳）。
	6月26日		醍醐天皇、４６歳、清涼殿落雷事件が起きる。その後心労が重なり体調を崩す。菅原道真の怨霊とされる。
	9月22日		醍醐天皇、退位。
	9月22日		朱雀天皇、８歳、即位。
	9月22日		藤原忠平、５１歳、摂政に叙任。
	9月29日		醍醐天皇、崩御（宝算４６歳）。
承平元年	2月28日	931	藤原穏子、４７歳、皇太后となる。
	4月26日		改元。
	7月19日		宇多天皇、仁和寺にて崩御（宝算６５歳）。 伊勢、５８歳、宇多天皇没後、摂津国嶋上郡古曽部に庵を結んで隠棲する。
２年	3月29日	932	藤原忠平、５３歳、従一位に叙位。
３年	2月17日	933	藤原仲平、５９歳、右大臣に叙任（正三位）。
５年	1月23日	935	藤原仲平、６１歳、従二位に叙位。 承平天慶の乱起が勃発（～940年）。
６年	8月19日	936	藤原忠平、５７歳、太政大臣に叙任（従一位）。
	12月8日		藤原仲平、６２歳、蔵人別当に叙任（従二位）。
	この頃		藤原純友、海賊の頭領となり伊予国の日振島を根城として千艘以上の船を操って周辺の海域を荒らしやがて瀬戸内海全域に勢力を拡大。

元号	日付	西暦	出来事・関連事項（日付は旧暦、年齢は数え年）
7年	1月22日	937	藤原仲平、６３歳、左大臣に叙任（従二位）。
天慶元年	5月22日	938	改元。
2年		939	藤原純友、摂津須岐駅を襲撃させ備前介藤原子高と播磨介島田惟幹を捕縛。
			津野経高、４８歳、藤原純友に抵抗、伊予国との国境地域が惨害を受ける。
3年	5月22日	940	伊勢、逝去（享年６７歳）。
			津野経高、４９歳、藤原純友の討伐戦に河野好方旗下で参加する。
	10月		藤原純友、大宰府を陥落。
4年	5月	941	藤原忠文、６９歳、征西大将軍となり純友討伐に出発。
	5月		藤原純友、博多湾の海戦で船団を壊滅させられ伊予へ逃亡。
	6月20日		藤原純友、伊予警固使橘遠保により討殺。（獄中死説もあり）
			津野経高、５０歳、伊予より帰国時に大山祇神社（三嶋神社）を勧請する。
	11月8日		藤原忠平、６２歳、関白に叙任（従一位）。
5年		942	藤原仲平、６８歳、正室藤原善子を亡くす。
6年	1月7日	943	藤原仲平、６９歳、正二位に叙位。
8年	9月1日	945	藤原仲平、７１歳、出家。
	9月5日		藤原仲平、逝去（享年７１歳）。
9年		946	津野重高、生誕。生父経高５５歳三男、生母高殿宮。
	4月20日		朱雀天皇、２４歳、退位。
	4月22日		村上天皇、２１歳、即位。
	4月26日		藤原穏子、６２歳、太皇太后となる。
天暦元年	4月22日	947	改元。
			菅原道真、朝廷の命により北野天満宮において神として祭祀。
3年	8月14日	949	藤原忠平、逝去（享年７０歳）。8月18日贈正一位。
			津野経高、５８歳、半山に城（砦か柵）を築いて梼原から本拠地を移す。同時に半山（現津野町姫野々）に三嶋大明神を勧請する。
	この頃		津野経高、梼原に城（砦か柵）を築き伊予国境からの攻撃に備える。
6年		952	朱雀上皇、３０歳、出家し仁和寺に入寺。
	8月15日		朱雀天皇、仁和寺にて崩御（宝算３０歳）。
8年	1月4日	954	藤原隠子、内裏昭陽舎にて逝去（享年７０歳）。
	2月		津野経高、６３歳、京都より僧良慶を迎え法要を営むとともに津野氏の治政に参画させる。後に不和になって良慶は別府荘に移る。
天徳元年	10月27日	957	改元。
3年	4月	959	津野重高、１４歳、八幡荘斗賀野・佐川方面を開拓、別府氏と２年争う。
4年		960	津野重高、１５歳、光明寺の住僧となっていた良慶の仲裁で八幡荘を別府氏と折半し、南部の斗賀野、佐川、永野を領地とし北津野荘として経営する。
応和元年		961	津野重高、１６歳、元服（推定）。室不詳、通称次郎太郎。
	2月16日		改元。
康保元年	7月10日	964	改元。
	年代不詳		津野経高の時代、梼原に湖南山長林寺が建立される。同寺は初代経高から１１代満高までの菩提寺となる。（但し、９代元高の菩提寺は茂林寺）
2年	12月2日	965	津野経高、逝去。享年７４歳、戒名淨妙院殿光岳願西、菩提寺長林寺。
			第２代当主津野重高、２０歳、家督を継ぐ（没時相続、推定）。
3年		966	藤原道長、生誕。生父藤原兼家、生母藤原時姫。
安和元年	8月13日	968	改元。
2年		969	津野重高、２４歳、吾川郡宇治主で精農の族茂理弥と子弥平を迎え入れる。
	この頃		津野重高、別府氏の家督相続による混乱に乗じ、佐川・斗賀野方面に派兵し領地を拡大する。
天禄元年	3月25日	970	改元。

元号	日付	西暦	出来事・関連事項（日付は旧暦、年齢は数え年）
	この頃		津野重高、２５歳、開墾地の収穫物を朝廷に献上する。
天延元年	12月20日	973	改元。
貞元元年	7月13日	976	改元。 南山房遍勃、経高の異母弟、遷化（享年７５歳）。
天元元年	11月29日	978	改元。
永観元年	4月15日	983	改元。
寛和元年	4月27日	985	改元。
２年		986	藤原暁子、経高の異母妹、浄土寺で出家する。
永延元年	4月5日	987	改元。
永祚元年	8月8日	989	改元。
正暦元年	11月7日	990	改元。
２年		991	中務、経高の異父妹、逝去（享年８０歳）。
４年	5月20日 10月20日	993	菅原道真、 贈正一位、左大臣。 菅原道真、贈太政大臣。
長徳元年	2月22日	995	改元。
長保元年		999	津野国高、生誕。生父重高５４歳四男、生母不詳。
	1月13日		改元。
寛弘元年	7月20日	1004	改元。
２年	この頃	1005	津野重高、６０歳、谷地（現土佐市）方面にも勢力を伸ばし北津野荘を拡げる。この地に叙門院が開かれ後に法華寺となる。
長和元年	12月25日	1012	改元。
３年		1014	津野国高、１６歳、元服（推定）。室不詳、通称弥次郎。
			津野国高、京都北野から「天満大自在天神宮」（京都北野天満宮は947年創建）を勧請し奈路天神の杜に祀る。大野見地域の開拓を進める。
寛仁元年	4月23日	1017	改元。
	10月5日		津野重高、逝去。享年７２歳、戒名大乗院殿霊雲浄西、菩提寺長林寺。 第３代当主津野国高、１９歳、家督を継ぐ（没時相続、推定）。
治安元年	2月2日	1021	改元。
萬壽元年	7月13日	1024	改元。
長元元年	7月25日 12月4日	1028	改元。 藤原道長、逝去（享年６３歳）。
長暦元年	4月21日	1037	改元。
３年		1039	津野国高、４１歳、勅詔により叙門院本殿を再建し仁王門を建立する。
長久元年	11月10日	1040	改元。 後朱雀天皇、３２歳、「長久の荘園整理令」を発布。
寛徳元年	11月24日	1044	改元。
２年		1045	後冷泉天皇、２１歳、「寛徳の荘園整理令」を発布。
永承元年	4月14日	1046	改元。
６年		1051	前九年の役が勃発。（～1062） 津野国高の弟佐渡守、二子因幡入道・千右衛門と共に従軍し全員戦死。
天喜元年	1月11日	1053	改元。
３年		1055	津野高行、生誕。生父国高５７歳四男、生母不詳。
康平元年	8月29日	1058	改元。
治暦元年	8月2日	1065	改元。
延久元年	4月13日	1069	改元。 後三条天皇、３６歳、「延久の荘園整理令」を発布。
２年		1070	津野高行、１６歳、元服（推定）。室不詳、通称弥次郎。
承保元年	1月22日	1074	津野国高、逝去。享年７６歳、戒名心鏡院殿微窓定西、菩提寺長林寺。

元号	日付	西暦	出来事・関連事項（日付は旧暦、年齢は数え年）
			第４代当主津野高行、２０歳、家督を継ぐ（没時相続、推定）。
	8月23日		改元。
承暦元年	11月17日	1077	改元。
４年	この頃	1080	津野高行、２６歳、吾井郷の開拓地を「津野保」として国衙に申請し国司の認可を得る。（推定）
永保元年	2月10日	1081	改元。
３年		1083	後三年の役が開始。（～1087年）
応徳元年	2月7日	1084	改元。
２年		1085	津野高続、生誕。生父高行３１歳長男、生母不詳。
３年		1086	白河上皇、３４歳、院政を開始。
寛治元年	4月7日	1087	改元。
４年	7月13日	1090	「潮江荘」、京都賀茂御祖皇大神宮（下賀茂神社）の寄進荘園として成立。
嘉保元年	2月22日	1094	藤原有佐、後三条天皇の落胤で藤原顕綱の養子、土佐守に補任され赴任。（藤原有佐の生年は不詳） 津野高行、４０歳、国司藤原有佐と国府にて面会する。（推定）
	12月15日		改元。
永長元年	12月17日	1096	改元。
承徳元年	11月21日	1097	改元。
康和元年	1月24日	1099	康和地震、発生し下賀茂神社の寄進荘園「潮江荘」が海没。
	8月28日		改元。
２年		1100	津野高行、４６歳、「津野保」を下賀茂神社への寄進荘園で国府に申請する。 藤原有佐、「津野保」を海没した「潮江荘」の代替地として下賀茂神社の荘園として太政官に申請。
	2月27日		「津野荘」、太政官の認可を以ってに正式に立荘される。
			津野高続、１６歳、元服（推定）。室不詳、通称弥次郎か孫次郎。
３年	1月24日	1101	津野高行、逝去。享年４７歳、戒名霊光院殿唯一定心、菩提寺長林寺。 第５代当主津野高続、１７歳、家督を継ぐ（没時相続、推定）。
４年	3月8日	1102	藤原有佐、３月８日紀伊守に補任され転任。
長治元年	2月10日	1104	改元。
嘉承元年	4月9日	1106	改元。
２年		1107	津野頼高、生誕。生父高続２３歳長男、生母不詳。
天仁元年	8月30日	1108	改元。 鳥羽天皇の御宇（1107～1123年）、半山郷永野に高徳山春藤院繁国寺が建立される。開基僧は法師快繁。
天永元年	7月13日	1110	改元。
永久元年	7月13日	1113	改元。
元永元年	4月30日	1118	改元。
保安元年	4月10日	1120	改元。
３年		1122	津野頼高、１６歳、元服（推定）。室不詳、通称弥次郎か孫次郎。
４年	7月28日	1123	津野高続、逝去。享年３９歳、戒名法雲院殿頂山善保、菩提寺長林寺。 第６代当主津野頼高、１７歳、家督を継ぐ（没時相続、推定）。
天治元年	4月3日	1124	改元。
大治元年	1月22日	1126	改元。
２年	8月2日	1127	繁国寺開山僧法師快繁、遷化。
３年		1128	津野繁高、生誕。生父頼高２２歳長男、生母不詳。
天承元年	1月29日	1131	改元。
長承元年	8月11日	1132	改元。
	12月末		長承年間から保延年間、梼原へ盗賊が乱入するという事件が発生。

元号	日付	西暦	出来事・関連事項（日付は旧暦、年齢は数え年）
保延元年	4月27日	1135	改元。
4年		1138	藤原顕保、国司、津野荘内に利田があることに乗じ四至を縮め傍示を寄せて津野荘を割き取る。
永治元年	7月10日	1141	改元。
康治元年	4月28日	1142	改元。
2年		1143	津野繁高、１６歳、元服（推定）。室不詳、通称孫次郎。
天養元年	2月23日	1144	改元。
久安元年	3月26日	1145	津野頼高、逝去。享年３９歳、戒名功岳院殿奇岫行讃、菩提寺長林寺。 第７代当主津野繁高、１８歳、家督を継ぐ（没年相続、推定）。官位備前守従五位下。
	7月22日		改元。
5年	2月20日	1149	土佐国国衙の官人を恩赦。罪は津野荘の複数の荘民の殺害。津野荘民と国衙との間での対立関係があったことが類推される。
仁平元年	1月26日	1151	改元。
久寿元年	10月28日	1154	改元。
保元元年	4月27日 7月11日	1156	改元。 「保元の乱」が勃発。朝廷の内部抗争解決のため武士を動員。
平治元年	4月20日 12月9日	1159	改元。 「平治の乱」が勃発。源義朝、翌年１月３日逃走中の尾張にて殺害。
永暦元年	1月10日	1160	改元。 源希義、義朝五男９歳、「平治の乱」により土佐国介良荘に配流。
応保元年	9月4日	1161	改元。
2年		1162	津野浄高、生誕。生父繁高３５歳長男、生母不詳。
長寛元年	3月29日	1163	改元。
2年		1164	大野見三又に神母野神社が勧請される。
永萬元年	6月5日	1165	改元。
仁安元年	8月27日	1166	改元。
2年	2月11日	1167	平清盛、５０歳、太政大臣に就任。
嘉応元年	4月8日	1169	改元。
2年		1170	蓮池家綱、平家方、蓮池城を築城。
承安元年	4月21日	1171	改元。
安元元年	7月28日	1175	改元。
治承元年		1177	津野浄高、１６歳、元服（推定）。室不詳、通称孫次郎。
	8月4日		改元。
3年	3月17日	1179	津野繁高、逝去。享年５２歳、戒名雪江院殿安心道泰、菩提寺長林寺。 第８代当主津野浄高、１８歳、家督を継ぐ（没時相続、推定）。官位備前守従五位下。
	11月		平清盛、６２歳、後白河法皇（５３歳）を幽閉し院政を停止。 平教盛、５２歳、土佐国を知行国とし平家の勢力が伸長。
4年	 8月17日	1180	平清盛、６３歳、福原遷都を強行。 源頼朝、３４歳、伊豆で挙兵。治承・寿永の乱（通称「源平合戦」）開始。 平家は合力の疑いがあるとして希義の追討を発令。
養和元年	7月14日	1181	改元。
寿永元年	5月27日 この年 （推定）	1182	改元。 源希義、３１歳、吾川郡年越山で平重盛の家人蓮池家綱・平田俊遠が殺害。 源有綱、頼朝の命で夜須行宗が先導し土佐国に上陸し蓮池・平田らを掃討。 官宣旨案、「京都下賀茂社禰宜梨木祐季、土佐国吾井郷津野保より毎年３０石の相伝」の存在が確認されている。

元号	日付	西暦	出来事・関連事項（日付は旧暦、年齢は数え年）
２年	正月	1183	多ノ郷賀茂神社、本地仏が安置。 津野浄高、２２歳、平氏よりの援軍要請を病と称して受けず。軍箭は送る。
元暦元年 寿永４年	3月 4月16日	1184	北条時政、４７歳、源頼朝の命を受け土佐の武将に対し平家追討を発令。 改元。（元暦）
文治元年 寿永5年	2月7日 3月24日 8月14日 11月 この頃	1185	津野浄高、２４歳、屋島合戦にあたり平家より参陣要求があるも出陣せず。 梼原村住吉藪之竹より矢竹を送り平能登守教経の矢になったと伝わる。 壇ノ浦の戦、源氏が勝利し平氏が滅亡。 改元。（文治） 源頼朝、３９歳、後白河法皇より義経の追討を理由に国地頭（後に守護）を任命する権利と荘園・公領に荘郷地頭（後に地頭）を任命する権利を獲得。 近藤国平、土佐国に入り蓮池城を領す。子孫が大平氏と改姓。
２年		1186	梶原朝景、追捕使となり土佐国内の平家方を鎮圧。
４年		1188	吾井郷天満宮、この年の棟札がある。（創建か増改築か不明）
建久元年	4月11日	1190	改元。
			鎌倉時代（１１９２年～１３３６年）
３年	7月12日	1192	源頼朝、４６歳、征夷大将軍に就任し鎌倉幕府が開幕。 佐々木経高、土佐・阿波・淡路３カ国の守護に就任。
５年	6月	1194	鳴無神社「志那禰祭」、津野氏分家の佐川越中守と推察される人物が参加。 吉良希望、希義遺児、夜須行宗に伴われ鎌倉に赴き伯父源頼朝に拝謁。仁淀川東岸の吾川郡大野郷（現春野町弘岡辺り）を下賜され土佐吉良氏を創始。
７年	3月15日	1196	渡辺源七兵衛（従五位下）、河辺城を河後森城と改め居住。村上天皇第７皇子具平親王後胤とされ鎌倉幕府の地頭として入府。地名より河原渕と称す。
正治元年	4月27日	1199	改元。
２年		1200	津野元高、生誕。生父浄高３９歳長男、生母不詳。
			佐々木経高、土佐守護を解任。
建仁元年	2月13日	1201	改元。 豊島朝経、土佐守護に任命。（短期で解任される）
２年	7月2日	1202	津野浄高、逝去。享年４１歳、戒名華岳院殿芳祖常春、菩提寺長林寺。 第９代当主津野元高、３歳、家督を継ぐ（没時相続、推定）。
元久元年	2月20日	1204	改元。 三浦義村、土佐守護に就任。
建永元年	4月27日 この頃	1206	改元。 洲崎地域の開発は進み、多ノ郷を越え池ノ内、上分、下郷、下分、海浜地区まで達し「津野新荘里方」と呼ばれる。
承元元年	10月25日	1207	改元。
建暦元年	3月9日	1211	改元。
建保元年	閏9月8日 12月6日	1213	佐伯四郎宗春（津野氏家臣）と片岡経高、別府権現祭の席で騒動。片岡氏は佐伯氏の岡本城を一時占拠するが津野氏に敵対する意図なしとして和解。 改元。（グレゴリオ暦1214年1月18日）
３年		1215	津野元高、１６歳、元服（推定）。室河野氏娘、通称孫次郎。
承久元年	4月12日 11月29日	1219	改元。 佐伯四郎宗春と片岡経高、争いが再燃し佐伯氏は片岡氏の紫尾城を襲撃。
３年	5月 8月1日 9月 	1221	「承久の乱」が勃発。朝廷方の西国の武士と寺社の所領約三千余カ所が関東御領として没収され、鎌倉幕府の御家人が守護・地頭として入植。 泉亭祐綱（下賀茂神社領家職家）、朝廷方につき禰宜職を解任。 泉亭祐綱、甲斐国に配流。別相伝「津野新荘里方」は「関東御祈祷料所」に変更（推定）。 津野元高、２２歳、承久の乱後に洲崎浦に漂着した山之内蔵人次郎を庇護。

元号	日付	西暦	出来事・関連事項（日付は旧暦、年齢は数え年）
貞応元年	4月13日	1222	改元。
2年		1223	津野春高、生誕。生父元高２４歳長男、生母河野氏娘。
元仁元年	3月14日	1224	津野元高、逝去。享年２５歳、戒名茂林寺殿繁宗常栄、菩提寺茂林寺。 第１０代当主津野春高、２歳、家督を継ぐ（没時相続、推定）。
	  この年 （推定） 11月20日		元高妻、２２歳、高野山上蔵院で出家し戒名「天華比丘尼」と号す。河野氏と津野氏が大野ヶ原に建立した「大野山河野院茂林寺」で元高菩提を弔う。 下賀茂神社祝秀実、鎌倉幕府が別相伝「津野新荘里方」の地頭職に任命。社家内で領家職家と地頭職家が同荘園の領有権を争う内紛が発生。 改元。
嘉禄元年	4月20日	1225	改元。 九条道家、１３世紀前期に幡多郡の荘園化を推進。
安貞元年	12月10日	1227	改元。
寛喜元年	3月5日	1229	改元。
3年	9月頃	1231	寛喜の飢饉が発生し、土佐でも凶作となり世情では社会不安が増大。
貞永元年	4月2日 8月10日	1232	改元。 北条泰時、「御成敗式目」を制定。
天福元年	4月15日	1233	改元。
文暦元年	11月5日	1234	改元。
嘉禎元年	9月19日	1235	改元。
3年		1237	津野満高、生誕。生父浄高二男南部山城守満長、生母不詳、元高甥。
暦仁元年		1238	津野春高（１６歳）、元服（推定）。室河原渕氏娘、通称孫次郎。
	この頃 11月23日		津野春高、梼原の南部の中平、松原地域の開発を推進。 改元。
延応元年	2月7日	1239	改元。 三浦泰村（義村の子）、土佐守護を継承。
仁治元年	7月16日 この頃	1240	改元。 中平に三嶋神社、松原に天満宮が勧請され、海蔵寺の前身が建立。（推定）
3年	5月4日	1242	津野春高、逝去。享年２０歳、戒名祥林寺殿一陽季栄、菩提寺長林寺。 第１１代当主津野満高、６歳、家督を継ぐ（没時相続、推定）。
寛元元年	2月26日	1243	改元。
宝治元年	2月28日	1247	三浦一族、北条氏により滅亡。 北条得宗家、これ以後土佐守護を兼任。
建長元年	3月18日	1249	改元。
2年	11月	1250	一条実経、２８歳、九条道家三男、財産分与で幡多荘を受領。
4年		1252	津野満高、１６歳、元服（推定）。室不詳、通称孫次郎。
康元元年	10月5日	1256	改元。
正嘉元年	3月14日	1257	改元。
正元元年	3月26日	1259	改元。
文応元年	4月13日	1260	改元。
弘長元年	2月20日	1261	改元。
文永元年	2月28日	1264	改元。
9年	この年～ 1283年 3月17日	1272	別相伝「津野新荘里方」、領家職家と地頭職家の争いは太政官弁官局に持ち込まれ訴訟。（推定） 後嵯峨上皇、後継者となる「治天の君」を指名せずに崩御（宝算５３歳）。 持明院統と大覚寺統の皇位争いが発生。
１０年	6月3日	1273	津野満高、３７歳、下賀茂神社より犬防並に築垣の奉納要求を受領。
１１年	10月 ～1300年	1274	文永の役。元軍は３～４万の兵を送り込むも途中で博多湾より兵を撤収。 広橋兼仲（勘解由小路兼仲）、３１歳、日記『広橋本兼仲卿記』を執筆。

元号	日付	西暦	出来事・関連事項（日付は旧暦、年齢は数え年）
建治元年	4月25日	1275	改元。
3年		1277	津野満之、生誕。生父満高４１歳長男、生母不詳。
弘安元年	2月29日	1278	改元。
4年	6月～8月	1281	弘安の役。元軍は１５万におよぶ大軍を送り込むも台風で大損害を受け撤退。
6年		1283	広橋兼仲（勘解由小路兼仲）、４０歳、日記『広橋本兼仲卿記』の11月10日～12月20日の段に「津野荘」立荘の官宣旨案を背紙文書として使用。
8年	3月4日	1285	津野満高、逝去。享年４９歳、戒名桃林殿龍花宗栄、菩提寺長林寺。 第１２代当主津野満之、９歳、家督を継ぐ（没時相続、推定）。
正応元年	4月28日	1288	改元。
5年		1292	津野満之、１６歳、元服（推定）。室不詳、通称孫次郎。
永仁元年	8月5日	1293	改元。
5年	3月6日	1297	北条貞時、２７歳、「永仁の徳政令」を発布。
正安元年	4月25日 10月７日	1299	改元。 下賀茂神社社家領家職家と地頭職家、「和与状」を以って「津野新荘里方」の領有権争いが和解。
3年	□月26日	1301	「津野新荘里方」、前々年の「和与状」を基に下地中分が実行される。
乾元元年	11月21日	1302	改元。
嘉元元年		1303	津野之勝、生誕。生父満之２７歳長男、生母不詳。
	8月5日		改元。
3年	12月1日	1305	津野満之、２９歳、下賀茂神社より貴布禰社正殿上棟で酒肴を用命。
徳治元年	12月14日	1306	改元。（グレゴリオ暦1307年1月18日）
2年	この頃	1307	津野家時、生誕。生父母不詳。
延慶元年	10月9日	1308	改元。
応長元年	4月28日	1311	改元。
正和元年	3月20日	1312	改元。
3年	2月2日	1314	津野満之、３８歳、下賀茂神社下文にて津野新荘の荘官公文に池ノ内の土地が付与される。下賀茂神社がまだ津野新荘里方内の所領宛行権が有する
文保元年	2月3日	1317	改元。
2年		1318	津野之勝、１６歳、元服（推定）。室不詳、通称孫次郎。
	3月29日		後醍醐天皇、３１歳、即位。 海蔵寺、梼原村中平に夢窓疎石（４４歳）が開基となり仏日山海蔵寺が開山される。海蔵寺は、長林寺を改名し継承したとされる。
元応元年	4月28日	1319	改元。
元亨元年	2月23日 12月9日	1321	改元。 後醍醐天皇、３４歳、後宇多上皇（５５歳）の政務移譲を受け親政を開始。
2年		1322	大平敏国、守護代、蓮池城主、弟の幡多郡湊川守護代大平弾正光国に高北守護代を兼任させ、その二男左衛門次郎光綱が在地で管理。
正中元年	9月19日 12月9日	1324	「正中の変」が起こる。（後醍醐天皇と腹心の倒幕計画） 改元。
2年	1月16日	1325	義堂周信、東津野村船戸に生誕。生父不詳、生母津野氏一族。
嘉暦元年	4月26日 この頃	1326	改元。 堅田経貞・国貞兄弟、岡本城を本拠とし津野氏に臣従する。堅田氏は津野浄高の二男政高が佐伯氏に入り堅田氏を名乗ったことに発する。（異説あり）
元徳元年	8月29日	1329	改元。 大平弾正光国、高北守護代、子５人を配置し八幡荘全域の支配を行う。これを以って津野氏の北津野荘支配は一旦終焉する。 ①長男又太郎光興、斗賀地、斗賀野、斗度野を領し斗賀野氏。 ②二男河間左衛門次郎光綱、河間に留まり河間、二ツ野の領主。

元号	日付	西暦	出来事・関連事項（日付は旧暦、年齢は数え年）
			③三男三野三郎兵衛光雄、既に三野師信の養子として三野の郷主。 ④四男四郎左衛門光顕、佐川、永野を領し津野系佐川氏を廃し佐川氏。 ⑤末弟五郎兵衛光孝、未だ若年のため兄光綱が面倒見。 ⑥尾川郷は、従来通り近藤大炊左衛門尉知国の領地。 ⑦三宮氏より割譲した日下上郷は、近藤の臣麻生孫九郎友市が代理統治。 ⑧河間領主である次男河間左衛門次郎光綱が盟主となり八幡荘主。
2年	2月	1330	北条高時、２８歳、遣使を送り反幕府方平定の軍を募集。津野氏は応じる。 越智新兵術通久、越知面の開拓者、津野氏が武家方に味方すると津野氏から離反し片岡氏を頼る。野津吾を与えられ馬ヶ崎城を築き地名を越知と改名。
元弘元年 元徳３年	8月9日	1331	改元。（元弘） 義堂周信、７歳、半山姫野々の松園寺の浄義大徳につき『法華教』を習う。 後醍醐天皇、４４歳、倒幕を企て「元弘の乱」を起こし隠岐に配流。
元弘２年 正慶元年	4月28日	1332	改元。（正慶） 義堂周信、８歳、『臨済録』を読む。
元弘３年 正慶２年	2月12日 春 5月 6月5日	1333	津野氏一行、熊野参詣が行う。「潮崎稜威主文書」の同日の記録に「津の殿ノ御一門、同御内人々」とある。 後醍醐天皇、４６歳、隠岐島から脱出し船上山で挙兵し討幕の綸旨を発行。 鎌倉幕府、滅亡。 後醍醐天皇、建武の新政を開始。恩賞の不公平感等より多くの武士が離反。
建武元年 建武元年	1月29日	1334	改元。 梼原では、西伊予川上党が境目に乱入し財貨を奪い民家を焼討。
建武２年 建武２年	10月15日	1335	津野満之、逝去。享年５９歳、戒名仙林寺殿白峯宗徹、菩提寺海蔵寺(推定)。 第１３代当主津野之勝、３２歳、家督を継ぐ（没時相続、推定）。
	8月		足利尊氏、３１歳、中先代の乱を平定に信濃国に向うが後醍醐天皇に反旗。
南北朝時代（１３３６年～１３９２年）			
延元元年 建武３年 上：南朝 下：北朝	正月 1月7日 2月11日 2月29日 3月 5月25日 6月 6月13日 6月26日 7月7日 8月10日 8月以降 10月15日 10月19日 11月13日 11月 12月	1336	足利尊氏、３２歳、入京するも北畠顕家と楠木正成・新田義貞が反抗。 土佐国浦戸城戦：北朝軍、津野家時、堅田経貞、三宮頼国、蘇我三郎左衛門、一円三郎次郎、大黒入道他で南朝方の浦戸城を攻め守護目代を殺害し勝利する。土佐国に於ける南北朝両派の戦闘の火蓋は切って落とされた。 2月17日千立野戦、3月16日深渕城戦、3月18日一宮戦、3月21日大高坂戦。 足利尊氏、摂津豊島河原の戦いで新田軍に大敗し京都を放棄し九州に下向。 改元。（延元） 足利尊氏、九州にて勢力を立て直し京に向かい東征。 4月11日八幡山戦、4月26日岩村城戦、5月10日大高坂城戦。 足利尊氏、湊川の戦いで新田義貞・楠木正成軍を撃破。 足利尊氏、再び京都を制圧。 土佐国安楽寺戦： 北朝軍、安楽寺山を奪取して向城を築き大高坂城を包囲。 南朝軍、松王丸が逆襲し激戦。 南朝軍、安楽寺西大手に城兵の逆襲。 南朝軍、先の守護代河間光綱、大高坂松王丸らの軍勢が安楽寺を猛襲。 延元４年(1339年)まで約４年、両軍は大高坂付近で相対峙し持久戦が継続。 土佐国斗賀野丸山城戦： 北朝軍、大高坂への西の援軍河間一族への攻撃を開始。 北朝軍、土佐国丸山城を陥落。 絶海中津、旧東津野村船戸に生誕。生父津野氏、生母惟宗氏（別府氏）。 足利尊氏、持明院統の光明天皇を擁立（北朝）。 後醍醐天皇、４９歳、吉野に逃れ独自の朝廷（南朝）を樹立。

元号	日付	西暦	出来事・関連事項（日付は旧暦、年齢は数え年）
延元２年 建武４年	1月7日 ～8日	1337	土佐国斗賀野佐川合戦； 北朝軍、津野家時、堅田経貞、別府氏、三宮頼国、蘇我三郎左衛門、佐竹義国、大黒入道、甲斐孫四郎らが斗賀野盆地に侵攻。
延元３年 暦応元年	 8月11日 8月28日 9月11日 9月16日	1338	1月初め八幡荘戦、1月23日虚空蔵山草苅場の戦、3月11日大高坂城戦、6月13日大高坂城戦。 足利尊氏、３４歳、光明天皇から征夷大将軍に任じられ室町幕府が発足。 改元。（暦応） 花園宮（後醍醐天皇第１１満良親王）、伊勢大湊より出港し土佐浦戸に上陸。 藤原氏女・藤原家行、芳生野に建立された熊野神社に棟札をあげる。 義堂周信、１４歳、一族の死を契機に出家の志を固め松園寺で剃髪する。
延元４年 暦応２年	 8月16日 12月3日	1339	3月末及び5月八幡荘戦。 後醍醐天皇、吉野で崩御。 土佐国大高坂城攻防戦： 北朝軍、細川定禅の動員令が降り、津野家時、堅田経貞、三宮頼国、佐竹義国、別府氏らが大高坂城を攻め激戦を展開するも一進一退の攻防。 義堂周信、１５歳、比叡山で受戒する。間もなく帰郷し、佐川の新福寺の道円につき密教を学ぶ。
興国元年 暦応３年	1月24日 1月24日 ～25日 4月28日	1340	土佐国潮江山戦： 南朝軍、花園宮を奉じ新田綿打入道、金沢左近将監、近藤四郎左衛門尉、有井又三郎、和食孫四郎、河間左衛門次郎、斗賀野又太郎入道、佐川四郎左衛門入道らが潮江山に布陣。 土佐国大高坂城総攻撃： 北朝軍、大高坂城に最後の総攻撃。激戦の末、南朝軍の総大将で城主大高坂 改元。（興国） 7月７日八幡荘戦。
興国２年 暦応４年	9月14日 9月15日	1341	土佐国八幡荘戦： 北朝軍、一千の大軍で八幡荘を襲撃。斗賀野、佐川を討抜き河間城に前進。 南朝方河間左衛門次郎光綱、討死し河間城は落城。南朝方の大平弾正光国は息子越知光孝に付き添われて大毘羅山（現佐川町大平）に逃亡。 義堂周信、１７歳、叔父周念に従い上京し臨川寺で夢窓国師に師事する。
興国３年 康永元年	4月27日 9月26日	1342	改元。（康永） 土佐国津野新荘岡本城戦： 南朝軍、残党を集め新田綿打入道・金沢左近将監等が岡本城を攻撃。 夢窓疎石、足利尊氏に対し臨済宗天龍寺の創建とその資金調達のための天龍寺船の元国への派遣を献策し受諾される。 義堂周信、１８歳、天竜寺船で渡元を志すも病で断念する。
興国４年 康永２年	9月2日	1343	土佐国松尾城戦： 北朝軍、津野家時、三宮実綱、佐竹義国、堅田国貞が松尾城佐川光顕を攻撃。 夢窓疎石、京都嵯峨野に天龍寺を建立し開山僧となる。 絶海中津、８歳、下半山三間川の圓通寺が祖先の浄財で建立されたことを知り剪髪し仏道を志す。
興国５年 康永３年		1344	南朝方越知新兵衛光孝、逃亡中に火伏峠で三宮実綱が殺害。
興国６年 貞和元年	10月21日	1345	改元。（貞和）
興国７年 貞和２年	12月8日	1346	改元。（正平）（グレゴリオ暦1347年1月20日） 室町幕府、守護に対し苅田狼藉取締りの権限と使節遵行権を付与。
正平２年	3月8日	1347	南朝方大平弾正光国、大平山（現土佐市）で自刃（行年７５歳）。

元号	日付	西暦	出来事・関連事項（日付は旧暦、年齢は数え年）
貞和３年			義堂周信、２３歳、『貞和集』を著す。
正平３年 貞和４年	1月5日 8月6日	1348	北朝方高師直、四条畷の戦いで南朝方の楠木正成の子楠木正行・楠木正時兄弟を討ち、その後吉野行宮を攻め落として全山を焼討。 津野之勝、４６歳、下賀茂神社社殿の上棟に際し酒五升の荘役を受ける。 絶海中津、１３歳、上京し天龍寺で夢窓国師にの門弟となる。
正平４年 貞和５年		1349	観応の擾乱が起こる。室町幕府内で足利尊氏弟直義と執事高師直が係争。
正平５年 観応元年	2月27日	1350	改元。（観応） 絶海中津、１５歳、剃髪し夢窓疎石に仕える。
正平６年 観応２年		1351	津野泰高、生誕。生父之勝４９歳長男、生母不詳。姉は、第２９代河野家当主河野通堯の室。
	8月3日 9月30日		堅田九朗次郎に対し軍忠状を発す。（花押、発行人不明） 夢窓疎石、入寂する（享年７７歳）。
正平７年 文和元年	9月27日	1352	改元。（文和） 義堂周信、２８歳、天龍寺監寺となるも病気で土佐に帰郷し吸江庵に住す。
正平８年 文和２年		1353	義堂周信、２９歳、再び上京す。 義堂周信と絶海中津、臨済宗建仁寺の龍山徳見の門下に入り教えを受ける。
正平１１年 延文元年	3月28日 この頃	1356	改元。（延文） 津野通重、生誕。生父之勝歳二男、泰高の弟、通高の父親。
正平１２年 延文２年		1357	義堂周信、３３歳、再び天龍寺の監寺となる。
正平１３年 延文３年	4月30日	1358	足利尊氏、逝去（享年５４歳）。 義堂周信、３４歳、天龍寺焼失の再建勧化で土佐に帰郷し吸江庵に住す。
正平１４年 延文４年		1359	義堂周信、３５歳、関東管領足利基氏に招かれ鎌倉に赴き臨済宗円覚寺派瑞泉寺に入る。
正平１６年 康安元年	3月29日	1361	改元。（康安）
正平１７年 貞治元年	2月4日	1362	津野之勝、逝去。享年６０歳、戒名法光寺殿梅覚清心、菩提寺海蔵寺(推定)。 第１４代当主津野泰高、１２歳、家督を継ぐ（没時相続、推定）。
	9月23日		改元。（貞治）
正平１８年 貞治２年		1363	細川頼之、３５歳、四国統治の守護所として讃岐国鵜足津に居城を築城。
正平２０年 貞治４年		1365	絶海中津、３０歳、鎌倉へ赴き臨済宗建長寺に入るも６月には鎌倉を去る。
正平２１年 貞治５年		1366	津野泰高、１６歳、元服（推定）。室不詳、通称孫次郎。官位備前守従五位下。
正平２２年 貞治６年		1367	細川頼之、３９歳、管領に就任。
正平２３年 応安元年	1月 2月 2月18日 6月17日	1368	朱元璋、４１歳、南京に明を建国し明の太祖（洪武帝）となる。 絶海中津、３３歳、渡明し杭州の中天竺寺に入り禅・詩文・書道を学ぶ。 改元。（応安） 室町幕府、「応安の半済令」を発布。
正平２４年 応安２年	12月30日	1369	足利義満、１２歳、第３代将軍に就任。管領細川頼之が補佐。
建徳元年 応安３年	7月24日	1370	改元。（建徳）
建徳２年 応安４年		1371	義堂周信、４７歳、関東管領上杉能憲に請われ鎌倉城北に報恩寺を開山。

元号	日付	西暦	出来事・関連事項（日付は旧暦、年齢は数え年）
文中元年 応安５年	9月8日	1372	津野泰高、２２歳、下賀茂神社との間で地頭請を契約し「津野本荘」の領有権を回復する。年貢上納金は８０貫で合意する。
	9月8日		津野泰高、「津野新荘里方」の領家職家分も同時に領有権を回復（推定）。
	10月4日		改元。（文中）（3月22日とも）
	この頃		義堂周信、４８歳、健康がすぐれずたびたび熱海に湯治に出かける。
天授元年 永和元年	2月27日	1375	改元。（永和）
	5月27日		改元。（天授）
	8月3日		津野泰高、２５歳、堅田頼貞に恩賞宛行状を出し、「津野新荘山方」梼原村広野の地頭を命じる。
天授２年 永和２年		1376	絶海中津、４１歳、明国洪武９年南京で明の太祖（朱元璋４９歳）に謁見する。禅の法要を述べ熊野の地理の質問に詩作で答え文名を高める。
天授３年 永和３年		1377	津野通高、生誕。生父津野通重（之勝二男泰高弟）２１歳頃、生母不詳。 津野泰高、２７歳、堅田頼定に土地を給う。
天授４年 永和４年	3月	1378	絶海中津、４３歳、明国より帰国し天竜寺に住む。
	10月15日		義堂周信、５４歳、土佐より姪が鎌倉に来て父親（９１歳）の訃を知る。
	12月		津野泰高、２８歳、佐川の三野領に攻入る。旧津野領であった佐川、斗賀野、斗賀地、永野、谷地の五郷を津野領として回復する。佐川郷の松尾山を拠点とし一族の者を配し統治させる。この一族は再び佐川氏を名乗る。
天授５年 康暦元年	3月22日	1379	改元。（康暦）
	4月14日		細川頼之、５１歳、反頼之派の策動で足利義満により管領を罷免。頼之は京の自邸を焼き四国へ落ち讃岐国鵜多足津に本拠地を移転。その途上で出家。
	8月1日		津野泰高、２９歳、堅田頼貞に恩賞を出し多ノ郷の代官職に任ずる。
	11月6日		津野通重、伊予国桑村郡吉岡郷の佐久原で細川頼之の奇襲を受け討死する。幕命により細川頼之の討伐軍を起こした養父河野通堯讃に従軍したもの。 義堂周信、５５歳、法兄春屋妙葩の招きにより上洛し建仁寺に入る。
天授６年 康暦２年	3月17日	1380	津野泰高、３０歳、堅田次郎左衛門を上分国弘名の代官職を命じる。
	3月17日		津野泰高、堅田四郎五郎に神田郷の名田一町を与える。
	4月16日		足利義満、２３歳、河野通堯の遺児亀王丸（のちの通義）に対し伊予国守護補任と所領安堵の御教書を発行。
	9月30日		義堂周信、５６歳、臨済宗等持寺の住持に就任する。
	10月8日		絶海中津、播磨守護赤松則祐より菩提寺法雲寺の住持として招聘されるが、謝絶して留学生仲間の汝霖良佐を推挙し自らは甲斐国慧林寺に赴任する。 絶海中津、４５歳、臨済宗天龍寺の第一座となる。 義堂周信と絶海中津は再会する。
弘和元年 永徳元年	2月10日	1381	改元。（弘和）
	2月24日		改元。（永徳）
	この頃		津野泰高、２９～３９歳、康暦元年（1379年）～明徳２年（1391年）の間に、讃岐国鵜多足津の細川館に伺候し細川頼之に進物を献じる。 義堂周信、５７歳、足利義満に孟子を講じる。
弘和２年 永徳２年	この頃	1382	津野家時、逝去（享年７６歳）。（推定） 足利義満、２５歳、臨済宗相国寺を建立。
弘和３年 永徳３年		1383	絶海中津、４８歳、足利義満の命を受け帰京し天竜寺に住す。
元中元年 至徳元年	2月27日	1384	改元。（至徳）
	4月28日		改元。（元中）
	6月		絶海中津、４９歳、足利義満に逆らい直言し摂津国銭原（現茨木市銭原）の山中に隠棲する。

元号	日付	西暦	出来事・関連事項（日付は旧暦、年齢は数え年）
元中２年 至徳２年	2月 3月20日 4月 7月	1385	義堂周信、６１歳、北朝後小松天皇の勅命で勅願寺南禅寺住持に就任する。 義堂周信、南禅寺の住持に入寺する。 絶海中津、５０歳、義満の追跡をさらに受け有馬温泉の牛隠庵に逃れる。 絶海中津、細川頼之の請いにより四国に渡り鵜足津を訪れる。阿波国の宝冠寺、讃岐国の宝海寺を開山する。土佐国では五台山吸江庵を再興し、梼原の海蔵寺を中興する。
元中３年 至徳３年	2月 7月10日	1386	絶海中津、５１歳、義満は後悔し許され上洛を命じられる。３月に義満と謁見し等持寺に住職として入る。 足利義満、２９歳、義堂と絶海らの意見を入れ臨済宗の五山制度を規定。
元中４年 嘉慶元年	8月23日	1387	改元。（嘉慶） 義堂周信、６３歳、建仁寺住職となる。
元中５年 嘉慶２年	 4月4日	1388	義堂周信、６４歳、病を得て有馬温泉に入湯するも不治を覚り一カ月余りで帰京し絶海に掩土（土葬）と『貞和類聚祖苑聯芳集』の再版を遺言する。 義堂周信、入寂する（享年６４歳）。
元中６年 康応元年	2月9日 3月4日	1389	改元。（康応） 絶海中津、５４歳、足利義満の厳島神社参詣の旅に随行する。（～同26日）
元中７年 明徳元年	3月26日	1390	改元。（明徳）
元中８年 明徳２年	3月14日 7月16日	1391	津野泰高、逝去。享年４１歳、戒名海蔵寺殿一機芳春、菩提寺海蔵寺。 第１５代当主津野通高、１５歳、家督を継ぐ（没時相続、推定）。 絶海中津、５６歳、臨済宗等持院の住職となり転住する。
室町時代（１３９２年～１５７３年）			
元中９年 明徳３年	 10月3日 10月27日 12月27日	1392	津野通高、１６歳、元服（推定）。室娯溪性歡（戒名）、通称孫次郎。河野通義か通之から偏諱を受ける。 絶海中津、５７歳、相国寺住持に就任する。 明徳の和約が成立。足利義満の斡旋で、南朝の後亀山天皇が北朝の後小松天皇に三種の神器を渡し、南北朝が合体。 絶海中津、足利義満の命で朝鮮王朝使者僧覚鎚への答書を出状する。
明徳４年		1393	津野通高、１７歳南北朝統一の祝賀のために上洛する。
応永元年	7月5日 8月 11月 応永年間	1394	改元。 河野通義、京で病にかかり死を覚悟。国許から弟通之を呼び寄せ、「家督を通之に譲るも、懐妊中の夫人が男子を生み成長すれば宗家を相続」と遺言。 河野通義、京の河野館で逝去（享年２５歳）。 下賀茂神社社家祐梁（地頭職家）、梨木祐有（領家職家）に対し別相伝「津野新荘里方」の地頭職を売却。 絶海中津、５９歳、相国寺を退き等持院に再び戻る。
４年	2月28日	1397	絶海中津、６２歳、相国寺住持に再任される。
５年	2月	1398	絶海中津、６３歳、相国寺住持を辞して鹿苑院院主となり僧録司を兼務し鹿苑僧録として五山や臨済宗寺院の統括を行う。
６年	10月27日	1399	絶海中津、６４歳、応永の乱にて将軍義満に反旗を翻し堺に立て籠もる大内義弘の陣へ義満の命を受けて説得に赴く。
８年		1401	絶海中津、６６歳、相国寺住持に再任される。 足利義満、４４歳、対明貿易を開始。
１０年		1403	絶海中津、６８歳、第二回遣明使の国書を起草する。
１２年	1月吉日 4月5日	1405	藤原氏女、旧東津野村芳生野郷河内神社に鰐口を奉納する。 絶海中津、入寂する（享年７０歳）。のち、後小松天皇より仏智広照国師、称光天皇よりを浄印翊聖国師を勅諡される。
１６年	11月18日	1409	諸檀那、旧東津野村桑ケ市宝寿寺に鰐口を奉納する。

元号	日付	西暦	出来事・関連事項（日付は旧暦、年齢は数え年）
			河野通之、通義の遺児通持（１６歳のち通久）に家督を返譲。これにより、河野家で「惣領家」と「予州家」の内部抗争が起り長期にわたり抗争。
２１年	2月15日	1414	藤原兼繁、梼原初瀬の宝積山善応寺の棟札をあげる。
２４年		1417	梼原吉祥寺に蔵する大般若経の写経を開始。
２５年		1418	津野之高、生誕。生父通高４２歳、生母娯溪性歡（戒名）。
２６年	9月	1419	津野通高、４３歳、米ノ川（現四万十町松葉川米ノ川）の南部陸奥守宗忠を誘い大野見城を挟撃し陥落させる。。
３２年	11月	1425	津野氏一族の藤原高持、高家、高有が大野見天満宮に棟札をあげる。
正長元年	4月27日	1428	改元。
永享元年	3月15日 9月5日	1429	第６代将軍足利義教、３６歳、就任。 改元。
２年		1430	大野見竹原に熊野三所権現が祀られる。
３年		1431	大野見萩野々沖台に河内大明神が祀られる。
４年		1432	大野見伊勢川に大元神社が建てられる。
５年		1433	津野之高、１６歳、元服（推定）。正室河原渕氏娘、側室河原渕氏娘、側室中村氏娘。通称孫次郎、元服名光高、細川持之の偏諱を受け之高と名乗る。
	6月27日		佐川四郎佐衛門、大平氏の戸波城に夜襲をかけ奪い取る。
６年	不詳	1434	津野通高、逝去（推定）。享年５８歳、戒名永林寺殿紹元秀誉（推定）、菩提寺永林寺（推定）。 第１６代当主津野之高、１７歳、家督を相続する（没時相続、推定）。上洛し第６代将軍足利義教に拝謁、官位従五位下備前守に任ぜらる。
	6月19日 7月16日 10月25日 この頃		足利義教、４１歳、明国の使節を「室町殿」（花の御所）で饗応。 津野之高、明使節の２回目の饗応に招待され将軍の求めに応じ詩を賦す。明使僧侶雷春と将軍義教他の賞賛を受ける。 藤原高用と四郎衛門、大野見天満宮に鰐口と津野家所用の陣太鼓を奉納する。 川越貞宗、之高の招聘に応じ京都より半山新土居に移り津野氏に仕える。 笹岡伝五衛門直行、て伊豆国浅間神社を大野見島ノ川に勧請。 津野之高、京都より茶を持って帰り津野山で栽培を始める。
８年	6月10日	1436	津野之高、高野山上蔵院にて母「娯溪性歡大禪定尼」の追善供養を行う。 津野之高、１９歳、多ノ郷の賀茂神社賽殿を再興し棟札をあげる。
９年	8月	1437	「大覚寺義昭の乱」起こる。第６代将軍足利義教の異母弟義昭が反乱。
１０年	8月22日	1438	佐川四郎佐衛門、義昭の隠匿が発覚し津野之高含め土佐の諸将に幕府の討伐命が下る。義昭は日向に渡海。
１１年	 この頃	1439	氏子衆、円通寺（本尊地蔵馬頭観世音）に鰐口を寄進。 津野之高、京に遊学し文化人、僧侶と交流する。（期間と回数は不詳）
嘉吉元年	2月17日 6月24日 7月以降	1441	改元。 第６代将軍足利義教、赤松教康の招請で京の赤松邸に御成を行い殺害される。 河野家、教通（惣領家）と通春（予州家）の対立が激化。
文安元年	2月5日 この頃	1444	改元。 室町幕府、河野教通（惣領家）を支持。
２年		1445	多ノ郷賀茂社、鰐口が奉納される。
宝徳元年	4月2日 7月28日	1449	第８代将軍足利義政、１４歳、就任。 改元。 津野之高、３２歳、京に遊学中なるも国許の情勢不安により急ぎ帰国する。
２年	10月23日	1450	津野之高、３３歳、室町幕府による第一回討伐の命が下る。土佐国守護細川勝元の要請を受け、管領畠山持国が室町幕府御教書を発行する。
３年	6月11日	1451	津野之高、３４歳、幕命を受けた伊予国人大野繁直と仁淀川東岸の弘岡で戦闘を繰り広げる。この戦いでは、吉良氏が津野氏を加勢する。

元号	日付	西暦	出来事・関連事項（日付は旧暦、年齢は数え年）
享徳元年	7月25日	1452	改元。
	年不詳		津野之高、年不明、妻が早死にする。
	この頃		津野之高、３５歳、観音寺を建立する。
２年		1453	津野之高、３６歳、上分の賀茂神社の鳥居を再建し棟札をあげる。 細川勝元、２４歳、将軍の意に反し河野通春（予州家）を支援。
康正元年	7月25日	1455	改元。 細川勝元、伊予国守護の座を得ていたとされる。
２年	7月13日	1456	津野之高、３９歳、室町幕府による第２回討伐の命が下る。将軍義政の命を奉じた管領細川勝元（２７歳）の指示で、中国の毛利熙元に攻撃される。
長禄元年	9月28日	1457	改元。 河野通春（予州家）、細川勝元の支援を得て勢力を盛り返す。
２年		1458	津野元藤、生誕。生父之高４１歳二男、生母中村氏娘、幼名瑠璃麿。
			中平常定、元藤の７日前に生誕。生父之高４１歳長男、生母河原渕氏娘。元服後、中平備後守常定と名乗り中平氏の祖となる。
３年		1459	津野之高、４２歳、元藤（幼名瑠璃麿）名で梼原三嶋神社に棟札をあげる。
寛正元年	12月21日	1460	改元。（グレゴリオ暦1461年2月1日） 津野之高、４３歳、正宗龍統に哦松斉に寄せる記文を督促する書状を出す。
	年不詳		津野之高、この年から応仁元年（1467年）頃に上洛する。（推定）
３年		1462	津野之高、４５歳、半山に龍淵山長林寺を建立する。開基僧は無為禅師で津野一族、絶海中津の門弟鄂隠の門弟に当たる。梼原の海蔵寺の法灯を継ぐ。 河野通春（予州家）、伊予国で反乱し、細川勝元との関係が悪化。
５年	11月	1464	管領畠山政長、２３歳、細川氏を支援して河野通春（予州家）討伐を命令。
６年	6月25日	1465	室町幕府、中国地方の武将に細川氏を援助するように命令。大内教弘も幕命で伊予に出征するも細川勝元に敵対し河野通春（予州家）側を支援。
	10月22日		室町幕府、細川勝元（３６歳）の要請で大内氏征伐を断行。
文正元年	2月28日	1466	改元。 津野之高、４９歳、藤原高尚をして大野見天満宮を造営させる。
応仁元年	3月5日	1467	改元。
	5月26日		応仁の乱が起こる。東軍細川勝元と西軍山名宗全との間で合戦が開始。 河野通春（予州家）と大内征弘、上洛し反細川方の西軍に加勢。
２年	9月25日	1468	一条教房、４６歳、太平氏の船で堺を発ち１０月１０日過ぎに中村に到着。
文明元年	4月28日	1469	改元。 津野之高、５２歳、藤原高尚をして大野見天満宮を再び造営させる。
２年		1470	河野教通（惣領家）、東軍細川方に参加。
３年	文明年間	1471	津野之高、５４歳、新土居に菩提寺永林寺を興し居館峨松斉が完成する。
４年		1472	津野元勝、生誕。生父元藤１５歳長男、生母不詳。
５年		1473	津野元藤、１６歳、元服（推定）。室不詳、通称孫次郎。細川勝元より偏諱。
	12月19日		足利義政、３８歳、将軍職を子義尚に移譲も義尚は幼少で実権は掌握。
６年		1474	第１７代当主津野元藤、１７歳、之高（５７歳）より家督を継ぐ（生前相続）。官位刑部侍郎従五位下。
			中平常定、１７歳、之高の長男、出生の秘密を知り元藤への家督相続に不満を持ち津野山の中平村に篭り３年間戦う。 津野之高、５７歳、藤原高尚をして大野見天満宮を再び造営させる。
９年	4月19日	1477	河野通春（予州家）、東軍に寝返った大内政弘の仲介で東軍に降参。
	11月20日		応仁の乱、終結。西軍は解体され幕府は「天下静謐」の祝宴を開催。 一条房家、初代当主、生誕。生父教房５３歳二男、生母加久見宗孝娘。
１０年	8月23日	1478	津野之高、６１歳、大津城（天竺城）を攻め天竺孫八朗花氏を戦死さす。 河野氏惣領家と予州家の争いは応仁の乱後も繰り広げられる。

元号	日付	西暦	出来事・関連事項（日付は旧暦、年齢は数え年）
１１年	3月4日	1479	津野之高、逝去。享年６２歳、戒名永林寺殿朝散大夫、菩提寺永林寺。
１２年	10月5日	1480	一条教房、逝去（享年５８歳）。 河野通直（惣領家）、伊予国の主導権を奪還したと推測。
１３年		1481	津野元勝、１０歳、上分賀茂神社に棟札をあげる。
１４年		1482	津野元実、生誕。生父元藤２５歳二男、生母不詳、幼名兼寿丸。
	7月14日		河野通春（予州家）、湊山城で逝去。その子通篤も対立を続ける。
１６年	1月24日	1484	津野元藤、逝去。享年２７歳、戒名長林寺殿崇鐵紹高、菩提寺長林寺。 第１８代当主津野元勝、１３歳、家督を継ぐ（没時相続、推定）。
長享元年		1487	津野元勝、１６歳、元服（推定）。室不詳、通称弥次郎。細川政元より偏諱を受ける。
	7月20日		改元。
延徳元年	8月21日 この頃	1489	改元。 京都下賀茂神社への年貢上納金は、この時期、１５貫ないし２０貫に減額される。さらに輸送費の減額、支払自体の差し止め等の対抗措置も採られる。
２年	1月7日	1490	第８代将軍足利義政、逝去（享年５５歳）。
明応元年	正月 7月19日	1492	津野元実、幼名兼寿丸１１歳、年始の挨拶で中村一条館の一条房家に伺候する。一条家臣下上岡正久は兼寿丸に作法を指南しのち元実の養育係となる。 改元。
３年		1494	一条房家、１８歳、元服。
４年		1495	中平兵庫助元忠、生誕。元忠は初代備後守常定の孫、２代兵部少輔元房の子で津野国泰、基高、定勝３代に仕える。 別相伝「津野新荘里方」地頭職家分、地頭職家の後継者とみられる梨木祐宣から鴨脚光将に譲渡。
６年		1497	津野元実、１６歳、元服（推定）。室柏室久公（戒名）、通称孫次郎。細川政元より偏諱を受ける。
７年	1月4日	1498	津野元勝、逝去。享年２７歳、戒名観音寺殿梅月勝映、菩提寺観音寺。 第１９代当主津野元実、１７歳、家督を継ぐ（没時相続、推定）。官位刑部少輔従五位下。 高倫、『津野山之内系図』を中平常定の命で編纂する。現存する津野氏の系図で最古のものである。（実質的に津野氏２３代系図） 一条房冬、生誕。生父房家２２歳長男、生母平松房冬娘。
９年	2月19日	1500	河野通直（教通）（惣領家）、逝去。子通宣と通篤（予州家）の対立は延々と継続。通篤の勢力は次第に衰退し惣領家が河野氏を徐々に支配。
文亀元年	2月29日	1501	改元。
３年		1503	津野国泰、生誕。生父元実２２歳長男、生母柏室久公（戒名）。 津野基高、生誕。生父山内摂津守元定（元藤三男・元実弟・国泰叔父）長男、生母不詳。
永正元年	2月30日 この頃	1504	改元。 「津野氏は一文字を紋とせり、然るに永正年間前後に至り之に丸を附した如し。永正年間の立雪斉の諸家紋の画に初めて丸とあり。」『国史辞典』
２年		1505	津野元実、２４歳、下分に龍淵山長林寺を建立する。（半山長林寺と同じ山号であり移転か再興と推察される）
３年	11月26日	1506	津野元実、２５歳、上分賀茂社を修造する。
４年	6月23日	1507	細川政元、４２歳、土佐国守護、香西元長の間諜により暗殺（永正の錯乱）。 細川政益、土佐国守護代、息子国益を伴い一族ことごとく京に退去。土佐国は守護代が不在となり戦国時代に移行。
５年	4月16日 5月26日	1508	津野元実、２７歳、公文中平備後守高永をして多ノ郷賀茂社を修造さす。 長宗我部兼序、本山・山田・大平・吉良連合軍に岡豊城を攻められ自刃。

元号	日付	西暦	出来事・関連事項（日付は旧暦、年齢は数え年）
			一条房家、３２歳、長宗我部兼序の遺児国親を保護。
6年		1509	下元治部丞勝善、梼原初瀬の善応寺を造り替える。
7年		1510	津野元実・国泰の時代、人材育成にも力を入れ有能な家臣を招く。 －船戸村に常陸国戸田より源義家の末孫と伝わる戸田采女之助。 －北川村に安芸郡より北川源兵衛。 －芳生野に京都より長山信安・信貞兄弟。 一条房冬、１３歳、元服。
8年	3月4日	1511	津野元実、３０歳、叔父旭岑をして京都相国寺勝定院（絶海中津の塔頭）にて祖父之高の三十三回忌の法要を営む。
9年	3月22日	1512	津野元実、３１歳、七郎右衛門国家をして上分賀茂社を修造さす。
１３年	12月7日	1516	一条房家、４０歳、海路上洛し都に到着。
１４年	3月14日	1517	津野元実、３６歳、久礼に侵攻し久礼城主佐竹繁義を切腹に追い込む。嫡子義之は助命。
	4月13日		津野元実、「恵良沼の戦い」で戦死。享年３６歳、戒名元亨院殿健翁勇公、菩提寺元亨院。 津野国泰、元服（推定）。室不詳、通称孫次郎。細川高国より偏諱を受ける。
	4月14日 6月		中平兵庫助元忠、２３歳、安並弥三、出間九朗兵衛が姫野々城を落とさんと須崎に侵攻するも、吾桑錫杖坂にて撃退し出間を捕虜とし安並を走らせる。 一条房家、４１歳、京より土佐に帰国。
１５年		1518	津野基高、１６歳、元服（推定）。室秀光妙圓（戒名）。
	 7月20日 8月27日		中平之房、生誕。之房は初代常定の孫、２代元房の子、元忠の弟。 津野国泰、１６歳、元亨院住僧の道珍に東光寺住職を安堵する。 一条房家、４２歳、千雄丸（１５歳）を元服させ信濃守国親と命名。 長宗我部国親、１５歳、一条房家の支援で岡豊城に復帰。
大永元年	8月23日	1521	改元。
			津野定雄（定勝）、生誕。生父基高１９歳長男、生母秀光妙圓（戒名）。
2年		1522	一条房基、生誕。生父房冬２５歳、生母伏見宮邦高親王の娘玉姫。
3年		1523	「梅室光薫」（戒名）、生誕。生父一条房家４７歳三女、生母不詳。 津野国泰、２１歳、大野見吉野に島大明神、神母野に河内大明神、下ル川に秋葉神社、橋谷に天照皇大神宮が勧請される。
6年	4月吉日	1526	津野国泰、２４歳、大野見天満宮の修改築の棟札をあげる。
7年	この年頃	1527	大野見大股に河内神社、萩野々沖台の河内神社を中津川宮ノ本に移転。 中平常定、逝去（享年７０歳）。（推定）
享禄元年	8月20日 9月26日	1528	改元。 旭岑瑞杲、入寂する。南禅寺住職、吸江庵住職、半山郷永林寺の開山僧。
2年	8月15日 8月20日 この頃	1529	下賀茂神社禰宜梨木祐氏、下賀茂神社伝奏（推定）林右京亮に対し、一条氏が津野氏の年貢上納金の支払いを促すように取り計らうことを要請。 下鴨神社社務（禰宜祐氏、推定）、土佐一条氏に対し神領（津野本庄・津野新庄）のことで出状。 以上２書状より、津野氏は年貢上納金の支払いを停止していたと判断。
天文元年	7月29日 10月頃	1532	改元。 一条房家、５６歳、窪川郷に出陣。窪川氏は一条氏に鞍替。（年は推定） 大野見奈路に禅宗の竹林山天祐寺が郷内各寺の総本山格で建立。開基は篠岡藤五郎、開山は宗因道可和尚。
2年	2月3日	1533	津野国泰、３１歳、高瀬甚左衛門に対し恩賞状を出す。一条軍の進軍を仁井田郷でくい止める。（年は推定）
	2月9日～ 4月1日		津野国泰、一条軍が洲崎の岡本城に攻めてくるも撃退する。（年は推定） 津野国泰、高瀬甚左衛門に対し恩賞状（知行宛）を出す。（年は推定）

元号	日付	西暦	出来事・関連事項（日付は旧暦、年齢は数え年）
	12月28日 12月28日		津野国泰、逝去。享年３１歳、戒名智信院殿逸峯常雲、菩提寺長林寺。 第２１代当主津野基高、３１歳、家督を継ぐ（推定没時相続）、通称孫次郎。
5年		1536	津野定雄、１６歳、元服する（推定）、通称孫次郎。
	この年		伊勢御師御炊大夫、檀那帳では、津野荘・津野新荘の世帯総数の約２割にあたる６８０余人を檀那として組織。
6年		1537	一条房基、１６歳、元服（推定）。
8年	6月17日 11月3日	1539	津野元実妻・国泰母「柏室久公」（戒名）、逝去する。 一条房家、逝去（享年６３歳）。 一条房冬、４２歳、家督を継ぐ（２代当主）。 長宗我部元親、生誕。生父国親３６歳長男、生母不詳。
9年		1540	本山茂宗（梅慶）、３３歳、朝倉城を築城し移転。 吉良宣直、本山茂宗の急襲を受け滅亡。茂宗の子茂辰は吉良姓を継承。
１０年	11月6日	1541	一条房冬、逝去（享年４４歳）。
	この頃		津野基高、３９歳、一条房基より偏諱を受ける。（推定） 芝一覚、生誕。生父西川美作守政輔の長男、生母不詳。 長宗我部親貞、生誕。生父国親３８歳二男、生母不詳。
１１年	閏3月2日	1542	津野基高、４０歳、大野見天満宮の棟札をあげる。
１２年	7月10日 8月25日 8月末頃 10月 10月12日 12月11日 12月晦日	1543	大野見城、一条房基の発した軍の攻撃を受けるも戸田長衛門が撃退する。 ポルトガル船、種子島に漂着し鉄砲が伝来。 高瀬甚左衛門と息子甚衛門、森（防御陣地）で一条軍を撃退する。 大野見城、再び一条軍に攻撃されるが戸田長衛門親子が撃退する。 津野基高、４１歳、天祐庵と東光寺の両寺を元亨院に編入する。 津野基高、船戸の桑ケ市源左衛門を大野見城番に任命する。 大野見城、一条房基が自ら大軍を率いて急襲をかけ城下に殺到。戸田長右衛門が急ぎ援軍に駆けつけ奇襲挟撃し撃退する。 一条兼定、生誕。生父房基２２歳、生母大友義鑑の娘。
１３年	年初め 4月3日 4月5日 7月	1544	津野基高、４２歳、中平豊前守経利を大野見城番として派遣する。 本山実茂、津野氏の援軍として多ノ郷にて一条軍と戦う。 中平豊前守経利、軽兵を率い夜陰に乗じ仁井田に陣する一条軍を奇襲する。 三本妥女助、大野見城方面を突いてきた一条軍を森（防御陣地）で退ける。
１４年	6月1日 10月 10月 10月 10月～12月頃 12月頃	1545	一条房通、３７歳、房家の二男、一条冬良の婿養子となり上洛する。京都一条家第１１代当主、関白・左大臣・内覧、津野基高の義兄。 一条房基、２４歳、大軍を発し窪川茂串城の麓に陣取り仁井田郷に守備する津野軍を急襲、仁井田郷を攻め落とし大野見城に迫る。 津野基高、４３歳、急使を送り朝倉城主本山茂辰と蓮池城主大平山城守元国に援軍を要請するも姫野々城攻防戦に間に合わず。 津野基高、山内左衛門太夫が軍を率い逆襲、高瀬甚左衛門、竹田某等の働きで仁井田郷を奪回する。 一条房基、佐竹義直と福井玄蕃に岡本城を攻撃させる。岡本城を落とした一条軍は津野本城姫野々城に迫る。 津野基高、中平兵庫助元忠と評議し一条房基に恭順することを決め、元忠自ら急ぎ佐竹義直の陣に赴き降伏を伝える。
１５年	1月頃 8月 8月4日	1546	津野基高、４４歳、家臣山内雅楽之介を中村に遣わして和睦交渉を行う。 津野基高、一条房基の命を受け中平兵庫助に佐竹義直、福井玄蕃と共に大平元国の蓮池城を攻め落させる。大平氏は元国の子国興が戸波で命脈を保つ。 一条房基、２５歳、波川、片岡、能津等を恭順させ高岡郡一円を支配。 津野基高、戸田蔵助に対し大野見折野々を船戸上力石の御納所に取り換える。（知行宛権は津野氏側に残されたと推察される）

元号	日付	西暦	出来事・関連事項（日付は旧暦、年齢は数え年）
	8月4日		津野基高、戸田蔵助に対し大野見折野々を船戸上力石の御納所に取り換える。（知行宛権は津野氏側に残されたと推察される）
	この頃		津野定雄、２６歳、一条房家の三女梅室光薫（戒名）２４歳を妻に迎える。（推定）
１６年	 11月27日	1547	津野定俊、生誕。生父定雄２７歳長男、生母梅室光薫（戒名）２５歳。（推定） 上山藤兵衛尉義重・同藤次郎質重・同左衛門尉重貴・同源吾重家等、上山郷四手村に三嶋神社を創建。
１７年	9月 この頃	1548	中越吉長、梼原越知面三嶋神社を創建。 津野基高、４６歳、一条氏の命を受け伊予表に出陣する。（推定）
１８年	4月12日 12月1日	1549	一条房基、逝去（享年２８歳）。自殺。 一条兼定、７歳、家督を継ぐ（４代当主）。京都の本家一条房通（房冬の弟）の猶子となり上洛する。 上山藤兵衛尉義重・小野左衛門尉重国・地吉左京・藤原兵庫尉重里等、小野村蘇我神社を創建。
１９年		1550	津野勝興、生誕。生父定勝３０歳二男、生母梅室光薫（戒名）２８歳。
２０年	11月15日	1551	惟宗吉直（別府氏か）、惟宗三郎兵衛忠宴・神田三郎兵衛久国等の願により多ノ郷賀茂神社を修造。
２１年	9月3日	1552	津野定雄、３２歳、鰐口を土佐国一宮である土佐神社に奉納する。
２２年	正月 3月9日 5月26日 8月1日	1553	一条康政、東諸木村領主堀内九郎右衛門に名字仮名名乗り字を付与。（一条氏が仁淀川西岸まで進出していたことが窺える） 一条氏、山本修理之介・羽生右京之助・吉本掃部之助・中之備前守・別当富良昌神主太郎兵衛等をして浦之内鳴無神社を修理。 梅室光薫（戒名）、逝去。享年３１歳。 津野基高、逝去。享年５１歳、戒名聴松院殿早過正朔、菩提寺聖音寺。 第２２代当主津野定雄、３３歳、家督を継ぐ（没年相続、推定）。
２３年		1554	長宗我部元親、１６歳、元服（推定）。
弘治元年	10月23日	1555	改元。
２年	 5月27日	1556	芝一覚、１６歳、元服する。（推定） 本山茂辰、３２歳、田上善右衛門を加田城の定番とする。田上氏は後に長宗我部氏に仕え、親忠の半山入りに従い大野見に移る。
３年	 3月吉日 3月吉日 3月吉日 3月 4月 4月15日 6月23日 7月10日	1557	一条兼定、１５歳、元服し兼定と名乗り土佐に帰国。 津野定雄、３７歳、吉門民部大夫への檮原越知面村の知行を宛行う。 津野定雄、森部右馬允への替地として梼原四万川村の知行を宛行う。 津野定雄、堅田某に上分行房名田の知行を宛行う。 本山茂辰、３３歳、田上善右衛門に高岡郷塚地村末政名の一町を給与。 本山茂辰、蓮池城を攻め落とし蓮池の地を領有。 上山資重嫡子弥陀保子丸他、田野々の熊野神社を修造。 津野定雄、吉門民部大夫に姫野々村三嶋宮の社領につき書状を出す。 津野定雄、三本左京、森田六郎左衛門、三宮給左衛門尉に対し鷹野左京亮の謀反の成敗に対する感状を出す。
永禄元年	2月28日	1558	改元。 香宗我部親秀、長宗我部国親の３男親泰（１６歳）を養子縁組。
２年	11月 12月3日 12月26日	1559	津野定雄、３９歳、高野山上蔵院にて母親「秀光妙圓」（戒名）と乳母「善秀妙緑」（戒名）の追善供養を営む。 津野定雄、家臣と共に多ノ郷賀茂社に棟札をあげる。 津野定雄、上分賀茂社に棟札をあげる。
３年	この頃	1560	津野定雄、４０歳、一条兼定の偏諱を受け次郎左衛門尉定勝と名乗る。

元号	日付	西暦	出来事・関連事項（日付は旧暦、年齢は数え年）
	6月15日 8月		長宗我部信濃守国親入道覚世、逝去（享年57歳）。 一条兼定、１８歳、長宗我部氏と本山氏の戦いの隙をつき蓮池城を奪回。
4年		1561	中平掃討頭之信、生誕。
5年	1月7日	1562	津野定勝、４２歳、堅田九朗次郎に勝貞を偏諱する書状を出す。 津野定俊、１６歳、元服、通称孫次郎。（推定） 津野勝興、１３歳、長林寺で修行中に前臨川寺住職策彦周良に書簡を送り字名を請う。
	この頃		津野定勝、次郎左衛門尉を改め津野中務少輔定勝と名乗る（従五以上）。 一条内政、生誕。生父兼定２０歳長男、生母宇都宮豊綱娘。
6年	1月10日 1月14日 3月 8月	1563	本山茂辰、３９歳、朝倉城を焼いて領家山、さらに本山本城に退却。 津野定勝、４３歳、飛鳥井曽衣に鞠道八足の図を授与される。 長宗我部元親、２５歳、吉良城を攻め吉良駿河守を讃岐に追放。弟親貞が吉良氏を継承。 中平駿河守之房、西園寺公宗、北ノ川肥前守、大番源太夫ら伊予国連合軍が梼原に侵攻し梼原城を攻めるも撃退する。
7年	3月3日	1564	津野定勝、４４歳、吉門民部太夫に対し給田の書状を出状する。
8年		1565	津野勝興、１６歳、元服年齢には仏門にあり。
	1月6日		一条兼定、２３歳、久礼城主佐竹義直を総大将に軍勢を河原渕領に侵攻。 中平左京亮光義、生誕。
9年	3月3日 3月13日	1566	津野定勝、４６歳、代官津野高為をして大野見天満宮の棟札をあげる。 津野定勝、吉門民部太夫に対し川内谷の内風呂田に関する書状を出す。 一条兼定、２４歳、大平国興を討ち積善寺にて自害させ大平氏は滅亡。蓮池城は津野定勝が管理し長宗我部氏の侵攻に備える。 津野定俊、逝去（享年２０歳前後）（推定）。一子が残る。
１０年	3月 5月 12月末	1567	山内外記、７００騎を率いて河原渕領を経て深田領及び有馬領に進み、三間大森城城主の土居清良と対陣する。 山内外記、５００騎を率い土佐中央部の国人国沢越中率いる２００騎とともに河原渕領方面に布陣するが敗走する。 渡辺教忠（河原渕氏）、河後森城主、主君西園寺公広に攻められ降伏し人質を出す。教忠は、一条氏より河原城主渡辺政忠の養嗣子。 津野定勝、４７歳、宇都宮豊綱を支援し一条旗下で幡多衆を率いて喜多郡に出陣し河野氏に圧力をかける。
１１年	 2月 2月13日 7月 この頃	1568	津野定勝、４８歳、来島一族の村上吉継が守備する鳥坂城を包囲攻撃するも、毛利軍旗下の先鋒乃美宗勝の来援により敗退する。 一条兼定、２６歳、自ら軍を率い河原渕領に侵攻。広見川の大洪水で撤兵。 津野定勝、市川左馬進に伊予攻めの戦功で感状を出す。 一条軍、秋の食糧米の略奪を企て上山下山の軍勢が松丸村から次郎丸村へと侵入するも、土居領主土居清良、川後滝城主坪内清俊らの反抗で撤退。 長宗我部元親、３０歳、本山氏の立て籠もる瓜生野城を攻め本山氏が降伏。
１２年	 8月11日	1569	一条軍、春麦の収穫期を狙い河原渕領の松丸に進出するも土居清良に敗退。 安芸国虎、４０歳、長宗我部元親の攻撃で安芸城は落城し浄貞寺にて自刃。 安芸国虎、妻峰子（一条房基娘）を黒岩越前守にて中村に送還。
元亀元年	 4月23日 9月 11月6日	1570	津野定勝、富田又七（戸田か）に対し配当坪付状を出す。 改元。 一条軍、豊後大友勢に呼応し河原渕領に入り薄木城及び川後滝城を囲むとともに深田領の一之森城及び中野領を攻め合戦が展開。 吉良親貞、３０歳、一条氏旗下の津野軍と一条軍が守備する蓮池城を攻め落とし戸波城も落城。

元号	日付	西暦	出来事・関連事項（日付は旧暦、年齢は数え年）
	11月28日		津野定勝、５０歳、今橋三郎左衛門に対し浦ノ内でも知行宛行を約束する。
	12月晦日		竹村弥三兵衛・白石左助、長者村の西森源内と栗木太郎佐衛門を頭目とする盗賊数十人が椙川（現津野町杉ノ川）に乱入するも退治。
２年	正月	1571	中平駿河守之房、予州北川肥前守親庸等がまた梼原に迫るも撃退する。
			長宗我部元親、３３歳、波川玄蕃清宗、三宮越中守親虎、片岡下総守光綱、野津左兵衛、尾川入道友清等を戦わずして次々と服従。
			長宗我部元親、久武親信をして軍を発し佐川松尾城主中村越前守信義を攻め降し、久武親信が松尾城城主として常駐。
	11月		津野定勝、５１歳、姫野々城を退去（家臣団により追放）。
			津野勝興、２２歳、家督を継ぐ（定勝追放に伴う生前相続）。通称孫次郎。官位大膳大夫正五位下。
３年	正月	1572	一条氏と西園寺氏、和議を結ぶ。長宗我部氏が一条氏を攻略し始めたため、一条氏は宇和郡の諸将に援軍を要請。
	1月吉日		津野勝興、２３歳、市川大蔵兵衛尉に対し神田郷の知行宛書状を出す。
	春～秋		津野勝興、長宗我部氏との間で「仁淀川の戦」と称される一連の戦い行う。
			－名護屋坂で長宗我部軍を破り戸波城を奪取。
			－蓮池城に迫ると長宗我部軍は吉良城まで撤退。
			－吉良城に元親の援軍が到着し仁淀川を挟んで対峙。
			土居治部、一条家家臣、一条氏を見限り元親に寝返。自陣の蓮池城の建物に放火し長宗我部軍が城に侵入。津野・一条連合軍は大混乱となり敗走する。
			津野勝興、吉良親貞が戸波城に迫り降伏を決断する。
	11月23日		中平兵庫助元忠、逝去（享年７８歳）。
			安土・桃山時代（１５７３年～１６００年）
天正元年	7月	1573	織田信長、４０歳、足利義昭を追放し室町幕府が滅亡。
	7月28日		改元。（信長の要請）
			津野親忠、生誕。生父長宗我部元親３５歳三男、生母美濃国石谷氏娘。
			津野勝興、２４歳、長宗我部国親の娘（元親の妹）を妻に迎える。
			津野勝興、長宗我部元親の三男親忠（１歳）を養子とする。
	9月16日		一条兼定、３１歳、家老により隠居させられ剃髪。
			一条内政、１２歳、元服する。
			久武親信、松尾城の水の便が悪く佐川城を築き移転。
	この頃		芝一覚、３３歳、伊予国河原渕の芝一族が元親に降る。
２年		1574	一条内政、１３歳、長宗我部元親により大津城に移され元親の娘と結婚。
	2月		一条兼定、３２歳、岳父大友義鎮（宗麟）を頼り九州に渡海。
			福留隼人、２度にわたり河原渕領に侵攻するも土居清良等が土州軍を撃退。
	閏11月		山内外記、河原渕領内に押し寄せ河後森城を取り包囲。この合戦には宇和郡の旗頭西園寺公広が将兵を率いて出陣しようやくのことで土州軍を撃退。
			吉良親貞、３４歳、中村城主となり幡多郡の支配と南予軍役の責任者に就任。
３年	2月	1575	山内外記、河渕領内に押し寄せ板島の丸串城（現宇和島城）を攻撃。
	2月		吉良親貞、３５歳、河原渕領内に入り河後森城とその周辺の城攻めに参加。
			一条兼定、３３歳、大友義鎮の支援で宇和島で挙兵、本拠地中村に進軍。
	7月		「渡川の戦い」（四万十川の戦い）、長宗我部氏と一条氏の最終決戦で兼定は敗走。
４年	11月11日	1576	津野勝興、２７歳、西村源次郎に対し勤務の慰労状を出す。
			吉良親貞、３６歳、河後森城を急襲し攻め落とすも土居重宗らは城を奪回。
			伊勢御師御炊大夫、檀那帳では当主津野孫次郎（勝興か）には一万度御祓、のし・杉原紙などの諸品が贈られ、太布３０端を受領。

元号	日付	西暦	出来事・関連事項（日付は旧暦、年齢は数え年）
5年	2月吉日 8月14日	1577	津野勝興、２８歳、市川大蔵兵衛尉に上分郷衣包名を知行宛行する。 津野勝興、吉門甚次郎に対し吾井郷の正善寺分を知行宛行する。 吉良親貞・久武内蔵助、河後森城を攻め城主渡辺教忠は遂に長宗我部氏に降伏。旗下の多武森城、鳥屋ヶ森城、竹ノ森城諸城の西川氏一族も降伏。
6年	4月	1578	山内俊光（窪川氏）・津野親房、長宗我部軍の一翼として伊予に侵攻時、滝沢寺（現西予市城川町魚成）の放火を厳禁する。
	半ば 半ば		津野勝興、２９歳、病で不治を覚り家督を譲ることを決心する。 第２４代当主津野親忠、６歳、津野氏の家督を継ぐ。
	11月7日		津野藤蔵人親房、多ノ郷の真光寺を造営する。
	11月21日		津野勝興、逝去。享年２９歳、戒名隼岫院殿片窓瑞雲、菩提寺長林寺。
7年	5月	1579	久武親信、山内外記、佐竹義秀らと大軍で三間表を攻撃（岡本城合戦）。主将久武親信、山内外記、佐竹義秀が討死する。（天正９年とも）
8年	～翌年	1580	芝源三郎、芝氏の祖西川美作守政輔四男、主君河後森城主渡辺教忠を蟄居。
9年		1581	長宗我部親和、元親二男１５歳、西讃岐守護代香川氏の養子。 一条内政、２０歳、波川玄蕃清宗の謀叛に加担嫌疑で伊予法華津に追放。
１０年	2月5日 12月31日	1582	津野藤蔵人親房、多ノ郷賀茂神社に大般若経を献納する。 津野定勝、６２歳、娘タメ「琴叔壽心」の追善供養をなす。 羽柴秀吉、「太閤検地」を開始。
１１年	この頃	1583	河野通直、２０歳、長宗我部元親に降伏。 長宗我部元親、親忠臣下長山伯耆守に宇和郡甲森に9町9段40代の知行宛行。
１２年	9月	1584	長宗我部軍、再度三間表に侵攻。
１３年	7月1日 7月25日 8月頃 10月 10月15日	1585	一条兼定、隠棲地の戸島で逝去（享年４３歳）。 長宗我部元親、４８歳、羽柴秀吉に降伏。 津野親忠、１３歳、秀吉の人質として大坂に上る。随行家臣は江村孫左衛門、戸波右衛門。 長宗我部元親、秀吉に謁見するため上京。 香川親和、１９歳、元親に同行し大和郡山城（羽柴秀長）で人質。 津野親忠、元親に同行し土佐への帰途につく。 小早川隆景、５３歳、四国征伐の功で南予含め伊予国のほとんどを領有。
１４年	 12月12日 12月19日	1586	香川親和、２０歳、岡豊に戻る。 長宗我部信親（元親長男）、２３歳、豊後戸次川で戦死。 豊臣秀吉、香川親和に対し元親・信親戦死でも土佐国を安堵と書状を出状。
１５年		1587	香川親和、病のため岡豊城下で逝去（享年２１歳）。 小早川隆景、５５歳、筑前国に転封され戸田勝隆が宇和郡を受領。
１６年		1588	津野親忠、１６歳、元服（推定）。室三宮平左衛門娘、通称孫次郎。
	冬 9月 10月4日 12月7日		長宗我部元親、５０歳、本拠地を岡豊城から大高坂城へ移転。 長宗我部元親、家督継承問題で三男津野親忠を退け四男盛親に決定。 比江山親興、元親の従兄弟、三男親忠の家督相続を主張し元親の怒りで切腹。 津野藤蔵人親房、多ノ郷真光寺を中興する。
１７年	3月6日 4月4日	1589	津野親忠、１７歳、高橋鹿之介に対し坪付状を出す。（親忠初出の坪付状） 津野親忠、野見浦の領民に大谷山への入会権を再確認する裁定を出す。 吉良親実、２７歳、元親の弟吉良親貞の子、三男親忠への家督相続を主張し元親の怒りを買い切腹。（1589年10月～1590年12月までの間）
１８年	 7月12日 9月5日	1590	長宗我部元親、５２歳、水軍を率い小田原征伐に参戦。 津野親忠、１８歳、谷弥左衛門を領内全体の紺役奉行に任命する。 津野親忠、高橋鍵右衛門に対し神田郷衣包・武久に坪付する。
１９年	1月20日 1月29日	1591	豊臣秀吉、５５歳、「唐入り」と称する明国への遠征準備を諸大名に号令。 津野親晋、藤蔵人親房の子、吉村新九郎の家名申請を認め津野姓を許す。

元号	日付	西暦	出来事・関連事項（日付は旧暦、年齢は数え年）
	8月23日		豊臣秀吉、「唐入り」を決行する決意を改めて全国の大名に発表。九州の大名には遠征軍の前線基地並びに宿営地として名護屋城の築城を命令。
	この頃		長宗我部元親、５３歳、本拠地を大高坂城から浦戸城に移転。
文禄元年	1月16日	1592	津野親忠、20歳、永山兵治兵衛より軍資金として金15文目を受け坪付する。
	2月吉日		津野親忠、明神兼丞より軍資金として金5匁を受け坪付する。
	2月吉日		津野親忠、西村与次衛門より料足2貫文を受け坪付する。
	2月吉日		津野親忠、戸田蔵介より軍資金として金8匁5分を受け坪付する。
	2月吉日		津野親忠、西村宗助より刀三腰・料足1貫文を受け坪付する。
	2月吉日		津野親忠、高橋主水より軍資金として金1文1分8厘を受け坪付する。
	2月26日		長宗我部元親、５４歳、盛親１８歳四男と浦戸より出兵。
	3月吉日		津野親忠、下村源内に給地と年貢・公事の負担責任者の変更を通知する。
	3月吉日		津野親忠、高橋鍵右衛門に対し多ノ郷・吾井郷に坪付する。
	3月吉日		津野親忠、戸田蔵兵に対し船戸村中土居に坪付する。
	3月吉日		津野親忠、下元与次兵衛に対し下分郷5ヶ所の坪付を行う。
	3月吉日		津野親忠、市川一衛門に対し吾井郷・桑田山の上地を坪付する。
	3月吉日		津野親忠、永山左兵衛に対し芳生野村の上地を坪付する。
	3月末		津野親忠、名護屋城に向け浦戸を出帆する。
	４月12日		小西行長、３５歳、釜山に上陸を開始。【文禄の役の開始】
			長宗我部軍（３０００人）、五番隊（福島正則隊）として渡海。
	4月20日		津野四奉行、戸田新左衛門に対し船戸村に坪付する。
	7月		長宗我部軍、忠清道に在陣。
	12月8日		改元。（グレゴリオ暦1593年1月10日）
	～江戸初		『賀茂御祖皇太神宮諸国神戸記』、下賀茂神社社領に関する古記録が集録。
２年	9月2日	1593	日本遠征軍、留守守備隊以外の日本軍が朝鮮半島より撤兵。
			津野親忠、２１歳、守備隊として朝鮮半島に残留する。
	11月24日		津野親忠、鷹野六郎兵衛に陣中での諸事心掛に対し10町の坪付を約束する。
３年	6月初頃	1594	津野親忠、２２歳、朝鮮より帰国する。
	6月16日		津野親忠、岡崎忠兵衛に対し上分郷の土地を坪付する。
	9月24日		津野親忠、鷹野六郎兵衛に約束分として多ノ郷に坪付する。
	11月6日		津野親忠、田上六右衛門に朝鮮の役の戦功に対し大野見・船戸に坪付する。
	11月6日		津野親忠、中間作衛門に対し大野見中津川に坪付する。
	11月6日		津野親忠、市川一衛門に対し半山・大野見に坪付する。
	11月14日		津野親忠、岡式部（元小早川家臣）を越知面の役人に任命する。
	11月14日		津野親忠、市川長介の苗字申請を承認する。
	この頃		津野親忠、本拠地を半山姫野々城から洲崎城に移転する。（推定）
４年	12月1日	1595	津野親忠、２３歳、岡崎忠兵衛に神田郷の土地を隠居領として坪付する。
			藤堂佐渡守高虎、４０歳、宇和郡を受封。
慶長元年	2月5日	1596	津野親忠、２４歳、戸田弥平次に対し梼原広野と船戸関連の諸事を連絡する。
	2月5日		津野親忠、西村宗助に対し梼原の土地を安堵する。
	2月5日		津野親忠、田上六右衛門に対し大野見上地の土地を坪付する。
	2月5日		津野親忠、永山平次兵衛に対し半山・洲崎の土地の坪付確認をする。
	2月10日		津野親忠、津野弥蔵に対し父親の死に伴い梼原・北川の土地の安堵を行う。
	2月11日		津野親忠、高橋主水助に対し下分郷の上地の坪付を行う。
	2月11日		津野親忠、山分衆（山方の役人か）に対し諸事を連絡する。
	2月12日		津野親忠、武政次郎右衛門に対し大谷郷・上文郷等の上地の坪付を行う。
	2月12日		津野親忠、山分衆に対し伊予と土佐の国境を往来する人間の記録をとるように御触れを出す。
	2月20日		永山久兵衛・市川蔵丞、上記書簡を受け追加説明を出状。

元号	日付	西暦	出来事・関連事項（日付は旧暦、年齢は数え年）
	2月22日		津野親忠、下元与次兵衛に対し下分郷に坪付する。
	3月3日		津野親忠、梼原の高橋惣兵衛、下村式部、中平駿河他に対し長宗我部氏の指示で国境の取締りを厳重にし、逃散者の出入国を禁止する御触れを出す。
	10月27日		改元。
2年	2月21日	1597	豊臣秀吉、６１歳、朝鮮戦役再開を命令。【慶長の役の開始】
	4月1日		津野親忠、２５歳、市川甚兵衛に対し桑田山に坪付する。
	4月1日		津野親忠、高橋鍵右衛門に対し姫野々の上地等を坪付する。
	4月1日		津野親忠、高橋主水助に対し神田郷・多ノ郷の上地の坪付を行う。
	5月15日		津野親忠、浦戸津野屋敷番役の高橋久右衛門・山内八兵衛に諸事を書状で連絡する。栗毛の馬の飼育に言及。
	5月22日		津野親忠、浦戸津野屋敷番役山内八兵衛・高橋久右衛門に諸事を連絡する。
	6月4日		津野親忠、中平蔵大夫に対し神田郷の新塩田開発地の坪付を行う。
	6月6日		津野親忠、同高橋久右衛門・山内八兵衛に諸事を連絡する。
	6月9日		津野親忠、同山内八兵衛・高橋久右衛門に諸事を連絡する。鮫鞘刀を督促。
	6月10日		津野親忠、再び朝鮮に出征する。（推定）
	6月16日		津野親忠、陣中から西村宗助に諸事を書状で指示する。
			長宗我部軍（３０００人）、６番隊（藤堂高虎隊）として参戦。
3年	6月初め	1598	津野親忠、２６歳、朝鮮より帰国する。元親・盛親も同時に帰国するも元親は伏見に伺候する。
	6月1日		津野親忠、吸江寺宛に帰国の挨拶状を送付する。
	8月18日		豊臣秀吉、逝去（享年６２歳）。
	10月15日		豊臣政権五大老、朝鮮遠征軍に帰国命令を発令。
	11月25日		小西行長、４１歳、釜山より帰国し撤収完了。【慶長の役終了】
			中平掃部頭之信、長宗我部京伏見邸で病死（享年３８歳）。その際「古人が記した無二で真の津野氏系図」を紛失する。
	12月18日		津野親忠、高野六郎兵衛に約束分として長宗我部氏領に坪付する。
	年末年始		長宗我部元親、京より土佐に帰国。
4年	2月7日	1599	津野氏奉行、永山平次兵衛に対し大野見村の公領地への作付権を与える。
	3月6日		長宗我部三奉行、高野六郎兵衛に約束分として長宗我部氏領に坪付。
	3月14日		津野親忠、２７歳、長谷川喜介に朝鮮の役での戦功に対し長宗我部氏領に坪付する。
	3月		津野親忠、父親元親と今後の統治体制につき話し合う。（推定）
	3月		津野親忠、元親に香美郡岩村郷霊厳寺へ幽閉され家臣との連絡を絶たれる。
	3月22日		長宗我部五奉行、高橋久右衛門に朝鮮の役の戦功に対し長宗我部氏領に坪付。
	3月22日		長宗我部五奉行、津野弥三に朝鮮の役での戦功に対し長宗我部氏領に坪付。
	3月23日		長宗我部五奉行、弘瀬蔵之進に朝鮮の役の戦功に対し長宗我部氏領に坪付。
	3月23日		長宗我部五奉行、西村平吉に朝鮮の役での戦功に対し長宗我部氏領に坪付。
	3月26日		長宗我部五奉行、弘瀬蔵進に朝鮮の役での戦功に対し長宗我部氏領に坪付。
	3月26日		長宗我部五奉行、西村平吉に朝鮮の役での戦功に対し長宗我部氏領に坪付。
	4月		長宗我部元親、病気療養のため上洛。
	5月19日		長宗我部元親、京伏見屋敷にて逝去（享年６１歳）。
5年	この頃	1600	芝一覚、６０歳、関ヶ原の戦いを前に藤堂高虎家臣矢倉秀親の謀殺される。
	9月13日		久武親直、久万次郎兵衛に対し中平左京亮光義の動きに注意喚起。
	9月13日		久武親直、中平駿河守之房に対し坪付状を発給。
	9月15日		長宗我部盛親、２６歳、関ヶ原の戦いで西軍につき敗走。
	9月23日		久万次郎兵衛、中平駿河守之房に対し久武親直の中継で書状を出状。
	9月29日		津野親忠、逝去。享年２８歳、戒名孝山寺殿雪庭宗筝、菩提寺孝山寺。岩村霊厳寺に幽閉中盛親により切腹させられ津野宗家は滅亡する。

元号	日付	西暦	出来事・関連事項（日付は旧暦、年齢は数え年）
	10月		中平駿河守之房、息子近房に命じ親忠の遺品と共に親忠自刃の顛末を宇和島城の藤堂高虎に注進させる。
	11月		山内康豊、５２歳、兄一豊の先方として土佐国に入国。
	12月5日		浦戸一揆、浦戸一揆が収束し浦戸城の接収作業が完了。
６年	1月18日	1601	山内一豊、５６歳、浦戸城に入城。
７年		1602	藤堂高虎、４７歳、増封され今治城の築城を開始。
８年	2月12日	1603	徳川家康、６２歳、征夷大将軍に任命。（江戸時代の始まり）
１３年		1608	藤堂高虎、５３歳、伊賀国と伊勢国に転封。
元和２年	7月9日	1616	津野定勝、逝去。享年９６歳、戒名長林寺殿現西定雲、菩提寺長林寺。

津野久志　つのひさし

1954年高知県高岡郡窪川町（現四万十町）に生まれる。
生まれ育った集落は「津野谷」と呼ばれ皆一族である。
1967年窪川小学校を卒業、1973年土佐高校を卒業、
1978年東京外国語大学を卒業、日系電気メーカーにて
海外営業に従事しウィーン・ストックホルム・上海に
駐在する。40代半ばで津野氏の資料を集め調査を開始、
退職後に歴史物語の執筆を志す。
人生には、楽しいことも悲しいことも辛いこともあるが、
結構おもしろい。これからもそうあれかしと願っている。

津《つ》野《の》山《やま》鏡《かがみ》　下　～津野氏の歴史物語～

発行日――２０２４年７月30日　初版第一刷発行
著　者――津野　久志
発行人――坂本圭一朗
発　行――リーブル出版
〒７８０－８０４０
高知市神田２１２６－１
ＴＥＬ　０８８－８３７－１２５０
ＤＴＰ――津野　久志
装　幀――島村　学
印刷所――株式会社リーブル

ISBN 978－4－86338－402－6